Joachim Rau

MÄRKTE, MÄCHTE, MONOPOLE

Joachim Rau

MÄRKTE, MÄCHTE, MONOPOLE

Was die Wirtschaft im Innersten zusammenhält

Conzett Verlag
bei Oesch

Die Deutsche Bibliothek – CIP-Einheitsaufnahme

Rau, Joachim:
Markte, Mächte, Monopole : was die Wirtschaft
im Innersten zusammenhält / Joachim Rau. –
Zürich : Conzett bei Oesch, 2001
ISBN 3-905267-13-6

Satz: Oesch Verlag
Druck und Bindung: Wiener Verlag, Himberg

ISBN 3-905267-13-6

Gern senden wir Ihnen unser Verlagsverzeichnis:
Oesch Verlag, Jungholzstraße 28, 8050 Zürich
E-Mail: info@oeschverlag.ch
Telefax 0041/1 305 70 66 (CH: 01/305 70 66)

Unser Programm finden Sie im Internet unter:
www.oeschverlag.ch
Mehr Informationen über Geld & Geist im virtuellen Museum:
www.moneymuseum.com

Inhalt

Anhang

Exkurse

Vorwort

Noch ein Buch über Wirtschaft – was bringt es, gibt es das nicht schon alles? Ein Sachbuch hat es nicht leicht, und ein Buch über Wirtschaft hat es besonders schwer. Kein Mensch kann behaupten, nicht mit dem Thema zu tun zu haben. Ob Steuern, Inflation, Globalisierung oder Europäische Union – alle sind betroffen, viele reden mit, aber wenige wissen Bescheid. Das liegt nicht nur am mangelnden Handwerkszeug, um Wirtschaftsnachrichten in Zeitung oder Fernsehen interpretieren zu können, sondern auch an der immer stärker anschwellenden Informationsflut. Wirtschaft ist überall, doch selbst ein Ökonomiestudium oder das tägliche Verfolgen der Medien bieten keine Gewähr für ein umfassendes Verständnis wirtschaftlicher Zusammenhänge. Häufig bleiben Fragen: Wen wähle ich bei der Europawahl? Welche Funktion hat die Welthandelsorganisation? Oder aktueller und schmerzhafter: Gibt es eine Logik an der Börse? *Märkte, Mächte, Monopole* will diese Lücken schließen – und viele andere dazu.

Das Buch ist wissenschaftliche Abhandlung und Trivialliteratur zugleich: Komplexe Inhalte sind eingängig, und Banales ist gar nicht beschrieben. Ziel war es, einen Reiseführer durch den Dschungel der modernen Wirtschaftswelt zu schaffen, der als Nachschlagewerk genutzt und als »Roman« über Wirtschaft gelesen werden kann. Dieses Buch will Orientierung bieten: Es wirft einen Blick auf das Spielfeld der Wirtschaft, auf dem die Spieler ständig wechseln und der Zuschauer vergeblich nach den Regeln sucht. Es soll dem Leser erleichtern, seine Wahrnehmung und sein kritisches Bewußtsein zu schärfen.

Jeder Autor ist eitel genug, mit seinem Werk einen bestimmten Anspruch zu verbinden: missionieren, poltern oder informieren. All das macht auch dieses Buch – mit jener Portion Subjektivität, die auch in der Wirtschaft jede Diskussion begleitet. Die folgende Dosis entstand aus eigenen Erfahrungen und als Reaktion auf Fragen. Die Antworten erwiesen sich als so fesselnd, daß ich den geplanten Buchumfang um über 50 % überschritten habe. Mein Dank gilt daher meinem Verleger Martin Brugger, der zwar mehrfach über die hohen Papierpreise stöhnte, das Manuskript aber trotzdem wohlwollend akzeptierte. Besonders danke ich Herbert Feucht, der den Text »rezensiert« hat, und allen voran Ute, die mich als kritische Leserin mit einigen ihrer Anmerkungen beinahe um den Verstand brachte und zugunsten des Buches auf manches gemeinsame Wochenende verzichten mußte.

Nichts ist ewig, auch nicht in der Wirtschaft. *Märkte, Mächte, Monopole* ist eine aktuelle Spurensuche, die angesichts der unübersehbaren Zahl von Ökonomiebüchern Schneisen in das Dickicht schlägt. Über allem gilt: Auch wenn die Wirtschaft als Thema einer doppelt ausgepreßten Zitrone gleicht, so ist in ihr immer wieder eine erstaunliche Menge Saft – denn sie regeneriert sich selbst.

Essen, im Herbst 2001 *Joachim Rau*

1. Kapitel

Fahrende Trödler, Sklavenhandel und Weltmarkt – Ein Streifzug durch die Geschichte der Wirtschaft

Ich war arm, und ich war reich.
Glauben Sie mir: Reich war besser.
Ungenannter amerikanischer Schriftsteller

Wirtschaften heißt leben, hieß in der Steinzeit sogar überleben: Felle und Feuerstein machten den Winter erträglich und das erlegte Tier genießbar. Seit diesen »wilden Zeiten« sind die Fähigkeiten und damit auch die Ansprüche des Menschen kräftig gestiegen – allein in den letzten 200 Jahren haben die Bedürfnisse parallel zu den Möglichkeiten der industriellen Massenfertigung explosionsartig zugenommen. War die Kutsche vor zwei Jahrhunderten ein Wohlstandsprodukt und vor 100 Jahren das Automobil ein Luxusgut wie derzeit ein Privatflugzeug, so gehört der PKW inzwischen zum Lebensstandard.

Heute stecken die westlichen Volkswirtschaften mitten in der Endstufe des Industriezeitalters, in der große Quantitäten inländischer Manufakturwaren exportiert und fremde Rohstoffe und Agrikulturprodukte importiert werden. Der Wandel zur Dienstleistungs- und Informationsgesellschaft ist in vollem Gange – und diese wird ebenso wie alle vorherigen Wirtschaftsstufen keine endgültige Erscheinung bleiben.

1.1 Purpurschnecken und Windmühlen – Handel in Antike und Mittelalter

Der Neandertaler tauschte noch umständlich Ware gegen Ware, weil er kein Geld kannte. Von Handel und Wirtschaft im heutigen Sinne konnte bis ins 4. Jahrtausend v. Chr. keine Rede sein. Bis zu diesem

Zeitpunkt schlug sich der Mensch je nach Gegend als Jäger, Buschmann oder fahrender Händler durch. Das änderte sich erst mit den Ägyptern: Sie hatten 3000 v. Chr. als erste wirtschaftliche Großmacht der damals bekannten Welt einen straff und zentralistisch organisierten Staat errichtet. Mit ihrem Reichtum konnten die Pharaonen allerdings nicht umgehen: Die gewaltige Kriegsbeute ihrer Feldzüge steckten sie nicht in die Wirtschaft, sondern lieber in gigantische Göttertempel und Pyramiden.

Die nächsten Handelsfürsten im Mittelmeer waren die Phönizier, die sich ab 1200 v. Chr. besonders durch die Färbung von Wolle mit dem violettroten Saft der Purpurschnecke den Ruf als große »Dealer« zwischen Orient und Okzident erwarben. Nach einem Intermezzo der Griechen unter Alexander dem Großen (* 356, † 323 v.

Alexander d. Gr., Bildnis auf einer Münze des Lysimachos

Chr.) begann die große Zeit der Römer, die im 2. und 3. Jahrhundert v. Chr. in zahlreichen Kriegen (Punische Kriege mit der Zerstörung Karthagos) einen riesigen Machtzuwachs erlebten. Die Sklaverei war der bestimmende Faktor ihrer Wirtschaft und Gesellschaft,[1] ebenso wie die nach heutigen Maßstäben fast industriell betriebene Plantagenwirtschaft, die nach Max Weber (→ Kapitel 2.3) erste »starke Ansätze zu kapitalistischer Entwicklung«[2] in der Geschichte der Menschheit aufwies. Die dort kasernierten Sklaven hatten nichts zu lachen: Sie galten als »Menschenvieh« und bloßes Zubehör eines Landgutes. Die Römer bauten ihre neu gewonnene Macht geschickt aus: Sie schufen ein modernes Straßennetz durch ihr Reich und errichteten an fast allen Küsten ausgezeichnete Seehäfen. Rom mit seinem Hafen Ostia wurde zum Zentrum des damaligen Welthandels, der sich vor allem im Mittelmeerraum abspielte.

Die Römer importierten alles, was nicht niet- und nagelfest war: Marmor aus Griechenland, »schwarzes Elfenbein« aus Afrika (Sklaven), Weihrauch aus Somalia und Edelsteine aus Indien. Spekulanten hatten Hochkonjunktur in Rom: Für eine keineswegs luxuriöse Wohnung wurden Anfang des 2. Jahrhunderts v. Chr. etwa 2000 Sesterze pro Jahr verlangt – das Doppelte von dem, was ein Tagelöhner jährlich verdiente.[3] Zur Zeit Cäsars (* 100, †44 v. Chr.) hatte das 753 v. Chr. gegründete Rom rund 700 000[4] Einwohner und war eine Stadt des Reichtums und der Konsumenten – die gesellschaftliche Arbeitsteilung zwischen geistiger Arbeit in der Stadt und körperlicher Arbeit auf dem Land war voll entwickelt.

»Schwarzes Elfenbein« und Weihrauch

Mit dem Aufstieg Roms wuchsen auch die Verschwendungssucht und der Hang zum Luxus. In der römischen Bevölkerung hatte sich eine Konsumentenmentalität breitgemacht: Der Ruf nach »Brot und Spielen« (panem et circenses) war das Synonym für Dekadenz und ein Leben über den Verhältnissen. Während im hohen Norden die Germanen mit Hakenpflug ihr beschwerliches Tagewerk verrichteten, gingen die Bürger Roms ins Theater. Die Massen liebten grausige Spektakel – im größten Amphitheater der Antike, Roms Kolosseum, wurden Bären aus den germanischen Wäldern auf afrikanische Löwen gehetzt. Als Abwechslung wurde die Arena mit Wasser gefüllt, und zwei Gladiatorengruppen wurden als Seeräuber aufeinander losgelassen. In der roten Suppe schwammen die Leichen an der ersten Sitzreihe vorbei ...[5]

Die Römer ließen es sich gutgehen – zu gut, denn bald griff die erste Inflation der Weltgeschichte um sich. Geld war immer weniger da: Als Kaiser Nero (* 37, † 68) »Cash« brauchte, ließ er den Silber-

Münze aus der Zeit der Inflation mit dem Bildnis von Kaiser Caracalla

münzen einfach Kupfer beimischen. Rom geriet in eine Wirtschaftskrise, die schleichend kam, bis die Geldabwertung zwischen 346 und 360 n. Chr., binnen 14 Jahren, heftig zuschlug und der Wert der römischen Währung auf ein 120stel sank.[6] Die Zustände wurden immer unhaltbarer. Die Inflation schwoll zur Hyperinflation, und die Staatsbeamten ließen sich schließlich nur noch mit Getreide, Wein und Öl bezahlen. Es kam zu Bauernaufständen. Das Imperium Romanum brach zusammen und kehrte zur Naturalwirtschaft zurück.[7]

Mensch und Tier als wichtigste Energiequellen

Im Gegensatz zu den früheren Handelsmächten stützte sich das Römische Reich vor allem auf Sklavenwirtschaft und Eroberungskriegszüge quer durch Europa und Nordafrika. Rom lag immer mit irgend jemandem im Krieg. Die technischen Entwicklungen waren gering und menschliche sowie tierische Arbeitskraft die wichtigste Antriebsenergie: Wind- und Dampfkraft waren noch nicht als Energiequellen für die Produktion erschlossen,[8] und die Arbeitsbedingungen der Bauern waren kaum besser als die der Sklaven. Mit dem Einfall der Germanen und der Absetzung von Kaiser Romulus Augustulus im Jahr 476 n. Chr. durch den Germanen Odoaker endete das (West-)Römische Reich.

Bei den Römern war die Kirche kaum von Bedeutung gewesen. Dies änderte sich in der zweiten Hälfte des 1. Jahrtausends mit dem wachsenden Einfluß des katholischen Glaubens, der dem Klerus als drittem Stand neben Adel und Rittertum zur Macht verhalf. Diese drei privilegierten Gruppen grenzten sich scharf von Bauernstand und Bürgertum ab. Das zeigte sich bis in die Haarpracht und Kleiderordnung. 1244 hieß es in Bayern in einem »Artikel über die Bauern«: »Die Bauern wie ihre Söhne sollen das Haar bis zu den Ohren abschneiden. Ebenso sollen sie keine vornehmere Kleidung als graue und billige und nur rindsledernes Schuhwerk tragen.«[9] Bis in die ersten Jahrhunderte n. Chr. waren Wirtschaft und Kultur in Mitteleuropa von den Bauern geprägt worden, doch dieses Bild hatte sich gewandelt: Zwar blieben im Mittelalter 90% des Volkes in der Landwirtschaft tätig, aber die bäuerliche Masse bestimmte nicht mehr die einzelnen Wirtschafts- und Sozialperioden. Sie stellte nur

Die Einteilung der Menschheit in allegorischer Darstellung (1492): Links oben die Geistlichkeit, rechts der Adel, unten der als einziger hart arbeitende Bauer, der damit die über ihm stehenden Stände und sich selbst (in dieser Reihenfolge!) ernährt

die wirtschaftliche Grundlage der Oberschicht aus Klerus, Adel und Rittern, die das gesamte Mittelalter maßgeblich prägten.[10]

Bauer zu sein, das verlangte bis ins 9. Jahrhundert einen Hauch von Genius. Je nach Situation schlüpfte der Farmer in eine von vier sehr unterschiedlichen Aufgaben: Ackerbau, Viehzucht, Jagd und Krieg. Ab dem 9. Jahrhundert blieben davon nur Ackerbau und Viehzucht übrig, denn der Ritter übernahm Angriff und Verteidigung. Die Jagd, »Königin der Vergnügen«, wurde zum argwöhnisch gehüteten Vorrecht des Adels. Freude bereitete der Aristokratie auch der Fernhandel: Vor allem Karl der Große (* 747, † 814) fand Gefallen an den neuen Waren aus allen Himmelsrichtungen und wurde zum wichtigen Förderer der Kaufleute. Aus dem Frankenreich wurden Eisengeräte, Waffen und Getreide exportiert und englische Tücher, orientalische Luxuswaren und Gewürze eingeführt.[11] Die fahrenden Händler genossen im frühen Mittelalter hohes Ansehen: 975 wurde ein angelsächsisches Gesetz verabschiedet, das jedem Kaufmann, der auf eigene Rechnung drei Fahrten in die Mittelmeerländer unternahm, die Aufnahme in den Adelsstand versprach.[12]

Hansestadt Lübeck (aus Schedels Weltchronik, 1493)

Zwar lebte im Mittelalter der allergrößte Teil der Bevölkerung auf dem Lande, doch die wirtschaftlichen Impulse gingen von den Städten aus. Die Epoche der Stadtwirtschaft begann: Gab es um das Jahr 900 nur etwa 40 Städte in Europa, so wuchs diese Zahl bis zum Jahr 1200 auf 250[13] und 100 Jahre später auf über 2000.[14]

Epoche der Stadtwirtschaft

Zu Beginn des 13. Jahrhunderts war Köln mit 35 000 Einwohnern die größte deutsche Stadt;[15] Hansestädte wie Lübeck, Hamburg oder Rostock wurden zu einem machtvollen Wirtschaftsfaktor für den Handel mit Getreide, Heringen und Salz, vor allem im Ostseeraum. Im Binnenland entstanden die neuen Städte an Flußübergängen, um Burgen, Bischofssitze und Klöster. Besonders die Klosterhöfe entwickelten sich durch Schenkungen der Bevölkerung rasch zu großen Gütern. Auf dem Gebiet des Gartenbaus, wie der Züchtung von Obst- und Blumensorten, der Bienenzucht, im Weinbau und der Bierbrauerei, waren die Klöster ebenso führend wie mit ihren Schmieden, Buchbindereien, Baumeistern und Schneidereien.[16]

Die Klöster waren nicht nur Vorbild für Bauerntum und Handwerk, sondern auch Ausdruck dafür, daß die Kirche endgültig zum bedeutendsten Machtfaktor Europas aufgestiegen war. Technisch hatte sich bis ins 15. Jahrhundert ebenfalls ein Wandel vollzogen, denn für Energie sorgte neben Wasser nun auch Wind: Zum Gerben und Waschen, zum Mahlen von Getreide, für den Antrieb von

Schleifsteinen und zum Rühren von Biermaische wurden windgetriebene Mühlen eingesetzt. Hand in Hand mit der Technisierung dehnte sich die Werkstattarbeit aus, jene fortschreitende Arbeitsteilung, die durch die Hochkonjunktur des Baugewerbes – der »Bauboom« bei Kirchen, Klöstern und Städten ebnete den Weg – begünstigt wurde. Die Wirtschaftsgeschichte war bis ins Mittelalter eng an die Sozialgeschichte geknüpft: Die Technik hatte noch keinen Einzug gehalten, und beherrschenden Einfluß hatte die (katholische) Kirche.

1.2 Tulpenzwiebelspekulation und Kolonialreiche – Die Welt des Frühkapitalismus

Mitte des 14. Jahrhunderts brach in Europa eine Epidemie aus, die den Kontinent um Jahrzehnte zurückwarf: die Pest. Etwa ein Drittel der Bevölkerung wurde vom Schwarzen Tod dahingerafft. Am Ende waren viele Bauernhöfe verlassen – allein in Deutschland ging in dieser Zeit etwa ein Viertel aller Siedlungen unter.[17] Erst Ende des 15. Jahrhunderts war die Bevölkerung Europas wieder so groß wie vor dem Pestausbruch.[18]

Die Zeit der großen Entdeckungsreisen begann, vorwiegend aus wirtschaftlichen Gründen, denn im Jahr 1453 hatten die Türken Byzanz, das heutige Istanbul, erobert und damit die Wirtschaft des Abendlandes von den Schätzen Indiens und Chinas abgeschnitten. Über den Seeweg nach Indien sollte die Versorgung mit den gewohnten Luxusgütern des Orients auch weiterhin sichergestellt werden – zumal sie riesige Gewinne versprachen. Außerdem sollte das Importmonopol Venedigs gebrochen werden. Fast 300 Jahre nach den ersten Fahrten schrieb der Ökonom Adam Smith (→ Kapitel 2.1): »Die Entdeckung Amerikas und die eines Weges nach Ostindien um das Kap der Guten Hoffnung sind zwei der größten und wichtigsten Ereignisse, die die Geschichte der Menschheit verzeichnet.«[19] Bei beidem waren Spanier und Portugiesen führend.

Im Jahr 1498 landete Vasco da Gama (* 1469, † 1524) in Vorderindien, 1512 setzten sich die Portugiesen auf den Molukken, den Gewürzinseln, fest und machten so Lissabon zum zentralen Markt für die Güter des Fernen Ostens. Die Gewinne, die der portugiesischen Krone aus dem Handel zuflossen, waren gewaltig: Ein Pfund

Muskatnuß kostete soviel wie 50 Meter Leinwand, ein Pfund Safran war nur im Tausch gegen ein gutes Reitpferd zu bekommen, und für ein Pfund Zucker mußten drei Spanferkel geboten werden.[20] Schon zuvor hatte Christoph Kolumbus (* 1451, † 1506) versucht, nach Indien zu gelangen, 1492 jedoch »nur« die Bahamas in der Karibik erreicht. Der Name »Westindische Inseln« und die Bezeichnung »Indianer« für die Ureinwohner Amerikas erinnern noch heute an den Irrtum des Entdeckers.

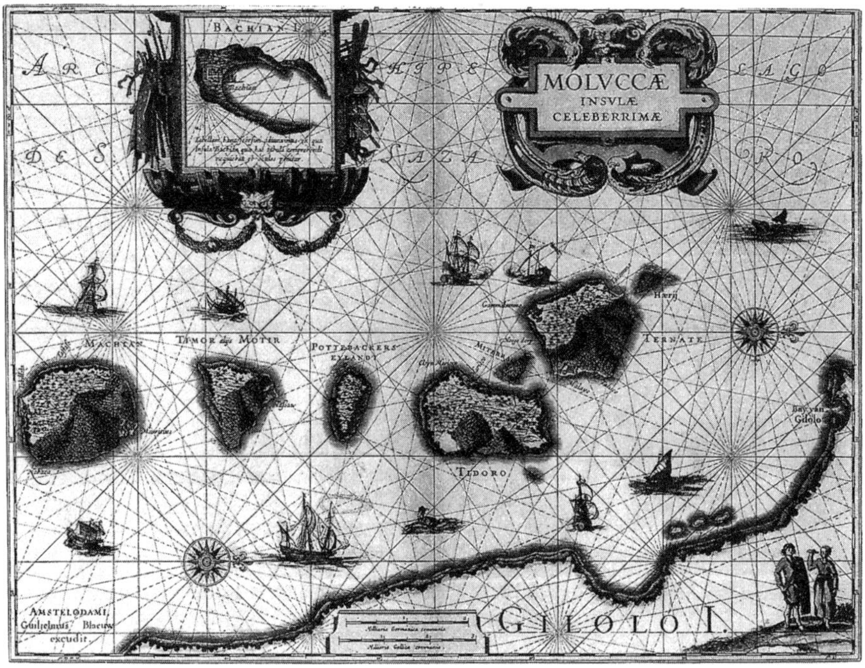

Die Gewürzinseln – Karte der Molukken aus dem 16. Jh.

Aus den eroberten Ländereien flossen bald ungeheure Schätze an Edelmetallen nach Europa – innerhalb weniger Jahrzehnte kam mehr Silber aus den Kolonien, als in ganz Europa seit der Antike gefördert worden war.[21] Die Gier nach Gold, Silber und Gewinn war bald der Ansporn für weitere Reisen. Die Epoche der Kolonialreiche bahnte den Weg zum Frühkapitalismus und zur Weltwirtschaft.

Gier nach Gold, Silber und Gewinn

Um eine Lebensgrundlage zu schaffen und die neuen Gebiete vor den Begehrlichkeiten anderer Kolonialmächte zu schützen, begannen Portugiesen und Spanier rasch mit der Einführung der Plantagenwirtschaft. Da sich die Indianer für die Arbeit auf den Farmen nicht eigneten, wurden aus Westafrika Sklaven herangeschafft. Viele Jahrzehnte war der Sklavenhandel zwischen Afrika und der Neuen Welt ein überaus einträgliches Geschäft: Schätzungsweise 40 Millionen Sklaven wurden zwischen dem 16. und 19. Jahrhundert wie Waren nach Amerika verschifft. Die Sklaverei des 16. bis 18. Jahrhunderts gab der europäischen Wirtschaft kaum neue Impulse, sie hat nur eine »große Zahl von Rentnern gezüchtet, aber nur in sehr geringem Maß dazu beigetragen, die gewerbliche Betriebsform und die kapitalistische Organisation zur Entfaltung zu bringen«,[22] wie Max Weber (→ Kapitel 2.3) in seiner *Wirtschaftsgeschichte* erkannte. Erst mit der Abschaffung der Sklaverei endete auch die Ausbeutung der Kolonien.

Auf Sklavenjagd im Dienste der Weltwirtschaft. Arabische Sklavenhändler mit ihrer »Ware« kurz vor dem Abmarsch in die Exporthäfen

Nach der Entdeckung des Seewegs nach Indien beteiligten sich verschiedene Handelshäuser an weiteren Expeditionen, darunter die Augsburger Handelshäuser der Welser und Fugger. Den Welsers verpfändete der spanische König sogar Venezuela.[23] Jakob Fugger II., genannt »der Reiche« (* 1459, † 1525), war der einflußreichste deutsche Unternehmer des vom blühenden Städtewesen getragenen Frühkapitalismus. Charakteristisch für diese Zeit war in Mitteleuropa das sogenannte Verlagswesen: Die

Welser und Fugger betrieben Unternehmen, in denen Heimarbeiter standardisierte Produkte fertigten und an den Unternehmer, den Verleger, verkauften, der die Rohstoffe vorstreckte und den Absatz organisierte.[24]

Die Ausdehnung des Verlagswesens war die »Industrialisierung vor der Industrialisierung«:[25] Der Verlag verband die mittelalterliche, handwerkliche Produktionsweise mit den Ansätzen eines modernen kapitalistischen Industriebetriebes, also der Massenfertigung und des unternehmerischen Know-how für die Beschaffung von Rohstoffen sowie die Erschließung von Absatzmärkten.[26] Die beiden Familienunternehmen brachten es zu enormem Reichtum und noch mehr Macht: Die Fugger machten mit ihren Krediten an das Fürstengeschlecht der Habsburger, denen durch eine geschickte Heiratspolitik der Aufstieg zu Weltgeltung gelang, jahrzehntelang die wirklich hohe Politik in Europa.[27]

Bis ins 15. Jahrhundert war der Fernhandel die Quelle der Kapitalbildung, im Frühkapitalismus kam der Bergbau in Tirol, Ungarn und Böhmen und den Überseekolonien hinzu (Silber, Gold und Kupfer). Spanien lebte von seinen Silberflotten, die das Edelmetall vor allem aus dem sagenhaften Cerro Rico (reicher Berg) in Potosí im heutigen Bolivien in die Heimat brachten. Das Land konnte sich ohne eigene Arbeit ernähren, und bald lehnten die adeligen Spanier jede Tätigkeit als nicht rittermäßig ab.[28]

Spanien meldet Staatsbankrott

Dekadenz und Prunksucht beschleunigten den Niedergang, und fast zwangsläufig mußte Spanien 1557 den Staatsbankrott erklären. Die Nachricht wirkte wie ein Paukenschlag: Alle Welt sah nur die Schiffsladungen voller Gold und Silber, wie konnte da der reichste Herrscher Europas zahlungsunfähig werden? Doch die Sicherung der Transporte vor Piraten und feindlichen Flotten verschlang Riesensummen, die Konquistadoren kauften in ganz Europa Waffen, Werkzeuge und Geräte, dazu leistete sich der spanische König laufend Religionskriege in Europa – trotz unerschöpflichen Edelmetallzuflusses war die spanische Handelsbilanz negativ. Die beiden Weltmächte der Iberischen Halbinsel brachen unter der finanziellen Last ihrer Kolonien zusammen. Ihre Nachfolge traten die Niederlande, Frankreich und England an.

Die Niederlande waren im 17. Jahrhundert die führende Handelsnation. Die Entwicklung neuer Schiffstypen hatte das 2-Millionen-Volk zur stärksten Seemacht der Welt gemacht.[29] Das goldene Zeitalter zeigte sich nirgendwo deutlicher als in der niederländischen Malerei mit Barock-Künstlern wie Peter Paul Rubens (* 1577, † 1640) und Rembrandt van Rijn (* 1606, † 1669).

Um die Nachfrage nach Gewürzen und anderen Handelsgütern aus den niederländischen Überseeprovinzen (vor allem Indonesien) zu decken, wurde 1530 die berühmte Amsterdamer Börse eröffnet.[30]

Amsterdamer Börse, Kupferstich, 1665

Die Kaufleute spekulierten mit allem, was aus den Kolonien kam, aber auch mit Tulpenzwiebeln, für die bald Phantasiepreise gezahlt wurden. Um 1636 mußte für eine Zwiebel, die vorher keinen wesentlichen Wert besessen hatte, »ein neuer Wagen, zwei graue Pferde und ein vollständiges Geschirr«[31] gezahlt werden. So plötzlich, wie er gekommen war, endete der ganze Spuk und riß zahlreiche Existenzen in den Abgrund. Die »Tulpomanie« der 1630er Jahre ging als erster – regional begrenzter – Börsenkrach in die Geschichte ein.[32]

Um 1750 hatte England die Vorherrschaft auf den Meeren erobert und war zur weltweit wichtigsten Wirtschaftsmacht aufgestiegen – vor allem der Frieden von Paris 1763 brachte auf Kosten der Franzosen große Gebietsgewinne in Nordamerika. England war an der Stelle Spaniens zum größten Sklavenhändler geworden.[33] Mit der Karriere als Kolonialmacht gingen wilde Spekulationen mit Aktien von neu gegründeten Handelshäusern einher, die Handel mit den Überseekolonien betrieben, wie die East India Company oder die 1711 gegründete Südseegesellschaft. Selbst der Crash einzelner englischer Aktien konnte den Boom nicht aufhalten.[34] Das Schlimmste verhinderte die 1694 von wohlhabenden Bürgern gegründete Bank von England, die zum Eckpfeiler des gesamten englischen Wirtschaftssystems wurde und den Kaufleuten bei ihren Geschäften finanziell unter die Arme griff.

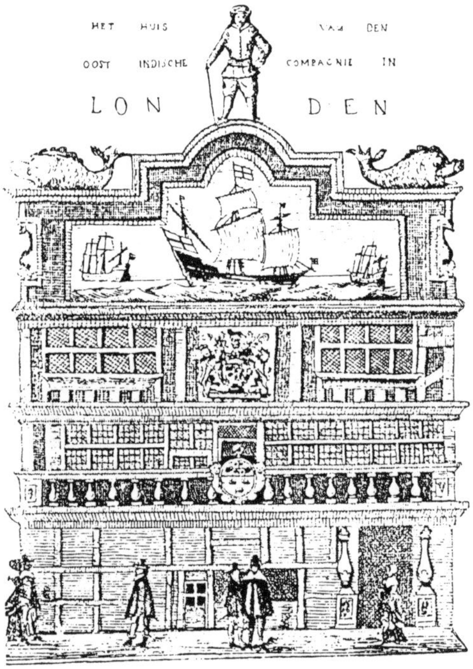

Hauptsitz der Britisch-Ostindischen Compagnie im 17. Jh.

Einen Rückschlag erlebte das Land erst an einem Dezembertag des Jahres 1773, als sich in den nordamerikanischen Kolonien Widerstand gegen die Bevormundung durch das Mutterland regte: Fünfzig als Indianer verkleidete Amerikaner stiegen auf die im Hafen von Boston liegenden Schiffe und warfen 340 Kisten Tee ins Meer.[35] Drei Jahre später deklarierten die Vereinigten Staaten von Amerika ihre Unabhängigkeit. Die »Boston Tea Party« markierte den Anfang einer wirtschaftlichen und politischen Entwicklung, aus der die USA später als Weltmacht hervorgingen.

Insgesamt war seit Mitte des 15. Jahrhunderts aus der antiken und frühmittelalterlichen Bedarfsdeckungswirtschaft durch die sagenhaften Ausbeutungsfeldzüge in den Kolonien eine Erwerbswirtschaft mit dem Ziel der Vermögensanhäufung geworden. Erstmals entwikkelte sich in der Wirtschaftsgeschichte Europas ein unternehmerischer Gedanke, basierend auf Privatinitiative und Eigennutz. Über die Finanzierung der Entdeckungsreisen und des Handels mit den Gütern aus den Kolonien gewann der Produktionsfaktor Kapital spätestens ab dem 16. Jahrhundert gegenüber den Produktionsfaktoren Arbeit und Boden an Bedeutung.

Doppelte Buchführung und Martin Luther

Die Handelsimperien der Fugger und Welser in Deutschland waren die ersten großkapitalistischen Unternehmen. Bereits 1494 hatte der Italiener Luca Pacioli (* 1445, † 1514) die doppelte Buchführung so weit entwickelt, daß Kaufleute großer Unternehmen damit ihren Profit kalkulieren konnten.[36] Die positive Bewertung des Kapitals wurde durch die Reformation ab 1517 noch unterstützt: Der Individualismus des Unternehmertums bildete den Boden für die von Martin Luther (* 1483, † 1546) angezettelte religiöse Revolution und die Herausbildung eines neuzeitlichen Wirtschaftslebens, des Merkantilismus.

Dieser konnte sich nur in einem absolutistischen Staatsgefüge entwickeln. Der Staat wachte über Preise, Löhne und Gewinne, und die Handelspolitik sollte durch protektionistische Maßnahmen den Handelsüberschuß maximieren, der maßgeblich für den Reichtum eines Landes war. Diese Politik wurde vor allem von Ludwig XIV. (* 1638, † 1715), Frankreichs »Sonnenkönig«, vorangetrieben. Unter seinem Finanzminister Jean-Baptiste Colbert mußten sich alle Unternehmen den Staatsinteressen unterordnen, um einen möglichst großen Vorrat an Gold und Silber im Land anzuhäufen. Mit Bestrafung mußte rechnen, wer Produkte importierte, die auch in Frankreich hergestellt wurden; Exporte wurden gefördert. Den Merkantilismus gab es in einer Reihe von Spielarten: in England als Bullionismus und in Deutschland als Kameralismus.[37]

Bis ins 17. Jahrhundert existierte in Europa eine Handelswirtschaft, die ganz Europa umfaßte und damit bereits den Keim beinhaltete, der heute mit der Globalisierung aufblüht.[38] Mit dem

Merkantilismus verschwand in wichtigen Ländern die freie Handelskultur, die aus Sicht der absolutistischen Herrscher nicht sinnvoll war, weil nur durch die Abschottung des Marktes die eigene Wirtschaft angekurbelt wird. Mit ökonomischer Brille war und ist diese Strategie bedenklich, weil sie den freien Wettbewerb verhindert. In diese Kerbe schlug 1776 Adam Smith (→ Kapitel 2.1) mit seiner Schrift *Untersuchung über die Natur und Ursachen des Wohlstands der Nationen,*[39] in der er gegen den Merkantilismus und die Einmischung des Staates in die Wirtschaft zu Felde zog. Das Buch und sein Autor sorgten rasch für Furore: Smith gilt heute als Gründer der Nationalökonomie.

1.3 Fabrik und soziale Frage – Die industrielle Revolution

Das Buch Smiths fällt in die Frühphase der industriellen Revolution, als deren Grundstein die Erfindung der Dampfmaschine im Jahr 1769 gilt. England, die ökonomische Großmacht, war zwar im 18. Jahrhundert noch überwiegend von der Landwirtschaft geprägt, jedoch schon 1840 zur »Werkstatt der Welt« gewachsen, zur ersten Industrienation. Die Einzelanfertigung wurde zu Massenproduktion und Manufakturen zu Fabriken. Die mit der technischen Revolution in England begonnene Industrialisierung griff im 19. Jahrhundert auf ganz Europa über. In Deutschland setzte die maschinelle Produktion gegen Mitte des Jahrhunderts ein: Nach der gescheiterten deutschen Revolution von 1848/49 floß die Kraft des politisch unmündigen Bürgertums in die Wirtschaft. Als Symbol für den beginnenden technisch-wirtschaftlichen Fortschritt gilt die erste deutsche Eisenbahn, die ab 1835 zwischen Nürnberg und Fürth fuhr, und zwar, wie es hieß, im »Geschwindgalopp« von 40 km pro Stunde auf einer 6 km langen »Kunststraße aus Eisen«.[40] Die Eisenbahn wird fortan zum Motor des Fortschritts – bereits 1850 umfaßte das deutsche »Kunststraßennetz« 6044 km, in den USA lagen 14 524 km und in England 10 653 km.[41]

Es entstanden riesige Industriegebiete, das größte und wichtigste war in Deutschland von Anfang an das Ruhrgebiet. Auf der Basis der Ruhrkohle entwickelte sich die eisenschaffende und -verarbeitende Industrie, gefolgt von der Maschinen- und der kohlechemischen

»Adler«, die erste Lokomotive in Deutschland

Industrie. Das Wachstum überschlug sich: Während die deutsche Industrie 1850 nur auf ein Zehntel der Kapazität an Maschinenkraft zurückgreifen konnte, die der englischen Industrie zur Verfügung stand, hatte Deutschland zwanzig Jahre später gleichgezogen und war zur führenden Wirtschaftsmacht auf dem Kontinent geworden.[42]

»Machen wir Preußen industriös, damit es stark wird!«

Die industrielle Revolution kam nicht aus heiterem Himmel. Neben der Dampfmaschine von James Watt (* 1736, † 1819) wurden 1785 der mechanische Webstuhl, 1779 die Spinnmaschine und 1784 das Puddel-Verfahren erfunden, durch das sich Eisen schmiedbar machen ließ. Enorme Erkenntniszuwächse in den Naturwissenschaften wie Newtons Grundgesetze der Mechanik erlaubten, Kohle in Antriebskraft zu verwandeln und die Entwicklung von Maschinen zu planen. Schrittmacher in Deutschland war Preußen: »Machen wir Preußen industriös, damit es stark wird!«[43] hieß die Devise im Staatsapparat. Die Unternehmer klatschten Beifall, und nicht umsonst ist die Industrialisierung – wie jede Pionierphase – eng mit Persönlichkeiten verbunden, die dem technischen Fortschritt und damit dem eigenen Einkommen weitere Dynamik verliehen. Einer der Wegbereiter war Alfred Krupp (* 1812, † 1887), der mit 14 Jahren von seinem Vater ein bescheidenes Gußstahlwerk mit 7 Arbeitern übernahm und daraus bis zu seinem Tod ein Industrieimperium mit über 20 000 Beschäftigten machte (→ 1. Exkurs).[44]

Erstes Stammhaus der Familie Krupp auf dem Werksgelände in Essen

In den 1850er Jahren war die Frühindustrialisierung auf dem europäischen Kontinent in vollem Gange. In den neuen industriellen Ballungsräumen, den Kohlegebieten um Liverpool, Manchester, Newcastle oder im Ruhrgebiet, schoß die Textil- und Konsumgüterindustrie aus dem Boden und gab der Industrialisierung einen wichtigen Impuls. Das wesentliche Kennzeichen der industriellen Revolution war die »Industrialisierung der Beschäftigungsstruktur«,[45] nämlich die Ausweitung des Anteils der in Industrie und Handwerk Tätigen: Schon 1821 gab es in Industrie und Bergbau Englands mit einem Anteil von 38,4 % mehr Beschäftigte als in der Landwirtschaft (28,4 %).[46] Zeitgleich mit der Industrialisierung wuchs Englands Bevölkerung rapide an: von 7 Millionen im Jahr 1770 auf 16 Millionen (1820) und 27 Millionen (1850).[47]

Deutschland hinkte der Entwicklung hinterher und hing technisch in hohem Maße von ausländischem Wissen ab. Von den 245 Lokomotiven, die es im Jahr 1842 in Preußen gab, stammten bis auf 38 alle aus dem Ausland.[48] Die deutsche Regierung beschäftigte sich in ihrem Machterhaltungstrieb fast nur mit sich selbst und mit der kolonialen Aufteilung der Welt, um Deutschlands verspäteten Anspruch auf einen »Platz an der Sonne«[49] zu unterstreichen. Ein Lichtblick war lediglich die Bildung des Deutschen Zollvereins – Wegbereiter für einen deutschen Nationalstaat –, mit dem 1834 die deutsche Kleinstaaterei überwunden und der Binnenmarkt stark erweitert wurde. Im Frühjahr der Industrialisierung kam die Politik kaum ihrer Aufgabe als Förderer der Moderne nach.

Nur ein Plätzchen an der Sonne:
die europäischen Kolonien vor dem Ersten Weltkrieg[50]

Mutterland			**Kolonien**	
England	317 900 km²	45,7 Mio. Einwohner	33 598 500 km²	394,1 Mio. Einwohner
Frankreich	436 500 km²	37,3 Mio. Einwohner	16 649 600 km²	81,6 Mio. Einwohner
Deutschland	540 900 km²	64,6 Mio. Einwohner	2 925 000 km²	12,3 Mio. Einwohner
Niederlande	34 500 km²	6,4 Mio. Einwohner	2 045 600 km²	48,0 Mio. Einwohner
Belgien	29 500 km²	7,6 Mio. Einwohner	1 365 000 km²	15,0 Mio. Einwohner

Die Politik schritt auch nur zögerlich ein, als sich die Arbeitermassen in ihrer kümmerlichen Existenz durch die Maschinen bedroht sahen, die die Handarbeit ersetzten: »Zertrümmert die Maschinen!« ertönte es immer häufiger. In Lyon kam es 1834, in Schlesien 1844 wegen der katastrophalen Lebensbedingungen zu Weberaufständen, die das Militär blutig niederschlug. Innerhalb weniger Jahrzehnte waren in den teilweise jahrhundertealten Gewerbelandschaften des europäischen Kontinents Fabriken mit automatisierter Technik gewachsen, die kaum neue Produkte, sondern die alten – vor allem Textilien – herstellten und damit Hunderttausenden von Handarbeitern die Lebensgrundlage entzogen.

Allerdings war in der ersten Hälfte des 19. Jahrhunderts in raschen Entwicklungsschüben auch ein neuer Industriezweig entstanden, der die nächsten Jahrzehnte entscheidend prägen sollte: die Eisen- und Stahlindustrie. Anfangs klein an Umfang, stieg der Bedarf an Stahl durch die expandierende Eisenbahn enorm: Im Laufe des 19. Jahrhunderts erhöhte sich weltweit die Roheisenproduktion von einigen 100 000 Tonnen auf geschätzte 41 Millionen Tonnen.[51] Damit war der Eisenbahnbau historisch gesehen besonders in England und Deutschland der wichtigste Faktor für den industriellen Take-off: Er verringerte die Transportkosten und erschloß so neue Absatzgebiete; durch ihn entwickelte sich ein wichtiger Exportsektor, und er verlieh der Kohle-, Eisen- und Maschinenbauindustrie Auftrieb.[52]

Wachsende Bedeutung von Ruhrgebiet und Saarland

Bald verdrängten Eisenbahn und Schwerindustrie den Textilsektor in seiner Bedeutung und rissen die Gesamtwirtschaft mit. In Deutschland hatte dies weitreichende Folgen für die räumliche Verteilung der Gewerbezonen: Zwar blieb Sachsen ein wichtiger Industriestandort, doch hatte es ab dem zweiten Drittel des 19. Jahrhunderts keine Chance mehr, mit dem Ruhrgebiet und der Saar zu konkurrieren. Das atemberaubende Wachstum dieser schwerindustriellen Zentren ging auf Kosten der Mittelgebirge, aus denen sich die Metallerzeugung zurückzog, so daß Schlesien, der Hunsrück, Oberhessen und Württemberg zu den Verlierern zählten.

In England beherrschte die Fabrik 1840 die Arbeitswelt, dort verdiente fast die Hälfte aller männlichen Beschäftigten ihr Brot,[53] von ihr hing das Wohl der gesamten Wirtschaft ab. Das zeigte zumindest die sogenannte erste Weltwirtschaftskrise, die von 1857 bis 1859 eine internationale Rezession hervorrief. Damals war noch unbekannt, daß die moderne Wirtschaft, durch Kapital- und Warenmärkte enger denn je verflochten, einer weltweiten Abfolge von Konjunkturen und Krisen unterliegt: Der Franzose Clément Juglar (* 1819, † 1905) errechnete erstmals in den 60er Jahren des 19. Jahrhunderts die nach ihm benannten Konjunkturzyklen von sieben bis elf Jahren.[54] Das neue Wissen bewahrte die Wirtschaft 1873 jedoch nicht vor einem Börsenkrach, der die Gründerzeit in Deutschland abrupt beendete und die ganze Welt – ähnlich wie 1929 – in die Tiefe zog.

Gegen Ende des Jahrhunderts bekam die bis dahin dominierende Dampfmaschine überlegene Konkurrenz: 1867 hatte Werner von

Erdölfeld der Standard Oil Company von Rockefeller

Siemens den Dynamo erfunden, mit dem sich elektrischer Strom erzeugen ließ. Die Elektrizitätswirtschaft und die neue Industrie der organischen Chemie traten ihren Siegeszug an. 1885 baute Carl Benz den ersten Kraftwagen und gab damit der Automobil- und Ölindustrie den entscheidenden Impuls. Petroleum wurde ein begehrter Rohstoff und die Erdölförderung zu einem wichtigen und lukrativen Wirtschaftszweig. John Davison Rockefeller gründete 1882 den Standard Oil Trust und stieg dank des Öls zu einem der einflußreichsten Männer der Welt auf, bis sein Imperium, das 95 % des Raffineriegeschäfts in den USA kontrollierte, 1892 durch die US-Regierung zerschlagen wurde (Anti-Trust-Gesetz von 1890).

»Made in Germany« soll deutsche Produkte brandmarken

Ende des 19. Jahrhunderts hatte England seine industrielle Vorherrschaft an die rasch aufstrebenden Nationen des europäischen Kontinents und die USA verloren. Die Insel spürte besonders die deutsche Konkurrenz und reagierte mit der Einführung des Vermerks »Made

Ottos neuer Motor. Der erste Prototyp von 1876

in Germany« auf importierten Waren aus Deutschland. Der Stempel sollte die Produkte als billig und schlecht deklassieren – eine fatale Entscheidung, denn später wurde daraus die beste Werbung für deutsche Güter.

Wirtschaftlich hatte sich in der Welt des 19. Jahrhunderts Gewaltiges getan: Die steigende Güterproduktion verlief parallel zur Errichtung eines Transportnetzes (Eisenbahn, Suezkanal) und zu wichtigen Erfindungen wie des Telefons (1876), des Otto-Motors (1876), nahtloser Rohre (1884) oder des Bessemer-Verfahrens (1856), mit dem sich Stahl erheblich billiger herstellen ließ. Insgesamt hatte sich der Welthandel zwischen 1800 und 1900 verdreizehnfacht.[55]

Klarer Gewinner waren die USA, die bereits 1900 in einigen Bereichen England als führende Wirtschaftsmacht abgelöst hatten und auf der Schwelle zur Weltmacht standen. 1869 verband die erste Eisenbahnlinie New York mit San Francisco und machte den Wilden Westen zahm. Vor allem die Unternehmenslust der Einwanderer sowie die immensen Bodenschätze des riesigen Landes waren die Fakten, denen England und sein nicht mehr wachsendes Weltreich nichts entgegenzusetzen hatte.[56] Der Erste und noch mehr der Zweite Weltkrieg sollten diese Entwicklung bestätigen.

Die Schattenseiten der Industrialisierung bekamen vor allem die Arbeiter zu spüren: Fließbandarbeit und schwere körperliche Arbeit in den Bergwerken – auch für Kinder – waren an der Tagesordnung, und die Ausbeutung durch die Unternehmer erreichte Ausmaße, daß das britische Parlament bereits 1833 Konsequenzen gezogen und die ersten Sozialgesetze erlassen hatte: Mit dem »factory act« wurde die Arbeit von Kindern unter 9 Jahren verboten, die wöchentliche Arbeitszeit der 9- bis 13jährigen auf 48 Stunden und die der 14- bis 18jährigen auf 68 Stunden begrenzt.[57] Zugleich organisierte sich die Arbeiterbewegung als Gegengewicht zur Allmacht der Unternehmen und fand in Karl Marx (→ Kapitel 2.2) ihren Vordenker.

Kapital wird zur wichtigsten Wirtschaftsmacht

Zusammenfassend ist für die industrielle Revolution bezeichnend, daß die Macht der Wirtschaft von Arbeit und Boden – wie schon früher erkennbar – auf das Kapital überging. Bauern, Handwerker und Händler liefen in Scharen zur Arbeit in Fabriken und Bergwerke, die für die notwendige Technologie und Infrastruktur immer höhere Investitionen verlangten. Die Industrialisierung brachte mit dem Unternehmer einen neuen Menschentypus hervor, der neben den Erfindern wie Thomas Alva Edison (* 1847, † 1931) oder Nikolaus August Otto (* 1832, † 1891) für die wirtschaftliche und politische Entwicklung entscheidend war. Herrschten zu Beginn des 19. Jahrhunderts im britischen Parlament noch die großen Familien des alten Landadels vor, so war gegen Ende des Jahrhunderts der Großindustrielle Joseph Chamberlain (* 1836, † 1914) aus Birmingham die dominierende Figur der britischen Politik. In den USA regierten um 1800 noch die reichen Großgrundbesitzer und Sklavenhalter aus Virginia; knapp 100 Jahre später hatten Unternehmer die Macht an sich gerissen – aus dem US-Senat war eine Interessengemeinschaft reicher Geschäftsleute geworden.[58]

Bis Ende des 18. Jahrhunderts hatte die Bevölkerung den Kampf um die vorhandenen Rohstoffe und Nahrungsmittel häufig verloren. Erst ab dem 19. Jahrhundert überwogen die Einflüsse durch technische Innovationen, und die Engpässe in der Nahrungsmittelbeschaffung konnten beseitigt werden. Durch die kapitalintensive Wirtschaft entstanden neue Arbeitsmöglichkeiten, die auch neue Einkommen schafften, die Arbeitermassen jedoch in bitterstes Elend stürzten. Historisch gesehen gehören wirtschaftliches Wachstum und Bevölkerungszunahme zusammen. Und die Bevölkerung in den einzelnen Staaten stieg rapide – in den europäischen Industriestaaten durch eine höhere Lebenserwartung und in den USA durch Einwanderung.

Die industrielle Revolution war nicht nur eine technische Umwälzung und eine »Emanzipation von der Natur«,[59] sie war auch eine geistige Revolution: Ein Aufblühen der Aufklärung und der damit einhergehende gesellschaftliche Wandel folgten auf dem Fuße. Die Umstellung der Produktionstechnik von Einzelfertigung auf Massenproduktion war einschneidender als jede wirtschaftliche Innovation zuvor – unterstützt durch eine »gestiegene Erfindungsrate« war sie der logische Schritt in einer bereits kapitalistischen Wirtschaft.

1. EXKURS

Die Wiege deutscher Industriekultur – Aufstieg, Blüte und Fall der Krupp-Dynastie

Krupp – der Name ist von Geschichte und Mythos umrankt wie kein zweiter deutscher Firmenname. Die steigende Bedeutung des Namens Krupp ist auf das engste mit der Entwicklung Deutschlands verbunden: von einer ländlichen Gesellschaft zu einer internationalen Industriegröße. Krupp war im 19. Jahrhundert der Inbegriff erst für die deutsche Industrie, dann sogar für Deutschland selbst.

Bereits 1811 gründete Friedrich Krupp (* 1787, † 1826) seine Fabrik in Essen, um während der Kontinentalsperre Napoleons die Versorgung Deutschlands mit Gußstahl zu sichern. Friedrich war jedoch wenig erfolgreich und übergab seinem ältesten Sohn Alfred (* 1812, † 1887) eine verschuldete Stahlhütte, die dieser

Alfred Krupp

zielstrebig ausbaute. Weltruhm erlangte das Unternehmen durch die Herstellung von Gußstahl, der 1830 zu Walzen, 1848 zu Eisenbahnachsen, 1853 zu den ersten nahtlosen Eisenbahnreifen und 1859 in größerem Maße zu den ersten Kanonen verarbeitet wurde, jenen Produkten, die Krupp später zum einflußreichsten Fabrikanten des Deutschen Reiches machten. [60]

Der Aufstieg des Unternehmens fällt mit der ersten Weltausstellung 1851 in London zusammen, auf der Alfred Krupp einen riesigen Stahlblock von über zwei Tonnen präsentierte. Selbst die führende englische Industrie wagte sich damals nicht an ein derartiges »monsterpiece«.[61] In das heimatliche Essen schrieb er: »Ich habe gesagt, so ein Stückchen machen wir alle Tage.«[62] Geld verdiente das Unternehmen vor allem in der boomenden Eisenbahnindustrie: Das Patent auf nahtlose Radreifen für Eisenbahnräder brachte einen steten Geldregen. Nicht umsonst wurden drei Eisenbahnradreifen ab 1875 zum Firmenzeichen.[63] Der »Herr der Ringe« plante geschickt den Ausbau seiner Firma und entwickelte die ehemalige Stahlküche zu einem vertikal gegliederten Konzern mit Zechen, Erzgruben und weiterverarbeitenden Betrieben.

Für neue Märkte hatte Alfred Krupp einen siebten Sinn, und so expandierte die Firma stürmisch: Von 365 Mitarbeitern im Jahr 1854 stieg die Zahl binnen 20 Jahren auf über 15 000 und bis 1914 auf über 81 000[64] – die damals größte Stahlfabrik der Welt und der Rüstungsgigant schlechthin.

Krupp war der Prometheus, der den Deutschen die Schwerindustrie bescherte und fast eine Monopolstellung als Waffenlieferant hatte. Ausländische Könige, Kanzler und natürlich Kaiser Wilhelm II. gingen ein und aus in der 1873 fertiggestellten Villa Hügel, einem repräsentativen Prachtbau im Süden Essens, der an Großzügigkeit und Luxus jedem Palast der Welt das Wasser reichen konnte. Der Kontakt zu den deutschen Herrschern war Alfred Krupp wichtig, denn nur dank der Achse Berlin–Essen drehten sich in seinen Werken die Räder. Größter Kunde war direkt oder indirekt das Deutsche Reich. Die Symbiose war perfekt: Krupp machte gewinnträchtige Geschäfte als »Waffenschmiede des Reiches«,[65] und Wilhelm II. konnte sich auf seinen Haus- und Hoflieferanten verlassen, der ihm half, sein ehrgeiziges Rüstungsprogramm voranzutreiben. An diesem Verhältnis zwischen Regierung und Unternehmen änderte sich wenig, als Friedrich Alfred Krupp (* 1854, † 1902) im Jahr 1887 die Firmenleitung übernahm und später Alfried Krupp von Bohlen und

Halbach (* 1907, † 1967) zum Waffenlieferanten des Dritten Reiches wurde.

Seine größte Macht erreichte der Krupp-Konzern im Ersten Weltkrieg, als die Produktion von Kriegsmaterial 80% des Gesamtumsatzes ausmachte.[66] Nach dem strikten Verbot der Herstellung von Militärtechnik durch den Versailler Vertrag stellte er seine Produktion auf Kartoffelkulturgeräte, Milchentrahmer und Gebißplatten,[67] aber auch Lokomotiven und Anlagen um: 1924 Konstruktion der ersten deutschen Dampfturbinen-Lokomotive, weltweiter Erfolg mit Edelstahl (Nirosta, V2A) und 1928 Bau der weltgrößten Schmiedepresse. Auch im Zweiten Weltkrieg war das Unternehmen nicht untätig und produzierte bald einen Großteil der deutschen Rüstungsgüter.

Trotz der Superlative und der Bedeutung für die deutsche Industriegeschichte ist die Geschichte des Konzerns wechselvoll. Da ist das dunkle Kapitel als maßgeblicher Waffenlieferant Wilhelms II. und Hitlers, aber auch die selbstherrliche Gestalt Alfred Krupps, der trotz Einrichtung von Betriebskrankenhäusern und Pensionskasse keineswegs nur die immer wieder betonte soziale Vorzeigefunktion einnahm. »König« Alfred war auch Verfasser klarer Reglements für seine Fabrikarbeiter: »Wer trotzen will oder seine Pflicht weniger tut, wird beim Ertappen entlassen. Ebenso, wer sich wiederholt ein Versehen zuschulden kommen läßt. ... Frechheit wird augenblicklich bestraft.«[68] 1912/13 war die Firma in einen Bestechungsskandal hoher Militärs verwikkelt, bei dem das Unternehmen erstaunlich ungeschoren davonkam.[69]

Am dicksten kam es nach dem Zweiten Weltkrieg: Der letzte Stahlbaron der Dynastie, Alfried Krupp von Bohlen und Halbach, wurde 1948 von einem alliierten Gericht wegen »Plünderung und Sklavenarbeit« zu zwölf Jahren Gefängnis verurteilt, das gesamte Vermögen eingezogen. Nach der Revision des Urteils übernahm Alfried 1953 wieder die Führung des Unternehmens, unterstützt von Berthold Beitz, der bald das Sagen hatte. Aus den Ruinen des Unternehmens, von denen ein britischer Offizier 1945 sagte, »dies wird einmal eine grüne Wiese«, entstand der

Konzern neu. Nach dem Tod des letzten Krupp im Jahr 1967 schien die Familienära endgültig beendet: Das Unternehmen geriet in eine schwere Finanzkrise, 1974 übernahm der Staat Iran über ein Viertel des Aktienkapitals und damit eine Sperrminorität. Auch die Übernahme des Konkurrenten Hoesch Anfang der 1990er Jahre konnte den Konzern nicht retten: 1999 wurde das einst einflußreichste Unternehmen des Deutschen Reiches vom Erzfeind Thyssen »freundschaftlich« geschluckt. Damit war das Ende einer Legende endgültig besiegelt: eines Familiennamens, der geschichtlich und kulturell mehr als jeder andere jene nationalen Züge in sich vereint, die über Jahrzehnte als »deutsch« bezeichnet werden.[70]

1.4 Fordismus und Weltwirtschaftskrise – Die Zeit bis zum Zweiten Weltkrieg

Im 19. Jahrhundert hatte die Industrie die seit Jahrhunderten herrschende Landwirtschaft als wichtigste ökonomische Säule der Welt abgelöst. Das darauf folgende Kapitel der Wirtschaftsgeschichte ist vor allem ein Ergebnis technologischer Entwicklungen. Sie sind im 20. und zu Beginn des 21. Jahrhunderts die Antriebskräfte des Wandels.

Die Zeit bis zum Ersten Weltkrieg stand ganz im Zeichen des Kapitalismus, der zusammen mit der Technik weite Landstriche erschloß und für die wachsende Bevölkerung neue Arbeitsplätze schuf. Die Großindustrie brauchte laufend riesige Mengen an Kapital, und so wurden immer mehr Aktiengesellschaften gegründet, die sich durch den Verkauf von Unternehmensanteilen einen »anonymen Kredit« bei den Anlegern holten. Am Aktienhandel beteiligten sich auch die Banken, die zugleich Kredite vergaben und Devisen beschafften. Die Bedeutung der Banken als dominierende Geldgeber hatte seit der Gründerzeit in den 1870er Jahren ständig zugenommen. Bemerkenswert ist die Studie von Rudolf Hilferding (* 1877, † 1941), der 1910 in *Das Finanzkapital* die Theorie aufstellte, daß es den großen Universalbanken in Deutschland über die Präsenz von Bankvertretern in den Leitungsgremien der Unternehmen gelungen sei, die Führung der Firmen zu kontrollieren. Der Besitz an solchen Unternehmen ist häufig unter vielen Investoren verstreut, deren Hauptinteresse nur noch in einer möglichst hohen Dividendenzahlung besteht, so Hilferding.[71] Die These hat heute durch die vielfache finanzielle Verflechtung der deutschen Großbanken mit Unternehmen kaum an Aktualität verloren. Hilferding, Neo-Marxist und von 1923 bis 1928 an der Spitze des deutschen Finanzministeriums, machte den Einfluß der Banken sogar zum Mittelpunkt einer Theorie des Kapitalismus.[72]

Am Vorabend des Ersten Weltkriegs galt in der Welt der Goldstandard: Durch einen festen Umtauschkurs in Gold waren die Wechselkurse der Währungen untereinander stabil und formten eine strenge Währungsordnung. Möglich geworden war dies erst durch die Gründung von Zentralbanken: 1893 entstand die Banca d'Italia, 1867 die Österreichisch-Ungarische Bank, 1905 die Schweizerische

Nationalbank und 1876 die Deutsche Reichsbank, die aus der Preußischen Bank hervorging. Zuvor waren in Deutschland 114 verschiedene Arten von Papiergeld im Umlauf, und es existierten 33 Notenbanken.[73] Die USA schlossen sich mit dem »Currency Act« im Jahr 1900 der internationalen Währungsverfassung auf Goldbasis an.

Streit um wirtschaftliche Führungsposition

Die Periode des Goldstandards fiel zwischen 1876 und 1914 mit einer Zeit des Friedens, der Prosperität und des Welthandels zusammen. Die Staaten in Europa waren hauptsächlich damit beschäftigt, sich um die wirtschaftliche Vormachtstellung zu prügeln. Deutschland hatte sich in vielen Bereichen eine Führungsposition erarbeitet: AEG, Siemens & Halske, Thyssen, Krupp und die Farbenwerke Höchst erreichten Weltgeltung, und von den 42 Nobelpreisen in Physik, Chemie und Medizin gingen bis zum Ersten Weltkrieg 19 an deutsche Forscher. Das Ruhrgebiet war der Inbegriff deutscher Wirtschaftskraft. Wilhelm II. (*1859, †1941) versteifte sich auf ein ehrgeiziges Flottenprogramm, um seine ökonomische Macht zu dokumentieren und England die Herrschaft auf den Weltmeeren streitig zu

Kohle ist im Ruhrgebiet der Treibstoff der Industrialisierung

Das Modell »T« verläßt erstmals 1908 die fünf Jahre zuvor gegründete Ford Motor Company in Detroit. Der zweisitzige Roadster gilt als Meilenstein der industriellen Produktionstechnik

machen. Er gab die Wettrüstung selbst dann nicht auf, als sich die Beziehung zu dem Inselstaat rapide abkühlte: Der Kaiser bemerkte dazu nur, daß für ihn »ein gutes Verhältnis zu England um den Preis des Ausbaus der Flotte Deutschlands nicht erwünscht ist«.[74] Wilhelm II. rasselte mit dem Säbel, den ihm die deutsche Wirtschaft hergestellt hatte.

Weitgehend unbemerkt von Europa hatte sich in den USA noch vor 1914 ein revolutionäres Produktionsverfahren durchgesetzt: die Massenproduktion. Die preiswerte Serienfertigung durch das Fließband war vor allem Henry Fords Pionierleistung. Die Produktion der berühmten Tin Lizzi (»Blech-Liese«) stieg von 18 660 Fahrzeugen in den Jahren 1909/10 auf das 17fache nur fünf Jahre später. Gleichzeitig fiel der Preis von 950 Dollar auf 490 Dollar[75] – der Preissturz von fast 50 % erlaubte es auch den weniger Wohlhabenden, sich ein Auto zu leisten. Der Wagen bestand ausschließlich aus genormten und damit leicht austauschbaren Teilen und war, wie Ford lakonisch verkündete, in jeder Farbe des Regenbogens erhältlich, solange sie schwarz sei.[76]

> Die motorisch bewegten Fahrzeuge haben gegenüber den von Zugtieren gezogenen verschiedene Vorteile. Zunächst lassen sich mit Motorwagen größere Geschwindigkeiten, auch für längere Zeit, erreichen als mit Zugtieren; auch größere und anhaltende Steigungen werden leichter überwunden, wobei die bei Lastwagen häufigen Tierquälereien fortfallen. Ferner verbraucht der Motorwagen nur während der Fahrt Energie, während die Pferde auch im Stall gefüttert werden müssen, und schließlich besitzen die Motorwagen die für verkehrsreiche Städte wichtigen Vorteile, daß sie weniger Raum beanspruchen als die mit Pferden bespannten Fuhrwerke, und daß sie die Straßen nicht verunreinigen.[77]

Henry Ford verkörperte damals ebenso wie der Ölkönig Rockefeller die Möglichkeit, ein ungeheures Vermögen in »God's own country« durch eigene Kräfte zu erwerben. Durch die Einwanderungswellen aus dem alten Kontinent stieg die Bevölkerung in den USA von 39 Millionen im Jahr 1850 auf 92 Millionen im Jahr 1910.[78] Riesige Rohstoffvorkommen beschleunigten das Wirtschaftswachstum – die US-Kupferminen waren die ergiebigsten der Erde, und die Erdölgewinnung übertraf bereits vor dem Ersten Weltkrieg die aller anderen Staaten bei weitem.[79]

Fortschritt beendet sein »friedliches« Dasein

Der Ausbruch des Ersten Weltkriegs im Jahr 1914 markierte einen wichtigen Einschnitt in der Weltgeschichte, denn der technische Fortschritt verlor seinen bis dahin »friedlichen« Charakter und wurde systematisch zur Vernichtung von Mensch und Material eingesetzt: Es war der erste industriell geführte Krieg und zugleich der letzte, der noch von vorindustrieller Mentalität geprägt war.[80] Die Schlacht an der Somme und der Kampf um Verdun im Jahr 1916 wurden zu Materialschlachten, die insofern als Archetyp des industrialisierten Krieges gelten, als sie die Kriegführung auch zu einer »Managementaufgabe« machten, damit die notwendigen Rohstoffe herangeschafft und die Soldaten und erzeugten Rüstungsgüter an die verschiedenen Fronten gebracht werden konnten. Haupttransportmittel war zwar immer noch das Pferd – 1914 wurden etwa 5 Millionen Pferde »rekrutiert«[81] –, doch Panzer, U-Boote und ab 1917 auch Flugzeuge wurden zur immer wichtigeren Kriegswaffe.

Der Kriegseintritt der USA im Jahr 1917 war der Wendepunkt des Krieges – und der Wirtschaftsgeschichte. Truppen aus Übersee besiegelten nicht nur die Niederlage des Deutschen Reichs und der anderen Mittelmächte, sondern verdeutlichten auch den endgültigen Aufstieg der USA zur Wirtschaftsmacht Nummer eins. Die standardisierte US-Massenproduktion erwies sich dem europäischen Pendant als deutlich überlegen und gab der Industrie Europas nach dem Krieg einen Modernisierungsschub.

Wirtschaftlich bedeutete der Erste Weltkrieg den endgültigen Übergang zur Industriegesellschaft in Europa. Der Materialaufwand für Krieg war nicht mehr aus dem Vorrat der vorhandenen Rüstung zu bewältigen, sondern nur aus der laufenden Produktion. Der Krieg machte aus den Volkswirtschaften riesige Wirtschaftsunternehmen, die gigantische Summen für die »wirtschaftliche Mobilmachung« verschlangen. Die Staatskassen waren schnell leer, und die Regierungen ließen die Notenpresse anlaufen. In Deutschland erhöhte sich der Umlauf des Papiergeldes bis zum Ende des Krieges 1918 von 2,4 auf 22 Milliarden Mark.[82] Für die neun Kriegsanleihen, mit denen der Krieg finanziert wurde, holten die Menschen den letzten Groschen aus ihrem Sparstrumpf – fast 99 Milliarden Mark kassierte der Staat.[83] Als der Krieg verloren war, addierten sich dazu Reparationszahlungen von 132 Milliarden Goldmark – zur Zahlung der Schulden rotierten die Notenpressen immer schneller.

Deutschland taumelt in die Hyperinflation

Die Katastrophe nahm ihren Lauf, als das Deutsche Reich die Reparationszahlungen einstellte und französische und belgische Truppen im Januar 1923 das Ruhrgebiet besetzten. Die Geldentwertung erreichte astronomische Höhen: War der Dollar 1919 noch für 8,26 Mark zu haben, so kostete er beim Einmarsch ins Ruhrgebiet bereits

Inflation in Europa 70 Jahre nach der Hyperinflation im Deutschen Reich: jugoslawische Banknote aus den 1990er Jahren

18 000 Mark und im Dezember 1923 4,2 Billionen Mark.[84] Die Rentenmark wurde eingeführt und kurz danach die Reichsmark, die wieder Golddeckung hatte.

Auch in anderen Ländern hatte es hohe Inflationsraten gegeben, nur Großbritannien, die Niederlande, die Schweiz und die skandinavischen Länder konnten ihre Währungen stabil halten. Langsam begann die Weltwirtschaft zu gesunden, und die Rangordnung der wirtschaftlichen Großmächte stellte sich wieder ein wie vor dem Krieg, allerdings mit einer Verschiebung der Reihenfolge zugunsten der jüngeren Industrienationen: USA, Deutschland, Japan und die Sowjetunion.[85] Die reichen USA drängten den europäischen Ländern ihre Kredite förmlich auf: Der Dawes-Plan billigte Deutschland 1924 einen Kredit von 800 Millionen Goldmark zur Ankurbelung der Wirtschaft, die seit Ende des Krieges von Krise zu Krise getaumelt war. Mitte der 1920er Jahre hatte sich die Lage beruhigt und der Goldstandard als Zwischenlösung international etabliert. Die Jahre ab 1924 waren für die Weimarer Republik noch stärker als für die meisten Kriegsteilnehmerstaaten die »goldenen Jahre«.[86]

Dies änderte sich erst 1929. Der Crash der Börsenkurse an der Wall Street löste die gravierendste Wirtschaftskrise aus, die die Welt bis heute erlebt hat. Mit dem Zusammenbruch des langen Booms in den USA und in anderen Ländern war auch der von Adam Smith (→ Kapitel 2.1) favorisierte Wirtschaftsliberalismus am Ende. Vor allem der Aufstiegsoptimismus der Amerikaner war gebrochen; in vie-

World

FINAL NEWS EDITION

W YORK, FRIDAY, OCTOBER 25, 1929. TWO CENTS

Market in Panic as Stocks Are Dumped in 12,894,600 Share Day; Bankers Halt It

TALIAN ASSASSIN MISSES HUMBERT IN BELGIAN CAPITAL

ttack at Tomb of Unknown Soldier on Day of Betrothal Stirs Two Nations

TALY DEMANDS ACTION AGAINST EXILED PLOTTERS

rince Calm, His Fiancee Overcome by Emotion, Sobs in His Arms

Federal Reserve Board Meets, With Secretary Mellon Sitting In, but Announces No Action—Rumors of Rate Cut

TREASURY, HOWEVER, FINDS BASIC CONDITIONS SOUND

Senators Renew Cries in Chorus for Sweeping Investigation of Wall Street Tactics

Outside J. P. Morgan & Co.'s

Scene at Broad and Wall Streets During Stock Market Excitement. Insets Show THOMAS W. LAMONT, Morgan Partner (Left), and CHARLES E. MITCHELL, National City Chairman (Right), Who Turned the Tide of Selling

BUSINESS IS SAFE, FINANCIERS ASSERT

Leaders See No Economic Basis in Securities Panic

MEN ON EXCHANGE KEEP THEIR NERVE

In Face of Disaster, They Joke Amid Violent Scene

Richard Whitney's Cry of "205 for Steel" Halts Decline in Record Day's Disorder on Stock Exchange

EXPERTS TERM COLLAPSE SPECULATIVE PHENOMENON

Effect Is Felt on the Curb and Throughout Nation—Financial District Goes Wild

Extrablatt der New York World *am Abend des »Schwarzen Freitags« (25. Oktober 1929)*

len Wirtschaftszweigen gab es eine Überproduktion. Die Ursache für die Katastrophe lag für den bereits damals angesehenen britischen Ökonomen John Maynard Keynes (→ Kapitel 2.6) in erster Linie »in den verheerenden Wirkungen der langen Perioden teuren Geldes … auf die Investitionstätigkeit«, nämlich eines hohen Marktzinses, den die US-Notenbanken dem Enthusiasmus der spekulativen Masse entgegensetzten und »den das Ausland zum Zwecke des Selbstschutzes übernahm«.[87]

Weltwirtschaftskrise: Massenandrang vor einer neueröffneten Automobilfabrik in Detroit, wo sich 15 000 Arbeitslose um eine Beschäftigung bemühen

Arbeitslosigkeit steigt auf 25 %

Während der großen Depression der 1930er Jahre gerieten erstmals alle Staaten der Welt in einen Abwärtsstrudel. In einzelnen Industriestaaten stieg die Arbeitslosigkeit auf über 25 %, und noch mehr Menschen leisteten Kurzarbeit. Die Wirtschaft bot ein absurdes Bild: Vor den Warenlagern hungerten die Menschen, und in den Lagerhäusern verdarben die unverkäuflichen Lebensmittel; vor den Werktoren warteten die Menschen auf Arbeit, und in den Fabriken standen die Maschinen still. Die Dinge standen kopf, die Krise war eine Not bei vollen Lagern. Der Zeitzeuge Wilhelm Ehrenzweig schrieb 1933 auf dem Höhepunkt der Krise: »Während der Mensch also früher darben mußte, weil er keine Methoden kannte, um genügend Güter zu erzeugen, muß er heute darben, weil er keine Methoden kennt, um die erzeugten Güter zu verteilen ... Die früheren Krisen waren Produktionskrisen, die heutigen sind Verteilungs-, d. h. Konsumkrisen ... Die frühere Not aus Mangel war nur furchtbar, die heutige Not aus Überfluß ist auch grotesk.«[88]

Die Anfälligkeit der Großunternehmen und der Volkswirtschaft insgesamt verlangte erstmals nach neuen Steuerungsmechanismen, um künftige Katastrophen dieser Art zu vermeiden. In den USA gab 1933 der neue Präsident Franklin Delano Roosevelt (* 1882, † 1945) sein Wirtschaftsprogramm »New Deal« bekannt: anziehende Konjunktur durch Staatsintervention. Das Programm sah eine Reihe außergewöhnlicher Maßnahmen vor. Unter anderem wurde die freie Konvertierbarkeit des Dollars aufgehoben, ein Ausfuhrstop für Gold und Silber angeordnet, der Privatbesitz von Gold bei Strafe verboten und die Prohibition aufgehoben. Durch Regelungen, die in krassem Widerspruch zum US-amerikanischen Verständnis von freier Marktwirtschaft standen, gelang es Roosevelt binnen eines Jahres, das Gleichgewicht zwischen Lohnempfängern, Arbeitgebern und Konsumenten wieder herzustellen und den amerikanischen Unternehmensgeist neu zu beleben.

Auch John Maynard Keynes lernte von Roosevelts Programm: In seinem 1936 erschienenen Hauptwerk *Allgemeine Theorie der Beschäftigung, des Zinses und des Geldes*[89] beschrieb er seine im Grunde banale These, wonach der Staat durch eigene Ausgaben – beispielsweise für Straßen oder Schulen – die Wirtschaft wieder in Schwung bringen muß, wenn Unternehmen nicht mehr investieren und die Konsumenten nicht mehr kaufen.

Zurückhaltende Symbiose von Staat und Industrie

Aus heutiger Sicht ist die Bedeutung des New Deal, aber auch Keynes' Theorie weniger in der Krisenbewältigung zu sehen als vielmehr in einem neuen Verhältnis zwischen Politik und Wirtschaft: Hatten Staat und Industrie bis in die 30er Jahre des 20. Jahrhunderts in einer zurückhaltenden Symbiose gelebt, so rückten die meisten Industriestaaten nach der Weltwirtschaftskrise vom Laisser-faire ab und entdeckten den Staatsinterventionismus. Die kompromißloseste Umsetzung von Keynes' Theorie erlebte Schweden, wo der Staat nicht nur in die Wirtschaft, sondern in fast jede Lebensnische eingreift. Der schwedische Sozialstaat war schon vor dem Zweiten Weltkrieg und noch stärker danach »eine der lehrreichsten und zivilisiertesten Erfahrungen, die ein Wirtschaftswissenschaftler machen konnte. In einer gerechten Welt würde man sich nicht auf die keynesianische Revolution berufen, sondern auf die schwedische«,[90] so der US-Ökonom John Kenneth Galbraith (→ Kapitel 2.9).

Deutschland versuchte unter Heinrich Brüning (* 1885, † 1970) einen völlig anderen Weg aus der Krise, kürzte die Staatsausgaben und verfügte Lohn- und Gehaltskürzungen.[91] Für Galbraith, später selbst in Deutschland, war Brünings Politik »auf Erholung durch Entbehrung ... ausgerichtet«.[92] Als Folge der Politik des »knappen Geldes« stieg die Zahl der Arbeitslosen im Reich im Winter 1932/33 auf 6,2 Millionen. Die Menschen reagierten radikal und erteilten der Regierung die Quittung: Am 30. Januar 1933 kamen die Nazis unter Adolf Hitler (* 1889, † 1945) in die Regierung. Bis zur »Machtergreifung« hatten sich die Nazis antikapitalistisch bis sozialistisch gegeben (25-Punkte-Programm), nun führten sie Deutschland in einen staatlich gelenkten Kapitalismus. Dank Arbeitsbeschaffungsmaßnahmen sank die Arbeitslosigkeit rasch, und die Kräfte wurden zur Vorbereitung des Krieges gebündelt. In einem Geheimdokument forderte Hitler 1936: »Erstens: Die deutsche Armee muß in vier Jahren einsatzfähig sein. Zweitens: Die deutsche Wirtschaft muß in vier Jahren kriegsfähig sein.«[93] Der Anteil der Rüstungsausgaben an den Gesamtausgaben stieg von 7,5 % im Jahr 1932/33 auf 60 % im Jahr 1938/39.[94] Mit dem Beginn des Zweiten Weltkriegs am 1. September 1939 entwickelte sich die Wirtschaft aller kriegführenden Staaten rasch zu einer Kriegswirtschaft: Insgesamt wurden über eine Viertelmillion Panzer und rund 740 000 Flugzeuge produziert.[95]

1.5 Trümmerhaufen und Reagonomics – Der Homo oeconomicus seit 1945

Auch wenn Krieg sicher nicht der »Vater aller Dinge« ist, so beschleunigte er doch das Tempo des technologischen Fortschritts – im Zweiten Weltkrieg noch erheblicher als im Ersten. Düsentriebwerke, Motorantriebe, Radartechnik, hochfeste Legierungen, Kunststoffe und Atomtechnik wurden in den beiden Kriegen entwickelt oder wesentlich verbessert. Hitler gab riesige Summen für die Entwicklung von Ersatzstoffen aus, deren Produktion unter normalen Umständen unrentabel gewesen wäre, beispielsweise Kunstkautschuk (Buna) sowie Kraftstoffe und Fette aus Kohle. Dafür hatten fast alle Kriegsteilnehmer einen hohen Preis zu zahlen: Nach Ende des Krieges 1945 stand die Welt vor einem wirtschaftlichen Trümmerhaufen.

Eigentliche Sieger des Krieges waren die Sowjetunion und die USA. England und Frankreich blieben geschwächt zurück – nach und nach mußte England fast alle Kolonien aufgeben. Die USA setzten ihr gewaltiges Industriepotential für den Neuaufbau Europas ein (Marshallplan), lediglich die unter sowjetischem Einfluß stehenden Staaten Ost- und Südosteuropas lehnten auf Anordnung Moskaus die Hilfe ab. Während der Westen Europas sich für die Marktwirtschaft unter US-amerikanischer Führung entschied und mit der Organisation für europäische wirtschaftliche Zusammenarbeit OEEC (1948, ab 1961 OECD) und der NATO (1949) entsprechend gesinnte Bündnisse ins Leben rief, gründete die Sowjetunion mit dem COMECON (1949) und dem Warschauer Pakt (1955) ein vergleichbares Beistandssystem im Osten Europas.

Damit teilte der Zweite Weltkrieg die Welt aus heutiger Sicht in zwei Phasen: Kämpften die Staaten Europas sowie die USA vor dem Krieg um die ökonomische und politische Weltherrschaft, so waren die Fronten nach 1945 durch die ökonomische Systemtrennung in »Markt« und »Plan« festgelegt. Die beiden Lager beschränkten sich darauf, Ideologien, Waffen und Finanzhilfen in Peripherieländer zu exportieren und dort »Stellvertreterkriege« um die ökonomische und politische Vormachtstellung zu führen.[96]

Führungsanspruch der USA

Dieser Zustand dauerte bis 1990 und endete erst mit dem Zusammenbruch des Ostblocks. Die westliche Nachkriegszeit stand von Anfang an unter dem Führungsanspruch der USA, die den Aufbau der drei wichtigsten internationalen Wirtschaftsabkommen und -organisationen seit 1945 initiierten: die liberalen Handelsregelungen des GATT (1947, später WTO), die als Kreditgeber für Entwicklungsprojekte gedachte Weltbank sowie den Internationalen Währungsfonds (IWF), verantwortlich für ein stabiles internationales Finanzsystem. Zweifellos dokumentierten die USA damit ihren Willen zum zügigen Neuaufbau einer internationalen Wirtschaftsordnung, setzten damit aber auch ihre Vorstellungen dieser Ordnung durch – zugleich als Zeichen gegenüber dem sich unter sowjetischer Führung formierenden Ostblock. Die Mitgliedsländer des Weltwährungssystems von Bretton Woods (1944) legten sich auf feste Wechselkurse ihrer Währungen in Gold oder Dollar fest. Bis zum Ende des Systems im Jahr 1973 war die internationale Gemeinschaft faktisch wieder zum Goldstandard zurückgekehrt – unter der Kontrolle der USA, die mit der Federal Reserve Bank die »Zentralbank der westlichen Welt« stellten.

Schon kurz nach Kriegsende setzten die Besatzungsmächte mit der Währungsreform von 1948 in den drei Westzonen Deutschlands ein klares Zeichen für die deutsche Wirtschaft: Das Wirtschaftswunder durfte beginnen. Die neu geschaffene D-Mark mauserte sich vom Besatzungskind zum Weltstar: Ihr Wert wurde 1948 gegenüber einem Dollar auf 4,20 DM festgelegt, im März 1961 auf 4 DM und sank bis 1973 bis auf 2,28 DM ab.[97] Zum Jahreswechsel 1958/59 entschlossen sich die Mitgliedstaaten der OEEC zur freien Austauschbarkeit ihrer Währungen und zum Abbau ihrer staatlich kontrollierten »Devisenbewirtschaftung«, die seit 1931 den Welthandel gebremst hatte. Jeder Bürger konnte seine D-Mark ohne bürokratische Hürden in Dollar, Franc oder jede andere Währung tauschen.

Ab den 1950er Jahren versuchte Westeuropa, sich aus der Zwangsumarmung der USA zu befreien: zunächst mit der Montanunion, einem 1951 gegründeten westeuropäischen Stahl- und Kohleverband, und schließlich 1957 durch die Unterzeichnung der Römischen Verträge, die den Grundstein für die Europäische Wirtschaftsgemeinschaft legten, aus der später die EU hervorging. Zu dieser Zeit war Deutschland bereits wieder in die beiden sich entwickelnden Weltwirtschaftsysteme integriert: im Osten als DDR, im Westen als BRD.

»Wohlstand für alle«

Für die Wegbereiter der westdeutschen Nachkriegszeit waren Marktwirtschaft und Soziales kein Widerspruch – durch den ersten Bundeswirtschaftsminister und späteren Kanzler Ludwig Erhard (* 1897, † 1977) wurde die Soziale Marktwirtschaft zum politischen

Ludwig Erhard, von 1963 bis 1966 deutscher Bundeskanzler und Vater der Sozialen Marktwirtschaft

Programm und mit dem Buchtitel *Wohlstand für alle*[98] zum Leitsatz. Sie galt als »Dritter Weg« zwischen der rein kapitalistischen Wirtschaftsordnung des 19. und frühen 20. Jahrhunderts und der Planwirtschaft der kommunistischen Länder – ein Weg, »den man zu Blockzeiten mit allerlei Varianten des Sozialismus gesucht, aber dann doch nie gefunden hatte«, wie der Wirtschaftspublizist Hans D. Barbier (FAZ) feststellte.[99] Mit Ausnahme der »sozialistischen Marktwirtschaft« in China, ließe sich hinzufügen.

Die Zeit bis zu Beginn der 1970er Jahre war von einer starken wirtschaftlichen Expansion geprägt, dann jedoch kriselte es in der Weltwirtschaft. Aus der »Dollarlücke« der 1950er und 1960er Jahre war eine »Dollarschwemme« geworden, denn die USA versuchten, ihr chronisches Handelsbilanzdefizit über die Notenpresse zu finanzieren. Die Umtauschkurse der Währungen mußten mehrmals angepaßt werden, bis die Staaten 1973 freie Wechselkurse beschlossen. Einen weiteren »Schock« erlebten die Industrieländer durch zwei Ölkrisen, die die Inflation anheizten, den Konsum dämpften und damit zum Anstieg der Arbeitslosenquoten führten: Die 1970er Jahre waren eine Zeit der »Stagflation«, einer Stagnation und Inflation, allerdings auf hohem Wohlstandsniveau.

Mit der ersten Krise der Nachkriegszeit ging auch das deutsche Wirtschaftswunder zu Ende, das zwar die Schlagworte »Kapitalismus« und »Marktwirtschaft« populär gemacht hatte, das Phänomen jedoch nicht unbedingt. Denn obwohl fast alle von der Wirtschaftsordnung profitierten, regte sich mitten in der Wohlstandswelt auch Widerspruch gegen den »American Way of Life«. Die Proteste gegen den Vietnamkrieg, die 1968er Studentenunruhen in Deutschland und Frankreich und in den 1970er Jahren der Terror der Rote-Armee-Fraktion hatten alle einen Ursprung: Protest gegen Wohlstand, Überfluß und Konformismus. Stefan Aust, heute Chefredakteur des *Spiegels*, schrieb 1985: »Im Mittelpunkt der Ablehnung stand die bedrohliche Möglichkeit der atomaren Selbstzerstörung, die anti-kommunistische Hexenjagd der McCarthy-Ära, die Konsumideologie, Profitgier und Eigennutz.«[100] Der Widerstand ist inzwischen weitgehend Geschichte, auch wenn einige Ideen später ihren Niederschlag in der Politik fanden (Ökologie, Ausstieg aus der Atomenergie etc.).

Thatcherismus und Reagonomics

Auf die Wirtschaftskrise in Europa und den USA – noch verstärkt durch die aggressive Exportstrategie Japans – reagierten die Regierungen in den 1980er Jahren mit der Aufgabe des »nachfrageorientierten Keynesianismus« und dem Übergang zum »angebotsorientierten Neoliberalismus«:[101] Staatliche Interventionen wurden durch Deregulierung, Privatisierung und den Abbau von Subventionen ersetzt. Vorreiter für die unbedeutendere Rolle des Staates waren die USA und Großbritannien, die ihre Volkswirtschaften einer Roßkur unterzogen. Margret Thatcher machte ihrem Ruf als »eiserne Lady« alle Ehre. Die gemütlichen Lohnabschlüsse bei »Bier und Sandwiches« in Downing Street Nr. 10 erklärte sie für beendet und überließ es ihrem Industrieminister Keith Joseph, den Gewerkschaften den Krieg zu erklären: »Mit ihm zu reden«, soll ein Gewerkschaftsführer gesagt haben, »ist, als wollte man einem tauben Esel Chinesisch beibringen.«[102]

Auch in anderen Staaten fanden Thatcherismus und Reagonomics Nachahmer – beispielsweise in Deutschland 1982 nach der »Wende«. Einzig Japan hatte mit seinem Wirtschaftsministerium MITI den Weg einer dirigistischen Politik eingeschlagen, der sich die Wirtschaft unterordnete. Mit großem Erfolg: In den 1980er Jahren entwickelte sich Japan zum größten Automobilproduzenten[103] und zur führenden Finanzmacht. Vier der zehn weltweit größten Banken waren in japanischem Besitz, auch wenn sie heute nach westlichen Bilanzmaßstäben pleite wären. In einigen Bereichen wie der Mikroelektronik wurden die Japaner Schrittmacher und mit Abstand größter Exporteur.[104] In den USA und Westeuropa führte das japanische Wunder, dem die Tigerstaaten folgten, zu heftigen Diskussionen über die neue Bedrohung und die eigene angeblich unzureichende Wettbewerbsfähigkeit.

Die Weltwirtschaft wurde und wird maßgeblich geprägt von den westlichen Industriestaaten, bis in die 1970er Jahre von den USA, in den 1980er Jahren von Japan und in den 1990er Jahren von einem Mann, Bill Gates. Die Zeit nach dem Zweiten Weltkrieg war in den Industriestaaten bis heute eine lange Phase wirtschaftlicher Prosperität. Zwar mußte sich die Gemeinde der Wohlhabenden ab den 1970er Jahren von Vollbeschäftigung und kontinuierlichem Wachstum verabschieden, doch insgesamt hat die Entwicklung zur Entstehung eines stabilen Mittelstandes aus Angestellten und Freiberuflern geführt und auch unteren Gesellschaftsschichten zu Wohlstand verholfen. Die Lohnarbeit hatte sich bereits vor dem Ersten Weltkrieg durchgesetzt, durchdringt die Volkswirtschaften heute jedoch vollständig, was die Abhängigkeit immer größerer Bevölkerungsteile von Markt und Konjunktur zur Folge hat.

Schmerzen beim Übergang von der Industrie- zur Dienstleistungsgesellschaft

Rückblickend erscheinen viele Krisen, vor allem die Dauerarbeitslosigkeit, nicht als Konjunkturprobleme, sondern als Strukturkrisen, als Schmerzen beim Übergang von der Industrie- zur Dienstleistungsgesellschaft. Eine weitere Erklärung findet das Abflauen der wirtschaftlichen Dynamik in den Wellen wirtschaftlichen Auf- und

Abschwungs, die bereits Clément Juglar in den 1860er Jahren erkannte. Der russische Ökonom Nikolai Dimitrijewitsch Kondratjew (* 1892, † 1938) erweiterte diese Theorie und wies 1925 nach, daß beginnend mit der industriellen Revolution Konjunkturzyklen von etwa 50 Jahren existieren, die getragen sind von sogenannten Basisinnovationen. Die erste bahnbrechende Entwicklung war die Dampfmaschine (1800), gefolgt von der Eisenbahn (1850) und der Elektrizität/Chemie (1900). Daran schlossen sich das Automobil (1950) sowie die zu Beginn des 21. Jahrhunderts boomende Informations- und Kommunikationstechnik an. 1993 überholte der Umsatz in der IT-Branche erstmals den der Automobilbranche.[105] Zwischen diesen Hochs liegen die Konjunkturtiefs – meist begleitet von Kursstürzen an den Aktienbörsen. Daß Kondratjew mit seinen Analysen recht hatte, zeigten die Börsencrashs der Jahre 1873 und 1929, aber auch 1987, wobei diesem keine andauernde Rezession folgte.

Überlagert werden die Wellen und der damit verbundene Strukturwandel heute von einer zunehmenden Verflechtung der Weltwirtschaft mit neuen Konkurrenten in alten Industriebereichen. In der Automobilindustrie verbünden sich immer mehr Konzerne, teilen sich Entwicklungskosten und Märkte, und das nicht erst seit 1998 mit der »Übernahme« des drittgrößten US-Automobilkonzerns Chrysler (Unternehmenswert: 41,9 Milliarden Euro)[106] durch Daimler-Benz. Die Globalisierung führte auch zu einer gegenläufigen Entwicklung, einer zunehmenden Regionalisierung. Das verdeutlichen in der am weitesten entwickelten Form die EU mit »ihrer irgendwie rudimentären Regierung in Brüssel«,[107] aber auch die nordamerikanische Freihandelszone NAFTA oder das noch lose asiatische Bündnis ASEAN. Ob diese Handelsblöcke isoliert bestehen bleiben oder ihrerseits verschmelzen und sich damit dem WTO-Ideal einer von jeglichen Handelsbarrieren freien Welt nähern, dem letzten und einzigen Markt, ist derzeit offen.

Abspaltung von den »Fleischtöpfen«

Die Verlierer dieser neuen Machtballung und globalen Regionalisierung sind wie bei allen Entwicklungen seit der Kolonialisierung die Länder der Dritten Welt. Viele dieser Staaten, vor allem auf dem

»vergessenen Kontinent« Afrika, sind von Machtkämpfen rivalisierender Banden und Herrscherclans zerrissen und politisch höchst instabil. Das Nord-Süd-Gefälle hat sich nach der Unabhängigkeit fast aller ehemaliger Kolonien deutlich vergrößert. Dazu droht eine weitgehende Abspaltung von den »Fleischtöpfen« dieser Welt, den großen Handelsblöcken.

Unabhängig von diesen Entwicklungen ist eines der wichtigsten Ergebnisse der Wirtschaftsgeschichte des 20. Jahrhunderts, daß zwischen den beiden Weltkriegen und besonders seit 1945 in den Industriestaaten die physische und sogar die psychische Anstrengung der Menschen laufend sank und gleichzeitig der Lebensstandard stieg. Maschinenkraft ersetzte zunächst den Menschen, die Bedienung der Maschinen blieb jedoch dem Arbeiter überlassen. Dieses Bild vom Beginn des 20. Jahrhunderts hat sich 100 Jahre später gewandelt: In der industriellen Produktion steuern Maschinen (Computer) zunehmend andere Maschinen und ersetzen bereits einfache Formen menschlicher Intelligenz. Gleichzeitig wird die Technologie zu einem immer wichtigeren Faktor für moderne Staaten: Wohlstand beruht nicht mehr auf den produzierten Gütern, sondern auf dem Wissensvorsprung zur Herstellung neuer und besserer Produkte. Diese Entwicklung vollzog sich bis 1990 mit unterschiedlicher Geschwindigkeit im kapitalistischen und sozialistischen Wirtschaftssystem. Mit dem Ende der Systemkonkurrenz sind ökonomische Fragen zum beherrschenden Thema der Weltpolitik geworden. Wie auch die Wirtschaftsgeschichte zeigt, ist das einzige Beständige der Wandel. Der Sieg des Kapitalismus ist noch nicht das Ende der Geschichte.

2. EXKURS

Sozialismus oder Tod – Kubas einsamer Kampf gegen den Kapitalismus

Ohne den Willen und ohne Anordnung Fidel Castros bewegt sich auf Kuba wenig und ohne Dollars überhaupt nichts. 1993 führte die Karibikinsel die Währung des Klassenfeindes als offizielles Zahlungsmittel ein – in einer Zeit, als nichts mehr ging, die Wirtschaft im Koma lag. Kuba ist neben Vietnam und Nordkorea eines der Länder, die sich noch gegen den Kapitalismus stemmen und nach den ideologischen Höhenflügen des Kalten Krieges wieder zu dem wurden, was sie einst waren: zur Chiffre für nationale Unabhängigkeit. In Kuba bedeutet diese Freiheit aber auch, in endlosen Schlangen für einfachste Güter stundenlang anzustehen.

Kubas Wirtschaft schwankt auf drei Beinen: Zucker, Zigarren und Tourismus. Prestigeobjekt und zartes Devisenpflänzchen ist die Biotech-Industrie, die Impfstoffe gegen Meningitis (Hirnhautentzündung) und Hepatitis (Leberentzündung) produziert.[108] Der größte Devisenbringer sind jedoch Überweisungen der Exilkubaner in Florida – sie brachten dem Land rund 800 Millionen US-Dollar im Jahr 1997.[109] Um unabhängiger von diesen Subventionen zu werden und die an Kriegswirtschaft erinnernde Situation im Land zu verbessern, will Kuba die Zigarrenproduktion und den Tourismus erheblich steigern. Vor allem die »Havanna« hat sich längst vom Genußmittel zum Statussymbol entwickelt – clever gefördert von Castros Regime. Das war nicht immer so: Die Zigarre war für den Máximo líder ein Symbol des Klassenkampfes. In den 1960er Jahren wollte »der Bärtige« nur noch eine Einheits-Volkszigarre herstellen lassen, obwohl er selbst ein großer Raucher war. Vor Jahren hat er das Rauchen seiner geliebten »Cohibas« jedoch aufgegeben: »Zigarren sind gut für Kuba, aber schlecht für meine Gesundheit«, gibt Castro seitdem zum besten.

Wer je in Kuba war und dort eine der über 40 Zigarren-

Manufakturen besichtigt hat, gewinnt den Eindruck, die Insel hätte nie eine Revolution erlebt. Die Arbeitsbedingungen tragen die Züge der industriellen Steinzeit: Einige Neonleuchten bringen Licht in einen von wenigen Fenstern erhellten Raum, in dem altersschwache Ventilatoren den schweren Geruch fermentierter Tabakblätter, der an ungewaschene Füße erinnert, durch die Reihen enger Holzbänke drücken. Für westliche Gewerkschafter ein Alptraum.

Nicht nur in den Fabriken scheint die Zeit stehengeblieben zu sein: Auch die klapprigen US-Straßenkreuzer aus den 1940er und 1950er Jahren vermitteln den Eindruck eines Freilichtmuseums, untermalt von fröhlich musizierenden und tanzenden Menschen, die unter dieser Zeitglocke in pittoresker Armut ihr Leben genießen. Doch der Schein trügt, denn Kubas Staatskassen sind leer. Auch die braunen Krautstangen helfen dem Land nur langsam aus der »Spezialperiode in Friedenszeiten«, der Verwaltung des Mangels. Die Regierung Castro muß jeden Dollar zweimal umdrehen, die Einwohner der Zuckerinsel sogar dreimal: Für den Peso ist fast nichts zu kriegen. Wichtigstes Zahlungsmittel ist nicht nur für Touristen der US-Dollar. Das hat die Insel in eine Zweiklassengesellschaft geteilt: die Glücklichen, die Zugang zu Dollars haben, und jene arme Teufel, denen nur die einheimische Währung zur Verfügung steht. Dennoch ist Kuba noch heute eines der Länder mit den geringsten sozialen Unterschieden der Welt, auch wenn es eine Gleichheit in Armut ist. Selbst die hohen Regierungsbeamten, einschließlich Fidel Castro, schwelgen nicht im Luxus, sondern leben bescheiden.[110]

Unverändert leidet die Wirtschaft unter dem US-Embargo, das Menschen und Regime zusammenschweißt. Drastisch, aber aussichtslos fiel 1999 das Urteil eines Gerichts in Havanna wegen der Sanktionen aus: Die USA wurden zur Zahlung von 181 Milliarden Dollar Schadensersatz verdonnert.[111] Die US-Regierung lockerte im Jahr 2000 zwar vorsichtig die Sperre,[112] doch Grund zum Jubel besteht für die Kubaner kaum: Wer nicht ein paar Krümel der Dollar-Welt ergattert, dem geht es schlechter als je zuvor. Sozialismus in Kuba bedeutet heute eine soziale Minimalsicherung plus Herrschaft der kommunistischen Partei PCC.[113] Sozialismus steht aber auch für Gratis-Ausbildung und kostenlose medizinische Versorgung. Das Land kennt weder Gewalt noch Straßenkinder, hat die höchste Lebenserwartung und die zweitniedrigste Analphabetenrate Lateinamerikas (nach Argentinien).[114] Auch in den nächsten Jahren wird Castro seine 11 Millionen Untertanen immer wieder vor die Alternative »Socialismo o muerte« stellen – Sozialismus oder Tod.

Eine andere Wahl hat der dienstälteste Herrscher der Welt auch nicht: 1959 wurde er mit 32 Jahren Staatschef – ein Alter, in dem angehende Politiker in Deutschland zum Bezirksvorsitzenden gewählt werden. Außer Regieren hat der »comandante en jefe« nichts gelernt. Politiker wie Künstler gehen nicht in Rente, daran läßt Castro keinen Zweifel. Und so kann es noch eine Weile dauern, bis sein Platz frei wird: Ihn schützen gute Ärzte und ein bewährter Machtapparat.

Trotz wirtschaftlicher Misere, die manchen Arzt und Lehrer zur Zweitbeschäftigung als Taxifahrer treibt, hat die »Insel im Meer des Kapitalismus« bisher alle Stürme der Geschichte überstanden. Seit Jahren wartet die Welt händereibend auf das Ende des Inselsozialismus, obwohl durch die politische Isolation keine ernste Ansteckungsgefahr mehr von Castros Eiland ausgeht. Das war in Zeiten des Eisernen Vorhangs anders: Drohte in irgendeinem Land der Welt ein Regierungsumschwung zum sozialistischen Lager, bekamen Investoren und Regierungen kalte Füße, und die Aktienkurse gingen in den Keller. Diese Zeiten sind Geschichte; als einer der letzten hält Fidel Castro dem Kommunismus die Stange und wirbt damit sogar für seine chronisch geldklamme Insel: »Investieren Sie in Kuba – das einzige Land ohne das Risiko einer kommunistischen Revolution.«

2. Kapitel

Menschen und Märkte – Große Ökonomen prägen das wirtschaftliche Denken

Am einen Bein ungeprüfte Hypothesen, am anderen ungeprüfte Slogans – so humpelt die Nationalökonomie daher.[115]

JOAN VIOLET ROBINSON
(Wirtschaftswissenschaftlerin)

Über zwei Jahrhunderte sind vergangen, seit Adam Smith seinen *Wohlstand der Nationen* veröffentlichte und damit die Ökonomie zur Wissenschaft adelte. Seitdem haben unterschiedlichste Denkrichtungen und Thesen die Gemüter der Zunft und der Menschen immer wieder erregt und die Welt sogar über Jahrzehnte in zwei Hälften gespalten: Kapitalismus und Sozialismus standen sich zähnefletschend gegenüber. Der Untergang marxistischer Ökonomie hat die Debatte um wirtschaftliche Grundsatzfragen keineswegs verstummen lassen, sondern sogar neu belebt: Finanzkrisen, Armut, Arbeitslosigkeit und Umweltzerstörung sind in aller Munde und zeigen die Grenzen aktueller Wirtschaftsmodelle. Für ein besseres Verständnis ist es hilfreich, die Grundtheorien der Volkswirtschaft zu kennen, denn erst die Auseinandersetzung mit Gedanken und Leben wichtiger Ökonomen – im folgenden auch einige weniger bekannte mit um so interessanteren Ideen – erlaubt einen vorurteilsfreien Blick auf die Realität, selbst wenn bisher noch niemand die ökonomische Wahrheit gefunden hat.

2.1 Adam Smith – Wenn jeder an sich denkt, ist an alle gedacht

Nicht vom Wohlwollen des Metzgers, Brauers und Bäckers erwarten wir das, was wir zum Essen brauchen, sondern davon, daß sie ihre eigenen Interessen wahrnehmen. Wir wenden uns nicht an ihre Menschen-, sondern an ihre Eigenliebe, und wir erwähnen nicht die eigenen Bedürfnisse, sondern sprechen von ihrem Vorteil.[116]

Adam Smith (* 1723, † 1790)

Adam Smith wußte genau, wo der Feind stand: Bewaffnet mit einem Holzstock marschierte er gegen eine Bande von Strolchen, die einen Aufruhr anzetteln wollten, weil ihre verhafteten Komplizen nach Krawallen ausgepeitscht werden sollten. Selbstbewußt trat Smith den Rabauken mit der Bürgerwehr entgegen und stärkte der Obrigkeit den Rücken. »Die martialische Bürgerwehr hat die Menge in Schach gehalten«, hieß es später in einem Report.

Die militante Ader des Vaters der Nationalökonomie erstaunt, denn bekannt ist Smith vor allem als eigenbrötlerischer Staatsdiener, der sich bevorzugt in intellektuellen Kreisen bewegte. Sein großer Wurf, der wie kein anderes Werk danach die Wirtschaftswissenschaften prägte, war das 1776 erschienene Buch *Untersuchung über die Natur und Ursachen des Wohlstands der Nationen,* ein Monument von über 850 Seiten. Smith stellte darin das freie Spiel der Kräfte zwischen Angebot und Nachfrage ohne staatliche Einflußnahme in den Mittelpunkt.

Auf zwei zentralen Annahmen beruht seine Theorie von der Selbstheilungskraft der Wirtschaft: Smith verstand Tausch und Handel als ursprüngliche menschliche Eigenschaften und beobachtete, daß der Mensch bei jeder seiner Handlungen gesteuert ist von der Verbesserung der eigenen Lebenssituation. Selbst in primitiven Gesellschaftsformen ist das Selbstinteresse Motor jeder Aktivität.

Smith wurde 1723 im schottischen Kirkcaldy geboren, vor der industriellen Revolution, deren Beginn er jedoch erlebte. Da sein Vater, Rechtsanwalt und Zollkontrolleur, schon vor seiner Geburt starb, entwickelte sich zwischen Mutter und Sohn eine enge Beziehung, die zeitlebens bestehen blieb.

Smith war Einzelkind, schwächlich gebaut und besaß bereits in früher Jugend die Neigung, eher mit sich selbst zu sprechen als mit seiner Umwelt.[117] Er wuchs wohlbehütet in seinem Geburtsdorf auf und studierte zunächst an der Universität von Glasgow, danach dank seiner hervorragenden Leistungen mit einem Stipendium in Oxford, wo er jedoch wenig lernte und mit dessen Professoren er später im *Wohlstand* gnadenlos abrechnete, denn die meisten hätten »schon seit Jahren aufgegeben, auch nur den Schein zu wahren, daß sie ihren Lehrverpflichtungen nachkommen«.[118] Die Enttäuschung trieb ihn wieder nach Kirkcaldy, wo er sich um die Stelle eines Privatlehrers bewarb, jedoch wegen seiner Geistesabwesenheit als »gänzlich ungeeignet« erschien, einen »lebhaften und vielleicht gedankenlosen jungen Gentleman« zu unterrichten.[119] Ohne Berufsziel verbrachte er zwei Jahre umsorgt von seiner Mutter mit Selbstbesinnung und Bücherstudium.

Adam Smith

1748 erhielt er das Angebot für eine Dozentenstelle, und er zögerte nicht lange, zog nach Edinburgh und hielt dort Vorträge über englische Literatur. Seine Lesungen trugen rasch Früchte und brachten ihm 1750 eine Professur für Logik in Glasgow ein. Zwei Jahre später übernahm er den Lehrstuhl für Moralphilosophie und widmete sich seinem ersten großen Werk *Theorie der ethischen Gefühle,* das ihm sofort Ruhm verschaffte. Die Arbeit hatte Smiths endgültige Aufnahme in die intellektuelle Welt zur Folge, und prominente Herrenclubs sahen es als Ehre, wenn er in ihrem erlauchten Kreise bei Mehrgangmenü und erlesenem Wein Fragen diskutierte wie: »Soll man eine Junggesellensteuer einführen und damit Findelhäuser finanzieren?« Zu Smiths Bewunderern zählte auch der Stiefvater des Herzogs von Buccleuch, der ihm für ein Traumgehalt plus lebenslanger Pension die Position eines Privatlehrers für den jungen Adeligen anbot.

Smith kündigte seine Professur in Glasgow und reiste ab 1764 mit seinem Zögling durch Frankreich, wo sie die großen Denker des Landes trafen, darunter Voltaire, Turgot und Diderot. Zurück in England, widmete sich Smith ab 1766 der *Untersuchung über die Natur und Ursachen des Wohlstands der Nationen* und lebte von der Rente seines Gönners, bis er zwölf Jahre später den Chefposten der schottischen Zollbehörde annahm.

Smith blieb unverheiratet. Grund war weder ein eisernes Prinzip oder gar ein ausschweifendes Leben, sondern eher seine zwar liebenswürdige, aber wenig aufregende und zum Einsiedlertum tendierende Art, die bei Frauen kaum Begeisterungsstürme auslöste. Das Leben zog an Smith vorbei und blieb für ihn lediglich Literatur. Dies ist um so erstaunlicher, als er die menschliche Natur und deren Neigung zu eigeninteressiertem Handeln zum zentralen Axiom der Ökonomie kürte.

Zwar war die Erkenntnis vom Urtrieb des Selbstnutzes zu Smiths Zeiten keineswegs neu. Im *Wohlstand* unterstellte er dieses Verhaltensmuster jedoch frei von jeder Ideologie oder Theorie allen Formen menschlichen Zusammenlebens. Mehr noch, Smith behauptete, der natürliche Egoismus sei nicht nur für jeden einzelnen von Vorteil, sondern unbeabsichtigt auch für das Gemeinwesen. Eine »unsichtbare Hand« sorge dafür, daß das Eigeninteresse nicht zu Anarchie und Chaos führt, sondern zu einem sozial und moralisch wünschenswerten Gleichgewichtszustand.

Der Gedanke vom Selbstinteresse und der daran geknüpften liberalen Wirtschaftsordnung ist – wie so häufig bei neuen Ideen – nur im historischen Zusammenhang zu verstehen: Smith war ein Gegner des vom 16. bis zum 18. Jahrhundert vorherrschenden Merkantilismus, eines Wirtschaftssystems, das vor allem die stetige Füllung der staatlichen Schatzkammer – oder besser: diejenige der regierenden Fürsten und Könige – zum Ziel hatte. Erreicht wurde dies durch zahllose Gesetze und Zölle sowie die Förderung des Außenhandels, der Geld ins Land bringen sollte, und in der Folge häuften die Herrscher der Kolonialmächte Portugal, Spanien, England und Frankreich Luxus und Reichtum an. Allerdings richtete sich die Kritik des Ökonomen nicht gegen jede staatliche Gängelei des freien Wettbewerbs: Die Liste der als wichtig eingeschätzten Staatseingriffe ist lang und reicht von der Zinskontrolle bis zur Regulierung des Alkoholkonsums.

Smith traute dem Wettbewerb bei der Steuerung der Produktion eine wesentlich höhere Effizienz zu als dem Staat und sah zugleich im Mechanismus von Angebot und Nachfrage ein Mittel zur Beschränkung individueller Macht. Der individuellen Macht der Landesoberhäupter, wohlgemerkt, denn zur heranwachsenden Klasse der Industrie- und Handelskapitalisten hatte der Ökonom ein durchaus gespaltenes Verhältnis. Zum einen gestand er ihnen zu, wichtigste Quelle des Fortschritts zu sein, denn »Kapital, das zu Gewinnzwekken investiert wird, bringt den größten Teil der produktiven Arbeit ... zum Einsatz.« Zum anderen begegnete er dem Geldadel mit wacher Skepsis und unterstellte ihm, seine Vorschläge stammten »von Menschen, deren Interesse niemals dem öffentlichen Wohl genau entspricht, und die in der Regel vielmehr daran interessiert sind, die Allgemeinheit zu täuschen, ja, sogar zu mißbrauchen«.[120]

Da Smith nicht nur Ökonom, sondern vor allem Professor für Moralphilosophie war, stellte er sich als Ideal einen ethisch verantwortungsvoll handelnden Unternehmer vor, der seinen Arbeitern freimütig mehr Wochenlohn zahlt, als ausreicht, um sich davon sieben Tage lang betrinken zu können, und der keine Kinder in Bergwerken arbeiten läßt, wie dies im damaligen England durchaus üblich war. Freilich plazierte Smith diese Gedanken nicht im *Wohlstand,* sondern lediglich in seinen anderen Arbeiten, beispielsweise in *Theorie der ethischen Gefühle.*[121] Im *Wohlstand* dagegen findet sich kein Hinweis auf das eigenständige Funktionieren eines Wirtschaftssystems auf der Basis von Sympathie und Wohlwollen.[122]

Smith erkannte, daß das Pro-Kopf-Einkommen einer Nation nicht nur durch die Konkurrenzsituation steigt, sondern auch von der Arbeitsteilung abhängt. Gleich im ersten Kapitel des *Wohlstands* macht Smith klar, warum er so große Stücke auf die später von Frederick Winslow Taylor (* 1856, † 1915) erneut aufgegriffene Arbeitsteilung hält, die Henry Ford mit der Fließbandfertigung in der

Automobilproduktion umsetzte:[123] Unterschiede in den menschlichen Begabungen fördern die Spezialisierung, und die natürliche Neigung der Menschen zum Tausch »erlaubt es ihnen, die Beiträge jeglicher Begabung gleichsam zu einem Fonds zu vereinen, von dem jeder nach seinem Bedarf das kaufen kann, was wiederum andere auf Grund ihres Talents hergestellt haben«.[124] Arbeitsteilung bedeutete für Smith Wohlstand und den optimalen Einsatz der produktiven Arbeitskräfte. Allerdings müßten dafür die Märkte wachsen, denn wenn die Handelsmöglichkeit, also die Marktgröße, begrenzt sei, würde niemand nur eine einzige Beschäftigung ausüben, da sich die über den eigenen Bedarf hinaus produzierten Güter nur begrenzt gegen die Erzeugnisse anderer tauschen ließen. Auch nach über 200 Jahren hat dieses Plädoyer für den Freihandel im Zeichen der Globalisierung und des EU-Binnenmarktes nichts an Aktualität verloren.

Zu Beginn der Arbeitsteilung, vermutete Smith, war Tauschen äußerst mühsam: »Wer zum Beispiel Salz kaufen wollte und nur Vieh im Tausch anbieten konnte, mußte zwangsläufig Salz im Gegenwert eines ganzen Ochsen oder Schafes nehmen.«[125] Folglich erfand der Mensch das Geld als Tausch- und Zahlungsmittel. Der Tauschwert einer Ware drückt deren Preis aus, der wiederum die Nutzungspreise für die zur Warenherstellung eingesetzten Produktionsfaktoren, also Kapital, Boden und Arbeit, steuert und deren Knappheit widerspiegelt. Auch beim Preis bestätigt sich das Primat der Freiheit, denn nur Wettbewerb garantiert den niedrigsten Preis, der wiederum zu einer Verbesserung des Lebensstandards führt. Staatlicher Einfluß jedoch, aber auch Monopolstellungen privater Unternehmen können die Konkurrenzsituation ausschalten und die Versorgungslage verschlechtern.

Wie später für Charles Darwin in seiner Artenlehre war für Smith die Rivalität evolutionär: Sie ist weder ein Wettbewerb für Pantoffelhelden noch ein Holzweg der Säkularisierung, sondern ein Überlebenskampf, in dem nur dasjenige Unternehmen langfristig besteht, das sich seinem Umfeld am besten anpaßt.

Smith schuf sich mit seinen Thesen nicht nur Freunde. Kritiker unterstellten ihm, eine Ökonomie der freien Wildbahn zu glorifizieren, und interpretierten sein moralisch geläutertes Selbstinteresse als Egoismus bis hin zur Habsucht. Naturgemäß traf er später gerade in sozialistischen Gesellschaften, die sich die Abschaffung von Eigeninteresse und Privatbesitz politisch auf die Fahnen geschrieben hatten, auf wenig Verständnis. Auch wenn Smith keine seiner Ansichten doktrinär vertrat, bezog er zu den möglichen negativen Wirkungen der Industrialisierung, vor allem der Mechanisierung (Sinnentleerung, soziales Elend), keine oder nur am Rande Stellung. Er hielt die Mechanisierung für ein Zeichen des Fortschritts, ohne zu erkennen, daß England und andere aufstrebende Industriestaaten mit dem Aufkommen neuer Produktionstechniken und Organisationsformen auch neue Gesetze benötigten, um die Arbeiter vor den negativen Folgen des beginnenden Maschinenzeitalters zu schützen.

Viele Gedanken, die Smith 1776 im *Wohlstand* veröffentlichte, sind längst ins Allgemeinwissen übergegangen. Für die damalige Zeit waren sie jedoch nicht nur neu, sondern revolutionär. Immerhin provozierte Smith mit seiner Kritik an der damaligen Wirtschaftsordnung die davon profitierende Herrschaftsklasse und formulierte zugleich die noch heute gültigen Grundideen der Marktwirtschaft. Trotzdem ist der *Wohlstand* erstaunlich praxisnah geschrieben. Heute würde sein Buch in der »scientific community« wohl als populärwissenschaftlich geächtet: ohne abstrakte wissenschaftliche Abhandlungen, verfaßt für den gestandenen Praktiker in Wirtschaft und Verwaltung. Seit der Veröffentlichung des *Wohlstands* entstanden weitere ökonomische »Glaubensrichtungen«, die, wie die Schule Keynes', dem Smithschen Laisser-faire konträr gegenüberstehen. Nicht zu übersehen ist jedoch, daß bis heute kein Wirtschaftssystem mit einer ernstzunehmenden Alternative für die effizienteste Mittelverwendung aufwarten kann. Smith ahnte das schon damals und kam Andersdenkenden souverän entgegen, indem er ihnen kurzerhand zubilligte, sich mit ihren Ansichten lediglich teilweise zu irren.

2.2 Karl Marx – Ein Gespenst ging um in der Welt

Das Kapitalmonopol wird zur Fessel der Produktionsweise, die mit und unter ihm aufgeblüht ist. Die Zentralisation der Produktionsmittel und die Vergesellschaftung der Arbeit erreichen einen Punkt, wo sie unverträglich werden mit der kapitalistischen Hülle. Sie wird gesprengt. Die (letzte) Stunde des kapitalistischen Privateigentums schlägt.[126]

KARL MARX (* 1818, † 1883)

Er wohnte im übelsten und billigsten Stadtviertel, und die Möbel in den beiden Zimmern, in denen er mit Frau und sechs Kindern hauste, waren zerschlissen und mit fingerdickem Staub belegt. Gläubiger hetzten ihm den Gerichtsvollzieher auf den Hals, der die Wohnungseinrichtung pfändete, ausgehen konnte er nicht, da seine Kleidung im Pfandhaus hing, und seine Familie und ihn plagten Krankheiten, so daß nur drei seiner sechs Kinder die ersten Lebensjahre überlebten. Sein Mißgeschick setzte Marx derart zu, daß er sich in einer Affäre mit der Haushälterin verfing, die nicht folgenlos blieb und den Haussegen weiter in Schieflage brachte.

Karl Marx

Das Genie Karl Marx, Anwalt des Proletariats, kannte nur zu gut die Verhältnisse, gegen die er in seinen Schriften kämpfte. Berauscht von dem Gedanken, Elend und Ausbeutung aus der Welt zu schaffen, schrieb er, von ständigen Geldsorgen bedrängt, die Bibel der Arbeiterklasse: *Das Kapital – Kritik der politischen Ökonomie.*

Marx war kein praktischer Mensch. Eine Fabrik sah er nie von innen, und die Schulden stiegen ihm schon während des Jurastudiums in Bonn über den Kopf. Er promovierte mit 23 Jahren in Berlin über ein philosophisches Thema, ohne eine Stunde an der Universität gewesen zu sein, und widmete sich eher dem studentischen Lotterleben. Noch wichtiger war ihm, mit anderen Hegel-Anhängern in philosophischen Zirkeln nächtelang zu diskutieren. Dort galt er als ironischer Querkopf und intelligenter Diskussionspartner, und fast zwangsläufig liebäugelte er mit einer Universitätskarriere, scheiterte jedoch an der reaktionären Regierung, der die linken Volkszersetzer ein Dorn im Auge waren und die deren Aktivitäten kurzerhand untersagte.

Marx wurde zunächst Mitarbeiter und nach kurzer Zeit Chefredakteur der in Köln erscheinenden *Rheinischen Zeitung*, die sich unter ihm rasch zu einem bissigen Oppositionsblatt entwickelte. Schon nach gut einem Jahr mußte die »Hure am Rhein«, wie der preußische König die radikale Zeitung nannte, auf Regierungsbefehl eingestampft werden. Marx ging noch im selben Jahr nach Paris ins Exil und stürzte sich dort ins Studium der politischen Ökonomie und des französischen Sozialismus. Hier lernte er auch einen gewissen Friedrich Engels kennen, einen jungen Fabrikantensohn, mit dem ihn eine für die Kulturgeschichte einzigartige Freundschaft verband und der ihm später immer wieder finanziell unter die Arme griff. Während seiner beiden Jahre in Paris entwickelte sich Marx zum unbeugsamen Kommunisten und legte damit persönlich wie politisch seinen weiteren Lebensweg fest.

Friedrich Engels

Auf Druck der preußischen Regierung wurde er 1845 aus Frankreich ausgewiesen und war seitdem in vielen Ländern als politischer

Kopf einer umstürzlerischen Bande geächtet. Marx emigrierte für kurze Zeit nach Brüssel und dann nach London, wo er mit Engels 1848 noch vor Ausbruch der Februarrevolution in Paris das *Manifest der kommunistischen Partei* veröffentlichte, das wohl brillanteste aller sozialistischen Dokumente. Die Schrift beginnt mit bedrohlicher Kraft und endet mit einem Aufruf zur Revolution: »Ein Gespenst geht um in Europa – das Gespenst des Kommunismus.« »Die Proletarier haben nichts zu verlieren als ihre Ketten. Sie haben die Welt zu gewinnen. Proletarier aller Länder, vereinigt euch!« Während der Revolutionswirren kehrte Marx für kurze Zeit auf den Kontinent zurück und gründete in Köln als Ersatz für sein vor fünf Jahren verbotenes Blatt die *Neue Rheinische Zeitung*.

Abermals wurde er ausgewiesen, ging nach London und schrieb ohne festes Gehalt für verschiedene Zeitungen, während er gleichzeitig sein Hauptwerk *Das Kapital* begann. Schon nach einigen Monaten war er finanziell am Ende und mußte in Londons berüchtigtes Viertel Soho umziehen, wo er unter ärmlichsten Bedingungen sein Leben fristete. In seinem 47. Lebensjahr verabschiedete er sich endgültig von jeder geregelten Arbeit. Vor dem völligen Ruin rettete ihn nur sein einziger Freund Engels, der ihn bewunderte und sich nichts mehr wünschte, als im Schatten seines Meisters zu leben.[127] Als das Klima im Hause Marx wegen des Abenteuers mit der Haushälterin empfindlich abkühlte, erklärte sich Engels sogar bereit, den »Täter« zu mimen und die Vaterschaft zu übernehmen. Marx starb 1883 in London.

Als der geistige Vater des Kommunismus 1867 den ersten Band von *Das Kapital* veröffentlichte, war die Welt, auch die proletarische, zunächst wenig beeindruckt. Das Buch stieß auf so wenig Resonanz, daß Marx die Kritiken selbst schrieb – positive und auch negative, um die Authentizität zu erhöhen. Band II und III erschienen 1885 und 1894, erst nach dem Tod Marxs, herausgegeben von Friedrich Engels.

Kaum ein Werk hat die Welt des 20. Jahrhunderts stärker beeinflußt als die drei *Kapital*-Bände, die geprägt sind von der Suche nach der ökonomischen Wahrheit und dem steten Gedanken an die Revolution der ausgebeuteten Arbeiterklasse. Marxs Hauptwerk ist keine pure ökonomische Lehre oder Einzelströmung neben anderen, sondern ein philosophisch-soziologisches Grundsatzwerk, das eine kom-

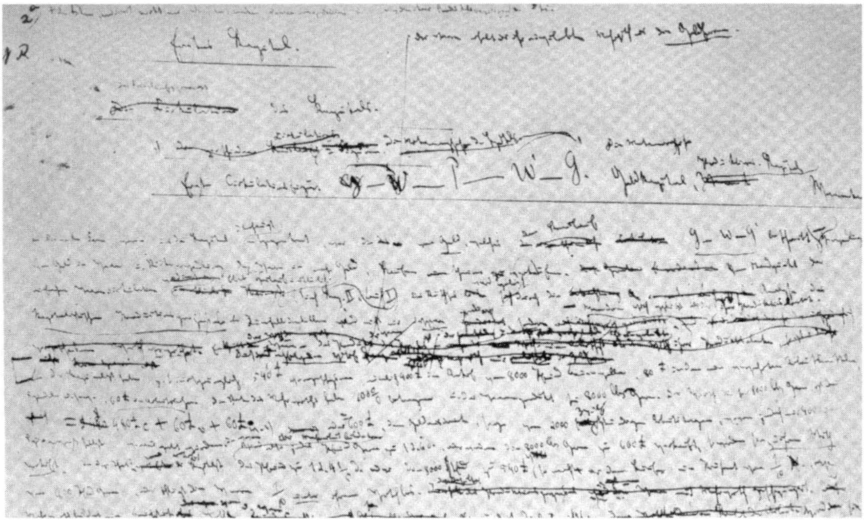

Karl Marx: Faksimile aus Kapital

plette Ideologie beinhaltet. Da Marx in den Anfängen der Industrialisierung aufwuchs, beschäftigte er sich ausführlich mit dem Kapitalismus und seinen damaligen Hauptvertretern, vor allem Adam Smith.

Marx ging ebenso wie Smith und David Ricardo (* 1772, † 1823) davon aus, daß der Wert einer Ware allein durch die dafür geleistete menschliche Arbeit bestimmt wird. Der Kapitalist als Eigentümer der Produktionsanlagen versucht nun, diese Arbeitskraft für die Herstellung seiner Waren auf dem Arbeitsmarkt »einzukaufen«. Für Marx wird in der kapitalistischen Welt alles zur Ware, auch die Arbeitskraft durch Menschenhand. Da er keine anderen Einkommensquellen für seinen Lebensunterhalt hat, ist der Arbeiter darauf angewiesen, dem Kapitalisten (= Arbeitgeber) sein Arbeitsvermögen anzubieten: »Wird es nicht verkauft, so nützt es dem Arbeiter nichts.«[128] Die Nachfrage nach menschlicher Arbeitskraft, immerhin einzige Existenzgrundlage des Arbeiters, »hängt von der Laune der Reichen und Kapitalisten ab«.[129] Dem Kapitalisten gehört aber nicht nur die Arbeitskraft des Arbeiters, sondern auch dessen Produkt, die hergestellte Ware. Profit macht er dadurch, daß er dem Arbeiter weniger Lohn zahlt, als er mit dem Verkauf der vom Arbeiter produzierten Ware einnimmt. Mit anderen Worten: Der Arbeiter arbeitet beispielsweise an einem Acht-Stunden-Tag nur sechs Stunden für seinen Lohn und die restlichen zwei Stunden für den Reichtum des Kapitalisten.[130]

Marx unterstellt den Kapitaleignern nun, stets bestrebt zu sein, den profitbringenden Anteil an der Arbeitskraft des Arbeiters – nach Marx: den Mehrwert – zu steigern. Die kapitalistische Produktion dient also nicht der Produktion von Waren, sondern in erster Linie der Produktion von Mehrwert. Da der Mehrwert einzig auf dem Arbeitseinsatz des Arbeiters beruht und daher »den Kapitalisten mit allem Reiz einer Schöpfung aus [dem] Nichts anlacht«, spricht Marx von der Ausbeutung des Proletariats durch das personifizierte Kapital, den Kapitalisten.

Diese können noch mehr Profit erwirtschaften, indem sie ihre Arbeiter an Maschinen (Produktionsmitteln) arbeiten lassen, die sich wiederum sofort »in Mittel zur Einsaugung fremder Arbeit« verwandeln.[131] Nicht mehr der Arbeiter wendet die Produktionsmittel an, sondern die Maschine macht den Arbeiter zu ihrem Sklaven. Gleichzeitig wird der Mensch zum Lückenbüßer im Arbeitstakt der Maschine und entfremdet sich dadurch zunehmend vom Produkt seiner Arbeit und der Arbeit selbst. Der Arbeiter wird degradiert zum »Arbeitstier, als ein auf die striktesten Leibesbedürfnisse reduziertes Vieh«.[132]

Um billiger zu produzieren, setzt der Kapitalist immer bessere und arbeitsparendere Techniken ein und kann so seine Waren auf dem Markt preiswerter anbieten als die Konkurrenz. Den Kapitalisten interessiert nicht mehr die Höhe des Mehrwerts, also der Gewinn aus dem eingesetzten Kapital für menschliche Arbeit, sondern der Profit aus dem eingesetzten Gesamtkapital, also menschliche Arbeit und Maschinen. Diese Verzinsung des Gesamtkapitals nennt Marx Profitrate. Bei einem eingesetzten Gesamtkapital von 100 000 Euro und einer angestrebten Profitrate von 8 % muß ein Profit von 8000 Euro abfallen. Dabei gilt: Je höher die Profitrate, desto besser verwertet ein Unternehmen das eingesetzte Kapital, und desto preiswerter produziert es.

Natürlich müssen die Konkurrenten mitziehen, wollen sie nicht den Bankrott riskieren, womit ein Zwangskreislauf beginnt: Es wird investiert, Gewinn erzielt und dieser wieder investiert, um so die Produktion auf dem aktuellsten Stand und die Profitrate hoch zu halten. Dadurch kommt es zu einer schleichenden Verschiebung des Kapitaleinsatzes, weil das variable Kapital (Zahl der Arbeiter) sinkt, während die Investitionen in das konstante Kapital (Maschinenpark) wachsen.

Hier setzte Marx an und formulierte seine These vom Fall der Profitrate, die schließlich den Kapitalismus in den Untergang treibt: Da nur menschliche Arbeitskraft Mehrwert und damit Profit erzeugen kann, muß bei gleichbleibendem Mehrwert je Arbeiter und abnehmenden Mitarbeiterzahlen auch die Profitrate (Verzinsung des Gesamtkapitals) sinken. Dies zwingt zuerst kleine Unternehmer zur Aufgabe, da ihre Profite nicht für die Fahrt auf dem Investitionskarussell reichen und sie daher zu teuer produzieren. Sie gehen entweder bankrott oder werden von größeren Unternehmen geschluckt: »Je ein Kapitalist schlägt viele tot.«[133]

Insgesamt schaufeln die Kapitalisten damit ihr eigenes Grab: Einerseits bremsen sinkende Profitraten immer stärker die Investitionslaune der Kapitalisten, die wirtschaftlichen Aufschwünge werden kürzer, die Krisen länger, und andererseits wachsen durch den zunehmenden Maschineneinsatz sowie die Konzentration des Kapitals die Macht der Arbeitgeber und die Arbeitslosigkeit. Das nur auf Profit ausgerichtete kapitalistische Wirtschaftssystem ist unfähig, die gesellschaftliche Entwicklung voranzutreiben, sondern führt zu Knechtschaft und Verelendung der Arbeiterklasse, die schließlich revoltiert und den Kapitalismus stürzt.

Auch wenn die Kritik am Kapitalismus im Mittelpunkt steht, geht es Marx im *Kapital* um mehr: deutsche Philosophie, französischer Sozialismus und englische Ökonomie verbinden sich zu einem Werk, das die dunklen Seiten der industriellen Revolution beleuchtet und auf eine politische Revolution zielt. Daß er damit bei vielen Zeitgenossen aneckte, scheint nicht verwunderlich. Schwierig im Umgang und radikal bis zur Selbstaufgabe, führte Marx erbitterte Fehden gegen jeden, der seine Meinung nicht teilte. Vor allem auf die »breimäuligen Faselhänse der deutschen Vulgärökonomie«[134] – Professoren und Intellektuelle, die seine Ansichten kritisierten – hatte es der Kommunist abgesehen. Karl Marx, das war nicht nur der weißbärtige Prophet, der die Unterwerfung der Welt unter die Imperative der Ökonomie voraussagte, sondern auch ein Mann mit großem Sendungsbewußtsein, der zu Lebzeiten unter seiner politischen und wissenschaftlichen Bedeutungslosigkeit litt.[135]

Beim breiten Publikum, also denjenigen, für die Marx das *Kapital* geschrieben hatte, stieß er auf taube Ohren. Kein Wunder, denn einfache Kost sind die drei Bände keineswegs, stammen sie doch von einem Doktor der Philosophie. Entsprechend akademisch-unzugänglich sind meist Gedankenführung und Verständlichkeit, gefüttert mit häufiger Polemik. Kurz: Das Werk ist kaum geeignet, die Arbeiterklasse weg von Fräs- und Werkbank hin zur Revolution zu locken.

Die Thesen in Marxs *Kapital* sind verblüffend, jedoch sieht die Realität in den Industriebetrieben über 130 Jahre nach Erscheinen der Werkes anders aus: Die Löhne der Arbeiter steigen oder halten zumindest mit der Inflation Schritt, der Wohlstand hat breite Bevölkerungsschichten erreicht, und die Wochenarbeitszeit ist von 70 bis 80 Stunden zu Zeiten der Reichsgründung (1871) auf heute unter 40 Stunden gesunken. So meisterhaft die Analyse des Kapitalismus auch ist, so falsch lag Marx mit seinen Folgerungen – zumindest nach gegenwärtigem Stand.

Trotz der Verbesserung der Verhältnisse für die Arbeiter sind nicht alle Prophezeiungen ferne Utopie. Die Konzentration der Wirtschaft wächst mit jeder Fusion, und angesichts der Globalisierung ist auch die »Verschlingung aller Völker in das Netz des Weltmarkts, und damit der internationale Charakter des kapitalistischen Regimes«[136] durchaus realitätsnah. Dennoch ist der Kapitalismus bisher nicht gestorben. Marx war natürlich klar, daß dieser nicht beim erstbesten Beben in sich zusammenbrechen würde. Dies hieße, Dynamik, Stabilität und Agilität des Kapitalismus zu verkennen. Er glaubte jedoch, daß der Mensch von Natur aus gut ist und die Produktivität steigt, wenn die Produktionsmittel den Arbeitern gehören und diese für sich selbst arbeiten: »Nur bei einer Ordnung der Dinge, wo es keine Klassen und keinen Klassengegensatz gibt, werden die gesellschaftlichen Evolutionen aufhören, politische Revolutionen zu sein.«[137] Letztlich war für Marx der Wechsel vom Kapitalismus zum Kommunismus unausweichlich.

2.3 Max Weber – Die psychischen Verliese des Kapitalismus

Die kapitalistische Wirtschaftsordnung braucht diese rücksichtslose Hingabe an den Beruf des Geldverdienens.[138]
MAX WEBER (* 1864, † 1920)

Max Weber hätte das Zeug gehabt, Guru aller Workaholics zu werden, denn er war nicht nur selbst einer, sondern erklärte auch das Warum. Mit 30 war Weber Professor in Freiburg und hatte außer Promotion und Habilitation nebenbei noch für den »Verein für Socialpolitik« auf 900 Seiten *Die Lage der Landarbeiter im ostelbischen Deutschland* untersucht.[139] Auch die späteren Werke wie das fast übermenschliche *Wirtschaft und Gesellschaft* konnten wohl nur unter hohem Leidensdruck entstehen. Dann, mit 40 Jahren und nach einem Aufenthalt in der Nervenheilanstalt, schrieb er sich die peinigenden Leistungszwänge vom Leib. In *Die protestantische Ethik und der Geist des Kapitalismus* erklärte Weber sich und allen Leidensgenossen die Gründe der Arbeitswut: die mächtige und unterbewußt wirkende Wertlehre der protestantischen Religion.

Max Weber

Weber kam 1864 in Erfurt in gutbürgerlichen Verhältnissen zur Welt. Seine Mutter war eine kultivierte und fromme Frau, der Vater arbeitete als Jurist und Politiker. Die Schulzeit langweilte Weber, und er nutzte die Zeit, um wie besessen die Klassiker der Philosophie, Antike und Geschichte zu lesen. Während seine Altersgenossen die Höhen und Tiefen der Pubertät durchlebten, stürzte Weber sich in die Lektüre von Ciceros philippischen Reden und dessen Briefe, in denen er »schöne, fast christliche Gedanken über Vergängliches und Ewiges«[140] fand, schrieb mit 15 Jahren Aufsätze zu »Betrachtungen über Völkercharakter, Völkerentwicklung und Völkergeschichte bei den indo-germanischen Nationen«[141] und sammelte antike Münzen. Und wenn ihn einmal die »längliche Weile« beschlich, griff er zum »äußersten Mittel« und lernte »Herrn Varnbühlers Zolltarif auswendig«.[142]

Weber heiratete mit 29 Jahren, und seine Frau Marianne wurde ihm zur lebenslangen Stütze: Sie war eine bekannte Frauenrechtlerin und Schriftstellerin und bot ihm nicht nur intellektuellen Austausch, sondern organisierte auch sein Leben. Für Intimitäten war die Zeit knapp: »Es blieb kein Raum für unerfüllbare Wünsche in der Gattungssphäre«, blickte sie später zurück.[143]

Nach einer akademischen Bilderbuchkarriere – mit 33 Jahren wechselte Weber 1897 nach Heidelberg an die damals wohl angesehenste deutsche Universität – kam 1898 der Absturz, von dem er sich nie richtig erholte. Im Juli 1900 war der Tiefststand erreicht, und er ging, geplagt von Depressionen, in eine »kleine Nervenanstalt nach Urach an der Rauhen Alb«,[144] wo er für einige Wochen allein blieb. Er war suizidgefährdet, 3½ Jahre konnte er kein Buch lesen, und seine Lehrtätigkeit mußte er sogar fast 20 Jahre ruhen lassen.[145] 1920 starb Max Weber in München an einer zu spät behandelten Lungenentzündung.

Zu Lebzeiten veröffentlichte Weber eher politische Texte; posthum galt er als Begründer der deutschen Soziologie. Sein Werk *Die protestantische Ethik* war jedoch anders: Darin lieferte Weber die Begründung, warum der Industriekapitalismus sich gerade im reformierten Westeuropa und in den USA entwickeln konnte und nicht in China oder Japan. Seine These: Die protestantische Ethik treibt den Menschen zu harter Arbeit und verbietet ihm »das unbefangene Genießen des Daseins und dessen, was es an Freuden zu bieten hat«. Gute Arbeit und Kapitalanhäufung gelten als Zeichen des religiösen »Gnadenstandes«. Zwar hat es wirtschaftliche Tätigkeiten mit kapitalistischen Zügen schon immer und überall gegeben, eine historische Sonderform ist jedoch der Industriekapitalismus, jene »Entfesselung des Erwerbsstrebens«, die Arbeitnehmern und -gebern nicht vom Staat aufgezwungen wird, sondern für die sie sich freiwillig entscheiden.[146] Einen wichtigen Ansatzpunkt für seine Theorie hatte Weber in Statistiken gefunden, nach denen Protestanten geschäftstüchtiger als Katholiken waren. Sie saßen nicht nur häufiger an der Spitze von Industrieunternehmen, sondern hatten im Durchschnitt auch ein größeres Vermögen.

Auf der Suche nach dem »Geist des Kapitalismus« stieß Weber zunächst auf Martin Luther (* 1483, † 1546). Die von Luther 1517 angezettelte Reformation hatte den Kapitalismus jedoch nicht in Gang gebracht, dies gelang erst dem Schweizer Reformator Johannes Calvin (* 1509, † 1564). Calvin ging es nicht um Ökonomie, sondern um das Seelenheil der Menschen: Woher weiß ich, daß ich in den Himmel komme? Für Calvin war rastlose Arbeit das beste Mittel, um Gewißheit zu erlangen. Wer nicht arbeitete und arm blieb, kam in die Hölle.

Protestantismus gleich Kapitalismus – diese simple Formel war für Weber völlig neu. Die Arbeit zur »Mehrung von Gottes Ruhm«[147] begriff Weber als psychischen Antrieb des neuzeitlichen Berufsmenschen, auch wenn ihm die Verbindung des Themas zum eigenen Unterbewußtsein niemals klar wurde. Das Ergebnis des Arbeitswahns ist eine starke Tendenz zu »ökonomisch rationaler Lebensführung«: Starker Leistungswille und asketischer Sparzwang standen »an der Wiege des modernen Wirtschaftsmenschen«,[148] glaubte Weber.

Praktische Bestätigung fand er nicht nur in den protestantisch geprägten Niederlanden, Frankreich und Schottland, sondern auch bei Sekten wie den Quäkern in England und Nordamerika, deren »Lebensfremdheit ebenso sprichwörtlich geworden ist, wie ihr Reichtum«.[149] Die unternehmerische Verschlafenheit der Katholiken erklärte Weber mit der fehlenden Berufsethik: Das Lebensideal des Katholizismus war »der äußerlich von der Welt abgeschiedene Mönch des Mittelalters«, der den Tag im Gebet verbrachte und für den Arbeit zwar notwendig war, jedoch »nicht an die höchsten Ideale heranreicht«. Im Gegenteil: Bereicherung war sogar »Ausdruck schmutzigen Geizes«.[150]

Trotz Ökonomieprofessur und seiner Schriften zum Thema Wirtschaft war Weber kein »waschechter« Ökonom. Er versuchte vielmehr, wirtschaftliche Entwicklungen aus soziologischer Perspektive zu interpretieren. Mit seinem Werk *Die protestantische Ethik* hat

Weber keine neue Wirtschaftslehre geschaffen, sondern die gesellschaftlichen Wurzeln des Kapitalismus ergründet. In seinem späteren Werk *Wirtschaftsethik der Weltreligionen* untersuchte er, ob der Geist des Kapitalismus auch bei anderen Konfessionen gedeihen kann. Seine Antwort: Eine Art Quantensprung zu rationaler Lebensführung kann in weltverneinenden Religionen wie dem Buddhismus nicht stattfinden, der die Überwindung der Lebensgier und das Nirwana zum Ziel hat.

Webers Analysen lesen sich, als sei der Protestantismus die alleinige Kraft für Geburt und Triumph des Kapitalismus gewesen. Tatsächlich sind Gott und Konfession heute in der westlichen Wirtschaft fast ohne Bedeutung. Dennoch bleibt die Frage nach den Gründen für den so erfolgreichen kapitalistischen Charakter des Okzidents. Wer Webers These akzeptiert, muß zu dem Schluß kommen, daß der Kapitalismus psychologisch gesehen die Folge einer Zwangsneurose ist, die alle befällt, die in »dies Triebwerk hineingeboren werden – nicht nur die direkt ökonomisch Erwerbstätigen«.[151] Und genau darin liegt der Seelentrost für alle manisch Leistungswilligen, die Begründung für das von ihnen selbst als sportiv empfundene »Durchhalten«: Sie werden von ungeheurem Fleiß zum Lobe einer nicht näher ins Bewußtsein gehobenen Autorität angetrieben, bis »der letzte Zentner fossilen Brennstoffs verglüht ist«.[152] Das ist zwar psychologisch kaum befriedigend, weil noch nicht therapiert, erklärt aber das So-und-nicht-anders-geworden-Sein.

Für Weber war diese Antwort wichtiger, als er sich bewußtmachte: Vier Jahre nach seinem Sanatoriumsaufenthalt kehrte er 1904 in die Wissenschaft zurück, ausgerechnet mit einer Untersuchung über die gewaltige Wirkung eines Ethiksystems auf die Psyche des modernen Menschen: mit *Die protestantische Ethik*.[153] Was liegt näher, als das erste Projekt nach seiner »Genesung« als Bewältigung seines eigenen Schicksals zu interpretieren? Sein beruflicher und publizistischer Marathonlauf hatte ihn in jungen Jahren enorme Energien gekostet. Er hatte sich »nie wirklich ausgelebt; seine Ehe ist eine Arbeitsgemeinschaft«,[154] schrieb der Erlanger Ökonomieprofessor und Weber-Biograph Gregor Schöllgen. Weber war nicht nur ein besessener Erforscher der protestantischen Ethik, sondern auch eines ihrer größten Opfer. Gefangen im Verlies des ungelebten Lebens, spiegelte Weber mit seiner Schrift unbewußt seine eigene innere Qual.

2.4 Jean Silvio Gesell – Marktwirtschaft ohne Ausbeutung

Die schönste, wirklich umstürzlerische Leistung des Freigeldes wird aber die sein, daß ... der Zins bald in einer Überfülle von Kapital ersäuft ... Das Freigeld wird das tausendmal verfluchte Geld nicht beseitigen, sondern es nach den richtig erkannten Bedürfnissen der Volkswirtschaft umgestalten.[155]

Jean Silvio Gesell (* 1862, † 1930)

Who the hell is Silvio Gesell?, fragen selbst Ökonomen. Die Frage ist berechtigt, denn Jean Silvio Gesell lebte viele Leben: Er war Bienenzüchter, Fabrikant, Publizist und vor allem Autodidakt. Ökonomie brachte er sich selbst bei. Er war auch kein Professor – und dies ist besonders verdächtig. Mangels Reifeprüfung wäre er wohl nicht zum Studium zugelassen worden.[156] Trotz fehlender akademischer Weihen hätte er seine Geldthesen beinahe in der Praxis erproben können: Im April 1919 wurde Gesell zum »Volksbeauftragten für Finanzen« der 1. Bayerischen Räterepublik gewählt – eine volksnahe Bezeichnung für Finanzminister. Seine Amtszeit währte jedoch nur eine Woche; dann wurde die erste, libertäre Räteregierung von einer zweiten, kommunistischen gestürzt.

Jean Silvio Gesell um 1928

Gesell war ein exotischer und origineller Outsider: Nach einem abenteuerlichen Leben entwickelte er die Freiwirtschaftslehre, ein marktwirtschaftliches System, in dem sich das Geldstapeln nicht lohnt, weil der Zins abgeschafft ist, und das sich keiner wissenschaftlichen Schule so recht zuordnen läßt. Gesells Hauptwerk *Die natürliche Wirtschaftsordnung durch Freiland und Freigeld* erschien 1916 – ein heute fast vergessenes Werk. Seine zentrale These: Über eine Geldpolitik, in der das Geld ebenso wie lagernde Ware laufend an Wert einbüßt, und über eine Bodenreform, nach der auch Grundstücke ohne Arbeit keinen »Zins« mehr einbringen, laufen die Produktivkräfte zur Höchstform auf, und alle Bevölkerungsschichten erreichen ein höheres Lebensniveau. Mit der Abschaffung des Zinses wollte Gesell Gerechtigkeit schaffen – bei größtmöglicher Freiheit des einzelnen.

Silvio Jean Gesell wurde 1862 in St. Vith in der belgischen Eifel geboren, wanderte mit 24 Jahren nach Argentinien aus und war in Buenos Aires als Unternehmer tätig (Kartonagenfabrik/Handelsgeschäft). Im Jahr 1900 zog sich Gesell vom Geschäftsleben zurück und ließ sich in der Schweiz nieder. Auf einem Bauernhof bei Neuchâtel arbeitete er als Landwirt und betrieb intensiv ökonomische Studien, aus denen schließlich seine Freiwirtschaftslehre hervorging. Von 1902 bis 1905 gab er die Zeitschrift *Die Geld- und Bodenreform* heraus,[157] 1909 gründete er den »Physiokratischen Kampfbund«.

Zunächst nahm niemand Notiz von Gesells Thesen. Erst als im Chaos der Nachkriegszeit 1918 in Bayern die Revolution ausbrach und König Ludwig davongejagt war, erinnerten sich die Revolutionäre an den Freigeldtheoretiker und hoben ihn in den Sessel des Finanzministers. Für die junge Republik war dies ein ungewöhnliches Experiment, aber die gesamte bayerische Räterepublik war ein Abenteuer.[158]

Nach dem raschen Ende des »Revolutiönchens« wurde Gesell des Hochverrats angeklagt, später jedoch von der Anklage freigesprochen. Wegen seiner Teilnahme an der Münchener Revolution erklärte ihn die Schweiz zur Persona non grata und verweigerte ihm eine Rückkehr auf seinen Bauernhof. Gesell zog in die Nähe von Potsdam und später in die bei Berlin gelegene Genossenschaftssiedlung Eden/Oranienburg, wo er bis zu seinem Tod schriftstellerisch tätig blieb.

Im Mittelpunkt von Gesells Analyse steht die Schaffung einer »natürlichen Wirtschaft«: Ein Wirtschaftssystem ist für Gesell nur dann

»natürlich«, wenn die Vormachtstellung des Kapitals und alle Privilegien beseitigt sind und »die Menschen den Wettstreit mit der ihnen von der Natur verliehenen Ausrüstung ... auszufechten haben, wo darum dem Tüchtigen die Führung zufällt, ... und der einzelne ... geradeaus auf sein Ziel zusteuert«.[159] Ganz in der Tradition Adam Smiths wollte der von manchem als »Old Shatterhand der Nationalökonomie« bezeichnete Gesell staatliche Eingriffe in das Wirtschaftsleben minimieren, die Harmonie von Wirtschaft und Gesellschaft durch das freie Spiel der Kräfte vorantreiben und im gleichen Atemzug den Kapitalismus beseitigen. Was ihn dabei trieb, war die Suche nach einer Wirtschaftspolitik, mit der sich ruinöse Wirtschaftskrisen vermeiden ließen, wie Gesell sie hautnah in Argentinien erlebt hatte.

Für John Maynard Keynes (→ Kapitel 2.6) waren Gesells Thesen eine Reaktion gegen das Laisser-faire. Keynes glaubte sogar, daß »die Zukunft mehr vom Geiste Gesells als von jenem von Marx lernen wird«,[160] denn wie viele Ökonomen der damaligen Zeit beschäftigte sich auch Gesell intensiv mit Marx, um dann sowohl einen antiklassischen als auch antimarxistischen Weg einzuschlagen. Mit seiner Kritik am Laisser-faire lehnte er Smiths klassische Lehre ab, und ein Greuel sind ihm auch »amtliche Eingriffe, ... Staatssozialismus und behördliche Kurzsichtigkeit«[161] – ein klarer Verriß des Staatsinterventionismus nach Marx, der für Gesell »von Anfang an den verkehrten Weg einschlägt«.[162] Lediglich zwei Eingriffe sind für den Freiwirtschaftsdenker notwendig, um die Wirtschaftsordnung ins Lot zu bringen: eine Neuordnung des Geldwesens und der Bodenrechte.

Gesells Begründung für eine Geldreform ist die »Übermacht des Geldes«[163] auf den Märkten gegenüber den Waren und Arbeitskräften: Sobald das Kapital gehortet und zurückgehalten wird, kommt es seinen ihm zugedachten Aufgaben nicht nach, sondern »unterbricht die Arbeit«.[164] Der Geldbesitzer kann nämlich im Gegensatz zu den Warenbesitzern oder Arbeitskräften seine Mittel »von einem Tag, von einer Woche, ja sogar von einem Jahre zum anderen verschieben, ohne unmittelbare Verluste zu erleiden«[165], und so auf bessere Zeiten warten, während die Warenbesitzer und Arbeiter es immer eilig haben, weil ihnen sonst Lagerkosten entstehen oder Einkommen entgeht.[166] Das Vorrecht des Geldes und das »arbeitslose Einkommen«[167] (Zins) führen dazu, daß sich die Produktion mehr am Zins als an den menschlichen Bedürfnissen ausrichtet und Einkommen leistungswidrig verteilt wird. Die Folge: Arbeitslosigkeit, Preis- und Kursstürze, Konjunkturschwankungen und »Wucherspiel« (Spekulation).[168]

Um die Dominanz des Kapitals zu brechen, schlug Gesell eine Geldreform vor: Im Mittelpunkt steht die Einführung von Freigeld, einem »Zettelgeld« ohne Golddeckung, das kontinuierlich an Wert verliert, und zwar jährlich etwa 5,2 %.[169] Durch die Wertminderung soll das Geld »wie die Waren verrosten, verschimmeln, verfaulen«[170] und der Zins auf 0 % fallen, so daß jeder Geldbesitzer bestrebt ist, sein Geld so schnell wie möglich auszugeben. Der so ausgelöste »Geldumlaufzwang«[171] sichert den Warenabsatz, unterdrückt die Arbeitslosigkeit und verhindert Krisen und sogar Kriege. Freigeld und Güter stehen auf gleicher Rangstufe, und damit ist es »für jeden einerlei, ob er Geld oder Waren besitzt oder spart«.[172] Um die Stabilität des Freigeldes zu gewährleisten, sah Gesell eine »Währungsbank« vor, der bei der Verwaltung des Geldes niemand »ins Handwerk pfuschen kann«:[173] Sie wacht als Alleinherrscherin über das Tauschverhältnis des Geldes zu den Waren (Preise) und greift beispielsweise durch eine Veränderung des Verfallssatzes in den Kurs des Geldes und damit die Währungsstabilität ein.

Als zweites Standbein der Freihandelstheorie entwickelte Gesell ein Konzept für eine Bodenreform. Der Kerngedanke: Neben Zinserträgen – einem Einkommen, für das nicht gearbeitet werden muß – sollen auch die Erträge aus dem Bodenbesitz, die Grundrente, abgeschafft werden, damit niemand auf Kosten anderer leben kann. Gesell wollte in Anlehnung an den nordamerikanischen Bodenreformer Henry George (* 1839, † 1897) den gesamten Privatboden nach und nach entschädigungspflichtig enteignen und ihn »dann der privaten Bewirtschaftung durch öffentliche Verpachtung im Meistbietungsverfahren übergeben.«[174] Durch diese Verstaatlichung und Sozialisierung des Bodeneigentums kommen sowohl Grundrente als auch Bodenwertsteigerungen der Allgemeinheit zugute. Die Pachteinnahmen für das Freiland fließen »restlos in Monatsbeträgen unter die Frauen nach der Zahl der Kinder«, damit jede Mutter imstande ist, »ihre Kinder großzuziehen, ohne unbedingt auf Geldbeträge des Mannes angewiesen zu sein«.[175]

Gesells Freiwirtschaftslehre ist keine mild dosierte ökonomische Neuerung, sondern ein Umsturz. Sie ist eine existentielle Finanz- und Wirtschaftsinnovation und durch ihren kollektiven Ansatz zugleich eine Sozialreform. Für die Umsetzung eines derartigen Wirtschaftssystems, das frei von Zins, frei von privatem Bodeneigentum, frei von Kapitalismus und frei von Handelsbeschränkungen sein will, ist schon mindestens eine desolate Wirtschaftslage oder idealerweise ein Staatsputsch notwendig. Und so erlebte die freiwirtschaftliche Bewegung außer dem kurzen Flirt im meuternden Bayern 1919 nur während der Weltwirtschaftskrise 1929 bis 1933 einen Ausflug in die Praxis. Im Oktober 1929 wurde in Erfurt die Wära als Zweitwährung neben der deflationären Reichsmark eingeführt. Nach fast zwei Jahren akzeptierten mehr als 1000 Unternehmen in allen Teilen des Deutschen Reiches die neuen Geldscheine.[176] Als die Furcht vor einer Verdrängung der Reichsmark laut wurde, stoppte die Reichsregierung im Oktober 1931 kurzerhand das Freigeldabenteuer.[177]

Zuvor hatten schon die Nazis mit Gesells Ideen geliebäugelt: Im 25-Punkte-Programm der NSDAP von 1920 bekannten sie sich klar zu »Abschaffung des arbeits- und mühelosen Einkommens, Brechung der Zinsknechtschaft«.[178] Auch Gottfried Feder, Verfasser des Wirtschaftsprogramms der Nazis, neigte dem »Schwundgeld« zu, nach der späteren Machtergreifung machte Hitler jedoch einen Rückzieher.[179]

Ernsthafte Versuche mit dem Freigeld gab es vor allem in Österreich: Berühmt wurde ein Experiment im Tiroler Örtchen Wörgl am Inn, mit dem die hohe Arbeitslosigkeit und die extreme Verschuldung der Gemeinde beseitigt werden sollten. Der Gemeinde gelang es mit Hilfe eigener Geldscheine, sogenannter »bestätigter Arbeitswerte«, eine zinsfreie Wirtschaft zu etablieren mit dem Ergebnis, daß die Arbeitslosenquote zwischen August 1932 und August 1933 um 25 % sank, während sie im selben Zeitraum in ganz Österreich um 10 % stieg.[180] Im September 1933, gut ein Jahr nach dem hoffnungsvollen Start, wurde der Versuch von den Behörden abrupt abgebrochen, nicht weil er fehlgeschlagen war, sondern weil er sich als zu erfolgreich erwiesen hatte: Die Österreichische Nationalbank sah ihr Geldmonopol gefährdet.

Auch in der Schweiz,[181] in Spanien, Frankreich, den USA und sogar in Brasilien entstanden Freigeldinitiativen. In der südbrasilianischen Stadt Porto Alegre fand der Versuch Ende der 1950er Jahre nicht nur die Unterstützung von Geschäftsleuten und der örtlichen Handelskammer, sondern auch des für das Bundesland zuständigen Finanzministers. Für den Lebensmittelhandel wurde eigens ein Supermarkt eröffnet, in dem alle Einkäufe des Großhandels und Verkäufe an Einzelkunden mit den neu geschaffenen Kaufgutscheinen abgewickelt wurden.[182]

Obwohl Gesell seine Reformvorschläge als Versöhnung von Marktwirtschaft und Sozialismus sah, spaltet seine Freiwirtschaftslehre noch heute die Ökonomenwelt: Für die einen gehört sie zu den genialen ökonomischen Ideen, für die anderen ist sie nicht mehr als ein wirrer Thesenhaufen, gut gemeint, aber nicht zu Ende gedacht. Das Gelächter der Marxisten ist Silvio Gesell ebenso sicher wie der Spott der Börsenpraktiker und besonders der Professorenzunft. Im Gegensatz zu vielen anderen Theoretikern und Reformern vermochte es Gesell, ohne mathematischen Balast klar und verständlich zu schreiben – weshalb viele Ökonomen die Wissenschaftlichkeit seiner Thesen bestreiten. Der Nobelpreisträger Friedrich August von Hayek (* 1899, † 1992) hielt ihn für einen »literarisch sehr geschickten und darum einflußreichen Vertreter der grundsätzlich falschen Unterkonsumptionstheorien«.[183]

Mit seiner Abkehr von der Zinsfessel stößt Gesell auch heute fast alle anerkannten Wirtschaftsfachleute gewaltig vor den Kopf. Ironie der Geschichte: Die Freigeldtheorie konnte sich zwar nirgends lange halten, die Wirtschaft aller Industriestaaten lebt allerdings seit Ende des Zweiten Weltkriegs durch die Inflation ungewollt und ungenannt mit einem Schwundgeld. Faktum ist auch, daß Geld und Zins eine überragende Bedeutung sowohl innerhalb der Nationen als auch für die Staatengemeinschaft gewonnen haben: Länder der Dritten Welt werden von ihrer Zinslast erdrückt, und der Zwang zur maximalen Kapitalausnutzung brachte vor allem eine Gleichgültigkeit im Umgang mit der Natur und eine Prasserei mit Rohstoffen und Energie. Selbst in der islamischen Welt wird mit Taschenspielertricks gearbeitet, um das vom Koran auferlegte Zinsverbot zu umgehen: Die Banken beteiligen sich mit dem Geld ihrer Anleger direkt an einer Firma und belohnen den Kreditgeber dann nicht mit einer verbotenen Zinszahlung, sondern mit einer »Gewinnbeteiligung«.[184]

Keine der gängigen ökonomischen Theorien hat Geld- und Zinsproblemen wirksame Rezepte entgegenzusetzen, die Renditehörigkeit wird kaum ernsthaft in Frage gestellt. Vielleicht ist die *Natürliche Wirtschaftsordnung* deshalb heute lesenswerter als zuvor, oder wie der Ökonom Oswald Hahn formulierte: »Gesell entwickelte geniale Konzeptionen und wurde vergessen, während die jeweiligen weniger genialen Zeitgenossen ... einige Generationen blendeten.«[185]

2.5 Joseph Alois Schumpeter – Die Logik der schöpferischen Zerstörung

Zuversichtlich außerhalb der Fahrrinne zu navigieren ..., verlangt Fähigkeiten, die nur in einem kleinen Teil der Bevölkerung vorhanden sind und die sowohl den Unternehmertyp wie auch die Unternehmensfunktion ausmachen.[186]

JOSEPH ALOIS SCHUMPETER
(* 1883, † 1950)

Der brillante Theoretiker war kein Mann der Praxis. Nach drei Jahren als Leiter einer Privatbank war das Geldinstitut pleite und er hoch verschuldet. Auch als Finanzminister blieb er glücklos: Nur sieben Monate dauerte seine Amtszeit, dann mußte er zurücktreten. Joseph Alois Schumpeter, Star des kapitalistischen Comeback in Ost und West, erlebte bei seinem Gastspiel in der Wirklichkeit eine herbe Bauchlandung.

Joseph Alois Schumpeter

Seine Theorien haben allerdings viele befruchtet, denn spätestens seit Anfang der 1990er Jahre ist der »Schumpetersche Unternehmer« allgegenwärtig: Mit der New Economy stiegen innovative Firmen der Telekommunikations- und IT-Branche kometenhaft auf und bescherten den USA bis 2000 den längsten Aufschwung der Nachkriegszeit. Und die Regierungen im ehemaligen Ostblock hoffen, daß eine neue Garde unternehmerischer Pioniere die abgewirtschaftete Industrie wieder in Schwung bringt. Ausgerechnet Schumpeter, der Verfechter des kapitalistischen Unternehmertums, war jedoch Sozialist. »Kann der Kapitalismus weiterleben?« fragt er in seinem 1942 erschienenen berühmten Werk *Kapitalismus, Sozialismus und Demokratie.*[187] »Nein, meines Erachtens nicht«, antwortet er. »Kann der Sozialismus funktionieren? Selbstverständlich kann er es. Kein Zweifel ist darüber möglich ...«[188] Der Zusammenbruch des Kapitalismus und der Sieg des Sozialismus waren für Schumpeter so logisch wie für den von ihm verehrten Karl Marx.

Der 1883 im kleinen österreichischen Triesch, dem heutigen Třešt in der Tschechischen Republik, geborene Joseph Alois Schumpeter wuchs in besten Verhältnissen auf. Der Vater war Tuchfabrikant, starb aber, als Schumpeter vier Jahre alt war. Die Mutter heiratete sieben Jahre später einen hohen Offizier, der den Jungen auf die Wiener Eliteschule Theresianum schickte. Nach dem Abschluß mit Auszeichnung begann er ein volkswirtschaftliches Studium an der Wiener Universität – zur Jahrhundertwende ein Zentrum der Ökonomie in Europa –, reiste anschließend nach England und lernte dort mit 23 Jahren die 24 Jahre ältere Gladys Ricarde Seaver kennen – bereits nach einem Jahr war sie seine Frau. Das Paar paßte jedoch nicht so recht zusammen, und nach Jahren der Trennung wurde die Ehe schließlich 1920 geschieden.

Nach seinem England-Ausflug ging Schumpeter nach Ägypten und schrieb neben seiner Arbeit am Internationalen Gerichtshof eine über 600 Seiten starke Abhandlung über *Das Wesen und den Hauptinhalt der theoretischen Nationalökonomie.*[189] Ein wissenschaftlicher Knaller, der ihm sofort eine Professur einbrachte. Mit 26 Jahren war er der jüngste Ordinarius an der kleinen Universität in Czernowitz, im östlichen Winkel der Donaumonarchie, und zugleich deren Enfant terrible, denn seine Kollegen hielt der mehrsprachige Schumpeter für Provinzler, und er zeigte es ihnen auch.[190] Es folgten Stationen an der Universität Graz (1911–1918), seine beiden unrühmlichen Ausflüge in die Welt der Tat, ab 1925 eine Professur in Bonn und sieben Jahre später an der Harvard-Universität, wo er bis zu seinem Tod lehrte.

Schumpeter und seine Schriften waren schon zu Lebzeiten legendär. Viele Zeitgenossen und Schüler wie der spätere Direktor des Kieler Instituts für Weltwirtschaft, Erich Schneider (* 1900, † 1970), zählten ihn zu »den wenigen wahrhaft großen Vertretern der Wirtschafts- und Sozialwissenschaften in diesem Jahrhundert«.[191] Das Zitat stammt von 1970 – das Jahrhundert war noch längst nicht vorüber. Vor allem der »Schumpetersche Unternehmer« steht heute als Chiffre für die innovative Kraft des Kapitalismus. In seinem Spätwerk *Kapitalismus, Sozialismus und Demokratie* sang Schumpeter eine Lobeshymne auf den Vorreiter der »schöpferischen Zerstörung« des Bestehenden, auf die »Carnegies und Rockefellers«.[192] Das klingt befremdlich für einen Sozialisten, der wie Karl Marx 75 Jahre zuvor davon überzeugt war, daß »kraft ihrer reinen Logik die kapitalistische Entwicklung dahin tendiert, die kapitalistische Ordnung der Dinge zu vernichten und die sozialistische herbeizuführen«.[193]

Schumpeters Schlüsselfiguren, die Unternehmer, halten zwar das System in Schwung, waren jedoch kaum als individualistische und erst recht nicht als kapitalistische Leitbilder gedacht. Schon das Wort Kapitalismus hatte in Schumpeters Werk stets einen abwertenden Beigeschmack. Für ihn müssen innovative Unternehmer nicht unbedingt Fabrikbesitzer sein, diese Aufgabe kann auch von Organen einer sozialistischen Gesellschaft, Herren eines Fronhofs oder Häuptlingen eines Urwaldstammes übernommen werden.

Der Unternehmer, angetrieben durch den sozialen Aufstieg, kurbelt den Fortschritt und die Volkswirtschaft an. Er ist aber auch der Totengräber für die weniger innovative Konkurrenz und damit Motor der »schöpferischen Zerstörung«. Ab einem bestimmten Punkt der kapitalistischen Entwicklung tritt nämlich ein »Veralten der Unternehmerfunktion« ein, denn das Erfinden wird irgendwann zur Routineaufgabe, und der »technische Fortschritt wird in zunehmendem Maße zur Sache von geschulten Spezialisten, die das, was man von ihnen verlangt, liefern und dafür sorgen, daß es auf vorausgesagte Weise funktioniert«.[194] Das ist die Stunde der Großunternehmung, deren Organisationsform den erfinderischen Unternehmer entwertet. Nicht mehr Unternehmergeist ist dann gefragt, sondern Marktforschung, Produktplanung und Fertigungssteuerung. Die Konsequenz: Der technische Fortschritt wird bürokratisiert. In den Konzernen haben nicht mehr die Eigentümer das Sagen, ihre Stelle übernehmen die »bezahlten Vollzugsorgane«[195] – Manager ohne Beziehung zum Unternehmen.

Es lohnt sich, diesen Aspekt aus heutiger Sicht näher zu untersuchen: Wie groß ist für die Lenker großer Konzerne die persönliche

Verantwortung für die eigenen Handlungen tatsächlich? Was droht ihnen, wenn sie scheitern? Sie gehen in den Ruhestand, durch fürstliche Gehälter und eine saftige Abfindung rundum abgesichert. Es fällt den Managern in einer solchen Lage verständlicherweise leicht, immense Risiken einzugehen – sei es eine Fusion vom Kaliber Daimler-Benz und Chrysler oder die Spekulation mit Öltermingeschäften wie 1993 bei der Metallgesellschaft, die daraufhin kurz vor dem Ruin stand.[196]

Schumpeter sah damit voraus, was heute Realität ist: Indem im kapitalistischen Prozeß ein Aktienpaket die Mauern und die Maschinen einer Fabrik substituiert, entfernt sich »das Leben aus der Idee des Eigentums ... und diese Verflüchtigung dessen, was wir die materielle Substanz des Eigentums ... nennen können, beeinflußt nicht nur die Haltung der Aktienbesitzer, sondern auch die der Arbeiter und die der Öffentlichkeit im allgemeinen. Ein Eigentum, das von Person und Materie gelöst und ohne Funktion ist, macht keinen Eindruck und erzeugt keine moralische Treuepflicht ...«[197]

Aus der Bürokratisierung leitete Schumpeter seine These vom Übergang in den Sozialismus ab. So sei ein Wirtschaftssystem, das seine Produktion aus den Daten und Regeln rationalen Verhaltens ableitet, auch und besonders im Sozialismus möglich. Dort könne ein Zentralamt die Funktion einer »Informations-Vermittlungsstelle« übernehmen, und »die Leitungen sozialisierter Industrien und Werke wären in der Lage, genau zu wissen, was die anderen vorhaben, und nichts würde sie daran hindern, sich zu gemeinsamen Vorhaben zusammenzuschließen«.[198] Aus dem bürokratischen Kapitalismus wird ein planwirtschaftlicher Sozialismus.

Für wichtiger hielt Schumpeter jedoch eine andere »innere Ursache«[199] zur Ablösung des Kapitalismus. So wie die Klasse der »geschäftlichen Abenteurer« zerfällt und durch Bürokraten ersetzt wird, verschwindet auch die bürgerliche Gesellschaft. Denn – und dies ist der große Schritt zum Sozialismus – die kapitalistische Entwicklung unterhöhlt die gesellschaftliche Oberschicht, da diese vom Unternehmer abhängt.[200] Das heißt: Indem der Unternehmer als Träger der Oberschicht abdankt, indem also der Kapitalismus untergeht, »hat er nicht nur die Schranken niedergerissen, die seinen Fortschritt hemmten, sondern auch die Strebepfeiler, die seinen Einsturz verhinderten.«[201] Der Kapitalismus bricht unter seinem eigenen Erfolg zusammen. Anders als Marx sah Schumpeter den Marsch in den Sozialismus nicht als Naturgesetz, sondern als Ergebnis beobachteter Tendenzen in der Wirtschaft. Für ihn war die Planwirtschaft der Schritt über die Industriegiganten hinaus.

Schumpeters Szenario ist zu Beginn des 21. Jahrhunderts, etwa 60 Jahre nach der Veröffentlichung seines Werks, weit von der Realität entfernt. Der simple Grund: Die kleine innovative Garagenfirma ist keineswegs ausgestorben, sondern erfolgreicher als je zuvor – in der IT-Branche ist sie der Jungbrunnen par excellence. Konzerne gingen im Konkurrenzkampf unter oder entstanden durch Wachstum und Fusionen neu. Die Dynamik des Kapitalismus ist – bis heute – ungebrochen.

Die Einordnung Schumpeters in eine ökonomische Richtung fällt schwer. Er war weder revolutionär noch ein glühender Verfechter des Kapitalismus oder des Sozialismus und blieb in seinen Forschungen immer ein Einzelgänger.[202] Seinen Platz in der Ahnengalerie der großen Ökonomen erhielt er nicht für die Entwicklung einer eigenen Dogmen- oder Methodenlehre, sondern dafür, daß er »der Ökonomie, abgeleitet aus der Geschichte, Anstöße in neue und unterschiedliche Richtungen gab«,[203] wie sein Biograph Wolfgang Stolper schrieb. Den dynamischen Unternehmer modellierte er aus der Erinnerung der späten Industrialisierung in Österreich mit ihrem Nachholbedarf und dem während seiner Jahre in Nordamerika erlebten US-amerikanischen »Genius für Massenproduktion«[204] mit den dafür typischen Großunternehmen.

Schumpeters Spätwerke wie *Kapitalismus, Sozialismus und Demokratie*, aber auch seine unvollendete *Geschichte der ökonomischen Analyse*[205] entstanden in einer finsteren Phase seines Lebens: Nachdem 1926 seine zweite Frau Annie und seine Mutter gestorben waren, fühlte er sich isoliert und entwickelte eine fast religiöse Verehrung für beide Frauen.[206] Bekannt wurde vor allem seine Bemerkung, er habe in jungen Jahren immer der größte Ökonom der Welt, der beste Reiter Österreichs und der beste Liebhaber Wiens werden wollen; bei der Reiterei habe er leider zurückstecken müssen.[207] In seiner Harvard-Zeit war er ein einsamer Mann, schwierig im Umgang, lange Zeit sogar ohne Sekretärin[208] und wurde von seinen Kollegen geschnitten. Grund dafür waren nur teilweise seine Depressionen; vielmehr machte er kein Hehl aus seinen antisemitischen

Ansichten und seiner Ablehnung der Nürnberger Kriegsverbrecherprozesse.[209] Dazu kam, daß nicht er, sondern sein Zeitgenosse John Maynard Keynes (→ Kapitel 2.6) von Triumph zu Triumph eilte. Schumpeter entwickelte eine starke Ablehnung gegen den Briten, der ihn um die Früchte seiner Arbeit gebracht hatte: 1930 veröffentliche Keynes sein Buch *Vom Gelde* und kam damit Schumpeter zuvor, der ebenfalls an einem Band über Geld und Währung arbeitete. Schumpeter fiel in eine tiefe Krise und war kurz davor, sein Manuskript zu vernichten; es erschien erst 20 Jahre nach seinem Tod unter dem Titel *Das Wesen des Geldes.*[210]

Schumpeter wandelte auf den Spuren von Marx und prophezeite das Ende des Kapitalismus – allerdings mit einer völlig anderen Begründung. In seinem letzten Manuskript warf er seinen sozialistischen Kollegen vor, sie würden »irren in ihrer Diagnose der Gründe, aus denen der kapitalistische Prozeß in Stagnation übergehen werde; sie mögen aber doch Recht behalten mit ihrer Prognose, daß er stagnieren werde im Falle genügender Nachhilfe ... des öffentlichen Sektors«.[211] Ein letzter Seitenhieb auf Keynes, vor allem aber eine Anerkennung des »Marktes«, der nach Schumpeter eine Verleumdung als Kapitalismus nicht verdient.

2.6 John Maynard Keynes – Vater Staat soll's richten

Wahnsinnige in hoher Stellung, die Stimmen in der Luft hören, zapfen ihren wilden Irrsinn aus dem, was irgendein akademischer Schreiber ein paar Jahre vorher verfaßte.[212]

JOHN MAYNARD KEYNES (* 1883, † 1946)

Es gibt nicht viele Ökonomen, die die Welt verändert haben. Adam Smith zählt mit seinem *Wohlstand* (1776) dazu, sicher auch der große Verführer Karl Marx mit dem *Kapital* (1867), aber das 20. Jahrhundert gehörte dem Briten John Maynard Keynes. Die Superlative gehen so weit, daß manche seiner Jünger ihn in einem Atemzug mit Friedrich Nietzsche und Sigmund Freud nennen – alle drei haben das abendländische Denken entscheidend verändert.[213] Schon zu Lebzeiten erlangte er Kultstatus, wie einer seiner Kollegen nach einem Keynes-Vortrag entrückt festhielt: »Die Amerikaner saßen in Trance, als der gottgleiche Besucher sang, und goldenes Licht umspielte den ganzen Raum. Als alles vorbei war, gab es kaum Diskussionen.«[214]

John Maynard Keynes

Keynes war ein ebenso fleißiger wie vielseitiger Wissenschaftler, sein Werk umfaßt mehr als dreißig Bände.[215] Einhellig gilt jedoch bei Freund und Feind seine 1936 erschienene *Allgemeine Theorie der Beschäftigung, des Zinses und des Geldes* als Kern der Keynesschen Revolution. Nach der Veröffentlichung des Werkes ging ein Ruck durch die Welt, und die Ökonomie mußte umgeschrieben werden. Dennoch scheiden sich an dem Buch, seiner

Bedeutung und vor allem an der Person Keynes die ökonomischen Geister: Keynes wurde als »Individuum, das seinem Land am schlimmsten geschadet hat«, »Mischung aus Gutmütigkeit und schuljungenhaftem Egoismus«, »Befreier von lähmenden Dogmen« charakterisiert,[216] das Werk als »fünftes Buch Mose«.[217] Unabhängig von jeder Meinung ist über keinen Ökonomen – von Karl Marx abgesehen – so viel geschrieben worden wie über Keynes und seine Theorien.

Wer war dieser Keynes, der so berühmt war, daß eine 555 Seiten starke Biographie ausschließlich den Einfluß seiner Bisexualität auf seine Ökonomie beleuchtet?[218] John Maynard Keynes wurde 1883 im Todesjahr von Karl Marx und im Geburtsjahr von Joseph Alois Schumpeter geboren. Seine Eltern gehörten zur Oberschicht in Cambridge: Der Vater war Dozent für Logik und Politische Ökonomie und später Leiter der Universitätsverwaltung. Die Mutter wurde Bürgermeisterin der Stadt.

Mit 14 Jahren kam Keynes ans Eton College, das nobelste Gymnasium Englands. In allen Fächern glänzte er, nur in Sport machte er eine schlechte Figur. Nach dem Studium am Kings College in seiner Heimatstadt arbeitete er zunächst zwei Jahre beim Indien-Ministerium, wo er sich nach eigener Aussage vormittags mit der *Times* und nachmittags mit seiner Privatkorrespondenz beschäftigte.[219]

Entscheidend für seine spätere Entwicklung war der künstlerisch-avantgardistische »Bloomsbury-Club«, zu dem spätere Berühmtheiten wie die Schriftstellerin Virginia Woolf oder die Philosophen Bertrand Russell und Ludwig Wittgenstein gehörten. »Es gab nichts, worüber zu reden wir uns scheuten ... Man konnte über Kunst, Sex und Religion reden, was man wollte«,[220] erinnerte sich Vanessa Bell. Der Club war gemessen am Moralkodex des Viktorianischen Zeitalters gelinde gesagt ein äußerst zwangloses Grüppchen. Weil seine Bisexualität ihn häufig zur Opposition gegenüber der Gesellschaft zwang, fand Keynes hier eine ideale Spielwiese, die später den Nährboden für seine nonkonformen ökonomischen Theorien bot.

1919 nahm er als Chefunterhändler des britischen Finanzministeriums an den Friedensverhandlungen von Versailles teil und schrieb sich kurz darauf seine Enttäuschung über das Ergebnis vom Leib, das aus seiner Sicht Deutschland strangulierte. Die Schrift *Die wirtschaftlichen Folgen des Friedensvertrages* brachte ihm Weltruhm.

Danach leitete er eine Versicherung, gründete ein Theater und arbeitete als Dozent an der Universität Cambridge. Trotz seiner wissenschaftlichen Ambitionen war er auch irdischen Freuden zugetan: 1925 heiratete er eine russische Primaballerina, später kaufte er sich ein Restaurant, um sich seine Menüs selbst zusammenzustellen. Ein Herzinfarkt 1937 hielt ihn nicht vom Schreiben ab, und er bekleidete hohe Posten in der britischen Politik.

1944 nahm er an der Konferenz von Bretton Woods teil, auf der nach zähen Verhandlungen das internationale Währungssystem sowie IWF und Weltbank aus der Taufe gehoben wurden. Keynes war eine schillernde Persönlichkeit, die nicht so recht in die bisweilen blasse akademische Welt passen wollte. Der Genußmensch, der durch seine Publikationen und Börsenspekulationen reich geworden war, beklagte rückblickend nur eins: im Leben nicht genug Champagner getrunken zu haben.

Sein zentrales Werk *Allgemeine Theorie* erschien nach der Weltwirtschaftskrise von 1929 und ist wohl nur nach diesen Ereignissen zu verstehen. Zuvor hatte sich die ökonomische Lehrmeinung an Adam Smiths Laisser-faire (→ Kapitel 2.1) festgehalten, wonach die Wirtschaft freie Hand haben und sich die Handlungen des Staates auf das Nötigste beschränken sollten. Die Klassiker hatten behauptet, die Flexibilität der Preise sorge dafür, daß sich das Gleichgewichtsniveau auf den Märkten automatisch wieder einstellt. Arbeitskräfte werden dann entlassen, wenn ihr Lohn zu hoch ist. Wenn also die Löhne sinken, werden die Arbeitnehmer wieder eingestellt. Wer arbeitslos ist, der ist es freiwillig. Erst die Krise ab 1929 machte Schluß mit dieser schönen Theorie: Die langen Schlangen vor den Arbeitsämtern konnten weder erklärt noch behoben werden. Was noch mehr erschreckte, war die Dauer der Krise über mehrere Jahre, ohne daß sich Besserung zeigte – trotz sinkender Löhne.

Die Ur-Ökonomen beriefen sich auf das von Jean Baptiste Say (* 1767, † 1832) entwickelte Saysche Theorem, nach dem sich jedes Angebot auf einem Markt seine eigene Nachfrage schafft. Mit anderen Worten: Durch die Warenproduktion werden so viel Löhne an die Arbeitnehmer ausbezahlt, daß diese mit ihrem Geld direkt oder indirekt alle produzierten Güter und Dienstleistungen kaufen können. Auch wenn kurzfristig manche Güter keine Abnehmer finden, so kann auf Dauer die Gesamtnachfrage nicht zu gering sein.

Die Produktion wird automatisch vollständig abgesetzt. Auch der Spartrieb der Menschen ist kein Problem, denn diese Gelder fließen ja zu einer Bank und damit wieder in den Wirtschaftskreislauf zurück, da die Bank diese Gelder als Investitionen an Unternehmen verleiht.

Mit dieser Logik räumte Keynes auf: Says These ist zwar für das Gleichgewicht zwischen Angebot und Nachfrage zutreffend, das Niveau wirtschaftlicher Aktivität kann so aber nicht erklärt werden. Für ihn war klar, daß die Menschen einen Teil ihrer Einkünfte nicht ausgeben oder sparen, sondern liquide halten. Im Sparstrumpf geparktes Geld steht aber nicht als Kaufkraft zur Verfügung. Mangelnde Nachfrage führt bei den Unternehmern zu einer geringeren Gewinnerwartung und damit zu geringeren Investitionen. Keynes nannte dies den »Zusammenbruch der Grenzleistungsfähigkeit des Kapitals«[221] und meinte damit den Zinssatz, bei dem die erwarteten Einkünfte aus den Investitionen deren Kosten decken. Keynes ging sogar so weit zu behaupten, daß der Vertrauensverlust in einer Krise so groß sein kann, daß Unternehmen selbst bei einem Zinssatz von null nicht investieren, weil sie die Zukunftsaussichten als zu düster einschätzen: »Die Pferde werden zur Tränke geführt, aber sie saufen nicht.«[222] Wenn bei der abgewürgten Nachfrage im Sinne der Klassiker auch noch die Löhne sinken, ist der letzte Funken Hoffnung verflogen – der private Konsum. Es kommt zu Entlassungen, und das Wirtschaftssystem stabilisiert sich auf einem Produktionsniveau, das niedriger als die Vollbeschäftigung ist.

Mit seiner Argumentation rückte Keynes die Erwartungen künftiger Entwicklungen in den Mittelpunkt seiner Analyse. Seither mühen sich Ökonomen in ihren Dissertationen und Habilitationen, die Erwartungen der »Wirtschaftssubjekte« möglichst sinnvoll und systematisch in ihren Arbeiten unterzubekommen. Insbesondere die Weltwirtschaftskrise führte bei Keynes zu der Überzeugung, daß nicht allein eine angebotsorientierte, sondern eine nachfrageorientierte Politik aus der Krise heraushelfen könne. Dieser Ansatz führt zu einer Verneinung des Sayschen Theorems, denn bei Keynes bestimmt die Nachfrage das Angebot und nicht umgekehrt. Arbeitslosigkeit entsteht dann, wenn die Nachfrage nicht gleich der Produktion ist. Für den Ökonomen war dies fast immer der Fall. Er bezweifelte, daß »wir mit Ausnahme des Krieges kürzlich die Erfahrung irgendeines so starken Aufschwungs hatten, daß er zu Vollbeschäftigung führte«.[223]

Und wie läßt sich zumindest das Übelste vermeiden, die dauerhafte Massenarbeitslosigkeit? Für Keynes gab es nur eine Antwort: Der Staat sollte seine Aufgaben erweitern und »den Hang zum Verbrauch vermehren«.[224] Die Regierung soll Schulden machen, die Zinsen senken (wenn sie die Notenbank kontrolliert) und vor allem die Nachfrage durch eigene Ausgaben erhöhen – durch Investitionen in Straßen, Universitäten, Flughäfen.

Für den volkswirtschaftlich nicht vorbelasteten Leser ist Keynes' *Allgemeine Theorie* größtenteils eine Zumutung. Dagegen lesen sich Werke wie Schumpeters *Kapitalismus, Sozialismus und Demokratie* oder Smiths *Wohlstand der Nationen* wie Karl-May-Romane. Selbst Franklin Delano Roosevelt (* 1882, † 1945), der bereits drei Jahre vor der Veröffentlichung der *Allgemeinen Theorie* mit seinem New Deal viele von Keynes' Gedanken vorwegnahm, hatte Verständnisprobleme: Nachdem Keynes 1934 einen Vortrag im Weißen Haus gehalten hatte, räumte er ein: »Von dem, was dieser Mann gesagt hat, habe ich kein Wort verstanden.«[225]

Die wirklich bahnbrechende Leistung von Keynes lag weniger in der Idee des Staatsinterventionismus, als vielmehr darin, die Grundüberzeugungen der klassischen Ökonomie anzuzweifeln. Seit Adam Smith vertrat die Ökonomie einen ganz anderen Standpunkt und hatte dem Staat alles erlaubt, nur keine Einmischung in das Wirken der »unsichtbaren Hand« des Marktes. Keynes machte erstmals Staatseingriffe aus ökonomischer Sicht hoffähig. Er unterstellte der klassischen Theorie kein Versagen, glaubte jedoch, daß ihre »stillschweigenden Voraussetzungen selten oder nie erfüllt sind, mit der Folge, daß sie die wirtschaftlichen Probleme der wirklichen Welt nicht lösen kann«.[226] Die Gleichgewichtszustände auf den Märkten sah er nur als Spezialfall und verordnete dem Staat daher einen Wandel vom ökonomisch passiven Abgabenstaat zum aktiven Ausgabenstaat.

In der Aufbauphase nach dem Zweiten Weltkrieg nahmen die Staaten Keynes' Empfehlungen begierig auf. Sein Einfluß war so groß, daß er es noch 1965 auf das Titelblatt des *Time*-Magazins schaffte – 19 Jahre nach seinem Tod.[227] Erst in den 1970er Jahren begann der Stern des Lord Keynes of Tilton zu sinken. In einer Zeit steigender Arbeitslosigkeit und hoher Inflation zeigte sich, daß die Bedingungen der 1930er Jahre und damit auch Keynes' Gedanken nicht ohne weiteres auf andere Rahmenbedingungen übertragbar sind. Das einfache Aufdrehen der öffentlichen Geldhähne führte in diesen Jahren nicht zu mehr Beschäftigung und stärkerem Wirtschaftswachstum – das einzige, was stieg, waren die Defizite in den Staatshaushalten.

Auch Keynes hinterließ der Welt keine ökonomische Werkzeugkiste, mit der sich alle Probleme der Wirtschaft lösen lassen. Aber er erweiterte das Repertoire zur Bekämpfung von Wirtschaftskrisen und schnitt alte Zöpfe in der als gefestigt geltenden ökonomischen Lehre ab. Anders als viele seiner Kollegen stand Keynes auf dem Boden der Wirklichkeit und verstand seine Thesen nicht als Antworten auf nie gestellte Fragen, sondern als handfeste Ratschläge an die Politik: »Im gegenwärtigen Augenblick erwarten die Menschen mehr als sonst eine grundlegende Diagnose, sind sie ganz besonders bereit, sie aufzunehmen, begierig, sie auszuprobieren, wenn sie nur einigermaßen annehmbar sein sollte.«[228] Für ihn war die Ökonomie kein Selbstzweck, sondern ein politisches Hilfsmittel im Dienst der Gemeinschaft: »Es wäre phantastisch, wenn die Ökonomen es schaffen würden, sich als bescheidene Fachleute zu begreifen, etwa auf derselben Stufe mit Zahnärzten.«[229] In den 1930er Jahren predigte Keynes den »atmenden« Staat, der mit seiner gutgemeinten Konjunkturpolitik Wirtschaftsschwankungen ausgleicht. Der Schock, den Keynes mit seiner Reform unter den Ökonomen auslöste, wirkte noch Jahrzehnte nach, und so kam die Gegenrevolution erst in den 1970er Jahren: angezettelt von den Monetaristen unter ihrem Anführer Milton Friedman.

2.7 Milton Friedman – Keine Freiheit ohne Kapitalismus

Alle Steuern sind zu hoch, alle Regierungen sind zu fett.[230]

MILTON FRIEDMAN (* 1912)

Soziale Gerechtigkeit gibt es für ihn nicht, und die USA hält er zur Hälfte für ein Land des Sozialismus.[231] Zurückhaltend war Milton Friedman nie, schon gar nicht, wenn er das Wort »Wohlfahrtsstaat« hört. Für ihn nimmt ein sozial engagierter Unternehmensvorstand »irgendeinem anderen Geld weg ... den Arbeitern in Form von niedrigeren Löhnen; oder den Konsumenten in Form von höheren Preisen«.[232] Ein kerniger Satz, in dem das gesamte Weltbild Friedmans steckt: Der Staat ist schlecht, der Markt ist gut. Der amerikanische Ökonom ist ein Revolutionär gegen die Revolution: Er läutete den Abschied von der Keynesschen Ära ein und verhalf dem freien Markt zu einer Wiedergeburt.

Milton Friedman

Bei seinem kometenhaften Aufstieg zum vielleicht bekanntesten lebenden Ökonomen kamen Milton Friedman vor allem zwei Dinge zugute: die »Deflation« der 1970er Jahre, gekennzeichnet durch eine hohe Inflation und eine Stagnation wirtschaftlichen Wachstums, und sein herausragendes rhetorisches Talent, das ihm eine breite Zuhörerschaft sicherte. Vor allem die Krise der 1970er Jahre brachte Friedman Ruhm: Der Staatsinterventionismus wurde zunehmend unwirksam, Arbeitslosigkeit und Geldentwertung waren auch mit den besten wirtschaftspolitischen

Maßnahmen nicht einzudämmen. Keynes' ökonomische Schwerter waren stumpf geworden.

Milton Friedman stammt aus bescheidenen Verhältnissen. Sein Vater war ein kleiner Großhandelskaufmann, seine Mutter Näherin. Beide kamen als jüdische Einwanderer 1890 »mit leeren Händen«[233] aus Österreich in die USA. Als Friedman 15 Jahre alt war, starb der Vater; dank eines Stipendiums konnte der begabte Schüler trotzdem studieren. Nach Abschluß des Master-Grads 1932 ging er an die Universität Chicago, eine der bekanntesten US-Kaderschmieden für Ökonomie, mußte die Hochschule aus Geldmangel jedoch bald wieder verlassen. Ein üppiges 1500-Dollar-Stipendium brachte ihn nach New York, wo er seine Doktorarbeit fertigstellte, viel ins Broadway-Theater ging und besser lebte als je zuvor.[234] 1946 kehrte er nach Chicago zurück, diesmal als Professor für Ökonomie. 30 Jahre später steht er auf dem Höhepunkt seiner Karriere: Nicht trotz, sondern gerade wegen seiner beispiellosen Hartnäckigkeit, seiner Diskussionsfreude und natürlich wegen seiner Ideen erhielt er 1976 den Nobelpreis für Wirtschaftswissenschaften.

Friedman formierte in Chicago eine eigene wirtschaftspolitische Schule um seine Glaubensgrundsätze – den Monetarismus. Die »Chicago Boys« sehen die Geldmengenpolitik als zentrales Instrument für eine stabilere Wirtschaftspolitik. Für Friedman und seine Jünger ist »der Kapitalismus eine notwendige Voraussetzung für politische Freiheit«,[235] wie er sein Credo in seinem bekanntesten Buch *Kapitalismus und Freiheit* zusammenfaßte. Der ebenfalls mit dem Nobelpreis bedachte US-Ökonom Paul Anthony Samuelson (* 1915) fand die These nur »zum Lachen«.[236]

In seinem Werk rühmte Friedman die freien Märkte, die »erheblich effizienter arbeiten ... als staatliche Planung«.[237] Auch seine Arbeiten über den Begriff einer natürlichen Arbeitslosenquote[238] und insbesondere über das Geld[239] lassen sich als Konterrevolution zu Keynes lesen. Eine Erhöhung der Staatsausgaben, wie von Keynes gefordert, verpufft nach Friedman wirkungslos und hat sogar eine negative Wirkung. Um seine Ausgaben zu finanzieren, muß sich der Staat Geld auf dem Finanzmarkt oder beim Steuerzahler besorgen. Da höhere Steuern den Konsum dämpfen, kommt nur eine Anleihe auf dem Kapitalmarkt in Frage. Der Geldbedarf führt jedoch zu einem Zinsanstieg, durch den wiederum Investitionen von Unternehmen und Privatpersonen gebremst werden mit dem Gesamtergebnis, daß öffentliche Ausgaben die Konjunktur nicht stützen, sondern drosseln. Mit dieser Argumentation war Kaiser Keynes vom Thron gestürzt.

Damit hatte der Feldzug der Monetaristen unter ihrem Wortführer Friedman erst begonnen. Das Geld spielt im Monetarismus die wichtigste Rolle: Nur durch eine Vergrößerung der Geldmenge läßt sich die Konjunktur ankurbeln, eine restriktive Geldpolitik schwächt die Wirtschaft. Um unerwünschte Konjunkturschwankungen zu vermeiden, empfahl er eine Politik, die auf die »Verwirklichung einer konstanten Wachstumsrate einer bestimmten monetären Gesamtgröße gerichtet ist«.[240] Die Steuerung der Geldmenge sahen die Monetaristen vor allem als Instrument der langfristigen Konjunkturpolitik, von einer konjunkturellen Feinsteuerung hielten die orthodoxen Monetaristen, angeführt von Friedman persönlich, dagegen wenig. In *Kapitalismus und Freiheit* gab Friedman klare Anweisungen, wie er sich eine monetäre Politik vorstellte: Er wollte die Zentralbank gesetzlich verpflichten, einen konstanten Geldmengenzuwachs sicherzustellen, und zwar »mit einer Jahresrate von X Prozent, wobei X eine Zahl zwischen 3 und 5 ist«.[241] Damit die Zentralbank dieses Ziel besser erreichen kann, ging Friedman sogar so weit, die eigenständige Geldschöpfung der Geschäftsbanken durch eine Mindestreserve von 100% zu verhindern[242] – die Banken müssen also ihr gesamtes Kapital bei der Zentralbank deponieren und werden damit zu deren Zweigstellen degradiert. Außerdem wehrte er sich vehement gegen eine unabhängige Notenbank, diese sollte vielmehr dem Diktat der Politik unterstellt sein, denn »jedes System, das soviel Macht und so viele Entscheidungen in die Hände weniger Männer legt, ... ist ein schlechtes System«.[243] In den USA ist die Notenbank neben dem Preisstabilitätsziel auch dem Wachstum der Wirtschaft und einer hohen Beschäftigungsquote verpflichtet[244] und damit wesentlich stärker an die Politik gebunden als beispielsweise die Europäische Zentralbank.

Nach dem großen Keynes-Schock war Friedman der vielleicht streitbarste (und lauteste) Ökonom, der sich wieder offen für den traditionellen Kapitalismus des 18. und 19. Jahrhunderts im Sinne Adam Smiths aussprach – für eine »Rückkehr in die so herrlich einfache Welt der Vergangenheit«.[245] Von Wohlfahrtssystemen hält er nicht viel, für ihn sind sie »ein Betrug an den Leuten, die noch arbeiten und Steuern zahlen«.[246] Friedman nur als ultraliberalen Ökonomen einzuordnen wird dem Rhetoriktalent nicht gerecht. In den sechziger Jahren propagierte er eine »negative Einkommenssteuer«,[247] die der Staat allen denjenigen als Barsumme auszahlen soll, die nicht genug verdienen. Dieses Grundeinkommen, so Friedman, sei im Verwaltungsaufwand viel billiger als bisherige Wohlfahrtsmaßnahmen.[248] Staatsfeindlich, wie er war, kämpfte der Gelehrte gleichzeitig gegen die Zwangsrekrutierung junger Amerikaner während des Vietnamkriegs und für die Liberalisierung von Drogen.

Friedman hielt eine Stabilität der Wirtschaft nur bei völliger Funktionsfähigkeit des Marktmechanismus mit elastischen Preisen für möglich. Darin liegt zugleich die Kernaussage des Monetarismus: Statt es Politikern und Bürokraten zu überlassen, Arbeitslosigkeit, Inflation und Wirtschaftswachstum zu steuern, wollte er das Geldangebot ansteigen lassen und so für wirtschaftliche Stabilität sorgen. Für den »Adam Smith des 20. Jahrhunderts« hat die Regierung am Wirtschaftsleben nur als Schiedsrichter teilzunehmen.

Zu den Nutznießern des Kapitalismus zählt auch Friedman persönlich: 1980 verdiente er über 500 000 Euro[249] allein durch Bücher, Vorträge und als Held einer Fernsehserie, in der er freimütig über den Staat und dessen Geldvernichtungsmaschinerie herzog.[250] Für einen Vortrag kassierte er bereits damals respektable 7500 Euro. Friedmans Kommentar: »Der freie Markt hat sich für mich sehr positiv ausgewirkt.«[251]

Die 1950er und 1960er Jahre waren die Keynes-Jahre, die der britische Meister jedoch nicht selbst erlebte. Seitdem sitzt Milton Friedman als ökonomische Leitfigur fest im Sattel. Das Comeback des Marktes wurde gekrönt mit den Wahlsiegen von Margaret Thatcher in Großbritannien (1979) und Ronald Reagan in den USA (1980). Für beide war Friedman als wirtschaftspolitischer Berater tätig. Sein Kontrahent John Maynard Keynes schrieb schon 1936: »Praktiker, die sich ganz frei von intellektuellen Einflüssen glauben, sind gewöhnlich die Sklaven irgendeines verblichenen Ökonomen.«[252] Manchmal auch die eines Lebenden.

2.8 James Tobin – Abkühlung für wildgewordene Spekulanten

In vielfacher Sicht sind unsere gegenwärtigen Einrichtungen der monetären Steuerung ... vernunftswidrig und anachronistisch.[253] JAMES TOBIN (* 1918)

Nach jeder Krise auf den internationalen Finanzmärkten wird sie erneut als Wunderwaffe gepriesen: die Tobin-Steuer. Wahrscheinlich würde niemand den Vorschlag einer Steuer auf Devisenumsätze ernst nehmen, käme er nicht von einem Nobelpreisträger: James Tobin, der den Preis 1981 erhielt, wollte die Währungsspekulanten zur Kasse bitten.

Tobin hatte seine Steuer schon 1972 vorgeschlagen und die Idee 1974 nach dem Zusammenbruch des Währungssystems von Bretton Woods veröffentlicht,[254] um etwas »Sand ins Getriebe unserer übermäßig effizienten internationalen Geldmärkte zu streuen«.[255] Seitdem taucht die Idee der Tobin-Steuer wie das Ungeheuer von Loch Ness immer wieder auf. So 1992, als der Spekulant George Soros (→ 6. Exkurs) Großbritannien aus dem europäischen Währungssystem kegelte, und zuletzt 1997 nach der Asienkrise.[256] Doch der Gedanke wurde jedesmal schnell wieder fallengelassen.

James Tobin

In der Fachwelt gilt Tobin als Koryphäe: Selbst sein ökonomischer Gegenspieler in der Konjunkturpolitik, der Monetarismus-Papst Milton Friedman (→ Kapitel 2.7), hält ihn für »sehr fähig, intelligent und nachdenklich«.[257] Bekannt wurde Tobin vor allem durch seine

Portfolio-Analyse, die er in den 1950er Jahren gemeinsam mit dem späteren Nobelpreisträger Harry Markowitz entwickelte. Sie beschreibt, wie Privathaushalte oder Unternehmen Risiken und zu erwartende Gewinne abwägen, wenn sie ihr Vermögen investieren. Dazu zählen beispielsweise Geld, Wertpapiere, Aktien, Grundstücke oder Maschinen. Bei diesen Entscheidungen spielen nicht nur Zinsen, mögliche Spekulationsgewinne oder Maschinenauslastungen und die damit verbundene Investitionsrendite eine Rolle, sondern auch Erwartungen: Wieviel ist die Telekom-Aktie in drei Jahren wert, ist die Internet-Branche noch zukunftsweisend, bleiben Schröder & Co. in Berlin? Aus diesen Entscheidungen lassen sich Verhaltensmuster ableiten, die der Staat – ganz im Sinne von John Maynard Keynes (→ Kapitel 2.6) – dazu nutzen kann, über seine Nachfrage auf dem Gütermarkt die Konjunktur zu steuern. In einem seiner bekanntesten Werke, dem 1963 erschienenen *Grundsätze der Geld- und Staatsschuldenpolitik*,[258] leitete er aus seinen Theorien Vorschläge für das optimale staatliche Schuldenmanagement und die Konjunkturstabilisierung ab.

Geboren wurde James Tobin 1918 im US-Bundesstaat Illinois als Sohn eines Journalisten und einer Sozialarbeiterin, die ihn früh mit liberalen Ideen und sozialen Problemen wie Arbeitslosigkeit und Armut vertraut machten. Im erzkonservativen Champaign hatten es die Tobins nicht leicht: Sie galten als Außenseiter und vertraten häufig abweichende, aber gut begründete Standpunkte.

Mit 17 Jahren hatte der Musterschüler ein Stipendium für die Elite-Universität Harvard in der Tasche, die ihn stark prägte: Zu seinen Lehrern gehörten Joseph Alois Schumpeter (→ Kapitel 2.5) sowie der Präsidentenberater Alvin Harvey Hansen (* 1887, † 1975), und im Hörsaal saß er neben John Kenneth Galbraith (→ Kapitel 2.9) und dem späteren Nobelpreisträger Paul Anthony Samuelson (* 1915). Viel Geld hatten die mit einem Stipendium ausgestatteten Feingeister nicht: »Wir Liberale kannten uns gut, denn wir lebten alle in den billigen Zimmern«, sagte er später über seine Zeit in Harvard. Nach dem Eintritt der Amerikaner in den Zweiten Weltkrieg wurde er eingezogen und diente von 1942 bis 1946 bei der Marine, zeitweise als stellvertretender Kommandant eines Schiffes.

Ab 1950 lehrte Tobin an der renommierten Yale-Universität und tat sich zunächst schwer, den goldenen Käfig zu verlassen: Als John

Fitzgerald Kennedy ihn 1961 als Berater ins Weiße Haus holen wollte, lehnte Tobin ab, weil er die Praxis nur aus der Theorie kannte: »Herr Präsident, ich bin ein Ökonom aus dem Elfenbeinturm.« Kennedy reagierte prompt: »Macht nichts, ich bin ein Präsident aus dem Elfenbeinturm.« Zwei Jahre blieb Tobin in Washington und schrieb in dieser Zeit seine *Grundsätze der Geld- und Staatsschuldenpolitik*, ursprünglich gedacht als Lehrbuch für US-amerikanische Kongreßabgeordnete, aber auch für die Zentralbanken und Finanzministerien.[259] In der Fachwelt beruht sein Ruf vor allem auf diesem Werk und seiner Portfolio-Analyse, in der breiten Öffentlichkeit ist der Name Tobin dagegen fest mit der Antispekulationssteuer verbunden.

Wie funktioniert diese Steuer? Viele Staaten besteuern den Kauf von Wertpapieren (Aktien und Obligationen), um die Spekulation auf diesen Märkten in Grenzen zu halten. Niemand besteuert jedoch die Kapitalmassen, die täglich auf den Devisenmärkten bewegt werden. Tobin hatte festgestellt, daß »bei 80 % der Devisengeschäfte die Hin-und-zurück-Transaktionen innerhalb von höchstens sieben Tagen stattfinden, in den meisten Fällen sogar noch am gleichen Tag«.[260] Hinter solchen kurzfristigen Transaktionen können keine Handelsbewegungen oder Investitionen mehr stehen – sie sind pure Spekulation. »Langfristig heißt für mich in den nächsten zehn Minuten«,[261] zitiert Tobin einen Devisenhändler und warf den Spekulanten angesichts mehrerer Währungskrisen vor, die Finanzmärkte auf destabilisierende Weise nur für ihren eigenen Vorteil zu nutzen.

Tobin schlug vor, sämtliche Devisentransaktionen mit 1 % zu besteuern und diese Abgabe möglichst in allen Ländern gleichzeitig einzuführen, damit die Spekulanten ihre Währungsoperationen nicht in Steuerparadiese verlegen.[262] Der Satz erscheint gering, würde sich aber bei fast jedem Devisengeschäft auf 2 % erhöhen – 1 % auf das Kapital der ersten Transaktion und nochmals 1 % auf das zurückgetauschte und nach der Devisenspekulation größer gewordene Kapital. Tobin rechnete vor, daß sich ein solches Geschäft bei den gängigen Drei-Monats-Wechseln erst rechnen würde, wenn die Zinsdifferenz der beiden Tauschländer mindestens 8 % beträgt[263] – ein realitätsferner Zustand. Heute sind die Notenbanken darauf bedacht, keine zu große Zinsdifferenz zu einem sicheren Anlagehafen, beispielsweise den USA, entstehen zu lassen – das Kapital würde in das Land mit den attraktiveren Zinsen abwandern. Der Vorteil der

Tobin-Steuer liegt auf der Hand: Die Notenbanken können wieder eine eigene Zinspolitik betreiben, in obigem Beispiel mit einem 8 %igen »Schutzschirm«, und so auf die Wirtschaftslage ihrer Länder reagieren.

Tobin wollte nicht die internationalen Austauschbeziehungen einschränken, wohl aber kurzfristige Spekulationsgeschäfte steuerlich belasten und damit einen Beitrag zur Stabilisierung der Finanzmärkte leisten. Die Einnahmen wollte er in längerfristige Wirtschaftsanlagen lenken. Das Konzept klingt einleuchtend, hat aber einen entscheidenden Nachteil: Die Steuer wirkt nur, wenn alle Länder mitspielen. Tobin hielt zwar »die Gefahr einer Verlagerung von Währungstransaktionen auf die Cayman-Inseln für übertrieben«,[264] falls sich jedoch keine internationale Regelung finden lasse, müsse der IWF die Verwaltung der Steuereinnahmen übernehmen. Als Bedingung für die Mitgliedschaft und die Kreditlinie sollte jedes IWF-Mitglied verpflichtet werden, eine Steuer entsprechend den IWF-Forderungen zu erheben.[265]

Und was haben die Staaten davon? »Die Karotte wäre ... , daß sie ihre Steuereinnahmen zur freien Verfügung hätten«,[266] schrieb Tobin. Die UN-Konferenz für Handel und Entwicklung (UNCTAD) hat im Oktober 1995 den voraussichtlichen Ertrag der Tobin-Steuer hochgerechnet: Bei einem Steuersatz von 0,1 %, wie ihn später auch Tobin favorisierte, ergaben sich weltweite Einnahmen von etwa 148 Milliarden Dollar für das Jahr 1995.[267] Eine ordentliche Summe für die Staatshaushalte, zumal sie eine »Tax on Wall Street und ausnahmsweise keine Tax on Main Street ist«,[268] wie der Bremer Ökonom Jörg Huffschmid betonte.

Tobin weckte mit seinem Vorschlag einer Umsatzsteuer im Devisenhandel in den 1970er Jahren kaum Begeisterung. Später sagte er, die Zeit sei damals noch nicht reif gewesen und die Idee hätte daher »denselben Effekt gehabt, als würde man einen Stein in einen Brunnen werfen«.[269] Das hat sich bis heute nicht geändert. Naturgemäß findet sie in der Finanzbranche wenig Freunde: Bei einem Eingriff des Staates »installieren wir unsere Hauptquartiere eben auf Schiffen, die mitten im Ozean schwimmen«, so ein amerikanischer Banker.[270] Von anderen Kritikern wurde sie als »idealistisch« und »unpraktikabel« abqualifiziert.[271]

Die UNCTAD-Studie war die erste große Untersuchung zur Tobin-Steuer.[272] Darin analysierte eine Gruppe renommierter Experten – unter ihnen die Professoren Peter Kenen aus Princeton sowie Jeffrey Frankel und Barry Eichengreen von der Universität Berkeley – die Wirkungen einer Tobin-Steuer und die Erfahrungen, die Lateinamerika und Südkorea bei der Kontrolle von Kapitalbewegungen gemacht hatten. Das Ergebnis: Die Machbarkeit einer Tobin-Tax hängt eher von politischen Entscheidungen als von praktischen Fragen ab. Allerdings erkannten die Autoren auch, daß Tobins Idee »noch nicht so weit ausgearbeitet ist, um als technisch ausgereift und politisch attraktiv«[273] anerkannt zu werden. Nicht nur die USA sind strikt gegen die Steuer, auch in der EU fand sie bisher wenig Freunde: Anfang des Jahres 2000 scheiterte im Europaparlament ein Antrag, sich mit dem Thema zu beschäftigen.[274]

Und was sagt Tobin dazu? Er war sich bewußt, daß sein Vorschlag für Kontroversen sorgen würde. Der größte Teil der Kritik richtet sich auf die Höhe der Steuer und deren Verteilung. Tobins Hauptmotiv waren aber nicht die Einnahmen, sondern die Zivilisierung einer gesetzlosen Finanzwelt, der die eigene Dynamik über den Kopf wächst. Selbst wenn seine Spekulationsbremse noch mit Startproblemen zu kämpfen hat: Bis heute sind alle Kritiker die Antwort schuldig geblieben, wie die »globale Finanzanarchie«[275] zu zähmen ist. Um das zu erreichen, müßte nämlich zuerst eine besonders heilige Kuh geschlachtet werden: das Bankgeheimnis, das so manche Steuerhinterziehung deckt.

2.9 John Kenneth Galbraith – Die Lebenslüge des Überflusses

Es gibt zwei Arten von Wirtschaftsprognostikern: »Those who don't know and those who don't know that they don't know.«

John Kenneth Galbraith (* 1908)

Der Ökonom und Gesellschaftskritiker John Kenneth Galbraith liebt eingängige Beispiele: »Früher konnte eine genügend imposante Kollektion von Brillanten auch der beleibtesten und häßlichsten Frau Beachtung und Achtung verschaffen, weil der Schmuck die Zugehörigkeit zu einer privilegierten Kaste bekundete. Heute kann sich ein Fernsehstar oder ein begabtes Call-Girl ebenso schöne Brillanten leisten.«[276]

John Kenneth Galbraith

Galbraith ist ein Meister der Ironie und schreibt sich hier warm für seine These, daß kostspieligem Luxus in einer Überflußgesellschaft der Stempel »vulgär« anhaftet. Nicht mit Prunk und Verschwendung wie im Mittelalter, sondern mit nützlichen Hobbies erregt der Reiche heute Aufmerksamkeit: »Schön und modern eingerichtete Kuhställe sollte er haben, nicht aber luxuriöse Rennpferde.«[277]

Das sind nur einige Beispiele aus seinem 1958 erschienenen Buch *The Affluent Society,* auf deutsch als *Gesellschaft im Überfluß* veröffentlicht,[278] in dem Galbraith die große Verschwendung brandmarkt – zehn Jahre vor Flowerpower, den 1968ern und noch weit vor den Grünen. Der Harvard-Lehrer hat ein feines Gespür für ökonomische Trends, und er artikuliert dies auch: Galbraith ist der Vielschreiber unter den Ökonomen und wohl der journalistisch begabteste dazu. Nach der Veröffentlichung des Buches war er eine Institution geworden, die Presse hing an seinen Lippen.

Die Karriere zum Star unter den Ökonomen war keineswegs geplant: Galbraith wuchs als Sohn schottischer Einwanderer im kanadischen Bundesstaat Ontario auf, wo seine Eltern eine Farm betrieben. Die Arbeit auf dem Hof, durch die er einen »gründlichen Einblick in das Wesen der körperlichen Arbeit«[279] erhielt, beeinflußte sein späteres Leben maßgeblich. Er studierte an einer Landwirtschaftshochschule und ging mit 23 Jahren und einem Stipendium nach Berkeley, Kalifornien, wo ihn die vielen Diskussionen nervten: Sie waren seiner Meinung nach wie »überall im universitären Bereich ein Vakuum, das dazu dient, ein Vakuum zu füllen«.[280] Seine Doktorarbeit war folglich »nichts Besonderes; Zweck der Übung war der Titelerwerb«.[281]

Nach der Promotion rief die Harvard-Universität, wo er sich im Zeichen der Weltwirtschaftskrise das Marktversagen vorknöpfte und die Großunternehmen an den Pranger stellte. Er verkehrte mit politisch radikalen Akademikern und Kommunisten, was ausreichte, um ihm das FBI auf den Hals zu hetzen. Rückblickend machte er sich über die Bespitzelungen lustig,[282] denn viel Anstößiges fand die Geheimpolizei nicht: Die Vermerke über »meine Trinkgewohnheiten, meine eheliche Treue ... sprachen durchweg zu meinen Gunsten«.[283]

Mit seiner Frau fuhr er für ein Jahr nach Cambridge, um an der englischen Universität zu lehren und auf der Reise »das erregende Erlebnis einer Fahrt auf einem Ozeandampfer mit den eher normalen Freuden der Liebe und der Ehe zu verknüpfen«.[284] 1938 kehrte er nach Harvard zurück, ging kurz darauf nach Princeton und übernahm dann die Leitung der Preisabteilung im Büro für Preiskontrolle und öffentliche Versorgung (OPACS). Die Abteilung war für die Umstellung der US-Wirtschaft auf den Zweiten Weltkrieg geschaffen worden.[285] Galbraiths Macht stieg über Nacht, ebenso rasch brachte er es aber auch zu einem der bestgehaßten Männer Washingtons. Als er vorschlug, den Preis von Nylonstrümpfen an deren Mindesthaltbarkeit zu binden und Konservendosen mit einem Gütesiegel zu versehen, damit »die wöchentlichen Lebensmittelmarken einer Familie nicht für angedicktes Wasser mit ein paar einsamen Gemüsebröckchen darin draufgingen«,[286] erhob sich ein ohrenbetäubender Proteststurm – 1943 mußte Galbraith seinen Hut nehmen.

Er wurde Redakteur beim Magazin *Fortune* und gehörte einer Kommission an, die im Sommer 1945 Nazi-Größen verhörte – darunter Joachim von Ribbentrop (Außenminister), Julius Streicher (Herausgeber von *Der Stürmer)* und Hermann Göring (Reichsmarschall). Die Begegnung war desillusionierend: »Wer hätte gedacht, daß wir diesen Krieg gegen einen Haufen Einfaltspinsel führten?«[287]

Drei Jahre später nahm er ein neues Angebot in Harvard an, wo er bis zu seiner Emeritierung im Jahr 1975 blieb. Sein Zugvogeldasein gab er in dieser Zeit keineswegs auf: Er reiste viel in Asien und Europa, beriet von 1952 bis 1956 den glücklosen Präsidentschaftskandidaten Adlai Stevenson und danach John Fitzgerald Kennedy (* 1917, † 1963). Nach seinem Wahlsieg bot Kennedy dem kompromißlosen Harvard-Professor keinen Posten in der Regierung an, sondern schickte ihn für zwei Jahre als Botschafter nach Indien, weil er »froh war, mich in seiner Administration zu haben – aber in angemessener Entfernung«,[288] wie Galbraith in seiner Autobiographie notierte. Auch nach seinem Ausstieg aus dem akademischen Leben blieb der große alte Querdenker der Ökonomie seiner erst spät entdeckten Leidenschaft treu: Schreiben, Schreiben, Schreiben.

So veröffentlichte er 1952, neun Jahre nach seinem Abgang aus dem OPACS, das Buch *The Theory of Price Control,*[289] in dem er seine Erfahrungen mit Preiskontrollen und deren Rolle für die Inflationsbekämpfung beschreibt. Noch im gleichen Jahr erschien *American Capitalism*[290] – eine Abrechnung mit dem Ideal des vollkommenen Marktes, der aus seiner Sicht wegen der Macht großer Konzerne überhaupt nicht existiert. Von echtem Wettbewerb, den die Unternehmen immer als *die* Herausforderung darstellen, kann daher keineswegs die Rede sein. Es folgten weitere Bücher, über den großen Börsencrash von 1929 oder eine Reise nach Polen und Jugoslawien, und schließlich *Gesellschaft im Überfluß,* sein vielleicht bekanntestes Werk.

Darin kritisiert Galbraith, daß in den Industriestaaten alle wirtschaftlichen Verhaltensweisen »in der wirtschaftlichen Unsicherheit einer vergangenen Epoche verwurzelt sind«,[291] nämlich dem 19. Jahrhundert. Heute jedoch werden die Güter im Überfluß produziert und befriedigen keine wirklichen Wünsche mehr, sondern »nur die Sucht nach noch eleganteren Autos, nach noch mehr exotischen Leckereien, nach noch mehr erotisch betonter Kleidung, nach noch raffinierterem Amüsement«.[292] Um die Bedürfnisse aufrechtzuerhalten, übernimmt der Erzeuger der Güter eine doppelte Funktion: Er produziert die Ware und gleichzeitig die Nachfrage, die künstlich durch ein aufwendiges Marketing geschaffen werden muß. Für Galbraith wirkt Werbung jedoch »nur auf Menschen, die der physischen Not so weit entrückt sind, daß sie nicht mehr wissen, was sie sich noch wünschen sollen. Nur in diesem Stadium lassen sie sich etwas aufschwatzen.«[293]

Das eigentliche Ziel der Produktion, nämlich die Versorgung der Menschen, habe sich in ein Wachstumsdogma gewandelt, bei dem »mit spitzfindigen und geistreichen Argumenten« bewiesen wird, daß »die Produktion *an und für sich* bedeutungsvoll sei«.[294] Riesige Etats werden in die Bedarfsschaffung gesteckt, damit die Produktion ihre Vorrangstellung behält. Galbraith vergleicht dies mit einem Spendensammler, der fleißig um Geld für Krankenhäuser bittet, ohne wahrzunehmen, daß die Ärzte mit ihren Wagen bereits Fußgänger überfahren, um die neuen Betten zu füllen.[295]

Besondere Aufmerksamkeit schenkt Galbraith dem »sozialen Gleichgewicht«, das er als Ungleichgewicht zwischen privaten und öffentlichen Gütern versteht. Trotz hohen Wohlstands in den USA sind »die städtischen Verkehrsmittel überlastet, ungesund und schmutzig – genau wie die Luft«.[296] Schon 1958 warnte Galbraith vor den katastrophalen Wirkungen zügellosen Wachstums für Natur und Menschen: »Die Familie, die ihr lilakirschrotes, automatisch geschaltetes, automatisch gebremstes, mit raffinierter Luftheizung und -kühlung ausgestattetes Auto aus der Garage holt, um einen Ausflug zu machen, fährt durch Orte mit schlecht gepflasterten und ungereinigten Straßen, verfallenen Häusern, scheußlichen Reklameschildern und Hochspannungs- und Telegrafenmasten, deren Leitungen man längst unter die Erde hätte verlegen müssen … Unsere Familie genießt am Ufer eines verdreckten Flusses die köstlichen Konserven aus der transportablen Kühlbox und übernachtet dann auf einem Parkgelände, das für die Volksgesundheit und die öffentliche Moral eine Gefahr ist. Kurz bevor sie auf ihren Luftmatratzen unter dem Dach ihres Nylonzeltes, umgeben von dem Gestank faulender Abfälle, einschlummert, möge sie sich vage Gedanken über die seltsame Unterschiedlichkeit ihrer Genüsse machen.« Augenzwinkernd fragt Galbraith: »Soll das wirklich der Genius Amerikas sein?«[297]

Als Ausgleich zum wachsenden Reichtum plädiert er für eine hohe Arbeitslosenunterstützung und eine Steigerung der öffentlichen Ausgaben, also mehr Investitionen in Bildung, Gesundheitsvorsorge oder Wohnungsprogramme.[298] Dies seien die wahren Bedürfnisse, im Gegensatz zum mythischen Wunsch nach einem ständigen Produktionswachstum.

Galbraith ist der Linksaußen unter den Ökonomen und stößt mit seinen Ideen bei vielen seiner durchweg konservativen Kollegen auf wenig Begeisterung. Der Nobelpreisträger Paul Anthony Samuelson (* 1915) sagte über ihn, er sei gar kein richtiger Ökonom,[299] und für Milton Friedman (→ Kapitel 2.7) ist er nur ein arrogant moralisierender Liberaler.[300] Wie dem auch sei, Galbraith hat zu vielen politischen Themen Stellung bezogen, vom Vietnamkrieg[301] bis zur Macht von Religion und Presse,[302] schrieb auch Novellen[303] und verfaßte Reiseberichte.[304] Galbraith ist ein Ästhet und Freund der höheren Bildung, der sich gerne in der Welt der Reichen bewegt: Die Winter verbringt er seit den 1950er Jahren meist im Schweizer Nobelskiort Gstaad, wo er Zeit und Muße für seine Bücher hat.

Fast alle Bücher, wie *Gesellschaft im Überfluß, Finanzgenies* oder *Die Geschichte der Wirtschaft im 20. Jahrhundert,* lesen sich wie Reiseführer durch die Welt der Ökonomie, mit Galbraith als Reiseleiter, der die Urlauber jovial durch die Sehenswürdigkeiten führt. Trotz seiner Ironie ist er kein fatalistischer Prophet, sondern eher Optimist, der von einer besseren Zukunft überzeugt ist.[305] Die Texte zielen auf ein Laienpublikum: flüssig geschrieben, aber für ein wissenschaftliches Publikum zu salopp, so daß aus akademischer Sicht schnell der Eindruck von Oberflächlichkeit entsteht. Damit ist Galbraith weit entfernt vom Konformitätsdruck der eigenen Zunft: Wissenschaftler schreiben für Wissenschaftler, auch wenn ökonomischer Forschung dadurch der Beigeschmack schleichender Inzucht anhaftet. Populärwissenschaftliche Veröffentlichungen werden als Profilierungsgehabe bloßgestellt – mit diesem Vorwurf seiner Kollegen hatte Galbraith seit *American Capitalism* ständig zu kämpfen, einem Buch, das immerhin schon 1952 erschien.

Für welche Idee, welche grundlegende Theorie steht Galbraith heute? Die Frage ist bei der Vielzahl seiner unterschiedlichen Publikationen kaum zu beantworten. Galbraith versteht die Ökonomie vielleicht als das, was sie war und ist: ein Teilgebiet der Sozialwissenschaft, das sich nur begrenzt in eine mathematische Form pressen läßt. Das ist die Botschaft des ökonomischen Außenseiters an das Gedankenkartell seiner Kollegen: »In einer sich ändernden Welt ... ist das, was zu einer Zeit stimmt, zu einer anderen Zeit falsch ... Ökonomie läßt sich nicht in eine einzige Theorie zwängen.«[306]

3. EXKURS

Liebe als Zweckgemeinschaft – Eine ökonomische Interpretation der Ehe

Es gibt Leute, denen nichts heilig ist – auch die eigene Ehe nicht. Zu ihnen gehört Gary Stanley Becker (* 1930), Ökonomieprofessor an der Universität Chicago. Nahezu alle Lebensbereiche hat Becker aus ökonomischer Sicht untersucht: Vom Drogenkonsum über Kriminalität bis zu Rassendiskriminierung[307] – und eben Ehe und Familie. Beckers These: Zwei Menschen heiraten nur, wenn »jeder seinen Nutzen vergrößert« oder dies zumindest zu erwarten ist, denn »ob dies tatsächlich der Fall sein wird, weiß man nicht mit Sicherheit«.[308]

Bei dieser Ehetheorie wird angenommen, daß jeder Mensch einen Partner sucht, der das eigene Wohlbefinden gegenüber dem Single-Dasein verbessert. Dieses Wohlbefinden läßt sich an Menge und Qualität der vom gemeinsamen Haushalt produzierten Güter messen, denn die Familie ist nicht mehr als eine Fabrik, die Produkte und Dienstleistungen herstellt, beispielsweise Fürsorge, Zuneigung und Prestige, aber auch Nachwuchs und profane Dinge wie Mahlzeiten und gebügelte Hemden. Für die Ehe und einen »Haushaltszusammenschluß« sprechen außerdem die Kosteneinsparung für »Logistik« (Reisezeit und -kosten für Kontakte) und »Ressourcenverbrauch« (Auto, Wohnungseinrichtung) sowie die Steigerung des »Betriebsgewinns nach Steuern« (günstigere Steuerklasse).

Kinder sind im »Unternehmen Familie« langlebige Güter, deren »Produktion« davon abhängt, wie hoch die »Betriebskosten« für Erziehung und Ausbildung sind und mit welchem Gewinn das »Management« durch sie rechnen kann, etwa durch zusätzliche Familieneinnahmen, Versorgung im Alter oder »psychisches Einkommen« wie Zufriedenheit.[309] Wie andere »Produkte« haben auch Kinder eine unterschiedliche »Qualität« – je nachdem, ob sie beispielsweise Musikunterricht erhalten oder im Ausland studieren. Mit steigendem Einkommen neigen Menschen dazu, ihre langlebigen Konsumgüter wie Möbel oder Wohnung zu verbessern. Dies trifft auch auf Kinder zu: Die Investitionen in die Förderung des Nachwuchses wachsen mit dem Wohlstand der Familie.

Bei einer Heirat geht es immer um den Gewinn, der sich damit erzielen läßt. Je größer der Wertzuwachs durch eine feste Beziehung im Vergleich zu den Kosten ist, desto eher wird sich ein Mensch auf sie einlassen. Denn das »Marketing« der eigenen Person, um den idealen Partner zu finden, kann viel Zeit, Geld und Energie kosten. Wer (zunächst) keine familiäre »Produktionseinheit« gründen will, erhofft sich durch weitere Suchanstrengungen auf dem Ehemarkt einen noch mehr Gewinn bringenden »Geschäftspartner«.

Das erklärt auch, warum manche Menschen früh heiraten: Entweder hatten sie bei ihrer Suche Glück, oder sie sehen schwarz für ihre Aussichten, einen »besseren« Partner zu finden. Diejenigen, die früh eine »Geschäftsbeziehung« eingehen, sind entweder Glückspilze oder Pessimisten, während eine späte Heirat darauf hindeutet, daß zumindest einer der beiden Ehepartner Pechvogel oder Optimist ist.[310]

Ist die Wahl einmal getroffen, wird aus der »Fusion« ein einziges Unternehmen, in dem Mann und Frau verschiedene Tätigkeiten übernehmen, so daß die Produktion bei minimalen Betriebskosten optimiert werden kann, was nicht bedeutet, daß allein die Frau durch die Leitung der Abteilung »Putzen und Kochen« die größten Erträge erwirtschaftet. Vielmehr agiert das Familienunternehmen so, als wäre es selbst auf unterschiedlichen Märkten aktiv. Auch Freizeit ist dabei ein Gut, ein meist sehr knappes, das sich auf einem entsprechenden Markt erwerben läßt: Mit der Beschäftigung einer Putzfrau fließen zwar erwirtschaftete Gewinne ab, die »Unternehmensleitung« bewertet den Wert der eingekauften Ressource Zeit jedoch höher.

Zwar sind beide Partner nach »Vertragsabschluß« für den Ehemarkt nicht mehr verfügbar, das gilt jedoch nicht für immer. Auch verheiratete Paare müssen Entscheidungen treffen: Ist es der richtige Partner, soll man sich trennen oder scheiden lassen?

Selbst solche Entschlüsse lassen sich ökonomisch erklären. Wer heiratet, hat bestimmte, wenn auch verborgene Erwartungen, die sich im Verlauf der Ehe erfüllen oder nicht. Denn mit der Zeit wächst die Kenntnis beider Partner vom jeweils anderen, aber auch das Wissen von der Qualität anderer Beziehungen nach einer Scheidung (interessanterweise wird die »Suche«, vielleicht unbewußt, häufig auch während der Partnerschaft fortgesetzt!).

Die Wahrscheinlichkeit einer Scheidung steigt mit der Überzeugung eines Partners, daß die Ehe eine »Fehlinvestition« war: Sind die Alternativen im Markt attraktiv genug und die ehespezifische »Kapitalbindung« – beispielsweise Kinder – gering, wird es zur Trennung kommen. Und alles nur, weil man sich von einem anderen Partner einen höheren Profit erhofft, also eine höhere Qualität und Quantität der gemeinsam erzeugten Dienstleistungen und Güter. Liebe macht alle blind, nur nicht die Ökonomen.

Becker erntete für seine Analysen heftigen Spott. Einer seiner Kollegen veröffentlichte als Erwiderung gar eine *Ökonomie des Zähneputzens.*[311] Für Becker selbst ist jedoch das, was die Ökonomie von anderen Disziplinen der Sozialwissenschaften unterscheidet, »nicht ihr Gegenstand, sondern ihr Ansatz«.[312] Zumindest zeigt seine »ökonomische Theorie der Liebe«, daß auch in der Ökonomie vieles eine Glaubensfrage ist – das beweisen die konträren Denkrichtungen von Plan- und Marktwirtschaft. Egal, wie das eigene Urteil ausfällt: Für seine Arbeiten zur ökonomischen Erklärung menschlichen Verhaltens im Alltag erhielt Bekker 1992 den Nobelpreis für Wirtschaftswissenschaften.

3. Kapitel

The business of business is business – Spielregeln der Marktwirtschaft

Mit Arbeit kann man doch kein Geld verdienen.[313]

HEINZ BAUS
(Gründer der Bauhaus-Heimwerkerkette)

Die Geschichte des Menschen ist auch eine Geschichte des Wirtschaftens und des Handelns, die es nicht gäbe, wenn alle Waren überall ausreichend vorhanden wären. Um Güter und Dienstleistungen in der richtigen Menge zum richtigen Zeitpunkt an den richtigen Ort zu transportieren, hat sich die Marktwirtschaft als äußerst effizient erwiesen – freie Preisbildung und Wettbewerb sind ihre tragenden Säulen.

Der Hauptmotor des Ganzen ist die Aussicht auf Gewinn: Kapital für den Unternehmer, Steuereinnahmen sowie Wiederwahl für die Regierung und Bedürfniserfüllung für den Verbraucher. Für den großen Vordenker der Marktwirtschaft, Walter Eucken (* 1891, † 1950), bilden die Grundregeln in Staat, Wirtschaft und Gesellschaft eine Einheit, wobei einer ohne den anderen nicht kann.[314]

3.1 Das System – Markt und Faustrecht

Es gibt die Geschichte von zwei Geschäftsleuten, die auf einer Afrika-Safari unterwegs sind. Die Luft ist erfüllt von Trommeln aus dem Busch und Knistern im Unterholz. Plötzlich warnt der Safariführer: »Ein Löwe kommt in unsere Richtung!« und läuft davon. Darauf zieht sich der eine Geschäftsmann Rennschuhe an. »Warum machst du das?« fragt der andere. »Du kannst unmöglich schneller laufen als der Löwe.« »Muß ich ja auch nicht«, sagt der erste, »ich muß nur schneller sein als du.«[315]

Nicht zufällig sind die beiden Hauptdarsteller der Episode Unternehmer: Der Antrieb in der Marktwirtschaft heißt Wettbewerb. Wer den ökonomischen Fortschritt will, muß auch ja zur Konkurrenz sagen und damit möglicherweise sein eigenes Grab schaufeln.

Obwohl die Deutschen seit Ende der 1940er Jahre in der Marktwirtschaft leben, begegnen ihr die meisten mit Mißtrauen. Eine Studie des Instituts für Demoskopie Allensbach brachte es im Sommer 1999 an den Tag: Zwei Drittel der Deutschen gehen davon aus, daß Unternehmen vor allem Kosten reduzieren und Gewinne maximieren wollen und dabei auf Arbeitsplätze kaum Rücksicht nehmen.[316] Die große Mehrheit der Bevölkerung bezweifelt nicht, daß die Marktwirtschaft effizient ist – im Gegenteil: Mit ihr werden ein umfassendes Warenangebot, Leistung, Erfolg, Wohlstand, soziale Sicherheit und Freiheit verbunden. Dennoch beurteilen in Westdeutschland lediglich 47 % das Wirtschaftssystem positiv, und nur jeder vierte Befragte in den fünf »neuen« Ländern kann sich mit ihm anfreunden. Das kommt einem Erdrutsch gleich: Kurz nach der Wende im Jahr 1990 standen 69 % der Ostdeutschen dem neuen System euphorisch gegenüber. Trotz aller Skepsis ist die Marktwirtschaft nicht nur effizient, sondern auch erfolgreich: Der Lebensstandard in den Industriestaaten, aber auch in Brasilien und Malaysia, stieg im vergangenen Jahrhundert so rasch wie nie zuvor. Selbst zwei Weltkriege und die Weltwirtschaftskrise konnten dem Wohlstandswachstum und der Marktwirtschaft nichts anhaben.

Welche Prinzipien liegen der Marktwirtschaft zugrunde? Die Philosophie ist einfach: Freiheit und Eigentumsrechte für den einzelnen und Wettbewerb für alle.[317] Diese liberale Weltanschauung stand bis Anfang der 1990er Jahre konträr zur Wirtschaftsordnung in den sozialistischen Staaten, deren ökonomisches System vor allem die beiden letzten Prinzipien ablehnte. Überragende Bedeutung in der Marktwirtschaft hat der Wettbewerb, der zusammen mit der Eigentumsgarantie erst den Anreiz für die Suche nach der besseren Lösung schafft: Der Erfolgreiche wird mit wirtschaftlichen Vorteilen belohnt, die fast gleichbedeutend mit sozialem Aufstieg sind.

Das Lebenselixier der Marktwirtschaft ist die ewige Rivalität von »neu gegen alt«. Der Wettbewerb hält den Prozeß der schöpferischen Zerstörung in Gang, so der österreichische Ökonom Joseph Alois Schumpeter (→ Kapitel 2.5). Bei völlig freien Verhältnissen würde im

Markt bald Faustrecht herrschen. Damit die Konkurrenten ihre Manieren nicht verlernen, greift gelegentlich der Staat ein, in Deutschland vor allem mit dem Gesetz gegen Wettbewerbsbeschränkungen (»Kartellgesetz«) von 1957 und dem Gesetz gegen unlauteren Wettbewerb, das in seinen Grundzügen bereits auf das Jahr 1909 zurückgeht. Auch die EU hat ein Wettbewerbsrecht und seit 1990 sogar eine Fusionskontrolle (4064/89 EG) eingerichtet. Die EU-Wettbewerbsbehörde wird dann aktiv, wenn die neu entstehenden Unternehmen einen bestimmten EU- oder Weltumsatz erreichen.

Mit den Gesetzen schützt der Staat den Wettbewerb, nicht aber die Wettbewerber. Er legt Spielregeln für den Umgang im Markt fest und verhindert unternehmerische Freistilkämpfe mit Dumpingpreisen, irreführenden Preisangaben oder der Schaffung einer marktbeherrschenden Stellung. Derartige Monopole gab und gibt es in Deutschland reichlich: Erst seit dem 1. 1. 1998 muß sich die Deutsche Telekom im Telefonbereich mit Konkurrenten herumschlagen,[318] und im gleichen Jahr erreichte die Marktwirtschaft durch den Fall des Strommonopols auch die Steckdose[319] – anfangs allerdings nur theoretisch, denn die Ex-Alleinherrscher verlangten Mondpreise für die Durchleitung fremden Stroms durch ihre Netze und machten so der lästigen Konkurrenz das Leben schwer.[320] Derartige Patzer können anderswo noch nicht passieren: Im Briefmarkt hat die Deutsche Post AG mindestens bis Ende 2007 eine Exklusivlizenz,[321] und im Gasmarkt steht der Wettbewerb erst bevor.

Vor allem in der Telekommunikation entzieht ein Blick auf die eigene Telefonrechnung der Lehre von der staatlich gesicherten Grundversorgung schnell die Argumente: Ferngespräche im Inland kosteten im Jahr 2001 über 90 % weniger als vier Jahre zuvor in den letzten Stunden des Telekom-Monopols. Im Wettbewerb überzeugt den Kunden nur derjenige, der die bessere Leistung bietet. Auch die EU hat in ihrem Vertrag die Wirtschaftspolitik aller Mitgliedstaaten auf den »Grundsatz einer offenen Marktwirtschaft mit freiem Wettbewerb« verpflichtet (Artikel 4).[322] Die EU-Kartellbehörde wacht darüber, daß sich kein Unternehmen eine marktbeherrschende Position durch Fusionen erkauft oder seine dominierende Stellung ausnutzt. Erfahrungen mit dem Grundsatz machte im März 2001 die Deutsche Post AG, der von EU-Wettbewerbskommissar Mario Monti eine Strafe von 24 Millionen Euro aufgebrummt wurde, weil sie sich auf dem umkämpften Paketmarkt durch Dumpingpreise und Rabattklauseln für Großversender wie Quelle Wettbewerbsvorteile verschafft hatte.[323] Eine noch höhere Strafe hatte im November 1999 das Bundeskartellamt verhängt: Den stolzen Betrag von 130,4 Millionen Euro mußten zahlreiche Unternehmen der Transportbeton-Branche hinblättern, weil sie verbotene Absprachen getroffen und Marktanteile bis auf zwei Stellen hinter dem Komma festgelegt hatten.[324]

Ohne die Kartelle funktioniert die Marktwirtschaft so, wie Adam Smith (→ Kapitel 2.1) es sich vor über 200 Jahren am sehnlichsten gewünscht hatte: Angebot und Nachfrage werden nicht von oben verordnet, sondern dezentral über Preise gesteuert, die sich auf den Märkten bilden. Sonderlich solidarisch ist das Menschenbild der Marktwirtschaft nicht, auch ist sie weder eine Weltanschauung, noch zwingt sie Werte auf. Die ökonomische Ordnung des Marktes ist lediglich ein Organisationsprinzip, in dem sich die wirtschaftlichen Leistungen selbst regeln sollen. Dennoch läßt der Staat den Unternehmen keine freie Hand: Die Sozialgesetzgebung in Deutschland ist umfangreich und schafft einen Ausgleich zwischen Wirtschaft und Gesellschaft. Mit der Notenbank sollen die Preise stabil gehalten werden, denn wenn die Inflation macht, was sie will, verlieren die Preise ihre Lenkungsfunktion und die Wirtschaft das Vertrauen.

Die Marktwirtschaft hat allerdings auch ihre Tücken, denn Firmen erwirtschaften nicht nur Gewinne und stellen Arbeitsplätze, sondern sie können auch pleite gehen. Wenn dies Großunternehmen passiert, ist es mit der Marktwirtschaft nicht weit her: Als im Jahr 1999 der Baukonzern Philipp Holzmann bankrott war, griff die Politik ein. Damit waren zwar 17 000 Holzmann-Arbeitsplätze gerettet,[325] nicht jedoch der Ruf der verantwortlichen Wirtschaftsprüfungsgesellschaft, die über Jahre allzu lasch ihre Haken unter die faulen Holzmann-Bilanzen gesetzt hatte.[326] Der Fall des maroden Bauriesen ist eher die Ausnahme, denn selbst in der Sozialen Marktwirtschaft will der Staat nicht als automatisches Fallnetz in der Manege des Marktes verstanden werden. Beim Bankrott des Schiffsbauriesen Bremer Vulkan tat er nichts, und auch bei der Abwicklung vieler ehemaliger DDR-Firmen hielt er sich vornehm zurück – sie hatten sich nach der Maueröffnung schlicht als Industriemuseen entpuppt.

Wettbewerb, stabile Preise und unabhängige Akteure wie die Notenbank und die Gesetzgebung haben die Marktwirtschaft zur produktivsten Wirtschaftsordnung gemacht, ihre Peitsche ist die Ungleichheit. Ob das moralisch vertretbar ist, läßt sich diskutieren. Eine ebenso starke Kritik richtet sich gegen den ständigen Trieb zum Wachstum. Er ist einer der Grundpfeiler der deutschen Wirtschaftspolitik (des »magischen Vierecks«) und genießt in fast allen marktwirtschaftlichen Wirtschaftssystemen einen hohen Stellenwert. Die Frage nach der Zukunft hat noch niemand gestellt. Die Saurier lebten etwa 200 Millionen Jahre, dann starben sie plötzlich aus. Wie ist ein Wirtschaftswachstum über 200 Millionen Jahre vorstellbar?

Nur so viel steht fest: Hätten die Saurier ein leistungsfähigeres Gehirn gehabt, hätten sie Fahrzeuge konstruiert und wären mit Riesenautos herumgefahren – kurz, wären sie so intelligent und so unvernünftig wie der Mensch gewesen, hätten sie wahrscheinlich keine 20 000 Jahre überlebt.[327]

3.2 Die Kür – Soziale Marktwirtschaft

Ach, so stöhnt der gestreßte Mitteleuropäer, die Deutschen waren dem Paradies so nahe. Dann haben sie es vergeigt. Heute sind nur noch die Koreaner übrig. Den beiden asiatischen Staaten im Norden und Süden des 51. Breitengrades bleibt als letzten die Chance, Markt- und Planwirtschaft miteinander zu verbinden und damit den Weg in den Garten Eden zu ebnen: Im Sozialismus muß man wenig arbeiten, im Kapitalismus kann man gut leben. Endstation Märchenland.

Die Gründer der Bundesrepublik müssen geahnt haben, daß sie es nicht schaffen würden, also erdachten sie die Soziale Marktwirtschaft. Geistige Väter des Konzepts waren Walter Eucken (* 1891, † 1950), Professor für Volkswirtschaft in Freiburg, und Alfred Müller-Armack (* 1901, † 1978), Staatssekretär im Bundeswirtschaftsministerium. Daß das Konzept nicht nur Theorie blieb, dafür sorgte der Bundeswirtschaftsminister und spätere Bundeskanzler Ludwig Erhard (* 1897, † 1977). In seinem 1957 erschienenen Buch *Wohlstand für alle,* das ein *Handelsblatt*-Redakteur als Ghostwriter schrieb,[328] verglich er die Wirtschaft mit einem Fußballspiel: »Da bin ich der Meinung, daß ebenso, wie der Schiedsrichter nicht mitspielen darf, auch der Staat nicht mitzuspielen hat.«[329] Die CDU machte den eingängigen Buchtitel sogar zu ihrem Wahlkampf-Slogan.[330]

Marktwirtschaft bedeutet, daß Preise für die Waren nicht vom Staat festgesetzt werden, sondern von den Herstellern der Waren und den Kunden. Das Gesetz heißt Angebot und Nachfrage, ein simples Prinzip. Das Beiwort »sozial« legt fest, daß dieser Steuermechanismus abgefedert ist und das System den schwächeren Marktteilnehmern Mindeststandards zugesteht. Dadurch wird der Leistungswettbewerb nicht gemildert, der Staat verteilt lediglich in Teilen Vermögen und Einkommen neu, um das soziale Gefälle zu mindern: soviel Freiheit wie möglich, soviel Staat wie nötig. Die Ethik im Kapitalismus ist die Soziale Marktwirtschaft, wie es der Philosoph Peter Koslowski formulierte.[331]

Die Umschichtung im deutschen Sozialsystem, das in seinem Kern bereits auf die Reformen Otto von Bismarcks (* 1815, † 1898) zurückgeht, ruht auf fünf Säulen: Krankenversicherung (seit 1883), Unfallversicherung (seit 1884), Rentenversicherung (seit 1889), Pflegeversicherung (seit 1995) und Arbeitslosenversicherung (seit 1927).[332] Dazu gesellt sich die Sozialhilfe als letzter Rettungsanker für Gestrandete.

Ökonomisch werden die Zwangsversicherungen – der sich nur Selbständige und teilweise auch Besserverdienende entziehen können – mit Marktversagen begründet. Das liegt beispielsweise dann vor, wenn private Versicherungsgesellschaften zwar ihre Policen auf dem Markt anbieten, diese jedoch niemand kauft, weil sie für diejenigen, die nur über ein geringes Einkommen verfügen, zu teuer sind. Deshalb verpflichtet der Staat alle zur Versicherung, weil er die Krankenversicherung über die Solidargemeinschaft auch für den einfachen Arbeiter oder die Familie mit zwei Kindern erschwinglich machen will. Außerdem ist wohl zu Recht davon auszugehen, daß manche Bürger wichtige Versicherungen nicht nachfragen würden, um Geld zu sparen. Hier greift der Staat patriarchalisch ein und bindet alle an das System.

Über diese Zwangsbeglückung wird heftig diskutiert – sie steht konträr zum Ideal der Konsumentenfreiheit. Auch wird den Sozialleistungen vorgeworfen, das »Schmarotzertum« zu fördern – weniger in der Kranken- und Pflegeversicherung als vielmehr in der Arbeitslosenunterstützung und der Sozialhilfe. Manche Beispiele sind altbekannt: So fand der Bundesrechnungshof 1996 heraus, daß sechs deutsche Arbeitsämter im Sommer über 170 arbeitslosen Eishockeyspielern monatelang den Höchstsatz von damals 1636 Euro pro Monat zahlte. Der Trick: Die Spieler schlossen lediglich Arbeitsverträge für acht Monate, in denen sie bis zu 10 226 Euro monatlich einsteckten, wurden nach Ablauf der Saison offiziell entlassen und marschierten geradewegs zum Arbeitsamt. Da die Sportart im Sommer naturgemäß Flaute hat, galten die Berufsspieler als schwer vermittelbar. Die Vereine sparten Geld, die Spieler fuhren in Urlaub, und das Arbeitsamt zahlte.[333]

Mit Sozialer Marktwirtschaft ist auch eine starke Stellung der Arbeitnehmer in den Unternehmen verbunden. Neben den Gewerkschaften als Gegengewichten auf dem Arbeitsmarkt hat die betriebliche Mitbestimmung in Unternehmen der Privatwirtschaft einen hohen Stellenwert in Deutschland, noch gestärkt durch das im Jahr 2001 novellierte Betriebsverfassungsgesetz. Durch das Mitspracherecht bei Unternehmensentscheidungen sollen die Arbeitnehmer zu Partnern der Eigentümer »ihres« Unternehmens werden. Das führt nicht selten zu Auseinandersetzungen zwischen Unternehmensleitung und Betriebsrat, der auch in ökonomischen Fragen immer stärker mitredet. Beispiel Porsche: Als Mitte 2000 die Entscheidung für den Produktionsstandort des neuen Porsche-Boxsters anstand, machte sich der Betriebsrat für den bisherigen Standort Stuttgart stark, um dort Arbeitsplätze zu sichern. Ganz andere Pläne hatte Porsche-Chef Wendelin Wiedeking: »Die Zukunft von Porsche liegt in Leipzig«, hatte er kurz zuvor beim Spatenstich der neuen Fabrik in Leipzig verkündet, wo der Porsche-Geländewagen gebaut werden sollte. Der Betriebsrat fürchtete eine Produktionsverlagerung und machte mit Streiks Druck. »Wenn ich meiner Frau beim Frühstück sage, meine Zukunft liegt bei der Nachbarin, gibt es auch Zoff«, meinte ein Betriebsratsprecher und verlangte eine Standortgarantie.[334]

Auf der einen Seite das effiziente Marktprinzip mit einer rechtsstaatlich gesicherten Freiheit und auf der anderen Seite soziale Sicherheit: Das sieht nach einem Idealbild aus. Natürlich liegen zwischen der Theorie und der real existierenden Ordnung je nach Standpunkt Welten: Auch die Soziale Marktwirtschaft ist ein dauernder

Spagat zwischen »gemeinnützig« und »effizient«.[335] Trotz der nie verstummenden und teilweise berechtigten Kritik an den Schwächen in der Umsetzung sowie ungelöster Probleme wie Arbeitslosigkeit, Unternehmenskonzentration und Umweltbeeinträchtigung hat das Konzept zahlreiche Vorteile. Der größte Vorzug ist der, daß sich auch die Soziale Marktwirtschaft regelmäßig dem Wettbewerb stellen muß: Alle vier Jahre wählt die Gesellschaft ihre künftige Regierung und entscheidet damit je nach Partei, ob »sozial« oder »Markt« die Oberhand gewinnt.

3.3 Die Akteure – Staat, Unternehmen, Notenbank und Gesellschaft

Die Rolle des Zentralbankrates ist es, den Wein dann vom Tisch zu nehmen, wenn die Party am schönsten ist.[336]
HANS TIETMEYER
(ehemaliger Bundesbankpräsident)

In der Marktwirtschaft agieren die Unternehmen keineswegs allein auf weiter Flur: Den wirtschaftspolitischen Rahmen steckt der Staat mit seiner Gesetzgebung, die Notenbank sorgt für Geldwertstabilität, und die Gesellschaft stellt Arbeits- und Denkkraft. Die Marktwirtschaft ist damit keine Mogelpackung: Der Wettbewerb bleibt unangetastet, ihm werden lediglich drei Aufsichtsräte zur Seite gestellt.

Staat

Wo spielt die Macht? Staat oder Wirtschaft? Das ist die Schlüsselfrage des neuen Jahrhunderts. Stark war die Industrie-Lobby schon immer, doch das geschah diskret und manches Mal erfolglos. Trotz mächtigen Einflusses auf die Gesetzgebung müssen sich Unternehmen und Verbände an Regeln halten, und die legt niemand fest außer dem Staat oder der EU. Zugleich fragt der Staat aber auch Produkte und Dienstleistungen auf dem Markt nach: Die Staatsquote von 46,1 % (Stand: 2001)[337] offenbart, daß fast die Hälfte der in

Deutschland hergestellten Güter vom Staat gekauft wird. Er tritt aber auch als Unternehmen in Erscheinung und »produziert« in Eigenregie Güter, die von privaten Unternehmen kaum oder gar nicht hergestellt werden können. Dazu gehören beispielsweise saubere Luft, Landesverteidigung, Sicherheit, Rechtsprechung oder Bildung. Diese Güter ließen sich zwar am Markt verkaufen, aber ein Preis ist nur schwer oder gar nicht zu finden.

In jeder noch so freien Marktwirtschaft ist der Staat präsent. Mit dem Ende des keynesianischen Wohlfahrtsstaates zieht er sich jedoch immer weiter aus Bereichen zurück, die er früher unter seine Fittiche nahm. Die Lufthansa wurde Anfang der 1990er Jahre privatisiert, und die Hoheitsrechte in der Telekommunikation, bei Rundfunk und Fernsehen sowie teilweise im Postwesen fielen zugunsten von Privatanbietern. Spätestens seit Mitte der 1980er machen die Schlagworte »Deregulierung« und »Privatisierung« Karriere. Lediglich die Deutsche Bahn ist trotz Umwandlung in eine Aktiengesellschaft im Jahr 1994 noch weit entfernt vom großen Sprung in den Markt. Für viele ist sie nach wie vor die »Bundesbahn« oder »Staatsbahn«: Begriffe, die wenig Kundennähe suggerieren. Tatsache ist, daß das Unternehmen bis auf weiteres dem Staat gehört, unter den 223 000 Mitarbeitern noch 125 000 Beamte und »kündigungsbeschränkte« Angestellte beschäftigt und als Monopolist mit einem Marktanteil von über 90 % den Schienenverkehr beherrscht.[338] Um den drohenden Infarkt im Straßenverkehr abzuwenden, ist es jedoch notwendig, die Bahn auf mehr Service zu trimmen.

Die Einsicht des Staates, ein schlechter Unternehmer zu sein, ist aber nur die eine Seite der Privatisierungsmedaille. Die andere Seite ist der finanzielle Appetit: Zwischen 1990 und 1999 konnte der Bund über 25 Milliarden Euro für den Verkauf von Staatsunternehmen einstreichen.[339] Das Meisterstück gelang jedoch im Jahr 2000, als allein die Veräußerung der UMTS-Lizenzen 50 Milliarden Euro in die Kassen des Bundeshaushalts spülte, weil die Wettbewerber gegenseitig die Preise in die Höhe trieben. Ohne die Deregulierung des Telekommunikationsmarktes Anfang 1998 wäre das nicht möglich gewesen: Die Deutsche Telekom oder deren Vorgängerin, die Deutsche Bundespost, hätten auch als Behörden im Dienste des Marktes keinen Euro für eine Lizenz gezahlt, die sie sowieso als einzige hätten nutzen dürfen.

Unternehmen

Gewinnmaximierung lautet die Devise für Unternehmen seit Beginn der Industrialisierung. Das ist grundsätzlich nichts Schlechtes, zumal es die Firmen zu den Stars des Wohlstands macht. Sie sollen das verdienen, was dann an alle verteilt wird: möglichst gerecht, am besten aber reichlich. Trotzdem werden Unternehmen mit Skepsis beobachtet: besonders argwöhnisch die Großkonzerne, kritisch immerhin noch die Mittelständler, allenfalls den Kleinunternehmen strahlt Wohlwollen entgegen, denn sie müssen sich gegen alle anderen durchsetzen.

»Kaufen« und »Verkaufen« sind die beiden Grundformeln des Marktes, sie schmieden die Unternehmen zusammen. Für das Ergebnis – nämlich Profit – sind die Herren des Marktes zu allerlei Schandtaten bereit: Sie lassen sich von Beratern unter die Lupe nehmen, versuchen gnadenlos, Konkurrenten auszustechen, und werben mit gerissenen psychologischen Tricks für ihre Produkte. Manche schaffen es sogar, um ihre technisch mittelmäßigen Produkte einen Mythos aufzubauen, der den Absatz dauerhaft ankurbelt. Dazu gehört etwa die Motorradschmiede Harley-Davidson.

Die Harley ist als tonnenschweres Macho-Gerät zu Preisen von Mittelklasse-Limousinen keinesfalls für den Tagesgebrauch gedacht. Es geht um Emotionen: Kultmaschinen wie »Super Glide« oder »Fat Boy« sind zwar den Modellen aus Japan und Bayern technisch unterlegen, doch wer als gut betuchter Großstädter im Alter von 40 bis 50 Jahren seiner rebellischen Vergangenheit nachhängen will, der kauft den amerikanischen Freiheitstraum aus Chrom und Stahl – eine Harley. Das Unternehmen verstand es glänzend, aus einer fast ausweglosen Situation – in den 1970er und 1980er Jahren überschwemmten japanische Motorräder den Weltmarkt – den Namen Harley durch die Pflege immaterieller Werte als Glaubensbekenntnis zu etablieren. Der Kult machte das Firmenlogo zum begehrtesten Motiv in Tätowierstudios und die Warteliste mit 6 bis 18 Monaten zur längsten der Motorradwelt.[340]

Solche Zahlen schüren den Mythos und halten die Nachfrage nach der Marke Harley nicht nur bei Motorradfahrern hoch: Für die meisten Analysten ist ein Kauf der Aktie des Unternehmens der zwingendste im Freizeitsegment. Der legendäre Ruf beschert dem Hersteller jährlich zweistellige Umsatzzuwächse und in den USA einen Marktanteil von knapp 50% in der Klasse über 650 Kubikzentimeter.[341] Eine Harley-Davidson ist kein Industrieprodukt, sondern eine der mächtigsten Markenreligionen der Welt.[342]

Noch weiter gehen – bewußt und unbewußt – die Großunternehmen: Sie steuern das öffentliche Leben, das Leben jedes einzelnen und der Gesamtwirtschaft am stärksten. Deshalb unterliegen Konzerne strengen rechtlichen Vorschriften, die im Handelsgesetzbuch und im Aktienrecht geregelt sind, denn Großunternehmen sind fast immer Aktiengesellschaften. Durch die Größe und den Einfluß der Aktiengesellschaften mutierte ihre Rechtsform zum »Prototyp der kapitalistischen Unternehmensverfassung«.[343]

Mit ihrer Macht haben große Unternehmen in einer Marktwirtschaft nur begrenzt Platz: Meist agieren sie in oligopolistischen Märkten, die unter wenigen Anbietern aufgeteilt sind und dem marktwirtschaftlichen Ideal mit atomistischer Struktur widersprechen. Solche Strukturen haben den weiteren Nachteil, daß wirtschaftliche Macht rasch auch zu politischer Macht wird. Das zeigte erstmals in großem Umfang die Flick-Parteispendenaffäre, die Anfang 1987 mit Geldstrafen für die beiden deutschen Ex-Wirtschaftsminister Hans Friderichs und Otto Graf Lambsdorff und zwei Jahren Haft auf Bewährung für den ranghöchsten Flick-Manager Eberhard von Brauchitsch endete.[344] So weit geht es selten. Zwar ist die Politik gegenüber der Industrie nie ganz gleichberechtigt, dennoch wollen die Spielregeln der jeweiligen Regierung für die Unternehmen gelernt sein. Als die Grünen 1998 an die Regierungsmacht kamen, wußten viele Unternehmer und Lobbyisten nicht, wie sie sich der einstigen Protestpartei nähern sollten. So fuhr der Sprecher des Einzelhandelsverbandes getarnt in Jeans und Sweatshirt zum ersten Grünen-Parteitag seines Lebens, während Fischer, Trittin & Co. längst auf feinen Zwirn und Dienstlimousine umgestiegen waren.[345]

4. EXKURS

Die sanfte Manipulation – Ein Blick in die Trickkiste der Werbe-Branche

Sag meiner Mutter nicht, daß ich in einer Werbeagentur arbeite.
Sie denkt, ich bin Pianist in einem Bordell. Alter Werberspruch

Harley-Davidson verkauft Motorräder, Porsche Autos und Boss Kleidung. Alles falsch. In Wahrheit verkaufen die Unternehmen Zugehörigkeitsgefühle und Lebensstile, sinnliche Genüsse und Kontakte zur Jetztzeit. Wer sein Produkt loswerden will, der kommt mit Sachargumenten oder einer ehrlichen Botschaft nicht weit: Gefühl muß her. »Erst verzaubern, dann verführen« – Werbung verspricht oft, was sie nicht halten kann; zumindest trägt sie zu dick auf. Sie stellt keine Beziehung zur Realität her, sondern zu den Tagträumen des Betrachters und dient letztlich der Verhaltenssteuerung – und dazu nutzen die Werbeprofis alle Tricks.

Warum gibt es überhaupt Werbung? In gesättigten Märkten, wenn Produkte sich kaum unterscheiden, ist sie die einzige Möglichkeit, Marken über Erlebniswelten von der Konkurrenz zu differenzieren und dem Kunden schmackhaft zu machen.[346] Dessen sind sich die Unternehmen bewußt, das weiß der Käufer. Werbung braucht daher eine ausgefeilte Choreografie: Sie muß auf das Unbewußte, das emotionale Zentrum des Konsumenten zielen und das vor allem durch visuelle Erlebnisse.

Der Marlboro-Mann ist so ein Beispiel: Als universelles Symbol für Männlichkeit reitet der »Working Cowboy« durch Marlboro Country, einen Ort, wo das Land grenzenlos ist und ein Mann sein Schicksal selbst in die Hand nimmt[347] – unabhängig und unverfälscht. Welcher Mann will nicht insgeheim so sein? Die Werbung kennt ihre Pappenheimer besser als diese sich selbst: Die Botschaft von Freiheit und Individualität machte die Zigarette in vielen Ländern der Welt zur Nummer eins.

Dabei ist der Marlboro-Cowboy ein Anachronismus wie seine Kollegen: Wenn Käpt'n Iglo, der Hustinetten-Bär oder das Rama-Mädchen über den Bildschirm flimmern, rennen vier von zehn Zuschauern aus dem Raum, und fünf schalten um.[348] Die angeblichen Sympathieträger sind häufig zum Schreien langweilig, und trotzdem übermitteln sie am besten die Botschaft: Vertrauen ist käuflich. Für Versicherungen ist das lebensnotwendig. Herr Kaiser von der Hamburg-Mannheimer war der nette Nachbartyp, der allen gefallen mußte: Jungen, Rentnern, Familien. Schließlich sollte niemand auf die Idee kommen, die Vertreter der Versicherung würden jemanden über den Tisch ... Nur beim Marlboro-Mann enden alle Erklärungsversuche – er wurde zu einem Werbemythos. Wieso, das ist selbst Branchenkennern unklar.

Werbung reproduziert nicht nur gesellschaftliche Werte wie »Abenteuer« und »Sicherheit«, sondern erzeugt sie auch: Heute hat der einzelne kaum noch ein festes Programm für seine Lebensführung. Beruf, Partner und Lebensart sind Entscheidungen, die jeder selbst treffen muß und kaum mehr von der Herkunft bestimmt werden. Die Macht der Vergangenheit, die sich im Stammbaum widerspiegelt, ist erheblich schwächer geworden und läßt dem einzelnen viele Schicksalswege offen – manchmal zu viele. Die Wahlmöglichkeit kann überfordern, wenn sich Werte zu schnell verlieren und keine Orientierung mehr zur Hand ist. In diesem Wertevakuum schafft es Werbung zumindest kurzfristig, Menschen aus der Misere zu holen und eine materielle Ersatzethik zu liefern.[349] Es werden nicht nur Produkte angeboten, sondern Lifestyle wird verkauft. Erfolgreiche Menschen, modernes Leben – Audi. Ewige Jugend, Freude am Leben – Bacardi. Die Doktrin des bedingten Kaufreflexes: Konsumiere, und du wirst zufrieden sein.

Inzwischen ist die Werbung einen Schritt weiter und macht sich über die Produkte lustig nach dem Motto: Wer gute Werbung macht, der macht auch gute Produkte. In der täglichen Werbeflut ist das die einzige Botschaft, die den Verbraucher noch erreicht. Kamele pfeifen das Lied vom Tod (Camel), und auf einer leeren Zigarettenschachtel, übersät mit Telefonnummern, prangt die Überschrift »Oh, what a night« (Lucky Strike). Auch außerhalb der Produktwelt kommt Humor an. Beispiel: die Kampagne des Landes Baden-Württemberg mit dem Slogan »Wir können alles. Außer Hochdeutsch«. Die Werbung ist selbst zum Produkt geworden.

Manchmal reicht auch das nicht mehr. Einen völligen Bruch mit allen Werbetraditionen leitete in den 1980er Jahren die italienische Modefirma Benetton ein: Das Unternehmen warb nicht mehr mit der heilen Welt, sondern provozierte mit der kaputten Welt. Aids-Kranke, verteerte Vögel und elektrische Stühle sagen nichts über Strickpullover und vermitteln auch keinen Lebensstil. Aber die Anzeigen waren in aller Munde, erregten Empörung und damit Aufmerksamkeit und wurden redaktionell besprochen. Das ist die neue Werbung: Sie ist selbst so sehr Ereignis, daß sie nicht mehr nur auf Plakaten, sondern auch auf den Redaktionsseiten wirbt.[350]

In der Werbung wird längst nicht mehr um den Euro des Kunden gekämpft – der steht erst an zweiter Stelle –, vielmehr geht es in dem Kampf um die Aufmerksamkeit des Konsumenten, vor allem, um in der Erinnerung zu bleiben. »Früher oder später kriegen wir euch«, spöttelt die Werbewirtschaft über die sich windenden Konsumenten. Den Erfolg der Branche belegen ihre Wachstumsraten eindrucksvoll: Im Jahr 2000 konnten die 150 größten deutschen Werbeagenturen ihre Honorarsätze um über 25 % gegenüber dem Vorjahr steigern.[351] Allen geglückten Werbefeldzügen und psychologischen Tricks der Reklameprofis zum Trotz: Werbung belügt nur den, der ihr glaubt.

Notenbank

Die Gralshüter des Geldes sind in Europa die Europäische Zentralbank (EZB) und in den USA die Notenbank, das sogenannte Federal Reserve System (Fed), unter ihrem Feldherrn Alan Greenspan. Hauptziel nicht nur der beiden weltweit wichtigsten Zentralbanken ist eine möglichst niedrige Inflationsrate: Ohne Geldwertstabilität kann Wohlstand weder geschaffen noch erhalten werden. Sie ermöglicht ein geregeltes gesellschaftliches Zusammenleben und bestärkt das Vertrauen von Bevölkerung und Unternehmen in die eigene Währung. Die EZB hat eine Obergrenze von 2% für die Inflation festgesetzt.[352] Diese Preisstabilität muß mittelfristig eingehalten werden.

Die Ziele des Fed sind weiter gefaßt als diejenigen der EZB: Es muß nicht nur für einen stabilen Dollar sorgen, sondern auch auf das Wirtschaftswachstum und die Arbeitslosigkeit achten.[353] Das Fed hat eine wirtschaftspolitische Aufgabe, die EZB eine währungspolitische. Damit ist die Unabhängigkeit des Fed von der Regierung ungleich geringer als die der EZB: Der Fed-Chef muß zweimal jährlich gegenüber dem US-Kongreß Rede und Antwort stehen.[354] Für die EZB ein undenkbarer Zustand.

Geldwertstabilität bedeutet nicht nur die Bekämpfung der Inflation, sondern auch ihrer Schwester, der Deflation. Wenn die vorhandene Geldmenge im Verhältnis zur Gütermenge geringer wird, kommt es zu Preisrückgängen. Ebenso wie die Inflation dämpft dies die Unternehmerinitiative und somit die Produktion, was letztlich zur gefürchteten Arbeitslosigkeit führt. Ein solcher Fall drohte in den Jahren 2000/2001 in Japan: Die Wirtschaft lag am Boden, das Bankensystem war marode. Um den Absturz in die Deflation abzuwenden, drehte die Bank von Japan alle verfügbaren Geldhähne auf, senkte die Zinsen auf annähernd Null und kündigte sogar an, im Notfall Staatsanleihen zurückzukaufen.[355] Was für viele Hyperinflationsstaaten der Dritten Welt ein Alptraum ist, wurde für Japan zum rettenden Strohhalm: die Flutung des Geldmarktes, um die Inflation anzukurbeln.

Notenbanken haben in erster Linie nationale Aufgaben, doch vor allem die US-Notenbank lenkt das Geschehen an den Weltfinanzmärkten mehr als jede andere Institution: In Europa reagieren die

Börsen stärker auf Äußerungen von Fed-Chef Alan Greenspan als auf Zinsanpassungen der EZB. Die Finanzwelt klebt an den Lippen des »Magiers der Märkte«, der in über zehn Jahren an der Spitze des Fed eine eigene Sprechkunst aus Nuschelprosa und Andeutungen zur Höchstform entwickelte: »Seit ich Zentralbanker bin, habe ich gelernt, bedeutungsvoll zu murmeln«, gibt er zu.[356] Greenspan ist der Garant für Stabilität, dem die Märkte aus der Hand fressen. Weil er dies besonnen nutzt, erlebte die US-Wirtschaft in den 1990er Jahren einen lange andauernden Aufschwung. Der ehemalige US-Präsidentschaftsbewerber John McCain hatte daher klare Vorstellungen, was er tun würde, wenn er Greenspan tot in seinem Arbeitszimmer fände: »Ich würde ihn aufrichten, ihm eine dunkle Sonnenbrille aufsetzen und ihn lassen, wo er ist.«[357]

Gesellschaft

Die wahre Macht in der Marktwirtschaft geht von der Gesellschaft aus: Sie wird vom Staat umworben als Wähler, von den Unternehmen als Kunde und von den Banken als Sparer. Diese Gesellschaft hat sich in den vergangenen Jahren stark verändert: Die große Dame des deutschen Journalismus, Marion Gräfin Dönhoff, beklagt den Zerfall Deutschlands von einer Kultur- in eine Konsumnation.[358] Consumo, ergo sum – ich konsumiere, also bin ich.

Das ist zwar gut für die Wirtschaft, die Frage ist jedoch, ob in einer »Raffgesellschaft«[359] überhaupt so etwas wie Gemeinwesen im Sinne einer *Sozialen* Marktwirtschaft möglich ist. Die Anzeichen für eine gesellschaftliche Vereinzelung sind seit längerem registrierbar: Das Ende der Flächentarifverträge bahnt sich an, die Gewerkschaften versuchen mit ver.di, das Blue-collar-Arbeiterimage abzuschütteln und sich dem Mitgliederschwund entgegenzustemmen, und bei den Sozialsystemen ist mehr und mehr Eigeninitiative gefordert.

Eine Gesellschaft auf dem Weg zur Ich-AG, die sich zeitgleich in einen Freizeitpark verwandelt. Sport und Kultur sind Großversuche einer gesellschaftlich legitimierten Extremökonomie. Hier tritt die Freizeitindustrie an, um der Welt zu zeigen, welche ökonomischen Triebkräfte sie freisetzen kann, um auch an den letzten Euro heranzukommen. Nach Feierabend spielt die Gesellschaft freiwillig Kommunismus: Sie steht Schlange für ein Produkt, das im Grunde zu nichts nutze und kostenlos ist – Fußball.

Rational ist nur schwer erklärbar, warum Spieler wie David Beckham von Manchester United mit Mitte Zwanzig über fünf Millionen Euro netto pro Jahr kassieren,[360] ein Vielfaches der höchsten Managergehälter. Auch die Ablösesummen im Fußball haben schwindelerregende Höhen erreicht: Für den französischen Superstar Zinedine Zidane flossen im Sommer 2001 wahnwitzige 76,7 Millionen Euro »Ablöse« von Real Madrid zu Juventus Turin.[361] Und als Anfang 2001 in Italien das 18jährige Talent Antonio Cassano von AS Bari zu AS Rom wechselte, erhielt der ausbildende Verein einen Scheck über 30 Millionen Euro.[362] Welche andere Branche würde so viel Kapital in einen Lehrling investieren, dessen Karriere einzig von Sprunggelenk und Meniskus abhängt? Verglichen mit dem US-Basketballer Michael Jordan sind aber selbst Fußball-Gladiatoren wie Beckham oder Zidane nur Kleinverdiener: 1997 wurde Jordans Jahreseinkommen auf 137 Millionen Dollar geschätzt.[363]

In der Marktwirtschaft Europas hält die Fußball-Branche die Spitzenposition bei den Gehältern – obwohl sich das Produkt selbst, 90 Minuten Balltreten, nie wesentlich geändert und auch die Qualität nicht maßgeblich verbessert hat. Das gibt es in keiner anderen Branche. Der Sport ist zwar ein Nebenschauplatz der Marktwirtschaft, jedoch das vielleicht beste Beispiel für ein zügelloses kapitalistisches Experiment, das schon vor seinem Zusammenbruch eines zeigt: In einer freien Wirtschaft ist jede Ware, auch das Speckgürtelprodukt Fußball, den Preis wert, den es erzielt. Im Markt gibt es keine Preisvorgaben, kein Richtig oder Falsch. Erlaubt ist, was bezahlt wird.

Für die Unternehmen ist die Botschaft, soviel Geld zu machen wie möglich: Wer nicht mitspielt, fliegt aus dem Rennen. Für den Kunden und die Gesellschaft lautet die Botschaft ganz anders: Wer nicht will, muß nicht mitmachen. Die Machtverhältnisse in der Marktwirtschaft sind damit im wesentlichen bestimmt. Die Kommunikation zwischen Unternehmen und Gesellschaft funktioniert über eine einzige Sprache, die beide blendend beherrschen: den Preis. Das gilt auch für Fußball: Solange die Kunden freimütig mitspielen und für Werbefirlefanz, schamlose Gehälter und Fernsehübertragungen zahlen, lehrt das Fußballgeschäft viel über die Symbiose von Gesellschaft und Marktwirtschaft.

Wenn Fußball zur neuen Religion geworden ist, so spiegelt dies eine allgemeine Werteverschiebung: Die Menschen treten aus der Kirche aus, Parteien verlieren rapide Mitglieder, Bürger ärgern sich über Politiker und Politiker über die Medien. Über Jahrzehnte war Einigkeit das Erfolgsgeheimnis Deutschlands: der Konsens zwischen Wirtschaft, Gesellschaft und Staat. Er muß es auch künftig sein – selbst um den Preis, daß ein großartiger Volkssport weiter hemmungslos kommerzialisiert wird.

3.4 Die Droge – Lockruf des Geldes

Am Geld scheiden sich die Geister. Für die einen ist es die Wurzel allen Übels, für die anderen ein Geschenk des Himmels. Nichts bringt Menschen mehr zusammen als die gemeinsame Sorge ums Geld; nichts treibt sie mehr auseinander als der Streit darum. Geld ist der Fluch des Geizhalses, der Zaubertrank des Genießers, der ewige Dämon der Soziologen und ein Spiegel der Gesellschaft. Bei aller Moral und Philosophie ist der heilige Mammon vor allem eines: das Elixier, das die Wirtschaft am Laufen hält.

Die Erotik des Geldes liegt längst nicht mehr in seiner Funktion als ideales Tauschmittel, sondern in seiner Macht. Dabei ist Geld nüchtern betrachtet nicht mehr als ein auf bunten Papierschnipseln dokumentiertes Wertversprechen mit nationaler Geltung, das nur einen Feind kennt: die Inflation. Mit der Geldentwertung verhält es sich ähnlich wie mit Monopolen: Der gesunde Menschenverstand sträubt sich dagegen. Kein Land der Welt mit stabiler Volkswirtschaft läßt der Inflation freien Lauf. Eine gesunde Währung signalisiert eine gesunde Wirtschaft, in der investiert wird.

Trügerisch ist die Annahme, eine geringere Arbeitlosenquote über eine etwas höhere Inflation erkaufen zu können, wie es jahrelang die berühmte Phillipskurve vortäuschte, benannt nach dem britischen Volkswirtschaftler Alban William Phillips (* 1914, † 1975). Populär wurde die These durch Ex-Bundeskanzler Helmut Schmidt, der in den 1970er Jahren verkündete: »Lieber fünf Prozent Inflation als fünf Prozent Arbeitslosigkeit.«[364] Seine politische Botschaft: Arbeitsplätze durch Geldentwertung. Auch wenn die simple Formel nur eingeschränkt wirkt, läßt sich arglos fragen, was gegen ein wenig Geldentwertung spricht, wenn dadurch im Gegenzug alle Bürger in Lohn und Brot gehalten werden können. Wer sich je in Schwellen- oder Transformationsländern mit jährlichen Inflationsraten von mehreren 100 % aufhielt, kennt deren unangenehme Nebenwirkungen und lernt den Wert einer stabilen Währung schätzen:

- Scheingewinne: In Unternehmen täuscht die Inflation durch den Zeitunterschied zwischen Einkauf und Verkauf erhöhte Gewinne in der Bilanz vor.
- Sinkende Einkommen: Die Geldentwertung benachteiligt Personen mit Einkommen, die zeitlich hinter den Preissteigerungen hinterherhinken (Lohnbezieher, Sozial- und Rentenempfänger sowie Bezieher von Arbeitslosenunterstützung).
- Arbeitsbeschaffungsprogramm: Preise haben in einer Marktwirtschaft eine Signal- und Steuerungsfunktion, die jedoch durch die laufende Preisanpassung außer Kraft gesetzt wird. Außerdem sind viele Personen damit beschäftigt, die Preise ständig neu zu berechnen und Waren umzuetikettieren – keine wertschöpfende, aber notwendige Sisyphusarbeit.
- Vermögensverlust: Besonders die Inflation in den 1920er Jahren in Deutschland von über 100 Millionen Prozent (1923)[365] zeigte den Sparern schmerzhaft, wie angesparte Vermögen rasch an Wert verlieren. In solchen Fällen büßt das Geld seine Funktion der Wertaufbewahrung ein: Alle fliehen in Sachwerte. Damit etwa der Euro nicht zum Weichei wird, einigten sich die EU-Staaten bei seiner Geburt Anfang 1999 auf strenge Konvergenzkriterien für die Teilnehmerstaaten.
- Schuldenerlaß: Allgemein begünstigt die Inflation den Schuldner (Schulden lassen sich durch die laufende Geldentwertung schneller zurückzahlen); Verlierer sind die Gläubiger.
- Schattenwährung: Wenn die Inflation zum Galopp beschleunigt, verliert das Geld Schritt um Schritt seine zentrale Aufgabe als Tauschmittel. Niemand will es mehr; an seine Stelle treten Waren, wie nach dem Zweiten Weltkrieg in Deutschland (»Zigarettenwährung«), oder eine ausländische Währung setzt sich als Zweitwährung durch, wie in Kuba, wo der Peso nichts und der Dollar alles ist. Verkürzt gesagt: Gutes Geld verdrängt das schlechte.[366]

In Deutschland spielt die Inflation seit der Währungsreform 1948 eine untergeordnete Rolle. Weder wuchs durch eine konjunkturelle Überhitzung die Güternachfrage wesentlich schneller als die Warenproduktion, was die Unternehmen zu Preissteigerungen veranlaßt hätte (Nachfragesoginflation), noch stellten die Gewerkschaften unangemessene Lohnforderungen, die die Lohn-Preis-Spirale in Gang gesetzt hätten (Kostendruckinflation). Die Entwertungsschübe in den 1970er und Anfang der 1980er Jahre mit jährlich über 5 % Teuerung hatten keine hausgemachten Ursachen: Die Inflation war importiert, denn die OPEC-Staaten drehten den Ölhahn zu, verteuerten damit drastisch den Preis des schwarzen Goldes und kurbelten so das Preiskarussell in den westlichen Ländern an.

Jede offene Gesellschaft, bei der die Preise nicht von der Regierung kontrolliert werden, hat eine Standgas-Inflation. Geldentwertung und Marktwirtschaft, das ist wie Max und Moritz: hinterhältig nur im Team. Über die Boshaftigkeit der Inflation wacht einzig die Notenbank, wobei die inzwischen zur EZB-Filiale degradierte Bundesbank eine der ehrwürdigsten Institutionen war, die Deutschland ab Mitte des 20. Jahrhunderts hatte. Die Ursachen dafür gehen bis ins Jahr 1923 zurück, als die Teutonen nach der damaligen Hyperinflation in eine zwanghafte Inflationsphobie verfielen: Die Autorität der Bundesbank wuchs proportional zur Furcht vor der Geldentwertung.

Doch auch das Gift der Inflation mindert nicht die magische Wirkung der Droge Geld. Sind die Mittel da, dann läßt sich alles heranschaffen, Trabi und S-Klasse, Pommes und Kaviar, Selters und Schampus, Fahrrad und Lear-Jet. Für den Geld-Voltaire und Soziologen Georg Simmel (* 1858, † 1918) ist dem Menschen mit dem Geld »ein fortwährender Stachel zur Tätigkeit gegeben«.[367] Wozu die Scheine nutzen, wird jedem schnell klar, der sie hat. So auch auf der »Titanic«: Als im Jahr 1912 der damals weltgrößte Passagierdampfer auf seiner Jungfernfahrt von Southampton (England) nach New York auf einen Eisberg prallte und sank, zeigte sich die lebenserhaltende Kraft von Reichtum. Von den über 2200 Menschen an Bord wurden zwar nur 705 gerettet,[368] jedoch überlebten in der ersten Passagierklasse zwei Drittel, in der zweiten schaffte es die Hälfte, und in der dritten kam gerade noch ein Viertel durch.[369] Die Schlußfolgerung aus dem Fall: Geldgier schadet nur dem, der sie nicht hat. Zwei der prominentesten Passagiere des Luxusliners half das trotzdem nichts, und so gingen der millionenschwere US-Bankier Benjamin Guggenheim und der Straßenbahn-Mogul George Dunton Widener zusammen mit Reisenden der zweiten und dritten Klasse unter.[370]

3.5 Der Schweinezyklus – Von einer Konjunkturkrise zur nächsten

Der großen Sause folgt die kalte Dusche. Was im Leben allgemein gilt, ist auch in der Wirtschaft nicht falsch. So bescherte das Jahr 2000 den Deutschen mit 3 % das höchste Wirtschaftswachstum der letzten zehn Jahre, doch danach erlahmte die Kauflust: »Nur« noch 2,1 % Zuwachs prognostizierten die sechs führenden deutschen Wirtschaftsforschungsinstitute für 2001 in ihrem Frühjahrsgutachten.[371] Die einzigen, die den Abschwung nicht wahrhaben wollten, waren die Politiker: Bundeswirtschaftsminister Werner Müller sah die Lage viel besser und lehnte jede zusätzliche Maßnahme zur Förderung des Wachstums ab,[372] und auch Bundeskanzler Gerhard Schröder zeigte sich »nicht alarmiert«.[373]

Nun sind Politiker »wiederwahlbedingt« immer optimistischer als alle Experten. Verkannt wurde jedoch, daß das Auf und Ab der Wirtschaft – wobei 2,1 % immer noch passabel sind – ein ökonomisches Naturgesetz ist. Die Bundesrepublik hatte seit ihrer Gründung mit vier nennenswerten Rezessionen zu kämpfen: 1966/67, 1974/75, 1981/82 und 1993–1996. Seit 1997 wächst die Wirtschaft bescheiden, aber kontinuierlich mit 1,6 bis 3 %. Jedes Lehrbuch der Wirtschaftswissenschaften doziert, daß die Konjunktur keine Einbahnstraße ist, sondern »erfahrungsgemäß unterliegen die ökonomischen Aktivitäten in dynamischen Marktwirtschaften zyklischen Schwankungen«[374] – gemessen an den Bewegungen des Bruttoinlandprodukts. Ausnahmen hängen von den Rahmenbedingungen und dem Selbstbewußtsein der Politiker ab: »In den fast neun Jahren aber, in denen ich die Verantwortung für die deutsche Wirtschaftspolitik trage, ist es immerhin gelungen, diesen starren Rhythmus zu sprengen« (gemeint sind die Konjunkturzyklen).[375] Ludwig Erhard ließ Ende der 1950er Jahre keinen Zweifel daran, wer die richtige Politik macht. Allerdings sprengte nicht er, sondern der wirtschaftliche

Wiederaufbau die Zwangswellen – einzig an Großbaustellen boomt es ohne Unterbrechung.

Legionen von Gelehrten und Wissenschaftlern sind seit dem 18. Jahrhundert den Ursachen der Ausschläge auf der Spur; schon in den 1970er Jahren gab es über 200 Erklärungsversuche für das Krisenphänomen.[376] Neben den auf technischen Innovationen wie Dampfmaschine und Automobil gestützten Aufschwüngen, die erstmals der russische Ökonom Kondratjew (→ Kapitel 1.5) nachwies, und der marxistischen Krisentheorie (Fall der Profitrate, → Kapitel 2.2), stammt eine der bekanntesten Konjunkturtheorien von dem Schweden Knut Wicksell (* 1851, † 1926).

Nach Wicksells »Zinsspannenthese« entsteht ein Aufschwung, wenn der Geldzins (Bankkapital für Investitionen) niedriger ist als der Gleichgewichtszinssatz des Kapitalmarktes, bei dem das Angebot an Geld (Ersparnisse) gleich der Nachfrage nach Krediten ist. Den Gleichgewichtszinssatz nennt Wicksell den natürlichen Zins. Ein solcher Zinsunterschied kann dann eintreten, wenn die Notenbank als »Bank der Banken« die Zinsen senkt und damit die Refinanzierung der Banken soweit verbilligt, daß diese einen günstigeren Zinssatz für Leihgeld an die Unternehmen anbieten können, als diese aufgrund ihrer Investitionsrenditen erwarten und es der aktuellen Marktlage aus Geldangebot und -nachfrage eigentlich entspräche. In diesem Fall liegt der zu zahlende Zinssatz unter den Renditeerwartungen.

Damit startet der Schweinezyklus der Konjunkturschwankungen, denn durch den niedrigen Geldzins werden »die Unternehmer ... über den eigentlichen Unternehmergewinn oder -lohn hinaus einen Extragewinn erhalten«[377] und so den Aufschwung einleiten. In der weiteren Expansion übersteigt die Kreditnachfrage irgendwann das Kreditangebot, der Geldzins wächst über den natürlichen Zins und leitet eine Rezession ein, der sich wiederum ein Absinken des Geldzinses anschließt ...

Nach Wicksells Zinsspannentheorie liegt die Ursache einer Krise im Kapitalmangel, der sich jedoch am eigenen Schopf – durch die aufgrund des billigen Geldes automatisch angeworfene Investitionsmaschine – wieder aus dem Rezessionssumpf zieht. Bis zum Beginn der Weltwirtschaftskrise 1929 glaubte die akademische Welt an die Selbstheilungskräfte des Marktes: Differenzen zwischen Bruttoinlandprodukt und Vollauslastung aller Produktionskapazitäten können nur kurzfristig bestehen, langfristig renkt sich das Ungleichgewicht wieder ein.

Gegen diese Weltanschauung putschte zuerst John Maynard Keynes (→ Kapitel 2.6), der die Konjunkturanalyse auf die kurze Frist verlagerte und die gesamte Ökonomie mit seiner These auf den Kopf stellte, daß Marktwirtschaften nicht von sich heraus zur Vollbeschäftigung zurückkehren. Konjunkturelle Schwankungen entstehen nach Keynes nicht aufgrund von Zinsänderungen – die Geldpolitik der Notenbank ist wirkungslos –, sondern durch eine zu geringe Nachfrage, wenn Gewinn der Unternehmen und Einkommen der privaten Haushalte zurückgehen. Keynes' vielzitierter Königsweg aus dem konjunkturellen Jammertal: Der Staat muß Nachfrage schaffen. Während die Klassiker wie Wicksell oder Kondratjew die selbstregelnde Funktion des Marktes nicht angezweifelt hatten und Konjunkturschwankungen als »reinigendes Gewitter« nach einem unnatürlichen Ungleichgewichtszustand interpretierten, erklärte Keynes den Markt als instabil. Der einzige wirksame Faktor in der Konjunkturpolitik ist der Staatshaushalt, denn er wirkt direkt auf die Nachfrage.

Den beiden Therapielehren (Markt- und Staatsregelung) folgte eine Wiederbelebung der Klassiker, allerdings mit neuem Schwerpunkt. Milton Friedman (→ Kapitel 2.7), personifizierte Speerspitze des Monetarismus, hob die Geldpolitik und damit sich selbst auf den Thron der Konjunkturtheorie. Sein Kerngedanke: Der Markt ist eben doch stabil, und ein Abschwung ist nicht, wie Keynes argumentierte, durch das Sinken des Einkommens oder Gewinns bestimmt. Friedman formulierte eine Vermögens- und Dauereinkommens-Hypothese, nach der die Nachfrage vom vorhandenen Vermögen und der absehbaren Einkommensentwicklung abhängt. Wer dunkle Wolken am Konjunkturhimmel sieht und mit Entlassung oder Gewinneinbruch rechnen muß, hält sich mit Ausgaben zurück. Die Wirtschaft lahmt.

Damit lieferte Friedman zwar ebenso wie alle seine Vorgänger eine Erklärung für die Berg-und-Tal-Fahrt der Wirtschaft, gleichwohl steht er vor allem für eine alternative Frischzellenkur zum Verlassen eines Konjunkturlochs. Hatten die Klassiker auf den Markt und Keynes auf den Staat vertraut, so setzte Friedman ähnlich wie Wicksell auf die Notenbank. Erst mit einem berechenbaren Geldmengenwachstum können die Unternehmen und Privathaushalte sicher planen, so Friedman. Deshalb kommt der EZB oder der US-Notenbank herausragende Bedeutung für die Stabilität einer Volkswirtschaft zu: »Ich kenne keine starke Depression in irgendeinem Land oder zu irgendeiner Zeit, die nicht von einer starken Abnahme der Geldmenge begleitet gewesen wäre«.[378]

Die vergangenen Jahrzehnte waren eindeutig Friedman-Jahre: Die Konjunktur wird mit Zinssatz und Geldmenge in geordneten Bahnen gehalten. Das zeigt sich in der Macht der Notenbanken, auf deren Bewegungen Aktionäre und Wirtschaft mit Argusaugen schielen. Als Anfang 2001 die US-Wirtschaft kränkelte, reagierte US-Notenbankchef Alan Greenspan gleich mit einer 4fachen Zinssenkung binnen drei Monaten.[379] An den Börsen kam es zu Kursfeuerwerken (die dann weitgehend wieder verpufften). Trotz der massiven Geldverbilligung verschwand das Gespenst einer »harten Landung« der US-Wirtschaft jedoch nicht. Wieso?

Auch die Geldpolitik ist kein »Universal-Antibiotikum«, mit dem sich der Komapatient Wirtschaft wieder auf die Beine bringen läßt. Das hat zwei Ursachen: Erstens sind mit Zinssenkungen viel schwerer Effekte zu erzielen als mit Zinserhöhungen. Zweitens, und das ist entscheidend, lassen sich Konjunkturschwankungen grundsätzlich nur begrenzt sanktionieren. Die Konjunkturpolitik, ob staatlich, monetär oder als »konzertierte Aktion«[380] zwischen Staat und den Tarifparteien (Bündnis für Arbeit), kann maximal dafür sorgen, daß von Fiskal- und Geldpolitik keine negativen Impulse für die Wirtschaft ausgehen. Instrumente wie Steuersenkungen, eine erhöhte Nachfrage des Staates oder Zinssenkungen reichen langfristig bestenfalls aus, um eine Rezession nicht in den Krater der Depression abstürzen zu lassen.

Es ist daher eine trügerische Hoffnung anzunehmen, daß die Reduzierung von Spitzensteuersätzen und Zinsen ohne gezielte Investitionsanreize einen Investitionseffekt auslöst. Ob Unternehmer Geld ausgeben, hängt vor allem von den Gewinnmöglichkeiten ab. Niemand wird nur deshalb Geld in neue Maschinen stecken, weil dann weniger Steuern anfallen oder weil die Kredite gerade günstig sind – was zählt, ist der Profit aus einer Investition. Deshalb fruchten die besten staatlichen Reanimationsprogramme wenig, wenn die Wirtschaft von innen fault. Das krisengeschüttelte Japan leistete sich nach seiner geplatzten Seifenblasenkonjunktur nicht nur zehn Konjunkturprogramme in neun Jahren, bei denen bis 2001 gut 1,2 Billionen Dollar verpufften,[381] sondern auch eine – wirkungslose – Nullzinspolitik.[382]

Die Notenbank kann Konjunkturschwankungen durch Zinsanpassungen, Offenmarktpolitik, Mindestreserve- und Währungspolitik (An- und Verkauf von Devisen) zwar teilweise ausgleichen, diese Waffen bleiben jedoch stumpf, wenn es um die dauerhafte Steigerung des Wirtschaftswachstums geht: »Kurzfristig mag eine lockere Geldpolitik die Wirtschaftsleistung zwar ein wenig erhöhen, langfristig aber gibt es überhaupt keinen Zusammenhang zwischen einer großzügigen Geldpolitik und dem realen Wirtschaftswachstum«, dämpft der US-amerikanische Geldpapst Benett McCallum die Erwartungen.[383] Reich wird eine Gesellschaft nicht durch billiges Geld, sondern durch Bodenschätze oder Arbeit.

Verständlich, daß eine nachlassende Schubkraft wie im Frühjahr 2001 mit kümmerlichen 2,1 % Wachstum für diejenigen enttäuschend ist, die mehr erwarteten. Unverständlich ist die prompte Forderung der deutschen Wirtschaft und des Deutschen Gewerkschaftsbunds an die EZB, zur Förderung des Wirtschaftswachstums und der Beschäftigung endlich die Leitzinsen zu senken.[384] Geld- und konjunkturpolitisch ist dies allein deshalb äußerst kurzsichtig, weil die EZB auch die Entwicklung in anderen Eurostaaten ins Kalkül einbeziehen muß und deren Wachstumsprognosen im vorliegenden Fall ausnahmslos besser ausfielen als in Deutschland.[385] Wichtiger ist jedoch, daß die Reaktion auf äußeren Druck eine denkbar schlechte Entscheidungsvariante einer auf Unabhängigkeit verpflichteten Notenbank ist – eine Politik des billigen Geldes ist kein Ersatz für eine solide staatliche Wirtschaftspolitik.

3.6 Das Ende – Der Markt im Beichtstuhl

In der Marktwirtschaft ist gut, was gefällt oder zumindest nicht auffällt. Man nehme eine Portion braunmassigen Klärschlamm, koche ihn und mische ihm eine kräftige Prise Sojaproteine und Aromastoffe bei – fertig ist ein Fleischersatz, der beim Essen an Hähnchen erinnert. Das Rezept stammt aus japanischen Food-Labors und bekam von Journalisten den Namen »Klo-Burger«.[386]

Die Lebensmittelbranche macht seit langem vor, wo gespart werden kann, um die Wertschöpfungskette zu perfektionieren und am Markt erfolgreich zu navigieren. Trotz BSE-Schock, trotz Glykol im Wein (1985) und trotz Nikotineinsatz in der Hühnerhaltung (1996). Business ist eben Business: Alles wird verwertet, um teure Rohstoffe aus der Landwirtschaft einzusparen und aus Abfällen auch noch das letzte Gramm Eiweiß zu quetschen. Der Markt ist nicht überall das, was er verspricht. Er ist vielfach ein großes Ideal mit einer beklagenswerten Praxis:

Wohlstand: Letztlich geht es in Unternehmen nur um eines: »Profit, Profit, Profit.« In diesen Worten des DaimlerChrysler-Chefs Jürgen Schrempp steckt die gesamte Philosophie des Kapitalismus. Eine Kuriosität ist dabei, daß trotz größter Mühe der Erfolg ausbleiben kann – weil ein Konkurrent cleverer war und das bessere Produkt anbietet. Diese Faustskizze der Marktwirtschaft ist jedoch eine Mogelpackung. Es gibt keinen Wettbewerb ohne Klassengesellschaft. Verschärft formuliert ist der Wettbewerb die Urform des Sozialdarwinismus und auch in seiner gebremsten Variante – der Sozialen Marktwirtschaft – nicht zwangsläufig eine »soziale Veranstaltung«,[387] wie der Philosoph Peter Koslowski hofft. Der Wohlstand wird zwar insgesamt gesteigert, zugleich trägt der Markt jedoch dazu bei, den Klassengraben zu vergrößern: Nach einem Bericht der Bundesregierung im Jahre 2001 nahm die Kluft zwischen Arm und Reich in Deutschland in den vergangenen Jahren weiter zu. 46 % des westdeutschen Privatvermögens liegen in der Hand des reichsten Fünftels der Westdeutschen, während 60 % der Westdeutschen nur über gut 28 % des Vermögens verfügen.[388]

Bedürfnisdeckung: Früher war der Glaube weit verbreitet, daß Unternehmen den Menschen gegen Geld die Güter bereitstellen, die sie für ihr Leben benötigen. Inzwischen ist die Welt ein Stück weiter: Das Marktsystem paßt sich zwar immer noch den Wünschen der Menschen an, noch stärker aber werden die Menschen zu den Wünschen des Systems gelotst. »Nicht: ›Unser täglich Brot gib uns heute‹, ... würden wir heute beten, sondern: ›Unseren täglichen Hunger gib uns heute‹ – damit die Brotproduktion gesichert bleibe«, brachte es der Philosoph Günther Anders auf den Punkt und erkannte zugleich, daß das Gebet kaum noch aus einem menschlichen Munde kommt, »da es ja eigentlich die Produkte sind, die beten. Nämlich: ›Unsere täglichen Esser gib uns heute.‹«[389] Geboren wurde das Nachfragemanagement – Werbung. Sie und die ihr verwandten Künste tragen »zur Formung genau des Menschentyps bei, den das Industriesystem braucht: eines Menschen, der zuverlässig sein Einkommen ausgibt und zuverlässig arbeitet, weil er nie genug bekommt.«[390] Viele Errungenschaften des wirtschaftlichen Fortschritts, die dem Markt zugeschrieben werden, bestehen zu einem nicht geringen Teil aus der Erfindung von Tricks zur Überwindung der menschlichen Trägheit, die den Menschen nur so lange arbeiten läßt, wie er zur Deckung seines Grundbedarfs muß.

Narkotisierung: Die Konsumverherrlichung durch Werbung ist in einer von Rationalisierung geprägten Marktwirtschaft überlebenswichtig, da ohne steigende Nachfrage kein Unternehmer in neue Anlagen investiert, durch die allein neue Arbeitsplätze entstehen. Löhne müssen nämlich gezahlt werden, denn wer soll sonst die Produkte kaufen? Eine Einsicht, die Henry Ford schon in den 1920er Jahren hatte: »Autos kaufen keine Autos.« Ein Kapitalismus ohne Arbeit, von US-Ökonomen wie Jeremy Rifkin oder Robert Reich prophezeit,[391] ist zwar möglich, birgt jedoch sozialen Zündstoff. Denn: Wenn tatsächlich nur 20 % der arbeitsfähigen Bevölkerung reichen, um die High-Tech-Gesellschaft in Gang zu halten, wie 1995 eine Konferenz der 500 führenden Konzernmanager, Top-Banker, Politiker und Wissenschaftler ergab, was passiert dann mit den restlichen »überflüssigen« 80 %? Die sollen keinesfalls auf dumme Gedanken kommen, sondern durch »Tittytainment«, also eine »Mischung aus betäubender Unterhaltung und ausreichender Ernährung, ... bei Laune gehalten werden«.[392] Angesichts ultraseichter Fernsehserien, Formel-1-Unsinns und des Animationsmumpitzes viertelgebildeter Motivationstrainer darf getrost die Frage gestellt werden, ob sich die Prognose nicht bereits selbst überholt hat.

Bindungslosigkeit: Marktsysteme haben ihre Nachteile, zu ihren unschlagbaren Vorteilen gehört jedoch die Begabung, höchst flexibel auf neue Herausforderungen zu reagieren. Der Markt, beobachtet von einer demokratisch legitimierten Regierung und einer kritischen Öffentlichkeit, ist extrem reformfähig und als Wirtschaftssystem in seiner Effizienz kaum zu schlagen. In einer globalen Welt bedeutet das, daß die Produkte jeweils dort hergestellt werden, wo die Kosten am niedrigsten sind, um sie dann dort zu verkaufen, wo die Preise am höchsten sind. »Sentimentale Bindungen« an ein bestimmtes Land oder eine bestimmte Kultur sind dabei »nicht vorgesehen«, wie es der MIT-Ökonom Lester Thurow[393] sieht. Egal, wo die Reise endet: Es sollte zu denken geben, daß es keine Ausweichmöglichkeit mehr gibt für Menschen, die vom Kapitalismus enttäuscht sind.

Oligopole: Unternehmen berufen sich gerne auf die Marktwirtschaft, wenn staatliche Eingriffe drohen, fusionieren aber oder schließen sich zu Kartellen zusammen, solange die Kartellbehörden nicht den Finger heben. Unternehmen leben damit in einer chronischen Bewußtseinsspaltung: Der Markt wird nur gegen die Regierung hochgehalten, insgeheim würden ihn die Unternehmen lieber heute als morgen abschaffen und ein Monopol besitzen, um endlich frei vom schweißtreibenden Wettbewerb die eigenen Produkte verkaufen zu können. Außerdem können sich viele Großunternehmen darauf verlassen, daß ihnen der Staat im Falle wirtschaftlicher Probleme unter die Arme greift. Konzerne vom Schlage BMW, Ruhrkohle oder Telekom sind zu groß, um pleite zu gehen.

Heute herrschen auf vielen Märkten unvollkommene Monopole, genannt Oligopole: In den USA teilen sich drei heimische Automobilhersteller den Markt, und der Weltpapiermarkt ist ebenso wie der Ölmarkt unter wenigen Unternehmen aufgeteilt. Oligopole sind nicht ganz so gierig wie Monopole. Dies liegt »aber nicht am Wollen, sondern am Können«.[394] Sich mit Oligopolen zu arrangieren ist eine der wichtigsten Aufgaben für die Wirtschaftspolitik und wird durch die fortschreitenden Fusionen noch vordringlicher, nicht nur, weil die wenigen marktbeherrschenden Unternehmen die Macht des Staates unterlaufen können, sondern auch durch ihre Tendenz zu überhöhten Preisen. Der Wert einer Ware ist in der Marktwirtschaft eben nicht objektiv meßbar. Karl Marx meinte falsch: »Als Werte sind alle Waren nur bestimmte Maße festgeronnener Arbeitszeit.«[395] Heute hat sich die Marktwirtschaft längst davon verabschiedet, daß die gleiche Ware rund um den Globus denselben Wert hat. Maßgeblich für den Preis ist vielmehr das Wechselspiel von Angebot und Nachfrage. Dasselbe Glas Wasser ist in der Wüste teurer als am Ufer eines klaren Gebirgsbachs.[396]

Alles Wirtschaften beginnt damit, daß der Mensch Wünsche hat und sich diese in einer Konkurrenzsituation erfüllen will. Der Markt hat es bisher als einziges Wirtschaftssystem geschafft, menschliche Talente über jedes frühere Maß hinaus zu nutzen und in technische Höchstleistungen umzumünzen. Letztlich zählen die Ergebnisse, und so muß sich die Marktwirtschaft an ihrem Erfolg messen lassen, dessen Meßlatten nicht nur Bruttoinlandprodukt und Wirtschaftswachstum sind: Ist sie in der Lage, Arbeitsplätze, einen angemessenen Lebensstandard sowie akzeptable Produkte und Dienstleistungen zu garantieren? Wird die Wirtschaftsleistung fair verteilt? Gelingt die Wahrung der nationalen Identität? Schafft sie es, die wachsenden Umweltprobleme zu lösen? Bekommt sie das Bevölkerungswachstum in den Griff?[397]

Ein »Abgesang auf die Marktwirtschaft«[398] ist heute verfrüht, denn sie ist erfolgreicher als je zuvor. Was fehlt, ist jedoch ein Ende der Selbstzensur des kapitalistischen Menschen und mehr Kritik an einer Gesellschaft, in der alles dem Markt unterworfen wird. Noch »nicht einmal die Subkultur ist mehr oppositionell«.[399]

Darin lag auch der Systemfehler des sozialistischen Großversuchs, schließlich beendet durch die »feindliche Übernahme der DDR«:[400] Von Anfang an orientierte sich der Sozialismus an wirtschaftlichen Erfolgskriterien und damit an den von der Marktwirtschaft vorgegebenen Charakterzügen. Trotz seines weltanschaulichen Blendwerks war der Sozialismus einzig darauf fixiert, die kapitalistischen Nationen auf dem von diesen vorgezeichneten Weg zu übertreffen. Letztlich ist er daran gescheitert, was der Markt trotz seiner Nebenwirkungen bis zur Vollendung erreicht hat: der Fähigkeit zur Selbststeuerung komplexer Strukturen.

5. EXKURS

Der Zwang zur Mode – Unternehmen im Sog »neuer« Managementstrategien

Die Suche nach Erfolgsrezepten ist so alt wie die Industriegesellschaft: Kostendruck und Verdrängungswettbewerb ließen den Unternehmer schon immer nach Patentlösungen für das Überleben im Markt Ausschau halten. *Auf der Suche nach Spitzenleistungen* waren 1982 auch Peters und Waterman,[401] Berater bei McKinsey, einer der weltweit renommiertesten Unternehmensberatungen. Viele Beispiele zeigten, wie »bestgeführte US-Unternehmen« erfolgreich agierten – und manche dennoch scheiterten.[402] Der Unternehmenserfolg beruht aus Sicht der Autoren eben nicht auf Fakten aus Kostenrechnung oder Marketing, sondern auf Sekundärtugenden wie Unternehmenskultur und Mitarbeiterorientierung – eine Binsenweisheit?

Eine nachhaltigere Diskussion traten 1990 Womack, Jones und Roos los mit *Die zweite Revolution in der Autoindustrie.*[403] Ganz im Zeichen der damaligen japanischen Bedrohung zeichnete die Studie ein düsteres Bild der (angeblich wenig wettbewerbsfähigen) westlichen PS-Industrie und brachte zugleich den Begriff Lean Production ins Spiel. »Schlanker Vertriebskanal«, »schlanke Beschaffung« und »schlanke Fertigung«: vor allem die durch die japanische Konkurrenz gebeutelten Branchen Automobil und Maschinenbau stürzten sich auf die schlanke Heilslehre. Inzwischen ist die Karawane weitergezogen und hat einen Stop bei Balanced Scorecard und Six Sigma eingelegt – letzteres ist nicht mehr als die »Null-Fehler-Programme« der 1960er Jahre, die allesamt wieder eingestampft wurden.

Natürlich werden auch die großen Moden gelegentlich von kosmetischen Randerscheinungen überschattet: Shareholder Value und Benchmarking sind nur zwei Beispiele für Managementkonzepte, die nach heftiger Euphorie vorwiegend durch kurze Halbwertzeiten und noch weniger praktische Umsetzungen auffielen.

Was aber macht aus kurzen Strohfeuern langfristige Modewellen? Entscheidend für den Erfolg neuer Konzepte an der Ladenkasse ist neben der Rhetorik der Verkäufer vor allem der Überlebenszwang von Unternehmen. Je schlechter die Lage, desto größer der Bedarf, sich auf dem Weg zur Gewinnmaximierung von externen Beratern unter die Arme greifen zu lassen. Natürlich könnten die Aufgabe auch interne Consultants übernehmen, die das Unternehmen nicht nur besser kennen, sondern auch erheblich preiswerter sind. Doch gerade in Krisenzeiten zeigt sich: Der Prophet gilt nichts im eigenen Land. Und so wissen die Berater mit entwaffnendem Lächeln und strotzendem Selbstbewußtsein die Vorteile ihres Ansatzes herauszustreichen. Erfolgreich sind folgende Vorgehensweisen:

- Aufzeigen der Vorteile der neuen Strategie. Viel hängt dabei von der Hebung des »verborgenen Goldes der Mitarbeiter« und der »Optimierung von Schnittstellen« ab. Das betrifft zwar fast jedes Unternehmen, wurde aber bisher, so die Macher des neuentwickelten Konzeptes, nur unzureichend berücksichtigt.
- Verwendung eines prägnanten, in jedem Fall englischsprachigen Begriffs für den Ansatz. Dies suggeriert dessen erfolgreiche Erprobung im Mutterland aller Managementlehren, den USA, und verhindert (zunächst) lästige Fragen zum Inhalt.
- Einbindung bisheriger Moden: Da sich frühere Strategien nicht einfach über Bord werfen lassen – den Verantwortlichen im Unternehmen würde Geldverschwendung vorgeworfen –, muß das Konzept bekannte Ansätze integrieren. Das gelingt immer: TQM greift auf Kaizen zurück, Reengineering basiert auf Change Management,[404] und alle verbessern »radikal«, versprechen »Quantensprünge«.
- Verweis auf die positiven Erfahrungen in erfolgreichen Unternehmen; dadurch läßt sich zugleich eine Belehrung der Praktiker vermeiden. Anstatt einer Verteufelung der Konkurrenzkonzepte werden sie als »traditionell« oder »nur partiell wirksam« umschrieben.
- Vorstandsverständliche Formulierungen: Die verwendeten

Grafiken sind ebenso griffig wie die benutzten Vokabeln. »Kontinuierliche Verbesserung« klingt besser als »Stagnation«, und die Arbeit am entdeckten »Verbesserungspotential« verspricht mehr Aktivität als die beschwerliche Beseitigung von »Schwächen«.

Kein Ansatz wäre erfolgreich, wenn es nicht eine lange Liste von Profiteuren gäbe: Autoren und ihre Verlage, Kongreßveranstalter, Professoren und Berater. Je erfolgreicher die Mode, desto häufiger klingelt für alle Beteiligten die Kasse. Also befriedigen Autoren die Publikationspflicht der Verlage, stellen in ihren Büchern zusammen mit Beratern erfolgreiche Consultingprojekte vor, und beide berichten auf Kongressen über ihre Erfahrungen; Professoren bezeugen die Wissenschaftlichkeit der Konzepte und empfehlen sich so für Forschungs- und Beratungsprojekte. Natürlich geht nichts ohne Praktiker, die sich im Kampf um Karrieren von den neuen Konzepten einen Wissensvorsprung und damit die Möglichkeit zur Profilierung erhoffen.

Nicht alles ist alter Wein in neuen Schläuchen, und nicht unterschätzt werden sollte, daß vielfach tatsächlich Bedarf für Verbesserungen besteht. Eine gezielte Auswahl der zum Unternehmen passenden Methode ist allerdings erfolgversprechender als die blinde Wahl der vielfach marktschreierisch gepriesenen Therapien. Alle paar Jahre neue modische Konzepte und standardisierte Lösungen, die nicht zur Ergebnisverbesserung beitragen – diese Kritik äußern inzwischen viele Unternehmen über die Berater.[405] Die meisten Probleme in den Unternehmen sind nämlich gar nicht so neu, daß dafür auch neue Programme notwendig wären: Verkrustete Strukturen oder Kommunikationsbarrieren sind häufig vorzufindende Phänomene, die besonders langjährig tätige Mitarbeiter kaum noch sehen oder sehen wollen, da sie glauben, sich durch falsches Taktieren Sympathien für eine weitere Karriere zu verspielen. Auch aus diesem Grund boomt der Markt für externe Modeberater: Die sind nicht nur immun gegen Betriebsblindheit, sondern verschwinden nach der Beratung auch unaufgefordert wieder.

4. Kapitel

Euphorie und Angst machen Kurse – Die merkwürdige Logik der Börse

Ehrlich, ich habe keine Ahnung, was der Dow Jones ist. DALAI-LAMA

Reich zu werden lohnt sich nur, wenn es schnell geht und wenig Arbeit macht. Beides ist heute fast nur noch an der Börse möglich – durch Spekulation auf steigende und fallende Preise für Waren, Wertpapiere oder Währungen. Nicht umsonst kursiert immer wieder das Gerücht, die Börse sei eine Erfindung des Teufels, der den Menschen vor Augen führen wolle, daß auch sie – ähnlich wie Gott – aus dem Nichts etwas schaffen können. Für viele Börsianer ist daher die »Kathedrale des Mammons« die einzige Antwort auf die häufigste Anlegerfrage: Wohin mit meinem Geld? Sicher: Die Börse bietet phantastische Renditen – aber auch den Bankrott. Denn wer es sich mit dem Teufel verscherzt, den treibt er in den Ruin.

4.1 Aktien, Gold und Schweinebäuche

Wie kommt man an der Börse zu einem kleinen Vermögen? Indem man mit einem großen anfängt. BROKER-WITZ

Die Börse ist keineswegs eine Erfindung des Industriezeitalters, um Unternehmen, Finanzjongleuren und Banken zu schnellem Geld zu verhelfen. Die erste Aktienbörse der Welt öffnete 1602 in Amsterdam ihre Tore und ermöglichte der im selben Jahr für den Osthandel gegründeten »Verenigde Oostindische Compagnie« die Geldbeschaffung durch die Ausgabe von Aktien.[406] Die Ursprünge der Warenbörse gehen sogar noch weiter zurück: Als im 14. Jahrhundert die

Die erste Börse der Welt in Brügge

Familie van der Beurse im belgischen Brügge einen Treffpunkt für Handelsgeschäfte ins Leben rief, entwickelte sich dieser rasch zum zentralen Tauschplatz von allerlei Gütern wie Gold, Silber und Fernhandelswaren. Das Beispiel machte Schule, und bald florierten die Handelsplätze als Schaltzentralen für Geldspekulationen und Warengeschäfte: Hier trafen sich Händler und Investoren nicht nur, um ihr Geld möglichst profitträchtig für sich arbeiten zu lassen, sondern auch zum Austausch der neuesten Gerüchte.

Ihre Funktion als Geldsammelbecken haben die Börsen bis heute behalten. Die Anonymität garantiert, daß die Regeln des Marktes an keinem Ort der Welt perfekter funktionieren: Angebot und Nachfrage sind jederzeit für jeden transparent, und kein Marktteilnehmer wird ausgeschlossen. Noch wichtiger ist, daß jedes gekaufte Wertpapier auch wieder verkauft werden kann. Ohne diese Risikoversicherung würde kaum jemand seine Ersparnisse an unbekannte Geldsucher verleihen.

Inzwischen ist aus dem kleinen Brügger Krämerverein ein weltumspannendes Börsennetzwerk geworden, durch seine Adern fließt das Blut des Kapitalismus – Geld. Als Brennpunkt des Kapitalmarktes ist die Börse aber auch ein Barometer für die Wirtschaftslage eines Landes: Stetig steigende Kurse deuten auf eine gesunde Wirtschaft hin, sinkende Kurse sind Krisenzeichen.

Was wird an den Börsen gehandelt? Nicht nur Aktien, die strenggenommen nur eine Sonderform von Wertpapieren sind, sondern fast alles, was sich für Geld kaufen läßt: Sojaöl, Schlachtschweine, Gold, Dollar, Yen oder eben Wertpapiere, die entweder wie Aktien eine Beteiligung an einem Unternehmen oder aber eine Forderung verbriefen.

Rentenpapiere

Forderungsrechte werden auf dem Kapitalmarkt als Renten bezeichnet und verpflichten den Herausgeber des Papiers gegenüber dem Inhaber zu einer festen Zinszahlung. Braucht der Staat Geld, gibt er solche Rentenpapiere heraus, die von Bürgern gegen eine regelmäßige Verzinsung gekauft und am Ende der Laufzeit zum Einstiegspreis wieder verkauft werden können. Mit monatlichen Pensionsleistungen haben Renten trotz ihrer doppeldeutigen Bezeichnung allerdings nichts gemeinsam.

Schnelles Geld läßt sich mit Anleihen, Schuldverschreibungen oder Obligationen, wie Renten auch heißen, nicht machen. Außer mit regelmäßigen Zinszahlungen und der Rückzahlung des eingesetzten Kapitals ist bei Renten kein Blumentopf zu gewinnen. Sie bieten hohe Zins- und Kurssicherheit bei geringen Kursschwankungen – und gelten gerade deshalb als die grauen Mäuse im Finanzmarkt.

Einzig bei Anleihen, die von Schuldnern zweifelhafter Liquidität stammen (beispielsweise von Entwicklungsländern), werden Zuschläge für das Ausfallrisiko gezahlt in Form einer deutlich über dem Marktniveau liegenden Verzinsung. Die Beurteilung dieses Risikos übernehmen sogenannte Rating-Agenturen wie Moody's oder Standard & Poor. Die Rangskalen beider Unternehmen unterscheiden sich kaum: AAA (Moody's) oder Aaa (Standard & Poor) sind die Höchstnoten und bedeuten geringstes Ausfallrisiko; nach unten reicht die Skala bis C (Moody's) beziehungsweise D und steht für geringste Investmentqualität mit dem Risiko des Totalverlustes. Die in Deutschland marktbeherrschenden Bundesanleihen erhalten regelmäßig Triple-A-Bewertungen.

Daneben existiert eine Reihe weiterer Anleihen, etwa von Industrie- oder Handelsunternehmen. Derartige Renten, beispielsweise Wandelschuldverschreibungen, spielen zwar in Deutschland – anders als in den USA oder Großbritannien – nur eine untergeordnete Rolle, können jedoch durchaus attraktiv sein: Der Anleger erhält nicht nur eine (geringe) Verzinsung, sondern auch ein Kaufrecht auf Aktien des herausgebenden Unternehmens zu einem festgelegten Zeitpunkt und Preis. Fällt der Kurs der Aktien während der Laufzeit der Anleihe, kann der Käufer auf sein Recht verzichten, sich weiterhin seine Zinsen auszahlen lassen und die Anleihen am Ende der Laufzeit wieder in das eingesetzte Kapital zurücktauschen. Solche Anleihen sind gleichsam eine Börsenspekulation mit Fallnetz: Der Zins und die Rücktauschgarantie sorgen für Anlagesicherheit, die Aktientauschoption für Gewinnphantasie.

Aktien

Interessant sind für den risikobereiten Investor weniger die soliden Rentenpapiere, sondern die spekulativen Aktien: Wer gut schlafen will, kauft Anleihen, wer gut essen will, setzt auf Aktien. Da Aktien keine feste Verzinsung oder Laufzeit haben – beide enden erst mit der Pleite des Unternehmens –, muß das Wertpapier andere Reize bieten. Vor allem durch die Chance auf überdurchschnittliche Kurszuwächse schlägt die Aktie langfristig die meisten anderen Anlageformen.

Aktien haben in den vergangenen Jahren nicht zuletzt durch den Börsengang der Deutschen Telekom im November 1996 einen enormen Zulauf erhalten (»Volksaktie«). Wer in den Jahren 1996 bis Anfang 2000 die richtigen Papiere in seinem Depot hatte, konnte sich traumhafte Menüs leisten und angesichts der konstanten Kursgewinne auch gut schlafen. Danach ging es steil bergab, das Wachstumssegment des Neuen Marktes verlor binnen eines Jahres über 80 % an Wert[407] – ein Crash auf Raten, wie es ihn in dieser Größenordnung zuletzt 1929 zu Beginn der Weltwirtschaftskrise gab.

Im Grunde scheint alles ganz einfach: Geht es einem Unternehmen gut, steigt der Wert der Aktie, sinken die Gewinne, fällt der Preis für den Anteilschein. Leider sieht die Realität völlig anders aus, denn gelegentlich neigt die Börse zu Übertreibungen bei der Aktienbewertung, und je hysterischer die Papiere eines Unternehmens nachgefragt oder abgestoßen werden, desto weniger sagt deren Kurs etwas über die Situation der Gesellschaft aus. Dabei hatten die Ur-Börsianer genau dies im Sinn, denn verglichen mit dem Theater an den Börsen ist die Aktie eine solide Sache: keine von unberechenbaren Einflüssen gelenkte Lotterie, sondern der x-te Bruchteil eines Unternehmens.

Auch wenn die Feinmotorik der Aktienkurse stark von der Psychologie der Börsianer abhängt, bestimmen die Unternehmensgewinne langfristig eben doch die Kursentwicklung. Vor allem junge Firmen des Neuen Marktes versprechen erst in einigen Jahren Gewinne – ein Spiel mit dem Feuer. Läßt sich die Auswahl eines Rentenpapiers leicht anhand der Verzinsung treffen, hat der Anleger bei Aktien die Qual der Wahl: Hochspekulative Papiere der Zukunftsbranchen Bio- oder Informationstechnologie mit Kursgewinnen von über 1100 % binnen eines Jahres nach Börsengang (Morphosys AG) buhlen ebenso um die Gunst des Anlegers wie Zockerpapiere, die in kurzer Zeit 98 % ihres Wertes verloren und deren Firmen im Konkursverfahren stehen (Bremer Vulkan), oder die »Witwen- und Waisenaktien« – beispielsweise die Papiere der Chemieriesen Henkel oder BASF. Die träge Kursbewegung dieser konservativen Anlagen bietet dem risikoscheuen Sparer bei regelmäßiger Dividendenausschüttung (fast) die Sicherheit festverzinslicher Wertpapiere.

Investmentfonds

Für denjenigen, dem Aktien zu unsicher sind, der aber wegen der guten Performance doch nicht darauf verzichten will, halten Investmentsfonds zumindest eine Teilkaskoversicherung bereit: Nach dem Motto »Lege nie alle Eier in einen Korb« wird das Vermögen nicht in Aktien nur eines Unternehmens angelegt, sondern auf unterschiedliche Papiere verteilt. So bleibt der Anleger bei Kursrückgängen einzelner Aktien vor allzu hohen Verlusten bewahrt. Gleichzeitig übernimmt die Fondsgesellschaft das Management des Vermögens und erspart dem Anleger damit die ständige Beobachtung des Marktgeschehens. Da Investmentfonds von den Fondsgesellschaften in Eigenregie verkauft werden, haben sie auch keinen Kurs, sondern einen Preis. Dieser ergibt sich nicht wie bei Aktien aus Angebot und Nachfrage, sondern wird von der Fondsgesellschaft anhand des Wertes der darin enthaltenen Papiere errechnet.

Fast unbemerkt hat sich seit 1999 in Deutschland ein weiterer Fondstyp am Markt etabliert: der Dachfonds. Die Banker investieren dabei nicht in Einzelwerte, sondern in andere Fonds. Vorteil: Da höchstens 20 % des Vermögens in einen einzelnen Unterfonds fließen dürfen, sind Dachfonds noch weniger anfällig für Börsenschwankungen als die ohnehin als crash-resistent geltenden Investmentsfonds.[408]

Nicht immer waren die Investmentfonds Angsthasenpapiere, ganz im Gegenteil, bis in die 1980er Jahre hatten sie in Deutschland alles andere als eine ruhmreiche Geschichte vorzuweisen und galten als riskant. Der erste deutsche Investmentsfonds, 1923 vom »Deutschen Kapitalverein« gegründet, ging nach acht Jahren im Tumult der Weltwirtschaftskrise mit großen Verlusten Konkurs. Zu einem kurzen Aufflackern der Fonds-Idee kam es in den 1960er Jahren mit den Fonds des Investors Overseas Services, der zuerst mit marktschreierischen Methoden auf sich aufmerksam machte (»Gebt uns euer Geld, wir machen euch reich!«), dann 1970 durch seinen spektakulären Zusammenbruch. Heute überwacht das Bundesaufsichtsamt für das Kreditwesen in- und ausländische Investmentgesellschaften entsprechend dem Gesetz über Kapitalanlagegesellschaften. Fonds sind inzwischen populärer als je zuvor: Von knapp 90 in Deutschland angebotenen Fonds im Jahr 1988 stieg die Zahl im Jahr 1999 auf über 3000, was die Auswahl fast schwieriger macht als bei Aktien.

Optionen

Glücksritter, die den Nervenkitzel brauchen, werden sich weder mit Aktien noch mit Fonds zufriedengeben. Erst Optionen – im Börsenjargon Warrants genannt – bieten die Chance des Totalverlustes, aber auch kurzfristiger Gewinne von mehreren 100 %. Optionen verbriefen das Recht, nicht jedoch die Verpflichtung, zu einem bestimmten Preis eine festgelegte Menge von Aktien, Rohstoffen oder sonstigen Basiswerten zu kaufen (»Call«) oder zu verkaufen (»Put«). Anders als Aktien werfen Warrants keine laufenden Zins- oder Dividendenzahlungen ab, einziger Ertrag ist die Kurssteigerung. Und noch ein Pferdefuß macht Optionen zu einer heiklen Angelegenheit: Da die Laufzeit begrenzt ist, können das »Aussitzen« von Kurseinbrüchen und die Hoffnung auf bessere Zeiten zum 100 %igen Verlust führen.

Optionen appellieren noch stärker als Aktien an den Spielerinstinkt des Investors: Durch die Hebelwirkung (Leverage-Faktor) steigen und fallen die Kurse von Optionen überproportional zur Kursänderung des Basiswerts. Angenommen, eine Call-Option berechtigt zum Kauf einer Siemens-Aktie zum Preis von 100 Euro. Steigt die Aktie von 100 auf 120 Euro, ist der Call 20 Euro wert, da der Käufer der Option eine Siemens-Aktie für 100 Euro erwerben und sofort für 120 Euro verkaufen könnte. Gewinnt die Aktie nochmals 20 % von 120 auf 144 Euro, bewirkt der Hebel eine Wertsteigerung der Option auf mehr als das Doppelte, von 20 auf 44 Euro. Bei geringem Geldeinsatz (20 Euro) ist also ein hoher Gewinn (Verdopplung bei nur 20prozentigem Kursanstieg der Aktie) möglich. Derselbe Gewinn (24 Euro) ist zwar auch durch den Kauf der Aktie möglich, allerdings ist dafür statt 20 Euro für die Call-Option der 6fache Kapitaleinsatz notwendig, nämlich 120 Euro.

Bei einer Put-Option wäre übrigens das genaue Gegenteil der Fall: Beim Kauf wettet der Spekulant auf das Sinken der Aktie. Steigt das Siemens-Papier aus obigem Beispiel, wird der Put wertlos, denn die Option berechtigt zum Verkauf der Aktie zum Festpreis von lediglich 100 Euro. Bei einem Kurs von 144 Euro für die Siemens-Aktie will diesen Put niemand haben, die Option ist unverkäuflich und beschert seinem Besitzer einen Komplettverlust. Wer die Laufzeit der Option lang genug gewählt hat, kann zumindest noch auf das Sinken der Aktie hoffen.

Termingeschäfte

Die beste Gelegenheit, sich den Schlaf rauben zu lassen, bieten Termingeschäfte (»Futures«). Damit zocken fast ausschließlich Profis, und das mit Höchstgeschwindigkeit: Ist bei Optionen maximal der Geldeinsatz für den Optionskauf verloren, kann der Verlust bei Terminkontrakten mit Futures theoretisch unbegrenzt sein. Ebenso wie

Optionen sind Futures an die Entwicklung eines Basiswerts gekoppelt, neben Aktien oder dem DAX beispielsweise auch an den Preis für Orangensaft oder Schweinebäuche. Termingeschäfte sind Wetten auf die Zukunft, denn ein heute abgeschlossener Handel wird erst später eingelöst.

Ursprünglich sicherten Landwirte sich mit Termingeschäften vor der Ernte einen festen Abnahmepreis für ihre Erzeugnisse. Solche Geschäfte garantierten den Bauern eine sichere Abnahme und Bezahlung ihrer Ware zu einem festgelegten Termin, selbst wenn die Ernte erst in einem halben Jahr anstand. Gleichzeitig verpflichtete sich der Bauer jedoch zur Lieferung der Produkte zu den ausgehandelten Bedingungen, egal, ob ein Sturm seine Ernte vernichtet, die Schweinepest seine Allesfresser dahingerafft oder sich der Marktpreis für seine Produkte bis zum Liefertermin verdoppelt hatte, er seine Ernte also zu günstig verkaufen mußte. Während der Käufer von Optionen im für ihn ungünstigen Kursverlauf sein Recht verfallen lassen kann und keine weiteren Verpflichtungen hat, sind bei Futures beide Vertragspartner an ihre Vereinbarung gebunden. Das heißt für unseren Bauern, daß er im schlimmsten Fall die vereinbarte Menge an Schweinebäuchen bei anderen Landwirten einkaufen muß, was je nach Marktpreis den sofortigen Bankrott bedeuten kann.

Nicht umsonst galt der Terminhandel in Deutschland lange als illegales Glücksspiel, und um 1990 die Deutsche Terminbörse – seit September 1998 mit der Zürcher Terminbörse zur Eurex fusioniert – gründen zu können, mußten zuvor Gesetze geändert werden. Der Handel blieb zunächst auf Finanz-Termingeschäfte beschränkt; eine deutsche Waren-Terminbörse wurde erst 1998 in Hannover aus der Taufe gehoben.

Aus Gerüchten werden schnell Legenden, und gerade weil Termingeschäften der Nimbus verrauchter Pokerrunden für risikohungrige Hasardeure anhaftet, ranken sich viele Gerüchte um diese fatalste, aber auch lukrativste Finanzakrobatik: Spekulationen mit Devisen-Termingeschäften trieben 1974 das Kölner Bankhaus Herstatt in den Ruin, und 1995 stürzte Nick Leeson mit seinen geplatzten Terminkontrakten die britische Großbank Barings in die Pleite. Auf der Gewinnerseite stehen John Davison Rockefeller, der sich mit Ölspekulationen im 19. Jahrhundert ein Milliardenvermögen schuf,[409] und allen voran George Soros (→ 6. Exkurs), der »Hexer«, der 1992 mit seinen Pfund-Spekulationen gegen die Bank von England antrat – und gewann.

Gold

Nicht jedem sind Gladiatorenkämpfe mit der Bank von England geheuer – schon gar nicht mit dem eigenen Geld. Als grundsolide Angelegenheit gelten Sachwerte und an erster Stelle die vermeintlich krisensicherste Geldanlage: Gold. Sobald die Preise laufen lernen, beginnt die Flucht in Sachwerte – zumindest in der Vergangenheit. Heute lebt das Metall nur noch vom Glanz vergangener Tage, denn wer 1980 bei dem historischen Höchstpreis von 850 Dollar eine Unze (31,104 Gramm) kaufte, erhielt dafür Mitte 2001 gerade noch 270 Dollar – ein Verlust von fast 70%. Trotz dieses Tiefststands spricht heute nichts für einen Wiedereinstieg in Gold oder andere Edelmetalle: Als Sachwerte bringen sie weder Zinsen noch Miete, und da sie in Dollar gehandelt werden, bleibt immer das Währungsrisiko. Hinzu kommt, daß mit dem Ende des kalten Krieges kein Bedarf mehr für Gold als Fluchtwährung besteht und das Metall nach dem Zusammenbruch des auf dem Goldstandard basierten Währungssystems von Bretton Woods 1973 als Notgroschen der Staatsbanken ausgedient hat. Die Notenbanken leeren ihre Tresoren – wie 2000 die Schweizerische Nationalbank[410] – und verkaufen das Metall am Markt, was den Goldpreis weiter unter Druck setzt. Auf den Punkt gebracht: Gold hat seine Funktion als wertbeständiges Krisenmetall der Regierungen und Privatanleger verloren, diese Aufgabe übernimmt heute der Dollar und künftig vielleicht auch der Euro.

Wer trotzdem nicht vom Gold lassen kann, dem bieten die großen Terminbörsen in Chicago oder New York auch bei sinkendem Goldpreis Aussicht auf Gewinn. Wie bei allen Termingeschäften gilt: Kontrakte kaufen und Schlaftabletten dazu.

6. EXKURS

George Soros – König der Spekulanten

Ein Leserbrief in der *Financial Times* brachte 1998 die Weltmärkte in Aufruhr: Der Rubel stürzte noch am selben Tag im freien Fall, und in Rußlands Städten begannen Hamsterkäufe. In dem Brief wurde von der russischen Regierung nicht weniger als die Abwertung des Rubels gefordert. Der Autor des Leserbriefs: George Soros.

Als Devisenspekulant schrieb er Geschichte, und als Börsenas beeindruckte er die Finanzwelt – selten ist eine Persönlichkeit außerhalb seines Fachs so bekannt geworden wie George Soros. Daß ihn nach seinem Leserbrief der mächtige IWF zum Drahtzieher der Misere stempelte, kommt auf den globalen Geldmärkten einem Ritterschlag gleich. Wer kann sich schon offen mit der internationalen Finanzpolitik anlegen, in deren Hintergrund EU- und US-Regierungen die Fäden ziehen?

George Soros kann. Der 1930 in Budapest geborene Sohn eines jüdischen Rechtsanwalts lernte früh, die Spielregeln für sich zu nutzen: 1944/45 überlebte er den Holocaust nur dank gefälschter Papiere, emigrierte mit 17 Jahren nach England und zog nach einem Studium an der angesehenen London School of Economics 1956 in die USA. Seine Spekulantenkarriere begann 1969, als er den Grundstein für den späteren Quantum Fonds legte, eine der weltweit profitabelsten Geldanlagen mit jährlichen Renditen von über 30 Prozent. Sein Dukatenesel brachte ihm 1981 vom Fachblatt *Institutional Investor* den Titel »bester Anleger der Welt« ein.[411] Ein US-Diplomat äußerte scherzhaft: »Wir versuchen, unsere Politik abzustimmen mit Deutschland, Frankreich, Großbritannien – und mit George Soros.«[412]

Seinen legendären Ruf als Devisenjongleur begründete der stets in bestes Tuch gekleidete Soros mit einem Gaunerstück. Normalerweise geben auf dem Devisenmarkt die Notenbanken den Ton an – bis Soros im September 1992 mit zehn Milliarden Dollar gegen das britische Pfund antrat, neun Milliarden davon geliehen. Kurz zuvor hatte die Deutsche Bundesbank auf den Sonderboom der Wiedervereinigung mit höheren Zinsen reagiert, worauf andere europäische Notenbanken zur Stützung der eigenen Währung nachziehen mußten, wohl wissend, daß durch das teurere Geld die begonnene Rezession ihrer Volkswirtschaften beschleunigt würde – so auch in Großbritannien. Soros kalkulierte, daß die Briten dem Druck nicht standhalten und das Pfund zur Stützung der eigenen Wirtschaft trotzdem abwerten würden: »Ich fühlte mich sicher an der Seite der Bundesbank.« Mit seinen gepumpten Milliarden spekulierte er gegen die Bank von England, die mit 15 Milliarden Pfund dagegen hielt[413] – und klein beigeben mußte. John Majors Regierung blieb nichts anderes übrig, als das Pfund drastisch abzuwerten und aus dem Europäischen Währungssystem auszutreten.

»Der Mann, der die Bank von England knackte«, titelten die Zeitungen und machten Soros zum ersten Popstar der Finanzszene: Über Nacht hatte er eine Milliarde Dollar verdient und gab seinen Fans fortan Autogramme auf Fünf-Pfund-Noten. Als er 1997 in der Asienkrise wieder die Finger im Spiel hatte, verteufelte ihn Malaysias Premierminister Mahathir Mohamad als Verursacher der Krise und nannte ihn einen »unmoralischen Teufel«.

Lange Zeit galten Soros und sein Partner Jim Rogers als das Dream-Team der Wall Street: Rogers als der kühle Analyst, Soros als der Trader mit dem Gespür für die großen Trends. »Macro-Investing« nennt Soros sein Erfolgspatent, das vordergründig nach präziser Bewertung aussieht, aber dennoch eher den Gewinnrezepten eines Roulett-Spielers gleicht: hohe Risikobereitschaft. Soros macht seine Gewinne nicht mit banalen Aktienfonds, sondern mit sogenannten Hedge-Fonds, hochspekulativen Anlageclubs, deren Eintrittskarte sich nur die wenigsten leisten können: In den USA liegt die Einlage bei mindestens 500 000 Dollar.[414] Die Fonds werden nicht durch die Aufsichtsbehörden kontrolliert und dürfen alles – von der Spekulation auf Kredit bis zu extrem risikoreichen Termingeschäften, bei denen alles auf eine Karte gesetzt wird.

So kaufte Soros 1993 für seinen Fonds massiv Gold-Terminkontrakte, als der Preis des Edelmetalls bei nur noch 330 Dollar je Unze lag. Der Einstieg des Gurus löste einen weltweiten Goldrausch aus, in dessen Folge der Preis um fast 25 % nach oben schnellte.[415] Als die Spekulationsblase platzte, hatte Soros seine Gelder längst zurückgezogen. Für die Verlierer im globalen Kasinobetrieb hat das Enfant terrible der Zocker-Branche wenig Trost übrig: »Wer im Spiel ist, muß den Schmerz aushalten können«,[416] gibt er gerne auf die Frage nach seiner Anlagephilosophie zum besten.

In den letzten Jahren bekam sein Guru-Image jedoch einige Kratzer. So hatte Soros die Hausse der New Economy in den Jahren 1999/2000 verschlafen, war zu spät ein- und vor allem zu spät wieder ausgestiegen. Außerdem bescherte ihm sein Leserbrief zwar viel Publicity, aber auch ein Minus von zwei Milliarden Dollar – er war fälschlicherweise davon ausgegangen, die russischen Finanzmärkte hätten ihren Tiefpunkt bereits erreicht. Die Fehlgriffe kosteten Soros in zwei Jahren insgesamt über 8 Milliarden Dollar.[417] Dem finanziellen Aderlaß folgte ein hektisches Stühlerücken innerhalb des Soros-Imperiums, bei dem viele Top-Fondsmanager ihren Hut nahmen, darunter auch Soros' Cheflotse Stanley Druckenmiller.[418]

Seitdem fährt Soros eine vorsichtigere Strategie und widmet sich seinem zweiten Leben: dem des Philanthropen. Er betreibt ein Netz von Stiftungen in 31 Ländern – besonders in Osteuropa – und unterstützt so seine Vision einer »offenen Gesellschaft«.[419] Hunderte Millionen Dollar steckte er in Bildung, Medien und Wirtschaft.[420] Branchenkenner bezweifeln allerdings, daß sich Soros jemals ganz aus dem Fonds-Geschehen zurückziehen kann – er gilt immer noch als die graue Eminenz der Finanzwelt, und seine Fonds sind eng verbunden mit seinem Namen. Nicht wenige Finanzexperten vermuten, daß der alte Fuchs die ruhigere Phase nur als Vorbereitung für einen neuen Coup nutzt.

4.2 Die Psychologie der Spekulanten

Ich denke sowieso mit dem Knie.
Joseph Beuys (Künstler)

Zuviel Verstand ist an der Börse schädlich. Das mußten Anleger im Februar 2001 feststellen, als Deutsche-Bank-Vorstand Rolf-Ernst Breuer das beste Ergebnis der Unternehmensgeschichte bekanntgab. Die Anleger horchten auf, denn zugleich versprach der Vorstand, daß durch Umstrukturierungen künftig ein weiterer Ertragssprung von 1,5 Milliarden Euro zu erwarten sei.[421] Trotzdem stürzte die Bank-Aktie noch am selben Tag gnadenlos um fast 6,5 % ab.

Schlechte Nachrichten hatte im Januar 2000 Ron Sommer von seinem Unternehmen, der Deutschen Telekom, zu berichten: Gewinneinbruch durch sinkendes Gebührenaufkommen im Telefonfestnetz. Trotzdem kletterte die Aktie anschließend auf immer neue Allzeithochs und war in den kommenden Wochen sogar eines der Zugpferde für den Anstieg des DAX.

Was ist los an der Börse, wenn junge Firmen wie das Internet-Versandhaus Amazon keinen Euro Gewinn einfahren,[422] aber der Aktienkurs Ende 1999 suggerierte, der Firma sei die Entwicklung einer Maschine zur Herstellung von Gold aus Leitungswasser gelungen? Schon der britische Ökonom John Maynard Keynes (→ Kapitel 2.6) hatte vor Jahrzehnten Aktien mit den Models bei der Wahl zur Miss Universum verglichen: »Nicht die Frau gewinnt, die ich persönlich am attraktivsten finde, sondern jenes Mannequin, das die meisten Stimmen erhält.« Was zählt, ist die Meinung der Masse und nicht die eigene Stimmung.

Von der Zukunft leben und mit der Realität bankrott gehen

Gerade die Unternehmen der BIMT-Branchen (Biotechnologie, Internet, Medien, Telekommunikation) haben bis ins Jahr 2000 einen Boom erlebt, wie er höchstens ein- oder zweimal pro Jahrhundert vorkommt. Eine Rolle als Zukunftsprodukt, vergleichbar mit dem Internet, spielte im 20. Jahrhundert allenfalls der Verbrennungsmotor. Im Jahr 1927 schraubten im Deutschen Reich 239 Firmen Kraftfahrzeuge zusammen. Heute ist nicht einmal ein Dutzend davon übrig. Für die Zukunft ist sogar anzunehmen, daß weltweit nicht mehr als sechs unabhängige Produzenten überleben werden. Selbst wenn die rund 300 Firmen, die im Frühjahr 2001 an der High-Tech-Börse des Neuen Marktes vertreten waren, doppelt so erfolgreich sind, wird doch von über 90 % der Hoffnungsträger nichts bleiben als Schall und Rauch. Firmen, die nie eine Mark Gewinn einfahren werden, finanziert von Aktionären, die von der Zukunft leben und mit der Realität bankrott gehen – kein Wunder, daß die Kurse nach dem fulminanten Anstieg bis März 2000 ein Fiasko erlebten und das Jahr 2000 an den großen Börsen zum schlechtesten seit 1985 wurde.[423] Nach einer Reihe von Skandalen reagierte die Deutsche Börse mit strengeren Regeln am Neuen Markt: Seit Anfang 2001 müssen Vorstand und Aufsichtsrat alle Käufe und Verkäufe von Aktien des eigenen Unternehmens ummittelbar nach Abschluß melden und in den obligatorischen Quartalsberichten ausführliche Angaben zur Unternehmenssituation machen.[424] Für die Aktionäre von Gigabell kamen die Regelungen zu spät – nach Kursabsturz und Konkursantrag wurde dem Internet-Dienstleister im Februar 2001 als erstem Unternehmen die Zulassung zum Neuen Markt entzogen.[425]

Aktienkurse sind immer Spekulation. Was gestern en vogue war, ist heute out. Gerade die Kurse am Neuen Markt spiegeln kaum die harten Fakten der Unternehmensrealität wider, sondern sind das Verdauungsprodukt aus Hoffnung und Furcht. Beides liegt in der Zukunft, und genau die ist es, auf die der Börsianer spekuliert. Fundamentale Daten wie aktuelle Ertragslage oder Kurs-Gewinn-Verhältnis werden zu Nebensächlichkeiten, wenn die Erwartung für das Wachstum eines Unternehmens hoch ist. Nur so ist zu erklären, warum die Deutsche-Bank-Aktie trotz Rekordergebnis in sich zusammenfiel: Die Verdopplung des Jahresüberschusses konnte die Probleme des Unternehmens nur kurz überdecken, dem im Investment-Banking und im Privatkunden-Geschäft ein heftiger Wind durch die Konkurrenz entgegenblies.[426] Außerdem belastete die Bank ein enormer Verwaltungsapparat, dessen Kosten nicht mit den Unternehmenserträgen Schritt hielten.[427] Das enttäuschende letzte Geschäftsquartal 2000 tat sein übriges, die Stimmung der Analysten zu drücken: zu viele Variablen, zu wenig Konstanten. Nach der Gier vor der Bekanntgabe der Jahreszahlen schauten die Anleger wieder auf die klassischen Wegweiser im Börsengeschäft: Positionierung im Konkurrenzumfeld und vor allem die künftige Ertragslage der Bank im Kerngeschäft. Die Bank erfüllte zwar die Erwartungen der Analysten, übertraf sie aber nicht – und genau deshalb stürzte der Kurs ab.

Logik eines Schönheitswettbewerbs

Das Gegenteil galt für die Telekom-Aktie. Hier heizte die Vorstellung vom möglichen Wachstum die Atmosphäre kräftig an, die geprägt war von der Aufbruchstimmung in der mobilen Telekommunikation (T-Mobil) und im Internet (T-Online), aber auch von Übernahmephantasien in der Branche, vorgelebt durch die Fusion von Mannesmann und Vodafone Airtouch im Jahr 2000. Als feinfühliger Seismograph reagiert die Börse schneller als jede andere Institution auf Änderungen eines Unternehmens, einer Branche oder einer Volkswirtschaft. Mitunter auch mit der Logik eines Schönheitswettbewerbs.

Alte Börsenhasen wissen um die Bedeutung von Meinungen über das Morgen und Übermorgen, die letztlich alleiniges Kriterium für Aufstieg und Fall eines Papiers sind. Da die Börse sowieso ständig ihren eigenen Weg geht, kann Wissen hinderlich sein: Als am 16. März 2000 die Europäische Zentralbank eine Zinserhöhung ankündigte, was normalerweise Gift für Aktien ist, stieg der DAX am selben Tag um über 2 %. Die einfache Erklärung: Die Zinserhöhung war erwartet worden und daher bereits in den Kursen »eskomptiert«, das Ereignis selbst beeindruckte die Börsianer nicht mehr. Vorwegnehmen, was noch kommt, darin ist die Börse Meister.

Mit der ökonomischen Realität hat die Börse daher so viel zu tun wie ein Kardinalfehler mit der katholischen Kirche. Ähnliches gilt für den Aktionär, der sich trotz seiner verbrieften Firmenbeteiligung als alles fühlen kann, nur nicht als Unternehmer. Vor allem zwei Rechte sind mit dem Kauf der Anteilscheine verbunden: Stimm- und Auskunftsrecht auf der Hauptversammlung, wo der Vorstand hauptsächlich über das vergangene Geschäftsjahr berichtet, und der Anspruch auf den als Dividende bezeichneten x-ten Teil des Unternehmensgewinns.[428] Beides interessiert die Börse herzlich wenig.

Im allgemeinen ist die Hauptversammlung eine unliebsame Pflichtveranstaltung des Vorstands für die anrückenden Banken und Fondsgesellschaften. Für Kleinaktionäre unterhaltsam ist allenfalls die Diskussion über Gegenanträge, bei der die Unternehmensleitung zu heiklen Themen wie Umweltschutz und Rüstungstechnik Stellung beziehen muß. Auch der Auftritt des Würzburger Wirtschaftsprofessors Eckehard Wenger garantiert Kurzweil, denn der gefürchtete Hauptversammlungsschreck kommt schnell zur Sache. Dem Ex-Chef der Deutschen Bank und Vorsitzenden des DaimlerChrysler-Aufsichtsrates, Hilmar Kopper, warf er öffentlich Unfähigkeit vor: »Grundkenntnisse in Investitions- und Finanzierungstheorie sucht man bei ihm vergeblich.«[429] Sein Hauptziel ist jedoch DaimlerChrysler. In den 1990er Jahren mußten ihn Saalordner aus einer Daimler-Benz-Hauptversammlung tragen. Bei der Aktionärsversammlung des Unternehmens im Jahr 2001 wetterte er über die »Dauerversager« des Aufsichtsrats und den eigennützigen Konzernchef Jürgen Schrempp, der die Fusion mit dem »Schrottladen« Chrysler im Jahr 1998 nur zur Aufbesserung des eigenen Kontos arrangiert habe: »Wieviel, Herr Schrempp, haben Sie im Jahr 2000 abgeräumt?« fragte er vor der versammelten Presse und den 10 800 anwesenden Aktionären.[430]

»Freßaktie«

Kann die Hauptversammlung durch solche Highlights und ein feudales Mittagessen zumindest für ortsansässige Aktionäre durchaus ihren Reiz haben (»Freßaktie«), nimmt die Bedeutung der Dividende immer stärker ab. Längst vorbei sind die Zeiten, als Dividendenerhöhung und -rendite aussagekräftige Indikatoren dafür waren, wie das Management die Entwicklung des eigenen Unternehmens einschätzte. Heute gilt fast das Gegenteil: Bei jeder Gewinnausschüttung muß sich der Aktionär die Frage stellen, ob das Management nichts Besseres mit den überschüssigen Mitteln anzufangen weiß.

In Branchen wie der Informationstechnologie haben die Unternehmen die Dividendenzahlungen meist gänzlich eingestellt. Aus gutem Grund, denn die Führungskräfte sind in diesen Branchen nur durch lukrative Klauseln im Kleingedruckten ihrer Arbeitsverträge bei der Stange zu halten. Dort steht dann meist etwas von Aktionenoptionen, also der Möglichkeit, Aktien des eigenen Unternehmens bei einer günstigen Kursentwicklung zu einem niedrigeren Preis zu erhalten. Obwohl die Optionen nicht zwangsläufig gleichbedeutend mit einer Lizenz zum Gelddrucken sind, tut das Management zum eigenen Vorteil gut daran, Gewinne nicht auszuschütten, sondern zur Kurspflege Aktien zurückzukaufen oder die Mittel in erfolgversprechende Projekte zu investieren.

Aber auch für den normalen Börsianer ist es in Deutschland wenig attraktiv, auf die Dividende zu schielen. Denn wer Kapitaleinkünfte von mehr als 1585 Euro (3100 DM) pro Jahr erzielt, und dazu gehören auch Dividendenzahlungen, dem zieht der Fiskus 25 % Kapitalertragsteuer ab. Kursgewinne dagegen sind nach einem Jahr Aktienbesitz steuerfrei; den betuchten Aktionär interessiert also kaum die Gewinnausschüttung, die er allenfalls als nettes Zubrot einsteckt, richtig Geld verdient er erst über die Kursentwicklung seiner Aktie. Es erstaunt kaum, daß in den vergangenen Jahren die Zahl der börsennotierten Unternehmen, die Bares auszahlen, zurückgegangen ist. In den USA lag der Anteil im Jahr 1999 bei nur noch 20 % – 20 Jahre zuvor schütteten noch über 60 % der Aktiengesellschaften ihre Gewinne aus.[431]

Trotz aller Kurseuphorie hat die Dividende noch nicht ausgedient, und manche Unternehmen bieten Dividendenrenditen, die denen festverzinslicher Papiere in nichts nachstehen. Wer auf regelmäßigen Geldfluß Wert legt, ist mit Aktien dieser Firmen gut bedient, zumal Kursschwankungen hier meist deutlich geringer ausfallen als bei spekulativen Papieren und so kaum das Risiko eines hohen Verlustes besteht.

Schicksalsworte an der Börse

Eine Garantie gibt es natürlich auch bei diesen Papieren nicht. Denn die Dividende kann ausfallen, wenn es dem Unternehmen schlechtgeht. Zwar bieten Vorzugsaktien ohne Stimmrecht auf der Hauptversammlung eine höhere Dividende als Stammaktien mit Stimmrecht und sind manchmal sogar mit einer Garantiedividende ausgestattet, gleichwohl kauft kein Spekulant eine Aktie allein wegen der

Dividende. Denn wer an der Börse das Kleine zuviel ehrt, ist der Kursgewinne nicht wert.

Darin liegt die Schwierigkeit: die Entwicklung des Aktienkurses vorher abzuschätzen, um daraus Kapital zu schlagen. Da die Zukunft naturgemäß ungewiß ist, reduziert sich das Standardvokabular an der Börse auf die Schicksalsworte »ich glaube«, »möglicherweise«, »wenn« und vor allem »hoffentlich«. Weil das Auf und Ab der Kurse ein Rätsel ist, tummeln sich im Börsenumfeld wie in jeder Zockerbranche viele selbsternannte Propheten, die angeblich einen Teil der Geheimnisse entschlüsseln können. Wenige gelten als Experten, kaum einer als Guru. Der 1999 verstorbene André Kostolany war der Oberguru. Sein Credo: »Das gesamte Geschehen an der Börse hängt davon ab, ob es mehr Idioten als Aktien oder mehr Aktien als Idioten gibt.«

Was so eingängig klingt, haucht dem Wahnsinn zumindest ein wenig Sinn ein. Der Trend läßt sich zum Leidwesen der Anleger leider nicht offen in die Karten schauen, und so spekulieren sie häufig an den Kursen vorbei. Vor allem bei Kursstürzen verhalten sich Investoren wie Lemminge: Gleichzeitige Tagesverluste von mehr als 15 % bei vielen Wertpapieren unterschiedlicher Branchen lassen sich nur noch mit Gruppendynamik erklären, nicht mehr mit fundamentalen Daten. Wenn die Herde loszieht, bremst sie nur ein Hindernis oder die Erschöpfung.

Die Ursache liegt tief, nämlich in der menschlichen Psyche. Die meisten Anleger handeln zwar menschlich, aber irrational, und entsprechend finden sich immer die gleichen Fehler und Ungereimtheiten in ihrer Börsenstrategie:

- Selektive Wahrnehmung: Das unerschütterliche Vertrauen in die (falsche) eigene Meinung bewirkt bei denjenigen, die steigende Kurse erwarten, daß verstärkt positive Nachrichten wahrgenommen werden. Wer auf fallende Kurse baut, lenkt den Blick auf schlechte Nachrichten und bewertet diese höher. Solche Wahrnehmungsfehler wirken auch im Rückspiegel. Falsche Prognosen der Vergangenheit werden gerne verdrängt, mit dem Ergebnis, daß immer dieselben Fehler gemacht werden.
- Kaninchen-Syndrom: Wie ein Kaninchen vor dem nahenden Autoscheinwerfer können sich viele Privatanleger nicht entschei-

den und zögern den Zeitpunkt für einen Entschluß immer wieder hinaus. Hat die Aktie schon einen Höhenflug hinter sich, erfaßt sie eine unüberwindbare Furcht vor dem Kauf. Das Papier könnte ja seine besten Tage schon gesehen haben. Sie ärgern sich dann nur noch darüber, beim Kursfeuerwerk nicht dabeigewesen zu sein. Tatsächlich gibt es keine nach oben begrenzten Kurse, wie die hauptsächlich von Phantasie und weniger von Substanz angetriebenen Notierungen der Internet-Firmen Anfang 2000 zeigten.

- Höhenkrankheit: Auch das Gegenteil tritt häufig auf, dann nämlich, wenn eine Aktie schon in den Börsenhimmel gewachsen ist, jedoch nicht rechtzeitig abgestoßen wird und wieder sinkt. Viele Spekulanten können nicht genug kriegen und verkaufen zu spät, weil sie es wie einen Verlust empfinden, wenn ihnen möglicherweise weitere Gewinne entgehen.
- Vogel-Strauß-Politik: Verlustreiche Papiere werden viel zu spät oder gar nicht verkauft. Nach dem Prinzip: »Die Aktie ist schon so weit gefallen, jetzt kann es nur noch bergauf gehen« reden sich vor allem Anfänger gerne ein, noch retten zu können, was längst verloren ist. Weit gefehlt. Schmerzhaft durften das jene Hobbyaktionäre erfahren, die sich mit Papieren von AEG, Pfaff oder Gigabell zu deren Glanzzeiten eindeckten und den Ausstieg verpaßten. Die Unternehmen wurden entweder liquidiert, oder deren Notierungen tragen heute den wenig rühmlichen Zusatz »i. A.« (in Auflösung) oder »i. K.« (in Konkurs) und sind nur noch Cents wert.
- Lotfalle: Gerade Börsenneulinge schauen bei der Aktienwahl wie Lots Frau gerne zurück; lag das Papier früher schon einmal bei 500 Euro, kostet heute aber »nur noch« 200 Euro, erleichtert dies die Kaufentscheidung. Alte Kurse sagen jedoch wenig über die künftige Entwicklung aus, sondern können sogar auf Probleme des Unternehmens hinweisen. Zudem vertrauen viele Anleger auf die Aktien derjenigen Unternehmen, deren Namen ihnen vertraut ist. Handfeste Informationen über die Firma fehlen meist.

Der größte Fehler der Anleger ist jedoch noch immer, überhaupt keine Aktien zu kaufen. Von den Massenpsychosen bei kurz- und mittelfristigen Kurssprüngen abgesehen, spiegelt die Kursentwicklung langfristig eben doch die Prosperität eines Unternehmens wider –

und ist in der Rendite nicht zu schlagen. Zwar kann ein Goldrausch wie Anfang 2000 an der Börse dazu führen, daß ein Weltunternehmen wie Volkswagen mit über 200 000 Beschäftigten und einem Börsenwert von 15,3 Milliarden Euro kaum mehr wert ist als der erst seit 1997 an der Börse notierte Medienspezialist EM.TV mit 230 Mitarbeitern.[432] Doch solche Kapriolen erlaubt die Psyche des Aktienmarktes auf Dauer nur, wenn die Kombination aus Substanz, Gewinnwachstum und -phantasie des Unternehmens stimmt. Bei EM.TV stimmte das Zusammenspiel nicht: Zwar konnte Gründer und Selfmade-Milliardär Thomas Haffa noch Anfang des Jahres 2000 die internationale Szene verblüffen, als er die halbe Formel 1 und die »Muppet Show« kaufte, doch Unregelmäßigkeiten in der Bilanz und Gerüchte über Liquiditätsprobleme setzten das Unternehmen immer stärker unter Druck. Nach einem Flug zu den Sternen erlebte der Aktienkurs binnen weniger Monate einen jähen Absturz um über 95 %[433] – Tausende von Aktionären waren um Milliarden Euro ärmer und eine Erfahrung reicher.

Traumkombination aus Substanz, Gewinnwachstum und -phantasie

Angst kostet Geld, Gier macht blind, und irgendwo dazwischen liegt die richtige Anlagestrategie. Geheimtips existieren nicht. Auch die großen Fonds-Gesellschaften und deren Trader-Genies hören nicht das Gras wachsen, können jedoch auf milliardenschwere Vermögen zurückgreifen und daher gezielt den Kurs einzelner Aktien durch Spekulationen beeinflussen. Deutlich zu spüren bekam dies Mitte 2000 Telekom-Chef Ron Sommer, als der Kurs der T-Aktie vor dem dritten Börsengang binnen weniger Wochen um über 40% einbrach, weil – einem internen Telekom-Papier zufolge – institutionelle Anleger große Aktienmengen verkauften. Die Investment-Manager wollten angeblich bei der Zuteilung der neuen Aktien billig einsteigen.[434] Daß die Aktie in den Monaten danach angesichts der mehr als 8 Milliarden Euro teuren Investition in UMTS-Lizenzen und der kostspieligen Übernahme des US-Mobilfunkers Voicestream noch um weitere 35 % abstürzte, konnten auch die gewieften Großinvestoren kaum ahnen.

Um bei solchen Aktionen nicht als Kanonenfutter der großen

Fonds zu enden, bleibt dem Privatanleger als einziges Mittel eine langfristige Strategie. Großinvestor Warren Buffett, 1993 vom Wirtschaftsmagazin *Forbes* noch vor Bill Gates zum reichsten Mann der USA gekürt, gibt jenseits jeder Börsenpsychologie den Rat: »Alles, was man tun muß, ist, Anteile an einem fantastischen Unternehmen mit äußerst fähigen und integeren Managern zu kaufen, und zwar für weniger Geld, als das Unternehmen wert ist.«[435]

4.3 Aus Nachrichten werden Kurse

Fakten, Fakten, Fakten.
Helmut Markwort
(*Focus*-Chefredakteur)

Zwischen Nervenzusammenbruch und Größenwahn der Spekulanten hat die Börse die harten Fakten gesetzt. Sie sind die Informationsquelle von Fonds-Managern und Daytradern, häufig Freund und oftmals Feind, so aussagekräftig wie interpretierbar, und spielen doch hinter der Börsenpsychologie immer nur die zweite Geige.

Trotzdem schwören Fundamentalisten auf die Analyse der Unternehmensdaten und des ökonomischen Umfelds, erst dadurch läßt sich angeblich der »faire« Preis einer Aktie ermitteln. Langfristig schwankt der Kurs einer Aktie mehr oder weniger stark um diesen inneren Wert. Liegt der aktuelle Börsenkurs unter diesem Wert, ist die Aktie ein klarer »Kauf«: Das Papier gilt als unterbewertet. Liegt der Kurs darüber, ist die Aktie überbewertet.

Über die Schätzung des »richtigen« inneren Wertes existieren unzählige Bücher, die alle eines gemeinsam haben: Die Börse hält sich nur selten an die schlauen Analysen. Eine Aktie kann trotz katastrophaler Unternehmensdaten an der Börse zu Mondpreisen gehandelt werden. So war die Internet-Firma Intershop AG im August 1999 mit 1,4 Milliarden Euro an der Börse bewertet – ohne je einen Cent Gewinn erwirtschaftet zu haben. Trotz solcher unberechenbarer Kapriolen gilt: Die Fundamentalanalyse ermöglicht die Bewertung eines Unternehmens unabhängig von subjektiven Börsenstimmungen. Sie ist neben der Chartanalyse *das* Instrument der Fonds-Manager für die Suche nach verborgenen Schätzen im Gesamtkunstwerk Börse. Für einen Privatanleger ist es dagegen fast unmöglich, eine eigene umfassende Fundamentalanalyse zu erstellen. Was gehört zu einer »guten« Recherche? Wichtige Prüfsteine einer Aktienanalyse sind die Volkswirtschaft, die Branche und der jeweilige Einzelwert.

Die Volkswirtschaft

Stimmt das gesamtwirtschaftliche Umfeld, ist dies der beste Nährboden für eine erfolgversprechende Aktienentwicklung. Die wichtigsten volkswirtschaftlichen Indikatoren sind regelmäßig in der Zeitung zu lesen. Sie geben ein Stimmungsbild der aktuellen und – an der Börse noch wichtiger – zukünftigen Wirtschaftslage. Ihr Einfluß auf die Börse ist unterschiedlich, und leider besteht keine eindeutige Ursache-Wirkungs-Kette nach der Devise: Ändert sich Indikator X, steigen oder fallen automatisch die Aktienkurse.

Zinssatz

Zinsen machen Geld billig oder teuer. Ist der Zinssatz hoch, ist ein Unternehmer nur schwer zu motivieren, bei seiner Bank für einen Investitionskredit anzuklopfen. Außerdem wird niemand in einen wankelmütigen Aktienmarkt einsteigen, wenn ihm Vater Staat mit Bundesanleihen risikolose 8 % Zinsen bietet. Steigende Zinsen wirken daher wie Bremsklötze für die Börse. Die Unternehmensgewinne sinken, die Wirtschaft stagniert.

Genau umgekehrt ist es bei niedrigen oder fallenden Zinsen: Für Unternehmen lohnt sich ein Investment wieder, denn die Rendite durch Gewinne ist höher als die Bankzinsen. Und für Anleger ist die Börse interessant, da Rentenpapiere kaum noch Zinsen abwerfen. Aktienmarkt und Konjunktur legen zu.

Wichtigster Spieler beim Zins-Monopoly ist neben der Europäischen Zentralbank (EZB) in Frankfurt vor allem die US-Notenbank. Die Entscheidungen beider Banken sind feine Indikatoren der Wirtschaftsentwicklung. Einziger Haken: Die Impulse kommen zeitlich versetzt. Setzt die EZB heute die Zinsen hoch, ist die Konjunktur bereits in Gang; fallen die Zinsen, steht die Flaute bereits vor der Haustür.

Wechselkurse
Dank des Euro ist die Abhängigkeit von Wechselkursschwankungen im Euro-Raum nur noch Geschichte. Anders ist es bei Ländern, mit denen die Geschäfte in Dollar abgewickelt werden, oder solchen, die zwar zur EU gehören, aber den Euro nicht eingeführt haben, wie Großbritannien oder Dänemark. Da vor allem der deutsche Automobil-, Maschinen- und Anlagenbau stark exportabhängig ist, bewirkt hier ein steigender Euro (= schwacher Dollar) tendenziell fallende Aktienkurse, weil sich der Export in Nicht-Euro-Staaten verteuert.

Beispiel: Angenommen, ein Porsche 911 kostet in den USA 75 000 Dollar. Bei einem Dollar-Kurs von einem Euro (1 Euro = 1 Dollar) macht das Unternehmen gute Gewinne. Steigt der Euro auf 1,50 Dollar und will Porsche den Verkaufspreis des 911 aus Wettbewerbsgründen halten, bleiben von den 75 000 Dollar nur noch 50 000 Euro – die Gewinne des Unternehmens brechen ein.

Im Gegenzug profitieren Firmen mit Schwergewicht im Import (beispielsweise von Rohstoffen wie Erze oder Öl) von einem starken Euro – ihre Gewinne steigen und damit (eventuell) auch die Aktienkurse.

Allgemeines Geschäftsklima
Die großen Wirtschaftsforschungsinstitute, aber auch die *Süddeutsche Zeitung* oder die *FAZ* beurteilen regelmäßig die konjunkturelle Lage und machen Prognosen für die weitere wirtschaftliche Entwicklung. Diese Konjunkturbarometer haben sich in ihrer Vorhersagegenauigkeit zwar nicht immer als treffsicher erwiesen, zumal die Einschätzung je nach Autor unterschiedlich ausfällt, nicht zu unterschätzen ist jedoch die von den Berichten ausgehende psychologische Wirkung.

Ähnliches gilt auch für den Geschäftsklimaindex des Münchener Ifo-Instituts, der die aktuelle Situation und die Zukunftserwartungen der deutschen Industrie wiedergibt. Sind die Unternehmer optimistisch, hat dies eine positive Wirkung auf die Aktienkurse. Starken Einfluß auf die deutsche Konjunktur hat dabei die Situation in den USA und der EU – die wichtigsten Exportmärkte deutscher Unternehmen. Dies koppelt die deutsche Konjunktur weitgehend an die internationale Wirtschaftslage, eine Sonderkonjunktur gibt es nur selten, letztmalig Anfang der 1990er Jahre durch den Konsumrausch nach der deutschen Einheit.

Arbeitslosigkeit

Kein eindeutiger Indikator der gesamtwirtschaftlichen Situation ist die Arbeitslosenquote eines Landes. Eine steigende Arbeitslosigkeit läßt sich als Abschwächung der Konjunktur interpretieren, worauf die Unternehmen mit Entlassungen reagieren, so daß die Aktienkurse fallen. Allerdings kann eine hohe Quote wie in den 1980er Jahren auch auf wachsende Unternehmensgewinne hindeuten, da in den Betrieben kräftig rationalisiert wurde. Was gesamtgesellschaftlich bedenklich stimmen muß, kann einzelwirtschaftlich durchaus förderlich sein: Entläßt ein Unternehmen einen Teil seiner Mitarbeiter, steigt der Aktienkurs.

Inflation (Verbraucherpreise)

Die Inflation hat auf die Aktienkurse keinen direkten Einfluß, wohl aber indirekt, denn die Europäische Zentralbank (EZB) wacht mit festem Blick über die Preisentwicklung und reagiert mit Zinsanpassungen. Steigt die Inflation, schaltet die EZB bei den Zinsen einen Gang höher, das heißt, der Zinssatz steigt. Eine hohe Inflation bremst über die Geldpolitik der EZB die Investitionen und Gewinne der Unternehmen. Resultat: Die Aktienkurse fallen.

Die Branche

Ebenso wie die gesamtwirtschaftliche Lage unterliegen auch einzelne Unternehmensbranchen zyklischen Bewegungen. Das Auf und Ab läuft je nach Branche nicht immer parallel zur Gesamtkonjunktur. Neben den Mitläufern gibt es eine Vor- und Nachhut.

Erste Profiteure eines Aufschwungs sind die Automobilindustrie, aber auch die Banken, die Geld für Investitionen bereitstellen. Als Vorläufer gelten zudem die Konsumwerte (beispielsweise Karstadt, Leifheit, Boss), denen zeitlich verzögert die Konjunktur-Opportunisten Chemie, Stahl und Versorger folgen. Das Schlußlicht bilden die Maschinen-, Bau- und Elektroindustrie.

Unabhängig von den großen Konjunkturzyklen kann ein Wirtschaftszweig die Regie auch selbst übernehmen: Mitte der 1990er Jahre befanden sich die drei großen Chemiekonzerne in einer Umstrukturierungsphase, unrentable Geschäftszweige wurden abgestoßen, neue aufgebaut. Die Aktienkurse dümpelten dahin, da niemand wußte, wo die Reise enden würde. Als sich abzeichnete, daß die Neuorientierung gelingen würde, reagierten die Anleger: Binnen zweier Jahre verdoppelten sich die Kurse der Konzerne.[436]

Die Einzelaktie

Gesamtwirtschaftlichen und branchenbezogenen Analysen haftet der Nachteil an, daß einzelne Aktien eine völlig andere Entwicklung aufweisen können, als die Rahmenbedingungen eigentlich erwarten lassen. Um die Qualität einer Aktie beurteilen zu können, greifen viele Börsianer daher auf handfeste Unternehmenskennzahlen zurück:

Kurs-Gewinn-Verhältnis (KGV)
Am populärsten und für viele »Greenhorns« am aussagekräftigsten ist das sogenannte Kurs-Gewinn-Verhältnis einer Aktie. Das KGV wird berechnet aus dem Aktienkurs geteilt durch den erwarteten Jahresgewinn des Unternehmens je Aktie. Je niedriger das KGV, desto preisgünstiger ist eine Aktie. Liegt das KGV außerdem auch unter dem Gesamtdurchschnitt des DAX, so die Überlegung, wird die Aktie bald steigen. Aber die Erwartung erfüllt sich häufig nicht. Allenfalls der KGV-Branchenvergleich sagt, ob eine Aktie teuer oder preiswert ist. In Deutschland liegt der langjährige KGV-Durchschnitt bei 12 bis 16. Doch Vorsicht: Unternehmen rasant wachsender Branchen weisen mitunter ein deutliches höheres KGV auf, ohne als überteuert zu gelten. Als solcher Wachstumswert zählt beispielsweise SAP.

Dazu kommt, daß auch der Gewinn kein eindeutiger Wert ist. Unternehmen können sich außer für die Vorschriften des deutschen Handelsgesetzbuchs auch für eine Bilanzierung nach den US-amerikanischen GAAP (Generally Accepted Accounting Principles) oder dem IAS (International Accounting Standard) entscheiden, was zu völlig unterschiedlichen Ergebnissen bei der Gewinnberechnung führen kann.[437]

Dynamisches Kurs-Gewinn-Verhältnis
Gerade bei jungen Unternehmen am Neuen Markt, die sehr hohe Wachstumsraten aufweisen, greifen traditionelle Bewertungsverfahren wie das KGV nicht. Da kaum oder kein Gewinn erwirtschaftet wird, ist es meist extrem hoch und verdeckt das rasante Wachstum – und damit die künftigen Gewinnmöglichkeiten. Bei diesen Firmen wird daher das Gewinnwachstum eingerechnet. Rechnerisch bedeutet dies: KGV geteilt durch das jährliche Gewinnwachstum in Prozent.[438] Bei den Newcomern gilt ein dynamisches KGV von eins als Limit, es darf also nicht größer sein als die Wachstumsrate.

Dividendenrendite
Die Masterfrage des grundanständigen Anlegers: Wo steht die Dividendenrendite einer Aktie im Vergleich zur Rendite festverzinslicher Wertpapiere? Auch wenn mit der Gewinnausschüttung seiner Aktien noch niemand Millionär wurde, weisen manche Aktien doch Dividendenrenditen auf, die denen der sicheren Festverzinslichen in nichts nachstehen und damit den Aktienkurs nach unten absichern. Besonders nach einem Börsencrash fallen viele Aktien in die heile Welt lukrativer Ausschüttungsrenditen zurück – mit der Option, bei wieder steigenden Kursen zusätzliche Gewinne einzufahren. So verlor die Vorzugsaktie der Jil Sander AG binnen zweier Jahre über 50 % an Wert und landete Ende 1999 bei 249 Euro. Die Dividende betrug 14,06 Euro, inklusive der gutgeschriebenen Körperschaftssteuer (damals 3/7 der Dividende)[439] kamen so 8,1 % Dividendenrendite zusammen – Bundesanleihen mit mehrjähriger Laufzeit warfen weniger als die Hälfte ab.

Auch wenn dieser Bewertungskatalog für die Einschätzung einer Aktie einleuchtend klingt, ein entscheidender Pferdefuß bleibt: Wenn Änderungen der Indikatoren von den Anlegern erwartet worden sind, reagiert die Börse kaum, ist die Änderung bereits in den Kursen »eingepreist«. Auch ist die Liste keineswegs vollständig: Detailfanatiker untersuchen auch die Bilanzen oder das Produktportfolio der Unternehmen aufs genaueste. Derartige Analysen können nur von Börsianern mit viel Zeit vorgenommen werden – also von den Analysten der großen Fondsgesellschaften und Banken.

Rausgeschmissen ist meist das Geld für die Aktientips der zahlreichen Börsenbriefe und Anlageberater, deren Empfehlungen häufig auf Fundamentalanalysen basieren: Untersuchungen haben ergeben, daß sich die Musterdepots nur vereinzelt besser entwickeln als der DAX.[440] Ein simples Index-Zertifikat tut es also auch. Diese seit 1990 in Deutschland gehandelten Wertpapiere ändern ihren Kurs parallel zum jeweiligen Index, beispielsweise dem DAX. Steigt der Index um 100 Punkte und der Wert des Zertifikats ist 1:1 an den DAX gekoppelt, dann legt der Wert des Zertifikats um 100 Euro zu.

Auch harte Fakten sind daher kein Garant für Millionenprofite: Sämtliche Anlagestrategien führen – vielleicht – zum Gewinn. Nur in einem sind sich letztlich alle seriösen Anlageprofis einig: An der Börse wird man nicht mit Geheimtips reich, sondern mit Ausdauer, harter Arbeit und gründlicher Recherche.

7. EXKURS

Schwarze Börsentage – Wenn Panik an den Märkten ausbricht

Kurszusammenbrüche an den Börsen sind keineswegs rar wie weiße Elefanten, sondern kommen beängstigend häufig vor. In Deutschland sind Auslöser solcher DAX-Implosionen meist weltpolitische Turbulenzen oder panische Kettenreaktionen an der Leitbörse in New York. Seit dem verhängnisvollen Freitag im Oktober 1929 grassiert an der Börse die »Oktober-Phobie«, obwohl dem Mai nach folgender Statistik ebenfalls Rechte als Crash-Monat zustehen (»Sell in may and go away«):

9. Mai 1873: Ein drastischer Kurseinbruch in Wien löst einen Flächenbrand aus: In der Folge erleben die Börsen in den USA, Großbritannien und in Berlin die bis dahin größten Verluste ihrer Geschichte. Der Wiener Börsenkrach beendet die Gründerzeit im Deutschen Reich und läutet die über 20 Jahre dauernde große Depression ein.

13. Mai 1927: Im ersten großen Börsenkrach der Nachkriegszeit stürzen in Berlin die Aktienkurse um bis zu 50 %: Die Reichsbank hatte zuvor ihre Devisenpolitik verschärft, indem sie die Aufnahme und Rückzahlung von Auslandskrediten untersagte. Das Massaker ist von kurzer Dauer, zehn Tage später ist die Lage wieder stabil.

25. Oktober 1929: Der Crash an der Wall Street geht als Schwarzer Freitag in die Börsengeschichte ein und ist bis heute nicht vergessen – er markiert den Beginn der Weltwirtschaftskrise. In New York stürzen die Aktienkurse binnen weniger Stunden um über 12 %. Die Kurse verlieren auch an den nächsten Tagen dramatisch an Wert. Viele Anleger hatten sich auf waghalsige Aktienspekulationen auf Kredit eingelassen und die Kurse in die Höhe getrieben. Die Aktienverkäufe führen zu einer Kettenreaktion, die schließlich die gesamte Weltwirtschaft zu Boden zieht.

19. Oktober 1937: Bereits in den Wochen zuvor sind die US-

Aktienkurse stark gesunken, den stärksten Einbruch erlebt die Wall Street jedoch am 19. Oktober: Seit Ende August haben die Kurse fast 40 % ihres Wertes verloren. Die USA geraten in eine (kurze) Rezession, in Europa gehen, psychologisch bedingt, die Kurse ebenfalls zurück, durch die Kriegsvorbereitungen kommt der alte Kontinent jedoch mit einer leichten Erkältung davon.

29. Mai 1962: Die Börse in Frankfurt durchlebt den heftigsten Sturm seit dem Crash von 1929: Der FAZ-Aktienindex sinkt um 7 %. Da die junge Bundesrepublik hauptsächlich mit den Wachstumsschmerzen des Wirtschaftswunders kämpft, hat Hans Feith, Chef der Deutschen Bank, nur Spott für die Panikmacher übrig: »Ich verteidige das Geld der Witwen. Nur Angsthasen verkaufen.«[441] Durch die feste Konjunktur erreichen die Kurse bald wieder alte Höhen – der Crash ist nichts weiter als eine kurze Sturmböe im azurblauen Wirtschaftssommer der 1960er Jahre.

19. Oktober 1987: An diesem schwarzen Donnerstag rauscht der Dow Jones mit 22,6 % (!) lotrecht in die Tiefe und zieht die Kurse in Frankfurt ebenfalls in den Keller: Die deutschen Standardwerte brechen um 9,4 % ein. Als Ursachen gelten die Überhitzung des schon fünf Jahre dauernden Aktienbooms, aber auch der computergestützte Handel. Die Computerbörse erlaubt Anlegern, sogenannte Stopkurse zu setzen: Fällt der Kurs eines Papiers unter einen Schwellenwert, wird automatisch eine Verkaufsorder ausgelöst, die schnell in einem Verkaufsrausch endet.

16. Oktober 1989: Der DAX sackt als Reaktion auf einen Dow-Jones-Sturzflug (6,9 %) um 13,3 % – der bis heute heftigste Crash der deutschen Nachkriegszeit. Ursache ist eine mißlungene Spekulation mit Junk-Bonds in den USA: Die Angestellten der Fluggesellschaft United Airlines wollten ihre Firma mit geliehenem Geld kaufen. Doch das Geschäft platzt. Viele Spekulanten sehen dies als mangelnde Finanzierungsbereitschaft der Banken für weitere Firmenübernahmen und stoßen die Papiere anderer Übernahmekandidaten ab – eine Verkaufslawine rauscht los.

19. August 1991: Als es zum Putsch gegen den sowjetischen Präsidenten Michail Gorbatschow kommt, bricht in Frankfurt Panik aus: Der DAX verliert 9,8 %. Der Dollar als Fluchtwährung steigt von 0,89 Euro auf 0,93 Euro und löst bei der Deutschen Bundesbank und anderen Notenbanken Interventionen am Devisenmarkt aus, um die eigenen Währungen zu stützen.

28. Oktober 1997: Als Folge der Asienkrise stürzt der DAX im Schlepptau des Dow Jones zeitweise um 13 %, erholt sich aber wieder und schließt an diesem Tag mit einem Verlust von 8 %. Börsen-Altmeister André Kostolany mahnt zur Geduld: »Ich habe schon etwa zehnmal solche Rückschläge erlebt.«[442]

1. Oktober 1998: Der DAX klappt abermals zusammen. Nachdem er einen Monat zuvor auf einen Einbruch des Dow Jones sogar mit einem leichten Gewinn reagiert hatte, verliert er an diesem Oktobertag 7,5 %. Seit dem Höchststand im Juli 1998 ist der DAX damit um fast 30 % gefallen. Auslöser sind Rezessions- und Zinsängste, aber auch die zuvor bekannt gewordenen Schwierigkeiten des US-Risikofonds Long Term Capital Management, die auf die Gewinne der Banken drücken.

14. April 2000: Obwohl die drei wichtigsten US-Aktien-Indizes die größten Punktverluste ihrer Geschichte erleben – Dow Jones minus 617 Punkte (5,6 %) –, sinkt der DAX am folgenden Montag nur um 0,4 %. Bill Gates verliert in der Krise 11,8 Milliarden Euro.[443] Vorausgegangen waren eine unerwartet hohe Teuerungsrate in den USA und Gerüchte um Zinserhöhungen. Da sich die US-Wirtschaft in einer soliden Verfassung befindet, stabilisiert sich die Börse in New York rasch wieder.

11. September 2001: Der DAX bricht um 8,5 % ein, nachdem beim schwersten Terroranschlag in der Geschichte der USA das über 400 Meter hohe World Trade Center in New York eingestürzt und das Pentagon in Flammen aufgegangen ist. Die Börse an der Wall Street bleibt für mehrere Tage geschlossen.

Vielen ist die Börse wegen der schwarzen Tage nicht geheuer. Das Risiko, innerhalb weniger Tage viel Geld zu verlieren, versüßt die Aktie jedoch mit ihrer Rendite: Der am 1. 1. 1988 eingeführte DAX startete bei 1000 Punkten und stieg bis September 2001 auf 4300 Punkte – ein Plus von jährlich 11,2 %. Soviel Gewinn warf trotz mehrerer dramatischer Börsenstürze keine andere halbwegs solide Anlageform ab.

4.4 Chartisten enträtseln die Kurven

Prognosen sind immer dann besonders schwierig, wenn sie in die Zukunft gerichtet sind.

HERMANN JOSEF ABS
(ehemaliger Chef der Deutschen Bank)

Die Zukunft ist schon da. Jedenfalls, wenn es nach den Chart-Technikern geht, die aus den Aktienkurven der Vergangenheit Schlüsse für die künftige Kursentwicklung ziehen. »Untertasse«, »Bullenflagge« und »Nackenlinie«: Chart-Lesen, das ist neben dem Beherrschen einer eigenen Sprache vor allem die Kunst, dem Trend elektronisch auf die Schliche zu kommen. Lange galt der Chartist nicht als ernstzunehmender Börsianer, sondern als Mischung aus IT-Spezialist und dem Orakel von Delphi, der einsam einen aussichtslosen Kampf kämpft und einen vernünftigen Beruf schwänzt. Das hat sich geändert.

Anhand des Kursverlaufs werfen die Techniker einen Blick auf das Marktklima und raten den Anlegern zum Kauf oder Verkauf. Bilanzen und Konjunkturdaten sind Nebensache. Als Analysegrundlage dient die in einer Grafik dargestellte Kursentwicklung der Vergangenheit. Zunächst stellt sich die Frage nach dem Haupttrend des Marktes: Hoch oder runter? Schwankt die Notierung, markiert der Chartist mit zwei parallelen Linien einen Trendkanal. Gefahr droht dann, wenn die untere Linie, die »Unterstützungslinie«, durchstoßen wird und daraufhin bei den Anlegern psychologisch der Damm bricht. Solche Linien sind beim DAX die 1000er Marken.

Hokuspokus oder Kaufsignal? – Aus Kurvenverläufen deuten Chartisten die Kurse

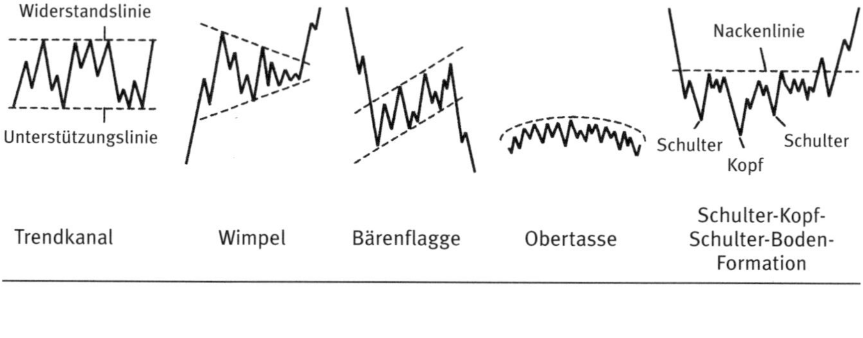

Trendkanäle sind auch für den Börsenanfänger leicht zu erkennen. Schwierig wird es bei Wimpeln und Flaggen, die vor allem bei stark schwankenden (volatilen) Märkten auftauchen.

Ein steiler Aufwärtstrend als Fahnenstange mündet in einen Wimpel, nach dem es angeblich weiter nach oben geht. Umgekehrt kann ein Wimpel auch die Verschnaufpause einer Abwärtsbewegung sein und ist damit keineswegs als Trendwende zu deuten, sondern als Verkaufssignal.

Eine Flagge ist vergleichbar mit einem Wimpel, jedoch bildet sich kein Dreieck, sondern ein Trendkanal mit einer dem Basistrend entgegengesetzten Richtung. Eine abwärts gerichtete »Bullenflagge« bestätigt daher eine Hausse, eine »Bärenflagge« einen weiteren Kurssturz.

Psychologische Unterstützungslinien

Große Bedeutung wird in der gängigen Chart-Lehre den »gleitenden Durchschnitten« beigemessen, mit denen Chartisten die Zickzackkurse eines Kurses glätten. Diese Trendkurven sollen die mittel- und langfristigen Richtungen zeigen, meist dargestellt als 90- und 200-Tage-Linie. In einer Hausse-Phase verlaufen die »gleitenden Durchschnitte« unterhalb der aktuellen Kurslinie und gelten daher als psychologische Unterstützungslinien. Werden sie durchbrochen, ist es höchste Zeit zum Verkauf. Steigt dagegen der Kurs über eine Durchschnittslinie, läutet dies einen Aufwärtstrend ein.

Im Evangelium der technischen Analyse interessieren den Chartisten vor allem Trendwechsel, die er bei frühzeitigem Erkennen in bare Münze umwandeln kann. Bei »Doppeltops«, »W-Formationen« und »Diamanten« werden die Techniker hellhörig und wissen um das nahe Ende eines Trends. Noch wachsamer werden sie bei dem Gefahrensignal par excellence, einer »Kopf-Schulter-Formation«. Bei einer Wende nach unten tanzen die Kurse zunächst heftig und können sich nicht nach oben oder unten entscheiden. Sie bilden dabei zunächst eine linke »Schulter«, dann den »Kopf« und schließlich eine rechte »Schulter«, zuletzt wird die »Nackenlinie« unterschritten. Im Chartisten-Jargon nennt sich das Gebilde »Schulter-Kopf-Schulter-Top-Formation«, die noch eine gutmütige Schwester hat, deren Erscheinen eine Trendumkehr nach oben ankündigt: die »Schulter-Kopf-Schulter-Boden-Formation«.

Auch die »Obertasse« und ihr Spiegelbild, die »Untertasse«, sind Wendesignale. Allerdings verlaufen die Kurse der Tassen wie bei vielen Chart-Bildern häufig nicht so regelmäßig, wie sie sich in der Theorie darstellen. Oft erweisen sich die schönsten Untertassen als Fata Morgana und bestätigen das Vorurteil, mit dem nicht nur Chartisten, sondern alle Propheten zu kämpfen haben: Die Orakel spiegeln nicht die Realität wider, sondern nur den uralten, pseudoreligiösen Wunsch nach Gewißheit.

Zucht und Ordnung im Hexenkessel der Börse

Doch für den Techniker ist die Chart-Analyse mehr als Kaffeesatzlesen, denn er geht davon aus, daß sich die Kurven an der Börse nicht zufällig, sondern nach festen Regeln bewegen. Wie der Stein, der immer nach unten fällt und dessen Aufprallgeschwindigkeit mit Hilfe des Gravitationsgesetzes vorhersagbar ist, folgen angeblich auch Aktienkurse einem stets gleichen Muster. Was wie der Einzug von Zucht und Ordnung in den Hexenkessel der Börse aussieht, hat kursphilosophisch durchaus seine Reize: Die Verbindung von Disziplin und Chaos führt zu einem Börsenverständnis, in dem Chart-Muster das ordnende Element in der als willkürlich erscheinenden Kurvenrealität sind. Labilität und Stabilität der Börse leben Tür an Tür. Das erklärt auch, warum die Chartisten mit ihren Prognosen oft falsch liegen, denn wenn die Kurse immer dasselbe dressierte Verhalten an den Tag legen würden, ließe sich der gesamte Ablauf der Börse vorhersagen. Ähnlich wie die Chaostheorie die Welt als teilweise desorganisierten Haufen interpretiert, ist auch die Börse halb konfus und halb rational. Die Börse als gebändigtes Chaos: Die Unordnung ist darin so komplex, daß die Chart-Techniker ihr nie auf die Spur kommen.

Skurril wird es besonders dann, wenn Chartisten sogar »Gesetzmäßigkeiten« zwischen dem Kursverlauf an der Wall Street und der Jahreszeit oder einzelnen Feiertagen nachweisen[444] – ein Hauch von Voodoo? Andere Börsenstatistiker fanden gar heraus, daß bei der Fast-Fashion-Kette Hennes & Mauritz ein Zusammenhang zwischen der Oberweite des jeweiligen H-&-M-Models und dem Aktienkurs des Unternehmens besteht.[445]

Solche Analysen bieten zwar ein überzeugendes Spektrum des statistisch Machbaren, Kritikern der Chart-Analyse jedoch auch reichlich Angriffsfläche. Häufigster Vorwurf ist, daß sich die vereinzelten Treffer bei der Vorhersage nur deshalb einstellen, weil in den Analysehäusern ganze Hundertschaften von Chartisten sitzen, deren Kursuntersuchungen Grundlage für Entscheidungen sind. Wer als erster mit einer Empfehlung nach vorne prescht, bei dem schreiben andere Analysten gerne ab: Der Schub verstärkt sich. Die in die Welt gesetzten Empfehlungen erleben dann ihre wundersame Erfüllung – nicht weil die Chartisten den Trend gewittert haben, sondern weil viele Menschen daran glauben.

5. Kapitel

Spiel ohne Grenzen – Die steile Karriere der Globalisierung

Glotzt nicht so romantisch!
BERTOLT BRECHT
(5. Akt der Komödie *Trommeln in der Nacht)*

Fusionen, internationaler Kapitalverkehr und Welthandel: In Europa und Nordamerika beschwören Politiker wie Unternehmer gerne die Vision vom Fall aller Grenzen. Die Zeichen stehen auf Globalisierung, und umweht wird der ganze Zauber vom sich angeblich anbahnenden weltweiten Wohlstand. Die Verflechtung von Märkten und Unternehmen führt aber nicht automatisch zum Reichtum für alle – schon gar nicht ohne Strapazen. Ebensowenig ist sie eine von dunklen Mächten gesteuerte Geheimbewegung, von der nur wenige profitieren, die sich wie Hechte im Karpfenteich benehmen. Nicht alles ist gut am grenzenlosen Waren- und Kapitalstrom, denn wenn die Demokratien nicht aufpassen, werden Fusionen und globale Wirtschaft eine neue Zweiklassenwelt schaffen: mit anpassungsfähigen Gewinnern auf der einen und wenig flexiblen Verlierern auf der anderen Seite.

5.1 Das Phänomen des globalen Gigantismus

Globalisierung – ein Produkt der Neuzeit? Keineswegs, denn die erste Globalisierungswelle erfaßte die Erde schon im 16. Jahrhundert mit den Eroberungszügen der Portugiesen und Spanier. Die Eröffnung des Suezkanals 1869 ersparte der Schiffahrt den zeitraubenden Weg um die Südspitze Afrikas, und die Fertigstellung des Panamakanals 1914 schaffte eine Direktverbindung zwischen Atlantik und Pazifik ohne den weiten Umweg um Kap Hoorn. Spätestens zu Beginn des Ersten Weltkriegs war die Welt ein globales Dorf geworden, in der fast jede Nation mit dem Ausland Handel trieb: Ausländische Kreditgeber investierten in die Infrastruktur der Kolonien, die Preise importierter Güter hingen vom Preisniveau im Exportland ab, Produktions- und Managementmethoden wurden kopiert, und durch technische Innovationen wie Eisenbahn, Telefon und Dampfschifffahrt schrumpften die Distanzen. Die Globalisierung gab es schon, bevor der Begriff erfunden war.[446]

Obwohl die weltweite Verflechtung schon Jahrhunderte alt ist, hat sie sich durch die politischen Umwälzungen zwischen 1989 und 1991 enorm beschleunigt und wurde erst in dieser Etappe zum Modewort. Den Prinzipien des Marktes sind seitdem auch diejenigen Länder unterworfen, die sich wie China oder Vietnam »selbst noch als ›sozialistisch‹ bezeichnen«.[447] Ist das Ende der weltweiten ökonomischen Integration bald erreicht? Nein, denn noch immer sind Staatsgrenzen auch innerhalb von Wirtschaftsgemeinschaften ein Bremsklotz für den Handel und den Austausch von Arbeitskräften. Allerdings ist heute eine Entwicklungsstufe erreicht, in der Äpfel aus Neuseeland preiswerter sind als einheimische Äpfel, Nutella nach Australien exportiert wird und türkische Feigen in Brasiliens Supermärkten auf Käufer warten. Trotz internationaler Waren- und Finanzmärkte sind politische Systeme und Rechtsprechung nicht mitgewachsen, sondern sind noch immer – selbst innerhalb der EU – sehr unterschiedlich. Dennoch ist eine zunehmende weltweite Vernetzung ökonomischer Aktivitäten zu beobachten, also das Bestreben von Unternehmen, durch Erweiterung ihrer Absatzmärkte und die Beschaffung von kostengünstigen Rohstoffen, Halbfertigteilen und Arbeitskräften ihre Gewinne zu steigern. Und genau diese Globalisierung ist in der allgemeinen Diskussion gemeint, obwohl nicht nur die Wirtschaft global ist, sondern auch Kultur, Ökologie oder Ethik. Sechs Merkmale zeichnen die Internationalisierung der Wirtschaft aus:

- Die Finanzmärkte kennen keine Grenzen mehr, und Investoren und Banken können Kapital dank der Informationstechnologie binnen Sekunden um die ganze Erde dorthin senden, wo es die höchste Rendite abwirft.
- Die für eine Gütererzeugung erforderlichen Produktionsfaktoren,

also Arbeit, Boden und Kapital, aber auch Infrastruktur, Maschinen und Ausrüstungen, sind fast unbegrenzt mobil. So erklärte John Gage, Top-Manager der US-Computerfirma Sun, die die Programmiersprache »Java« entwickelte: »Wir brauchen keine Visa für unsere Leute im Ausland.«[448] Staatsgrenzen und Gesetze sind für den Produktivfaktor Arbeit bedeutungslos geworden.

- Dienstleistungen sind weltweit verfügbar und können durch den technischen Fortschritt – vor allem in der Telekommunikation und der Informationstechnologie – unabhängig vom Standort angeboten werden. So sank der Preis für einen dreiminütigen Anruf von New York nach London von etwa 50 Dollar im Jahr 1960 auf 35 Cents im Jahr 1999.[449]
- Die Welt ist längst nicht mehr in »sichere« und »unsichere« Standorte geteilt, sondern durch den weltweiten Triumph des Kapitalismus entstanden viele neue, politisch stabile und für Unternehmen lukrative Standorte. Insbesondere in den ehemaligen Staaten des Ostblocks liegen die Stundenlöhne erheblich unter denen in der EU. Die Produktqualität leidet darunter nicht.
- Als neuer Absatzkanal ermöglicht das Internet auch Kleinunternehmen den Vertrieb ihrer Produkte auf weit entfernten Märkten. Gleichzeitig sind die Transportpreise für Mensch und Material in den vergangenen 15 Jahren erheblich gefallen und erlauben den Unternehmen eine weltweite Präsenz – 1988 kostete ein Flug Deutschland–Brasilien im günstigsten Fall 1000 Euro retour, 13 Jahre später ist die gleiche Strecke auch bei renommierten Fluggesellschaften für fast die Hälfte zu haben.
- Die Arbeitsteilung ist internationaler geworden: Früher war der Leistungserstellungsprozeß stark an einen Standort gebunden, obwohl einzelne Produktteile in anderen Ländern kostengünstiger hätten hergestellt werden können. Heute kommen selbst kleinste Teile aus weit entfernten Gebieten, China oder Taiwan, wo sie preiswerter produziert werden können. Die Wahl eines Standortes ist keine »Alles-oder-nichts-Entscheidung« mehr.

Die Globalisierung ist das ökonomische Großereignis unserer Zeit, als treibende Kräfte wirken multinationale Unternehmen. Die im letzten Vierteljahrhundert stark gesunkenen Transport- und Kommunikationskosten sowie die Einführung von standardisierten Produktionsabläufen und Produktkomponenten – beispielsweise die Plattformtechnik in der VW-Gruppe mit den Marken VW, Audi, Seat und Škoda (»Weltauto«) – ermöglichen Unternehmen und ganzen Branchen, ihre Produktion ausschließlich nach wirtschaftlichen Kriterien räumlich neu zu ordnen. Schrittmacher der Globalisierung sind vor allem die Branchen Automobil, Chemie, Elektronik, Handel und Banken.

Die globale Kulisse hat inzwischen klare Konturen angenommen: Zwar werden die Nationalstaaten nicht verschwinden, ihr Einfluß als Gegengewicht zum »Markt« hat sich jedoch verringert. Jede Zukunft ist »Made in the World«, mit der Konsequenz, daß multinationale Konzerne eine wachsende Bedeutung erhalten – dies prophezeien die Autoren einer Studie des Washingtoner Institute for Policy Studies aus dem Jahre 1995.[450] Die Zahlen sprechen für sich (Stand: 1998): Der Umsatz der weltweit 100 größten Konzerne entsprach mit 4423 Milliarden Dollar einem Anteil von fast 20 % Prozent am Welt-Bruttoinlandprodukt. Er übersteigt das Bruttoinlandprodukt (BIP) der weltweit zweitwichtigsten Volkswirtschaft Japan um 74 Milliarden Dollar. Läßt man die sieben wichtigsten Nationen der Welt unberücksichtigt, ist der Umsatz der Konzerne größer als das BIP aller Staaten der Welt. Der umsatzstärkste Konzern der Welt, General Motors, übertrifft mit 147 Milliarden Dollar das BIP von Chile um mehr als das Doppelte und das von Südafrika um 16 Milliarden Dollar.[451]

Tiger mit glänzender kapitalistischer Begabung

Angesichts der wachsenden Globalisierung von Wirtschaft und Finanzwelt ist eine wichtige Frage, ob die kapitalistische Wirtschaft im geistigen Klima anderer Kulturen überleben kann. Heute herrscht die Ansicht vor, daß die asiatischen Klein- und Großtiger auf dem Sprung sind, die westliche Elefantenherde das Fürchten zu lehren: Die Banken schmissen das Geld mit vollen Händen in die Boomstädte Malaysias, wo es 1980 noch kaum ein Hochhaus gab, und in vielversprechende Investment-Projekte in Hongkong, Indonesien, Thailand und Südkorea. Das explodierende Wachstum brachte Investoren um den rechnerischen Verstand – zumindest bis zur Krise

1997, die 1998/99 als handfeste Rezession nach Südamerika kroch. Eine bequeme Zeitgenossin ist die Globalisierung nicht. Weil alles überall ist, verlangt sie ständig Leistung und Ideen.

Keine Frage: Nie zuvor hörten und wußten so viele Menschen so viel über den Rest der Welt. Sollten die sechs Milliarden Erdenbewohner über eine Weltregierung oder ihren zukünftigen Lebensstil abstimmen – dank Internet und über 500 Satelliten könnten sie es. Selbst in stromfernen Gegenden Schwarzafrikas haben Sonnenkollektoren und Satellitenschüsseln Millionen von Menschen aus »ihrem dörflichen Leben in eine planetare Dimension gestoßen«,[452] wie es Bertrand Schneider beschreibt, Generalsekretär des Club of Rome. Und was würde sich die Menschheit wünschen? Die überwältigende Mehrheit träumt zwar von der Südsee-Villa mit schwedischem Wohlfahrtsnetz, dürfte sich jedoch realitätsnäher für ein Mittelstandsdasein in einem Vorort San Franciscos entscheiden.[453]

5.2 Die acht Todsünden der Globalisierung

Wenn Größe das entscheidende Kriterium wäre, müßten die Dinosaurier noch leben.
WENDELIN WIEDEKING (Porsche-Chef)

Die Globalisierung ist in aller Munde, aber mit höchst unterschiedlichem Aroma: In der Welt der wirtschaftspolitischen Festreden erhöht die Globalisierung den Wohlstand, öffnet Grenzen und macht alle glücklich. In der wirklichen Welt weckt der Begriff antikapitalistische Affekte, schmeckt nach dem Abbau von Arbeitsplätzen und der Auslandsverlagerung von Investitionen. »Globalangst« von unten – die Internationalisierung wird von vielen Kritikern und Modernisierungsverlierern mit Einschnitten ins soziale Netz verbunden. Über die Chancen der Globalisierung wurde viel geschrieben, acht mögliche Todsünden sprechen dagegen:

1. Identitätskrisen

In der Globalisierung prallen Zivilisationen, Kulturen und Religionen ungebremst aufeinander. Der »intellektuell Bessergestellte« wird seinen Weg finden, aber wie steht es mit den weniger Beweglichen, den verarmten Bauern, die in Thailand oder Indien zwei Drittel der Bevölkerung ausmachen? Die lassen sich nicht binnen zweier Jahre zum Programmierer für C++ machen. Die gesichtslose World Company respektiert keine Geschichte und kennt keine mildernden Umstände.

Wenn ihre Umgebung bedroht oder zerstört wird, neigen die Menschen zum Blick nach innen oder in die Vergangenheit. Intoleranz, Ausgrenzung, Fundamentalismus oder die Flucht in sinnstiftende Sektengemeinschaften sind die letzten Rückzugsgebiete der Globalisierungsverlierer und allesamt Merkmale einer Identitätskrise. Die Globalisierungsgewinner sind liberal eingestellt und kosmopolitisch, die Verlierer dagegen denken eher national und fundamental bis rassistisch, sind aber politisch in der Mehrheit. Die nächsten Wahlen gewinnt dann der Politiker, der halbwegs glaubwürdig auftritt, dem Volk verkündet, daß er für Brot sorgt und dies mit nationalistischem und rassistischem Beiklang mischt.

In den islamischen Staaten hat der religiöse Fundamentalismus teilweise fanatische Formen angenommen, wie in Algerien und Ägypten. In Deutschland leben über 2,7 Millionen Moslems und bilden die drittstärkste Glaubensgemeinschaft, doch tatsächlich wissen die Deutschen vom Islam fast nichts, ebensowenig wie die Bürger islamischer Länder vom christlichen Europa. Das Unverständnis ist so groß, daß westliche Menschenrechts- und Demokratiepropaganda oft nur als Machtinstrument zur Konservierung der wirtschaftlichen und politischen Vorherrschaft des Westens gesehen wird. Für den irakischen Wirtschaftswissenschaftler Kadhim Habib wird die Globalisierung von vielen Dritte-Welt-Staaten als Einmischung in die eigene Lebenswelt verstanden, um eine einseitige Freiheit zu schaffen: Sie kommt nicht den Ökonomien dieser Länder zugute, sondern dem Kapitalfluß sowie Handel und damit in erster Linie den multinationalen Konzernen.[454]

2. Markt ohne Staat

Daimler mit Chrysler, Thyssen mit Krupp und Vodafone mit Mannesmann: In den letzten Jahren gingen einige Elefantenhochzeiten über die globale Bühne und scheinen kein Ende zu finden. Die Fusionitis ist ausgebrochen.

Die Unternehmen beanspruchen für sich, nur so im Wettbewerb

ein optimales weltweites Management der vorhandenen Ressourcen sicherzustellen – die riesigen Forschungs- und Entwicklungskosten für neue Automobile, Medikamente oder IT-Technologien verlangen nach riesigen Unternehmen. Damit sehen sich Unternehmen selbst als Opfer einer globalen Welt. Doch ohne sie und die Finanzmärkte geht nichts: Sie sind eben nicht dem Sachzwang der Globalisierung unterworfen, sie *sind* die Globalisierung.

Zu kontrollieren sind multinationale Unternehmen nicht, denn wer sollte dies tun? Einzelstaaten haben lediglich Zugriff auf nationale Standorte. Deregulierung und Liberalisierung bedeuten daher, daß der Staat noch weiter an Einfluß verlieren wird, um dem Kapital- und Güterfluß freien Lauf zu lassen. Schon heute bietet sich gut geführten Unternehmen und Vermögensfonds die Möglichkeit, ihre Steuerzahlungen beliebig herunterzuschrauben. Der Elektronikriese Siemens verlagerte seinen Konzernsitz steuerrechtlich ins Ausland und überwies im Geschäftsjahr 1995/96 keine einzige Mark an den deutschen Fiskus, und Jürgen Schrempp, Vorstandschef von DaimlerChrysler, kündete 1996 an, mindestens für vier Jahre in Deutschland keine Ertragssteuern zu zahlen.[455] Für das Geschäftsjahr 2000 bekam das Unternehmen sogar 45 Millionen Euro Steuern zurück.[456] In der EU zahlten Lohn- und Gehaltempfänger 1995 durchschnittlich 13 % mehr, Kapitalgesellschaften dagegen 40 % weniger Steuern als noch zehn Jahre vorher.[457]

Schon heute scheinen die Staaten im Vergleich mit Unternehmen eher zu reagieren als zu agieren. Die Unternehmen entwickeln sich immer mehr zu den entscheidenden Organisationen, die »die Weltwirtschaft mit Unterstützung ›lokaler‹ Staaten – die so klein wie Dänemark und so groß wie die USA sein können – regieren«[458] – so sehen es die renommierten Wissenschaftler der Gruppe von Lissabon.

Doch merkwürdig: Die Sucht nach Größe ist ein zweischneidiges Schwert. 70% aller grenzüberschreitenden Zusammenschlüsse scheitern schon in den ersten drei Jahren. Das ergab 1998, im Jahr der DaimlerChrysler-Fusion, ausgerechnet eine Studie von Daimler-Benz.[459] Das Ergebnis der Analyse ist kein Einzelfall: Untersuchungen bestätigen immer wieder, daß mehr als drei Viertel aller Zusammeschlüsse ihre zuvor formulierten Ziele nicht erreichen oder scheitern.[460] Das passierte BMW mit Rover, und dasselbe mußte auch Ford erleben, die 1996 ein Drittel der Anteile von Mazda kauften und innerhalb von vier Jahren dreimal den Chef wechselten.[461] Die Lehre aus den gescheiterten und erfolgreichen Fusionen: Größe kann wichtig sein, sie ist aber nicht alles. Entscheidend sind Schnelligkeit, Flexibilität, Innovationskraft und die Fähigkeit, unterschiedliche Unternehmenskulturen so zu führen, daß sie am selben Strang ziehen – idealerweise in dieselbe Richtung.

Big is beautiful: die größten Firmenübernahmen (Stand: 1/2001; 1 Euro = 0,94 Dollar)[462]

	Käufer	Übernahmeobjekt	Branche	Jahr	Kaufpreis (Mrd. Euro)
1	Vodafone Group (GB)	Mannesmann (D)	Telekommunikation (und Automobil etc.)	2000	189,7
2	MCI Worldcom (USA)	Sprint (USA)	Telekommunikation	1999	122,9
3	AOL (USA)	Time Warner (USA)	Internet/Medien	2001	112,8
4	Pfizer (USA)	Warner-Lambert (USA)	Pharma	2000	96,2
5	Exxon (USA)	Mobil (USA)	Öl	1998	77,2
6	Travelers (USA)	Citicorp (USA)	Banken	1998	76,9
7	Nations Bank (USA)	Bank America (USA)	Banken	1998	67,3
8	SBC (USA)	Ameritech (USA)	Telekommunikation	1998	66,3
9	Vodafone Group (GB)	Air Touch (USA)	Telekommunikation	1999	66,3
10	AT&T (USA)	MediaOne (USA)	Telekommunikation/ Kabel TV	1999	62,1

3. Strandgut Kultur

Führt die ökonomische Globalisierung auch zu einer Globalisierung der Kultur? Bis heute hat sich die kulturelle Vielfalt auf der Welt nicht vergrößert, sondern leidet eher unter Schwindsucht: Coca-Cola, Nike, McDonald's und Michael Jackson stehen als Synonyme einer globalen Kultur mit einheitlichen Konsum- und Geschmacksmustern. Wie Regenwasser dringt der Markt in jeden Hohl- und Zwischenraum menschlichen Lebens. Die Ökonomisierung hat auch das überflutet, was sich im Trockenen wähnte: Sport, Religion und die Kultur. Selbst im Iran gilt US-amerikanischer Heavy-Metal als populärste Musik unter Mittelschicht-Teenagern.[463]

Um die Kultur weltweit zu beherrschen, bringt insbesondere die Freizeitindustrie immer gigantischere Summen auf. In die Produktion des Films *Titanic* haben 20th Century Fox und Paramount 180 Millionen Dollar gesteckt, also das 3fache einer durchschnittlichen

Hollywood-Superproduktion und das 35fache einer üblichen französischen Produktion. Der Film kam 1997 in allen fünf Kontinenten auf die Leinwand und wurde ein weltweiter Erfolg, nicht zuletzt dank einer globalen Werbekampagne, deren Kosten 60 Millionen Dollar überstiegen.[464] Hollywood könnte auch eine biblische Geschichte mit demselben Aufwand verfilmen und vermarkten. Die Rhetorik der Filmstudios ist so offen, daß sich selbst ein Hindu oder Muslim von den Filmen rühren läßt – Mainstream-Ware eben oder, besonders abschätzig, Produkte der Verdummungsbranche.[465] Das hilft der Kultur allerdings wenig.

Die Dynamik der Globalisierung begünstigt die Ausbreitung einer Weltkultur – einer »Einheitszivilisation«. Im Endstadium dieser »Madonna«-Ökonomie[466] laufen die Lebens- und Konsumgewohnheiten einer Mittelstandsfamilie überall in der industrialisierten Welt gleich ab: métro, boulot, dodo – U-Bahn, Arbeit, Bett.

Die Behauptung, die Warenvielfalt nehme ab, während die Vereinheitlichung fortschreite, erscheint beim Blick in die Warenhäuser zunächst wenig plausibel: Wein aus Australien, Kaffee aus Brasilien, High-Tech-Spielzeug aus Japan, Zigarren aus Kuba und Datteln aus Tunesien erwecken kaum den Eindruck eines einseitigen Warenangebots. Massenkonsum und Medienwelt haben jedoch zu einer Welt geführt, in der nicht die Produkte das Problem sind, sondern deren Rang im Wertesystem heutiger Gesellschaften: Autos und Fernreise sind weltweit in erster Linie Statussymbole und erst dann Transportmittel und Erholung. Einheimische Produkte müssen vor der Marketing-Macht der globalen Markenimperien kapitulieren.

Parallel dazu setzt sich Massenware am Markt besser durch als anspruchsvolle Kost. *Wir amüsieren uns zu Tode,* nannte der New Yorker Medienkritiker Neil Postman 1985 sein Buch,[467] in dem er das Fernsehen als Quelle der globalen Verflachung entlarvte. Selbst wenn die TV-Serien in verschiedenen Ländern gefilmt werden, folgen sie doch alle dem gleichen Muster. Die Welt wird zur Marlboro-Kolonie und die eigene Kultur zum Strandgut. Überall Disney-World.

4. McJobs

In fortgeschrittenen Volkswirtschaften kam es spätestens zu Beginn der 1980er Jahre zu einem erheblichen Anwachsen der Lohndifferenzen zwischen qualifizierten und unqualifizierten Arbeitskräften und zu zunehmender Arbeitslosigkeit bei den Unqualifizierten. Gleichzeitig stieg das Angebot an hochqualifizierter Arbeit, insbesondere im boomenden IT-Bereich. Unterstützt wird diese Tendenz heute durch die De-Industrialisierung in den reichen OECD-Ländern: Industrie- und Konsumgüter werden vermehrt in Schwellen- und Entwicklungsländern produziert und aus diesen in die Industriestaaten importiert.[468]

Die Schuld an dieser Entwicklung wird häufig der wachsenden Konkurrenz der Billiglohnländer gegeben. Das stimmt jedoch nur zum Teil. Zum einen steigt die Produktivität in den Betrieben, also der Output pro Mitarbeiter, zum anderen nimmt die Bedeutung des Industriesektors am Bruttoinlandprodukt immer weiter ab. Parallel dazu wächst der Anteil des sogenannten tertiären Sektors, also der Dienstleistungen. Billigjobs im Servicebereich sind jedoch standortgebunden. Die industrielle Mittelschicht fällt der Globalisierung zum Opfer, während der Markt für hochqualifizierte Arbeit ebenso wächst wie derjenige für das »Dienstleistungsproletariat«.

In den USA mußten die Soziologen eigens eine neue soziale Schicht erfinden, die der »working poor«, jener Beschäftigten, die immer ärmer werden, obwohl sie arbeiten. McJobs werden zum Normalzustand: Um sich über Wasser zu halten, müssen gering Qualifizierte gleich mehrere Jobs im Niedrigstlohnbereich annehmen, z. B. Einfacharbeiten als Aushilfe im Fastfood-Restaurant oder im Call Center.

5. Treibhausökonomie

Es ist unmöglich, den gesamten Welthandel an ökologischen Prinzipien auszurichten. Eine sich über Staatsgrenzen hinwegsetzende Globalisierung bewirkt eine ständige Verlagerung der Produktionsstätten an Standorte, wo ökologische Normen kaum beachtet werden. Globale Märkte erfordern globalen Transport. Dadurch verstärkt die Globalisierung indirekt den Treibhauseffekt, denn ohne niedrige Energiepreise ist eine grenzenlose Wirtschaft nicht denkbar. Durch den seit Jahren geringen Ölpreis fallen die Transportkosten beim späteren Produktpreis kaum ins Gewicht – die Produktion von Gütern in Gebieten, die vom Absatzmarkt weit entfernt sind, wird durch den Freihandel lukrativ. Die weiten Wege – Wein aus Argentinien, Blumen aus Kolumbien – sind dem Klima kaum förderlich.

Dies ist ökologisch ebenso inakzeptabel wie die als Standortvorteil geltenden laxen Umweltvorschriften einzelner Staaten: Nichts ersehnen sich die Staaten mehr als den Einzug der Investoren, nichts fürchten sie mehr als deren Auszug. Der Wettbewerb um die nachlässigsten Gesetze und die noch nachsichtigere Kontrolle führt zu Umweltfreveln, die durch ihre globale Wirkung ökologisch und finanziell von der gesamten Weltbevölkerung getragen werden.

So führte Brandrodung 1997 auf den asiatischen Inseln Sumatra und Borneo zu den größten Waldbränden in der jüngeren Geschichte Südostasiens. Die Smog-Werte erreichten Rekordstand, und in der philippinischen Hauptstadt Manila mußte die Bevölkerung Atemschutzmasken tragen.[469] Eine Ursache war die unkontrollierte Brandrodung durch große Holzkonzerne zur Beseitigung von Unterholz, um an die auf dem internationalen Markt begehrten Edelhölzer heranzukommen.[470]

In einzelnen Staaten werden der Industrie sogar Subventionen gewährt, die ökologisch kontraproduktiv sind: In Deutschland werden Gas und Öl, nicht aber der Klimakiller Kohle besteuert. Zusätzlich fließen vertraglich garantiert mindestens bis zum Jahr 2005 zig Milliarden Euro Steuergelder in die deutsche Steinkohleförderung. Auch der Flugverkehr genießt eine Sonderstellung: Kerosin ist steuerfrei und der Flugverkehr sogar von der Mehrwertsteuer befreit – im Gegensatz zur Bahn.[471]

Fatalere Wirkungen hat die Steuerbefreiung in den USA: Nicht zuletzt durch einen Spritpreis, der bei etwa einem Drittel des deutschen liegt, wurde die Fahrgastzelle zum fahrenden Wohnzimmer und das Land zum mit Abstand größten Treibhausgas-Produzenten. Innerhalb von 20 Jahren – zwischen 1980 und 2000 – stieg die Durchschnittstemperatur in Alaska, Sibirien und Teilen Kanadas um vier Grad Celsius, mit dem Ergebnis, daß das Poleis im Jahr 2000 fast 6 % weniger Fläche bedeckte als zwei Jahrzehnte zuvor.[472]

Die Münchner Rück, größte Rückversicherungsgesellschaft der Welt, verzeichnet stark steigende Kosten von Umweltkatastrophen. Zwischen den 1960er und 1990er Jahren haben sich die versicherten Schäden verelffacht, die volkswirtschaftlichen Schäden nahmen um das 5fache auf 167,3 Milliarden Dollar zu[473] – das sind über 40 Milliarden Dollar mehr als das Bruttosozialprodukt Finnlands oder Griechenlands (Stand: 1998).[474] Wenn erst das Milliardenvolk der

Chinesen das Auto ähnlich nutzt wie die US-Amerikaner oder Europäer, ist der Kollaps der Atmosphäre eine Frage weniger Jahrzehnte, selbst wenn sie alle Drei-Liter-Autos kaufen würden.[475]

Der Boom in den Wachstumsregionen wird weiterbestehen, ebenso wie (vorerst) die Kehrseite des Wirtschaftswunders: verheerende Umweltzerstörung durch eine »nachholende Industrialisierung«, die zum globalen ökologischen Kollaps führt, wenn das Industrialisierungsniveau der »Ersten Welt« weiter Vorbild bleibt.

6. Isolationszellen

Die Globalisierung ist der Weg ins Schlaraffenland, doch der Wohlstand steigt nur im Durchschnitt: »Die Kapitalmarktliberalisierung hat den Menschen nicht den versprochenen Wohlstand gebracht, sondern Krisen, bei denen die Löhne um 20 bis 30 Prozent gesunken sind und die Arbeitslosigkeit um den Faktor 2, 3 und 4 gestiegen ist.«[476] Die kritischen Worte stammen keineswegs von Fidel Castro oder einem PDS-Mitglied, sondern vom ehemaligen Weltbank-Vizepräsidenten Joseph Stiglitz.

Es gibt kein wirtschaftliches Gesetz, nach dem die Entwicklungsländer automatisch das Einkommensniveau der Industrieländer erreichen, sobald sie nur Außenhandel und Kapitalverkehr liberalisieren. Für Ruanda, Bolivien oder Armenien ist die »Öffnung der Märkte« eine leere Phrase: Sie haben nichts zu verkaufen. Für sie bedeutet Globalisierung, von denen dominiert zu werden, die etwas zu verkaufen haben. Für Rußland gilt ähnliches: Die 20 000 Nuklearwaffen des Landes sind 20 000 Gründe, den finanziellen Zusammenbruch des Riesen zu verhindern; fließt das Geld nicht zu den Menschen, wandern sie zum Geld.

Einige Länder Südostasiens haben sich an das Niveau der industrialisierten Welt herangearbeitet, und ihre Produkte konkurrieren mit denen der hochindustrialisierten Länder. Andere Länder, wie die Ölmonarchien des Mittleren Ostens, gehören nach dem Pro-Kopf-Einkommen zwar zu den reichsten Staaten, liefern jedoch lediglich Rohstoffe an die Industrieländer und sind damit von diesen abhängig.[477] Die wirklichen Verlierer aber sitzen in Afrika, Lateinamerika, Afghanistan und den kommunistischen Resten in Asien und der Karibik. Die Globalisierung wird das von Stammesfehden und der Bereicherung einzelner Politiker und lokaler Warlords zerrüttete

Schwarzafrika in die Rolle des Rohstofflieferanten verbannen. »Eine Weltwirtschaft, die für alle arbeitet«, wie es im Herbst 2000 das Leitmotiv des Prager IWF-Gipfels war,[478] ist da nur nette Vision und steht im Kontrast zum Jahresbericht 2000 der UN-Konferenz für Handel und Entwicklung (UNCTAD), der 48 Staaten und damit fast ein Viertel der Nationen weltweit als Verlierer der Globalisierung ausmacht – durch Verschuldung, Mangel an externer Hilfe und den Verfall der Rohstoffpreise.[479] Für alle gilt: Wer Zugang zum Internet hat, verwandelt sich noch lange nicht in einen Weltbürger.

7. Ende der Demokratie

Geld sucht Demokratie, denn nur in Demokratien kann Geld wachsen. Doch wo die Weltwirtschaft und vor allem die »global players« die Maßstäbe setzen, da schrumpft die Macht des Staates. Das elementare Problem der Globalisierung ist die Abspaltung der international agierenden Unternehmen, die örtlich nicht mehr faßbar sind, von einem nur national handelnden Staat: Demokratisch gewählte Regierungen können der Macht der Multis nur noch begrenzt entgegentreten. Eine Weltwirtschaft entsteht, die keine demokratisch legitimierte Weltregierung hat, die sie beaufsichtigt. Wenn die Staaten ausgetrickst werden und die Ungleichheit zunimmt, ist dies »der Demokratie nicht förderlich«, urteilt der ehemalige Leiter der London School of Economics, Ralf Dahrendorf; er glaubt, die Menschheit sei an »der Schwelle zum autoritären Jahrhundert«.[480]

Dieser Entwicklung können sich die Staaten der Dritten Welt nicht entziehen, besonders, wenn sie wie viele Entwicklungs- und Schwellenländer im Ausland verschuldet sind und beim IWF oder bei der Weltbank für einen Kredit anklopfen müssen. Dann werden Freihandel und Marktwirtschaft zur Bedingung. Schritt für Schritt in den Abgrund: Im Dschungel des Weltmarkts werden diese Staaten zu Erfüllungsgehilfen der globalen Wirtschaft.

Zusätzlich führt das magische Dreieck aus Liberalisierung, Deregulierung und Privatisierung zu einer immer größeren räumlichen Trennung zwischen Produzenten und Konsumenten, bis das Stadium maximaler Entfremdung erreicht ist. Nur Viertelgebildete verwechseln Industrialisierung mit Modernisierung oder Wachstum mit Demokratie und glauben, die Entwicklung eines Landes lasse sich ausschließlich anhand wirtschaftlicher Daten bestimmen. Die Verlierer der Marktkräfte kommen nicht dadurch ökonomisch auf die Beine, daß sie den Ratschlägen der Finanzexperten von Goldman Sachs und der Harvard Business School folgen, den Fetischisten des unbegrenzten Freihandels.

Auf dem Weg in die Weltwirtschaft werden alle Staaten einen bedeutenden Teil ihrer nationalen Souveränität aufgeben müssen und zugleich die globale Wettbewerbsfähigkeit »ihrer« multinationalen Unternehmen sichern, denen die Aufgabe zukommt, für die wirtschaftliche und soziale Wohlfahrt eines Landes zu sorgen.[481] Die Wissenschaftler der Gruppe von Lissabon warnen davor, daß die Welt bald »nicht nur in der wirtschaftlichen Sphäre von einer Gruppe privater Netzwerke regiert wird«.[482] Die Vorstellung, multinationale Unternehmen könnten staatliche Aufgaben übernehmen, wie das US-Nachrichtenmagazin *Newsweek* vorschlug,[483] ist utopisch, weil kein Konzernchef für soziale und politische Aufgaben bezahlt wird, sondern für Shareholder Value. Ein derartiger Zusammenschluß ist weit entfernt von dem, was üblicherweise unter dem Begriff Demokratie verstanden wird.

Mit dem Ende der Nationalstaaten endet auch die Demokratie, denn eine Weltrepublik als Antwort auf die globale Wirtschaft wäre ein Ungetüm und wegen seiner Größe unregierbar.[484] In letzter Konsequenz ist es die Demokratie, die der Dynamik der Globalisierung zum Opfer fällt.

8. Finanzguerilla

Für den französischen Präsidenten Jacques Chirac sind sie das »Aids der Weltwirtschaft«:[485] die Spekulanten. Und wer vergangene Krisen in einzelnen Regionen und Ländern beobachtet hat, gibt ihm vielleicht recht: Großbritannien mußte 1992 das Pfund abwerten und aus dem europäischen Währungssystem austreten, Mexikos Peso knickte 1994 ein, und 1997 brachen in Südostasien die Währungen zusammen. Mittäter waren immer die Spekulationsfeldzüge von Risiko-Fonds, jenen professionellen Geldvermehrern der Versicherungen und Investmentgesellschaften, die jede denkbare Anlage – ob Währungen, Aktien oder Staatsverschuldungen – nur nach deren Gewinnmöglichkeit taxieren.

Bis in die 1970er Jahre waren solche Spekulationsgeschäfte unmöglich, denn die wichtigen Weltwährungen waren in einem System fester Wechselkurse aneinandergebunden. Erst mit dem Zusammenbruch des Systems 1973 eröffnete sich für Spekulanten nach und nach ein neues Spielkasino: Währungspoker.

Seitdem hat das Volumen der Geldtransfers um den Globus explosionsartig zugenommen – die letzten Kontrollen fielen in Europa 1990 (Frankreich) und 1992 (Portugal und Spanien)[486] –, jedoch ist nur der geringste Teil der Kapitalbewegungen auf die Globalisierung zurückzuführen: 1995 wurden auf den Weltwährungsmärkten täglich 1000 Milliarden Dollar umgesetzt, für den Weltexport pro Tag aber gerade 10 Milliarden Dollar benötigt.[487] Nur 1 % der weltweiten Kapitalbewegungen ist für den Welthandel notwendig, die restlichen 99 % sind Spekulation.

Auf den Finanzmärkten ist die Globalisierung heute am weitesten fortgeschritten, da dem Kapital anders als Menschen und Waren weder Staaten noch Reisegeschwindigkeit Grenzen setzen. Die Jagd nach Rendite läuft in Sekundenschnelle: Die Währungskrisen in Asien, Mexiko und Großbritannien waren nur durch den Computerhandel möglich, mit dem sich auf Knopfdruck gigantische Summen an fast jeden Fleck der Erde verschieben lassen.

Lichtgeschwindigkeit, Liberalisierung und der Handel mit Finanzderivaten in großem Stil können katastrophale Auswirkungen auf ein Finanzsystem haben. Durch massive Spekulationen ausgelöste Währungsänderungen führen zu Kettenreaktionen, einem anschließenden rapiden Währungsverfall und damit zu einem nationalen Desaster – die Regierungen sind fest im Griff der Finanzmärkte, die fast unkontrollierbar sind.

Meist werden die Attacken von sogenannten Off-Shore-Finanzplätzen gesteuert – Inseln in der Karibik oder im Ärmelkanal, die jede Besteuerung für Kapitaleinlagen gestrichen haben und die Weitergabe von Daten der Konteninhaber unter Strafe stellen. Ideale Spielwiesen für die Finanzguerilla, deren frei fließende Geldströme das politische System auf die Probe stellen – Finanzkrisen als Krankheiten eines verwilderten Kapitalismus, für den es trotz IWF kein Medikament gibt. Ex-Bundeskanzler Helmut Schmidt prognostizierte 1998, daß »wir binnen eines Jahrzehnts erleben werden, wie die Regierungen sich ganz ernsthaft bemühen werden um die Schaffung internationaler Aufsichtsinstanzen«.[488] Ein entsprechender Vorschlag liegt schon seit den 1970er Jahren in der Schublade, wird aber nicht umgesetzt: die Antispekulationssteuer des Nobelpreisträgers James Tobin (→ Kapitel 2.8).

Die Globalisierung mehrt keineswegs automatisch den Wohlstand und senkt die Arbeitslosigkeit. Vielmehr sind die Risiken des genauen Gegenteils zumindest ebenso groß, jedenfalls für die Mehrheit der Erdbevölkerung. Als fast sicher gilt, daß sich die Ungleichheiten weltweit vergrößern werden, und zwar nicht nur zwischen einzelnen Ländern, sondern auch in den Ländern selbst. Schon in den letzten Jahrzehnten hat sich der Abgrund zwischen Arm und Reich beträchtlich vergrößert: 1960 erarbeiteten die reichen 20 % der Weltbevölkerung ein Pro-Kopf-Einkommen, welches dasjenige der ärmsten 20 % etwa 30mal übertraf; knapp 3½ Jahrzehnte war es das 78fache.[489] Die Realität lehrt aber auch, daß in der Hitliste des Wohlstands die Staaten ganz oben stehen, die sich dem globalen Wettbewerb stellen, während diejenigen unten zu finden sind, die ohne demokratische Kontrolle regiert werden und sich abschotten. Eine allgemeine Wohlstandssteigerung wird es nicht geben, wohl aber eine erlesene: Die Starken werden stärker und die Schwachen schwächer.

8. EXKURS

Vereinte Feinde – Die Übernahmeschlacht zwischen Mannesmann und Vodafone Airtouch

Drei Monate dauerte der Kampf, dann hing der Skalp an der Lende des Konkurrenten: Mit Cleverness und Härte hatte Vodafone-Boß Chris Gent den Mannesmann-Chef Klaus Esser zur Kapitulation gezwungen und sich das deutsche Unternehmen einverleibt. Der Händedruck der beiden Widersacher besiegelte im Februar 2000 einen Deal von bis dahin ungekannten Ausmaßen, denn der Coup war mit einem Volumen von fast 190 Milliarden Euro die mit Abstand größte Fusion der Wirtschaftsgeschichte, bei der gemessen am damaligen Börsenwert nach Microsoft, General Electric, Cisco und Intel der fünftgrößte Konzern der Welt entstand.[490]

Die puren Zahlen werden der Übernahme jedoch nicht gerecht. Denn mit der Fusion endete zugleich ein Stück deutscher Industrietradition: Erstmals hatte sich ein ausländischer Konzern ein deutsches Unternehmen gegen dessen erklärten Willen unter den Nagel gerissen. Beide Unternehmen hatten sich eine Schlacht geliefert, wie sie einmalig in der Industriechronik ist. Auslöser war der Kauf des britischen Mobilfunkanbieters Orange durch Mannesmann: Vodafone-Chef Gent fühlt sich auf seinem Heimatmarkt herausgefordert und schlägt zurück. Bereits einen Tag danach sickert durch, daß er die feindliche Übernahme von Mannesmann plant. Wenig später bietet Gent 100 Milliarden Euro für den deutschen Röhrenpionier,[491] zum Schluß liegt das Angebot fast doppelt so hoch.

Spätestens ab Mitte Dezember 1999 ist die Schlacht im vollen Gange, und die Mannesmann-Aktionäre werden umworben wie sonst nur Wähler vor Wahlen. Beide Kontrahenten überbieten sich mit Gutachten und Gegengutachten,[492] generalstabsmäßig geplanten Rededuellen, gegenseitigen Vorwürfen sowie ganzseitigen Anzeigen in nahezu allen deutschen Tageszeitungen, in denen das jeweilige »Für« und »Wider« beworben wird.[493] Ab

Januar mehren sich Gerüchte, daß Esser eine enge Kooperation mit dem französischen Mischkonzern Vivendi plant. Dadurch ließen sich die Wachstumschancen für Mannesmann deutlich verbessern und eine Übernahme unbezahlbar machen. Der Deal platzt, ebenso wie die Verhandlungen mit Bertelsmann und AOL über einen milliardenschweren Einstieg bei AOL Europe: Als Vodafone-Chef Gent Ende Januar die Zusammenarbeit mit Vivendi bekanntgibt, bricht Essers Abwehrstrategie wie ein Kartenhaus zusammen, und das Gefecht ist mit einem Donnerknall vorüber.

Nach der Übernahme ist vieles nicht mehr wie vorher. Im Übernahmepoker ist eine neue Runde eingeleitet, bei der jedes Unternehmen zur Disposition steht, gleichgültig, welcher Größenordnung. Denn wenn Mannesmann und Vodafone mit einem Börsenwert von 358 Milliarden Euro verschmelzen, ist kein anderes Unternehmen vor ähnlichen Attacken sicher. Auch Größenverhältnisse spielen keine Rolle mehr: Zwar schluckte mit Vodafone die weltweite Nummer eins der Mobilfunkbranche den europäischen Marktführer,[494] aber gegen die 130 000 Mannesmänner und -frauen wirkte Gents Konzern mit seinen 12 600 Beschäftigten wie eine Klitsche.[495]

Das Zauberwort heißt Aktientausch. Bei Übernahmen solchen Kalibers fließt kein Bares, sondern die Aktionäre des übernommenen Unternehmens erhalten Papiere des Fusionssiegers – Chris Gent bot für jede Mannesmann-Aktie 59 Vodafone-Anteile. Da die größten Aktienpakete bei den Investmentfonds lagern, gilt es bei einem Take-over, diese mit einer gewinnbringenden Strategie zu überzeugen. Mannesmann-Vorstand Esser setzte auf eine Verknüpfung von Festnetz, Internet und Mobilfunk mit Mehrheitsbeteiligungen, Gent auf die schiere Größe und globale Präsenz der fusionierten Unternehmen.[496] Gegen Gents Vivendi-Trumpf war Esser chancenlos. Zwar war die Vivendi-Vereinbarung bei näherem Hinsehen nur eine Absichtserklärung für einen späteren Vertrag,[497] psychologisch verfehlte das Papier seine Wirkung jedoch nicht: Analysten sprachen sich nun offen für die Annahme des Vodafone-Angebotes aus. Gent hatte den Kapitalmarkt überzeugt und damit gleichzeitig den Beweis geliefert, daß Unternehmen heute vor allem von Fondsmanagern und Analysten beherrscht werden – ein Wirbelsturm der Veränderung, der endgültig den Wechsel des in vielen Traditionsfirmen vorherrschenden Wir-Gefühls zum kaltschnäuzigen Shareholder Value besiegelte.

Schlagartig lösten sich 114 Jahre Mannesmann in Luft auf, denn Vodafone war nur an der Mobilfunksparte interessiert und begann sofort mit dem Ausverkauf des Tafelsilbers: So ging die Automobil- und Energiesparte »Atecs« für 9 Milliarden Euro an Siemens/Bosch,[498] und auch Perlen wie die Luxusuhrengruppe LMH (»IWC«) kam unter den Hammer.[499] Keine Frage: Chris Gent läutete das Ende des rheinischen Kapitalismus ein, jenes auf Mitbestimmung und Kungelei zwischen Gewerkschaftern, Politikern, Banken und Industrie basierenden Systems, mit dem sich die mächtigen deutschen Konzerne an Rhein und Ruhr bis dahin erfolgreich gegen ausländische Begehrlichkeiten gewehrt hatten. In einem warmen Geldregen fühlten sich Werbebranche und Banken: Allein Vodafone verheizte nach eigenen Angaben 700 Millionen Euro für Zeitungskampagnen und Beratung, Mannesmann weitere 950 Millionen.[500]

Großbritannien feierte die feindliche Übernahme wie den Sieg des harten angelsächsischen Kapitalismus über die weichliche Deutschland AG. Im Staatssender BBC begann der Beitrag über Vodafones Triumph mit langsam stromaufwärts fahrenden Rheinschiffen: Symbol für die angeblich träge deutsche Wirtschaftswelt.[501]

Sinn für Subtiles zeigte auch Chris Gent auf die Frage nach Essers Zukunft: Er freue sich, daß »der liebe Klaus« die Zusammenführung beider Unternehmen noch bis Juni 2000 begleiten und dann dem Verwaltungsrat als »inaktives Mitglied« angehören werde.[502] Essers einziger Trost: Mit 30 Millionen Euro erhielt er die in der deutschen Wirtschaft bisher höchste Abfindung.

5.3 Die Chance für eine »gerechtere« Welt

Lange Zeit ging alles gut. Überall hatten die Heerscharen der US-Wirtschaft ihre rotgelben Standarten mit dem geschwungenen M aufgepflanzt, dem weltweit die Jugend erliegt. Allein im Haute-Cuisine-Land Frankreich betreibt die Fast-food-Kette McDonald's über 800 Restaurants in 470 Städten.[503] Dann kam im Sommer 1999 ein karstiger Schafzüchter daher und legte sich mit den Invasoren an: José Bové stellte sich im französischen Städtchen Millau an die Spitze einer ausgelassenen Menge und »demontierte« symbolisch eine im Bau befindliche Filiale des Bulettenbraters.[504] Seitdem hat Frankreich einen neuen Nationalhelden, einen realen Asterix, der gegen den globalen Liberalismus zu Felde zieht: gegen industrielle Massenerzeugung von Nahrungsmitteln, mächtige Handelsketten und vor allem den »malbouffe«, den weltweiten Drecksfraß mit seiner Geschmacksvereinheitlichung im planetarischen Maßstab.

Bové hat sich damit zweifellos zum Führer aller Globalisierungsgegner aufgeschwungen, vor allem hat er den politisch und unternehmerisch Verantwortlichen klargemacht, daß die entfesselten Produktivkräfte eine Regulierung benötigen. Denn in letzter Konsequenz ist die Globalisierung weniger ein Begriff der Erkenntnis als der Anklage: »Die Welt ist keine Handelsware«,[505] lautete Bovés Kampfparole gegen Gigantismus, Kettenfritten und Gewinnmaximierung.

Regierungen als Opfer des Freihandels

Die Welt läßt sich nicht über den Wettbewerb regieren, und so ist insbesondere für die Regierungen ein gründliches Nachdenken über die Frage notwendig, was sie tun sollten, wenn im Endstadium der Internationalisierung der Markt global, ihr Einfluß jedoch nur lokal ist. Die Demokratie fällt den Prinzipien des Freihandels zum Opfer, wenn keine Regeln festgelegt werden. Hier besteht Bedarf, die Dinge zu steuern und international zu harmonisieren, wie es in der EU passiert, denn es ist unrealistisch, die Globalisierung zu hemmen oder sich ihr entziehen zu wollen. Sie ist da und wartet nicht darauf, gemocht zu werden.

Widerstände gegen die Globalisierung wie auf den internationalen Wirtschaftsgipfeln 1999 in Seattle, 2000 in Prag oder 2001 in Québec sind aussichtslos, müssen aber ernst genommen werden, zumal nicht alle Freihandelsgegner gewaltbereite Berufsprotestierer oder ökonomische Laien sind. Vor allem Intellektuelle vereint die Verdammung der Globalisierung, auch wenn häufig der Eindruck entsteht, sie suchten nach dem Ende des Marxismus nur eine »neue willkommene Gelegenheit, die Kritik der Marktwirtschaft auf die sozusagen höhere Ebene der Weltperspektive zu transponieren«, wie der Chefvolkswirt der EZB, Otmar Issing, beobachtet.[506] Allein mit ökonomischen Argumenten läßt sich dem Protest gegen den *einen* Markt nicht begegnen. Die wirtschaftliche Liberalisierung muß vielmehr von einer politischen Neuregulierung mit europäischer Perspektive begleitet werden, bei der sieben Aufgaben zu berücksichtigen sind:

1. Der Euro muß zur führenden Währung neben dem Dollar ausgebaut werden, und die Wechselkurse sind zu stabilisieren, um der Finanzguerilla kein Betätigungsfeld mehr für Währungsspekulationen zu bieten.
2. Es sind soziale Mindeststandards für den Welthandel einzuführen und zu kontrollieren, in denen gemeinsame Grundrechte für Arbeitnehmer formuliert sind (eine beispielhafte Charta wurde 1989 vom Europäischen Rat verabschiedet).
3. Den Entwicklungsländern ist ein vorsichtiges und schrittweises Öffnen ihrer Volkswirtschaften zu empfehlen. Die Integration in den Weltmarkt durch eine Schocktherapie wie in der Vergangenheit beschleunigt den weiteren Untergang dieser Staaten im Spiel der Marktkräfte.
4. Ökologische Handlungsmaximen und -regularien sind festzulegen, verbunden mit einer EU-weiten ökologischen Steuerreform und einer langfristigen Umstellung auf den Zertifikatehandel von Verschmutzungsrechten. Nur so läßt sich eine Produktionsverlagerung aus Ländern mit hohen Umweltstandards in solche mit niedrigen Standards verhindern und der Raubbau an natürlichen Ressourcen eindämmen.
5. Weltweit ist die Steuerpolitik zu harmonisieren, das heißt, die Steuerkonkurrenz unter den Staaten muß abgeschafft werden, um

dadurch Steuerparadiese trockenzulegen; eine einheitliche Besteuerung ist zumindest in der EU mittelfristig anzustreben.
6. Ein handlungsfähiger Staatenverbund mit Exekutivorgan muß geschaffen werden als Gegenpol zur Macht der Multis.
7. Die WTO ist zu stärken durch Schaffung von Sanktionsmöglichkeiten gegenüber Ländern und Machthabern, die soziale und ökologische Standards unterlaufen.

Nicht alle Globalisierungsprobleme lassen sich mit diesen Maßnahmen entschärfen, besonders nicht die zunehmende kulturelle »Verwestlichung«. Auf institutioneller Ebene wurde mit der WTO ein erster Ansatz für ein Weltwirtschaftsgericht geschaffen, das seit seinem Bestehen vor allem damit beschäftigt ist, den Freihandel weltweit überhaupt durchzusetzen. Die Regulierung sozialer und ökologischer Mindeststandards hat man sich für die Zeit danach aufgehoben.

Erst wenn die Aufgaben bewältigt und die Umsetzung kontrolliert werden, bietet die Globalisierung tatsächlich Chancen für »Wohlstand und Arbeit für alle«,[507] wie es Oskar Lafontaine in Anlehnung an Ludwig Erhards Nachkriegs-Kopf-hoch-Epos *Wohlstand für alle* nicht ohne Eigeninteresse formulierte – die Bundestagswahl von 1998 stand vor der Tür. Die Koordination wird nicht einfach, denn schon innerhalb der EU hat sich erwiesen, daß einzelne Maßnahmen, wie eine europaweite ökologische Steuerreform, kaum umsetzbar sind.

»Konzertierte Aktion« der europäischen Staaten

Da die USA bisher bei der Globalisierung eindeutig die Führungsrolle übernommen haben, kann der Ausweg nur in einer »konzertierten Aktion« der europäischen Staaten bestehen. Die Welt kann nicht unter dem einzigen Ziel der Geldverwertung beliebig weiter ökonomisiert werden, denn irgendwann ist die Welt in Geld verwandelt. Die Lösung liegt nicht in einer neuen Festung Europa, sondern in der Schaffung eigener Regeln auf EU-Ebene, orientiert an obigen Aufgaben. Ein europäischer Weg der Globalisierung mit stärkerem sozialem und ökologischem Gesicht – das ist die Alternative.

Der nächste Schritt ist eine neue Globalisierung: die der Köpfe und der Herzen. Denn die kulturelle und geistige Integration hinkt der wirtschaftlichen Internationalisierung hinterher. Die »globale Welt erfordert globales Ethos«:[508] Ein Ethikmanagement für die Weltwirtschaft fehlt bis heute und ist wie oftmals in Fragen guten Benehmens nicht einklagbar. Auch die mit Ethik und Unternehmenskultur getränkten Veranstaltungen der Seminarindustrie sind eher opportunistischer Schnickschnack und geben allenfalls einen Einblick in die Fähigkeit der Referenten zur Selbstpräsentation.

Immerhin: Das Management hört auf die Berater, auch wenn danach nur eine unterdurchschnittliche Bereitschaft zum praktischen Engagement herausspringt. Gerade das wäre jedoch bitter nötig: Umwelt- und Finanzkrisen zeigen, daß die Weltgemeinschaft durch die Globalisierung auch eine Schicksalsgemeinschaft ist. Globalisierung und Deregulierung sind dann von Vorteil, wenn sie Bürokratie und den Überwachungsstaat verhindern. Die Grenzen sind erreicht, wenn soziale wie ökologische Gleichgewichte aus dem Lot geraten, ökonomische Handlungsfreiheiten in Machtansprüche entgleisen und privatwirtschaftliche Interessen die Demokratie überspielen.

Die derzeitige Globalisierung ist nicht Episode, sondern Wendepunkt, an dem sich die Zukunft der industriellen Demokratien entscheidet. Schon immer wurden auf der Suche nach dem besseren Konzept alte Strukturen zerstört und neue geschaffen. Was gestern gut war, ist heute überholt. Darin liegt bei aller Kritik auch die Chance einer globalen Weltwirtschaftsordnung. Die Richtung dafür weist allein »ein Ethos der Verantwortung realistischer Ökonomen mit idealistischem Horizont«.[509] Die Menschen wurden bisher vergessen – sie sind noch auf der langen Gerade vor der Kurve unterwegs. Nur in den USA, Epizentrum der Globalisierung, haben sich wirtschaftliche Mission und Vision gefunden.

9. EXKURS

Eingeborene in der Fremde – Manager im Ausland

Wenn du woanders zu Gast bist, so mach Augen und Ohren, aber nicht gleich den Mund auf.
Afrikanisches Sprichwort

Folgendes Ereignis ist verbürgt: Seit einigen Wochen arbeiteten die Entsandten eines deutschen Unternehmens bereits in der neu aufgebauten Telefonfabrik in Bangladesch. Soviel Elend hatten die Manager noch nicht gesehen, und schon bald setzte einer von ihnen durch, den blinden Arbeitern den 1½fachen Lohn zu zahlen. Die einheimische Gewerkschaft verstand die Welt nicht mehr und empörte sich über diese Maßnahme mit den Worten: »Das sind alles Verbrecher.« Ein Gewerkschaftsvertreter sagte den Deutschen sogar, er werde sich die Augen ausstechen, um auch den höheren Lohn zu erhalten. Bei so vielen Menschen, die von einem der wenigen Bangladescher mit festem Arbeitsplatz abhängen, und angesichts der Vermutung, daß Kinder verkrüppelt werden, um mehr Chancen beim Betteln zu haben, eine ernstzunehmende Reaktion.[510] Ein schlechter Start für die Managertruppe. Keiner hatte sich zuvor über die Gepflogenheiten des Gastlandes informiert.

Mangelndes Wissen über die kulturellen Eigenheiten eines Landes, in das ein Unternehmen seine Mitarbeiter schickt, kann viel Nerven und Geld kosten. Ökonomische Flops sind dann meist nicht die Folge schlechter Produkte, sondern mißverstandener Rolleneinschätzungen. Der kulturell unbedarfte Manager schafft keinen Geschäftsabschluß, weil er sich nicht in den Spielregeln des Gastgeberlandes zurechtfindet oder die gutgemeinten Gesten der einheimischen Partner mißversteht. Viele Menschen denken immer noch, daß der Ausgang einer Verhandlung allein davon abhängt, die Sprache des anderen zu sprechen. Weit gefehlt.

Selbst die Manager geographisch so naher Länder wie

Deutschland und Italien verstehen sich manchmal kaum. Dem Deutschen ist sein Doktortitel wichtig, in Italien ist der »dottore« irgendein akademischer Abschluß, der oft zu falschem Respekt führt. Die Lebensart der Italiener steht bei den Deutschen hoch im Kurs, als Geschäftspartner werden sie aber weniger geschätzt – die Deutschen werden von den Italienern genau umgekehrt gesehen. Ein Vorurteil, natürlich, das aber kaum aus der Welt zu schaffen ist und sich seit Generationen vererbt. Belegt ist auch die folgende Begebenheit: Nach langen Verhandlungen will das deutsche Unternehmen in beiderseitigem Einverständnis den italienischen Mittelständler kaufen. Man trifft sich in einer Mailänder Anwaltskanzlei, der Italiener kommt allein, es war ja alles besprochen. Der Deutsche bringt seinen Anwalt mit und legt ein 40seitiges Vertragswerk auf den Tisch – in Englisch. Der Italiener fühlt sich überrumpelt. Die Übernahme scheitert.[511]

Interkulturell können auch bei der Kleiderordnung Feinheiten den Ausschlag geben: Bei asiatischen Nationen, insbesondere in Japan, kommt eine Krawatte mit schreienden Farben und Froschmotiven weniger gut an als bei der eigenen Tochter. Für die meist in dezentem Ton gekleideten Asiaten ist ein solcher Geschäftspartner ein »bunter Vogel« und damit suspekt.[512]

In Brasilien führt der kunterbunte Schlips zwar kaum zu Irritationen, dafür ist die Verhandlungsatmosphäre wesentlich stärker beziehungs- als sachorientiert – anders als unter deutschen Geschäftspartnern. Menschen, die fachlich überzeugen, aber keine »emotionale Intelligenz« besitzen, werden in dem südamerikanischen Land als »Störfaktor« betrachtet. Noch mehr gilt dies, wenn sie keinen Sinn für den »jeitinho« haben, den kleinen Dreh, mit dem auch dann noch etwas machbar ist, wenn eigentlich nichts mehr geht.

In südlichen Ländern passiert wenig auf der Basis eines »Rechts«, einer »Pflicht« oder gar wegen einer schriftlichen Abmachung. Motivierender ist eine persönliche »Verpflichtung«: Privates und Geschäftliches zu trennen irritiert den Latino. Wer auf der Straße singt, gilt in Madrid als kultiviert, in Hamburg als geistesgestört. In Italien gilt es als Beleidigung, seiner weiblichen

Begleitung nicht den Kaffee zu bezahlen.[513] Wer in arabischen Ländern abends in Anwesenheit seiner Geschäftspartner eine »Fahne« hat, kann am nächsten Morgen die Akten im Koffer lassen. Das gleiche trifft auf denjenigen zu, der nach erfolgreichem Verhandlungsverlauf von seinem arabischen Gastgeber ans Kaminfeuer eingeladen wird und ihm dort beim behaglichen Plausch unbekümmert die Schuhsohlen entgegenstreckt – eine grobe Beleidigung, wie es in westlichen Kulturen das Entgegenstrecken des Hinterteils wäre.[514] Über die Qualität der britischen Küche läßt sich streiten, nicht jedoch über die Tischmanieren: Die Upper class führt den Suppenlöffel immer seitlich zum Mund, schiebt ihn nie ganz hinein und benutzt die Gabel nur umgedreht – Managers Alptraum?[515]

Kultur ist keineswegs nur inhaltslose Etikette, sondern ein Verhaltenskorsett, das die eigene »Dorfkultur« als vorfabriziertes Handlungsdrehbuch entlarvt. Viele Geschäftstugenden sind allerdings international. Pünktlichkeit etwa ist unter Geschäftsleuten auf der ganzen Welt Pflicht, denn Zeit ist Geld. Und falls das doch nicht so klappt, Vorsicht vor Folgepatzern: Zu spät kommen und alle Anwesenden dann per Handschlag begrüßen wird nirgendwo auf der Welt gerne gesehen, denn es zeugt von übertriebenem Selbstbewußtsein.

Letztlich entscheiden natürlich harte Fakten wie Preis, Qualität und Termine über Erfolg oder Mißerfolg eines Geschäftskontakts. Trotzdem spielen die »weichen« Faktoren wie Gesten, Verhalten und Witz auch im interkulturellen Geschäftsleben eine wesentliche Rolle: Wie im privaten Leben entscheiden sie darüber, ob der Kontakt überhaupt zustande kommt und später nicht abgebrochen wird.

6. Kapitel

Es gibt nichts Gutes, außer man tut es – Ökonomie versus Ökologie

Wir brauchen Wasser, wir brauchen Schiffe und eine wirkliche Schweinerei. [516]
THILO BODE (ehemaliger Chef von Greenpeace International)

Zugegeben, das Thema Umwelt ist seit einigen Jahren nicht mehr en vogue. Das sah Ende der 80er und zu Beginn der 90er Jahre des 20. Jahrhunderts noch anders aus: Als Ausdruck gesellschaftlicher Sättigungstendenzen und im Scheinwerferlicht der Grünen erlebten ökologische Themen einen Boom und bescherten Greenpeace & Co. satten Mitglieder- und Spendenzuwachs.

Doch das Blatt hat sich gewendet. Arbeitslosigkeit und der Abbau von Sozialleistungen überschatten die Umweltdebatte, von der in der Vergangenheit durch Umweltgesetzgebung und ökologische Steuerreform wichtige Impulse für Politik und Wirtschaft ausgingen. In vielen »klassischen« Umweltbereichen, denen viel Aufmerksamkeit geschenkt wird (Smog, Gewässerverunreinigung), wurde Entwarnung gegeben, während die »unsichtbaren« Umweltprobleme, insbesondere die langfristig wirksamen wie Klimafolgeschäden und Artenschwund, noch ungelöst sind.[517] Kurz: Zu Beginn des 21. Jahrhunderts hat sich trotz weiterhin bestehender Krisensymptome und vollmundig beteuerten Ökobewußtseins eine »Umweltmüdigkeit« in Unternehmen und Gesellschaft breitgemacht.

6.1 Wo der Markt versagt

Die Preise müssen die ökologische Wahrheit sagen.[518]

Ernst Ulrich von Weizsäcker
(Wuppertal Institut für Klima, Umwelt, Energie)

Der Anfang begann mit einem Ende, das alarmierender kaum sein konnte: »Schließlich steht der Mensch nicht vor der Frage, ob er als biologische Spezies überleben wird, sondern ob er wird überleben können ohne den Rückfall in eine Existenzform, die nicht lebenswert erscheint.«[519] Mit diesen schwermütigen Worten endet der 1972 erschienene Bestseller *Die Grenzen des Wachstums* des Club of Rome, der erstmals eine weltweite Debatte über die Zukunft der Menschheit auslöste. Das Buch kam aus einer der weltweit renommiertesten Denkfabriken, dem Massachusetts Institute of Technology (MIT), und brachte das vorherrschende Weltbild ewiger Produktionssteigerung bedrohlich ins Wanken: Das westliche Wachstumsmodell ist ein Wachstum zum Tode.

Die Diagnose hat auch Jahrzehnte später nichts an Aktualität verloren: Die Erschöpfung der Rohstoffvorkommen,[520] die Klimaveränderung durch Treibhausgase[521] oder die Zerstörung der tropischen Regenwälder[522] sind vom Menschen erzeugte Probleme, die einer dauerhaften Sicherung der Lebensgrundlagen entgegenstehen und nicht mit irgendeiner Business-as-usual-Strategie in Einklang zu bringen sind.[523] Nach Untersuchungen des Umweltforschers Lutz Wicke verursachten allein die Umweltbelastungen des Jahres 1992 in Deutschland Schäden von 103,9 Milliarden Euro, damals fast 7 % des Bruttosozialproduktes.[524]

Der durch derart viele Hiobsbotschaften geläuterte Mensch versucht nun, tugendhaft zu leben – doch nicht sofort und nur im Prinzip. Denn der Schritt vom Umweltbewußtsein zum Umweltverhalten gestaltet sich schwierig. Das Problem ist immer dasselbe: Durch Ideen haben sich die Menschen in ihrer bisherigen Geschichte noch nie groß beeinflussen lassen. Weder von Philosophen noch von anderen bedeutenden Denkern und schon gar nicht von den großen Mahnern, zu denen sich auch Ökologen zählen müssen. Deren Gedanken sind zwar bestechend klar und richtig – nur ändern sie noch lange nicht das Verhalten der Menschen.

Umweltzerstörung und wirtschaftlicher Aufschwung laufen meist Hand in Hand. Nun werden ökonomische Fragen in einer Marktwirtschaft über den Preis reguliert. Bei Umweltfragen funktioniert dieser Mechanismus jedoch nicht: Umweltschädigendes Verhalten führt beim Verursacher nur selten zu Kosten, vielmehr kann die Natur gratis genutzt werden.

Das Problem hat sich seit Tausenden von Jahren nicht geändert, denn schon der Urhirte im Jordantal hatte keinen Anreiz, sich um gemeinsam genutzte Viehweiden zu kümmern. Der daraus entstandene Nutzen kam nämlich allen Hirten zugute, also auch den Schmarotzern, die sich um nichts bemühten, während die Arbeit einzig auf den Schultern der hütenden Sippe lastete. Damals wie heute werden die Trittbrettfahrer belohnt, und da bei unseren Vorfahren niemand einen Vorteil aus der Pflege der Weidegründe zog, kam es zu einer Übernutzung. Den nomadisierenden Hirten hat das wenig interessiert, konnte er doch zur nächsten Wiese weiterziehen. Dem modernen Menschen ist dies verwehrt: Aus einem lokalen Effekt wurde ein globaler, denn die Einleitung schädlicher Chemikalien in die Meere und der Treibhauseffekt wirken weltumspannend.

Steppenmensch und Großstadtsingle

Sowohl Steppenmensch als auch Großstadtsingle kämpfen mit einem Problem, das im Ökonomenjargon »negative externe Effekte« genannt wird. Diese liegen immer dann vor, wenn eine Aktivität Nebenwirkungen verursacht, die das Wohl anderer Menschen beeinträchtigen. Am fatalsten wirkt sich aus, daß der Umweltschädiger seinen Mitmenschen keinen Heller für deren Wohlstandseinbußen zahlen muß und er daher auch keinen Ansporn zum sorgsamen Umgang mit der Natur hat: Die Vorteile der Nutzung werden privatisiert, die Nachteile sozialisiert. Der Marktmechanismus versagt hier also, und von einer ordnenden Funktion der »invisible hand« des Marktes, wie sie das ökonomische Urgestein Adam Smith (→ Kapitel 2.1) in einer auf freiem Handeln basierenden Wirtschaftsordnung sah,[525] kann bei der Umweltnutzung keineswegs die Rede sein, weil kein Preis für die Umweltnutzung zu zahlen ist. Bestes Beispiel dafür sind die zum Teil enormen Transportwege und damit verbundenen

Emissionen selbst für banale Produkte: Eine Studie ergab 1993, das ein in Stuttgart hergestellter Erdbeerjoghurt, seine Zutaten und Bestandteile (Deckel und Glas) insgesamt 8000 km weit reisen.[526] Es lohnt sich nicht, Transportkilometer zu sparen, weil der niedrige Energiepreis keine regulierende Funktion übernimmt.

Selbstordnungsfähigkeit des Marktes außer Kraft

Wenn menschlichen Starallüren im Verhalten gegenüber der Umwelt durch Vernunft kein Einhalt zu gebieten ist, muß der Staat ran. In den industrialisierten Staaten ist die Grenze des von der Gesellschaft akzeptierten »wilden Entsorgens« überschritten. Die Umwelt braucht eine Lobby, einen Eigentümer, der sich beispielsweise für die Reinhaltung der Luft einsetzt. Diese These vertrat erstmals der britische Ökonom Arthur Cecil Pigou (* 1877, † 1959), der 1920 dem Staat die Aufgabe der Marktregelung übertragen wollte:[527] Verursacher von Umweltbelastungen sollten Steuern abführen und Verursacher von Umweltentlastungen Subventionen erhalten. Die Pigou-Steuer zielt auf die »Internalisierung externer Effekte«, also die wieder ins Lot gebrachte Selbstordnungsfähigkeit des Marktes – der Verursacher muß für die von ihm verschuldeten Schäden selbst aufkommen. Wo viel Licht ist, da ist auch viel Schatten: Wesentliches Hindernis für Pigous Vorschlag ist das Problem, den richtigen Steuersatz zu ermitteln.[528]

Dieser Hauptkritik an der Pigou-Steuer versuchte der Brite Ronald Harry Coase (* 1910) dadurch zu begegnen, daß er Umweltschäden durch Direktverhandlungen der betroffenen Parteien beseitigen wollte. Nach dem Coase-Theorem gibt es nämlich nicht einen Verursacher, sondern zwei, da die Umweltprobleme erst durch den Interessengegensatz von Schädiger und Geschädigtem entstehen. Die Kosten für die Ausübung eines »Verschmutzungsrechts«, beispielsweise Lärm oder Abgase, bestehen immer in dem bei der Gegenpartei erlittenen Nachteil.[529]

Auch Coase pocht auf eindeutige Eigentumsverhältnisse, geht aber noch einen Schritt weiter als Pigou: Ihm ist es gleichgültig, ob dem Schädiger oder dem Geschädigten die Eigentumsrechte am Umweltgut zugestanden werden.

Wenn beispielsweise ein Chemieunternehmen giftige Abwässer in einen Fluß leitet, dann sind der Fischer flußabwärts und die Anwohner des Werks davon wenig begeistert, denn der Fischer verliert seine Lebensgrundlage, und die Nachbarn der Fabrik können ihre Kinder nicht mehr im Fluß schwimmen lassen. Liegt nun das Eigentumsrecht für den Fluß bei den Nachbarn, muß die Fabrik mit ihnen verhandeln, welche Entschädigung für die eingeleitete Schadstoffmenge zu zahlen ist, um beispielsweise ein Freibad zu bauen. Aber auch wenn der Fluß der Chemiefabrik gehört, kommt es zu einer Einigung, weil dem Werk ansonsten die Zahlung des Fischers und der Nachbarn für die Senkung der Emissionen entgeht. Hauptsache, der Schaden taucht als Kostenfaktor in der Bilanz einer der beiden Kontrahenten auf. Das Problem in der Praxis: Werden den Geschädigten die Eigentumsrechte zugestanden, können deren überhöhte Forderungen eine Investitionsblockade bei Unternehmen auslösen.[530]

Vordenker der Umweltökonomie

Coase und Pigou gelten als Vordenker der Umweltökonomie, und beide gingen davon aus, daß sich die durch Umweltverschmutzung verursachten Schäden in Euro und Cent beziffern lassen. In der Praxis ist aber genau dies äußerst schwierig. (Welche Kosten entstehen für die Beeinträchtigung der menschlichen Gesundheit durch die Produktion einer Büroklammer?) In der Vergangenheit hat sich der Staat dieser heiklen Aufgabe und damit möglicher Kritik entzogen, indem er vor allem zur Wunderwaffe »Grenzwerte« griff: Unternehmen und Privatpersonen müssen ihre Abgase und den Chemikalienausstoß auf eine festgelegte Menge reduzieren.

Grenzwerte hatten ihre Hochkonjunktur in den 1980er Jahren, als in Deutschland mit den Immissionsschutzverordnungen zur Luftreinhaltung und Lärmbekämpfung eines der umfangreichsten Gesetzeswerke zum Umweltschutz entstand. Waldsterben und Smog hatten die Politik zum Handeln gedrängt.

Grenzwerte haben bei gesundheitsschädlichen Stoffen ihre Berechtigung, denn die Deckelung der Emissionen wirkt schnell. Doch die Überwachung fordert einen hohen Aufwand – jedes Gerät vom Rasenmäher bis zum Großkraftwerk muß regelmäßig geprüft werden. Ein weiterer Haken an der Sache: Nach Erreichen der Grenzwerte besteht kein Anreiz mehr, freiwillig noch geringere Emissionswerte zu erzielen. Die Umweltqualität stagniert, wenn die Grenzwerte nicht laufend gesenkt werden. Von den Gesetzen der Marktwirtschaft ist die Grenzwertpolitik weit entfernt.

Heute geht die Politik einen Schritt weiter. Ganz im Sinne Pigous und Coases ergreift der Staat als Anwalt der sprachlosen Natur erneut das Zepter und legt einen Mengenpreis für die Umweltnutzung fest: eine Ökosteuer. Vorreiter für die Ökosteuer in Europa waren 1988 die Niederlande, die daraus 1992 eine kombinierte Energie- und CO_2-Abgabe machten. Die Steuer wirkt jedoch nicht so, wie sie könnte, denn viele Ausnahmen machen sie zu einem zahnlosen Tiger: Die konkurrenzlosen Preise, die Hollands Bauern für ihre Produkte verlangen, beruhen auf kräftigen Energiesubventionen. Die holländischen Industrieprodukte, allgemein als Tomaten deklariert, sind nicht mehr als in rote Schalen verpackte Energie.[531]

Eine solche Blendrakete will die seit dem 1. April 1999 in Deutschland wirksame Ökosteuer nicht sein: Die Steuer dient der Verhaltenssteuerung, Sonderrechte sind nicht vorgesehen, und die Steuersätze für Benzin und Diesel werden sogar bis 2003 jährlich um etwa drei Cents (6 Pfennig) erhöht.

Ökosteuer in Deutschland

Der besondere Charme dieser Steuer liegt darin, daß im Gegenzug der Beitragssatz für die Rentenversicherung sinkt. Die Ökosteuer beglückt also nicht den Finanzminister, sondern fließt vollständig in die strapazierte Rentenkasse. Der Effekt: Der Energieverbrauch wird teurer, die Arbeit im Gegenzug billiger. Welche andere Steuer kommt schon als Verringerung der Rentenbeiträge und durch die Senkung der Arbeitskosten in Form zusätzlicher Arbeitsplätze zurück? Die Idee dieser doppelten Dividende basiert auf einer 1994 vom Deutschen Institut für Wirtschaftsforschung im Auftrag von Greenpeace vorgestellten Studie. Die Einwände gegen die Steuer haben sich seit damals nicht geändert, zeigen jedoch, daß von dem Konzept gelegentlich nur die eine Hälfte verstanden wird: Laut Bundesverband der Deutschen Industrie tragen Unternehmen schon immer einen großen Teil der Umweltschutzkosten, und zusätzliche Umweltabgaben oder Ökosteuern passen nicht in eine »marktorientierte Umweltpolitik«. Es kam sogar der Vorwurf vom kostspieligen Einstieg in die »ökologische Planwirtschaft«.[532]

Trotz ihres zarten Alters ist die Steuer längst nicht der letzte Schrei der Umweltpolitik: Diese Ehre gebührt den Emissionslizenzen. Dabei wird zunächst wie bei der Grenzwertpolitik für eine Region ein noch akzeptables Verschmutzungsniveau festgelegt, und der Staat gibt Zertifikate aus, die das Recht auf Emission verbriefen. Die Verursacher erhalten anfangs entweder eine Grundausstattung an Zertifikaten oder müssen die Rechte ersteigern.

Die Zertifikate können wie Aktien an einer Börse gehandelt werden, so daß jedes Unternehmen seine Menge an Verschmutzungsrechten erwerben kann und die Emissionsvermeidung »zu den volkswirtschaftlich geringsten Kosten«[533] sichergestellt ist. Auch die Geschädigten können Einfluß auf die Emissionsmenge ausüben, indem sie Zertifikate kaufen. Auf der Klimakonferenz 1997 im japanischen Kioto wurde der Handel mit den Lizenzen als umweltpolitisches Instrument offiziell anerkannt,[534] bisher jedoch in der Praxis kaum beachtet. Nur in den USA kommt das Instrument zum Einsatz: Seit 1990 wird damit der Schwefeldioxidausstoß der 110 sündigsten Kraftwerke begrenzt, zehn Jahre später erweiterte die damalige Clinton-Regierung die Regelung sogar auf über 2000 Anlagen.[535]

Auch wenn die Selbstregelungskräfte des Marktes durch diesen neuen Vorschlag langsam Einzug in die Umweltdiskussion halten, bleibt ein Problem nach wie vor ungelöst: Entscheidender Faktor für eine Verhaltenssteuerung der Umweltschädiger ist die Höhe des Preises, den diese für die Naturnutzung zahlen müssen. Am geradlinigsten im Sinne des Umweltschutzes wäre die Finanzierung eines Großteils des Staatshaushalts über die Einführung einer entsprechend hohen Steuer auf Naturverbrauch und -beeinträchtigung – bei gleichzeitiger Abschaffung der Besteuerung menschlicher Arbeit (Lohnsteuer). Das dürfte politisch in naher Zukunft kaum opportun sein, und entsprechend zaghaft sind trotz Ökosteuer Ansätze in dieser Richtung. Doch auch mit einem grundlegenden Umschwung und mehr »Markt« in der Umweltpolitik verbessert sich die ökologische Situation nicht zwangsläufig: Ressourcenverbrauch und Emissionen werden zwar bestmöglich gesteuert, nicht jedoch verringert. Langfristig besteht somit für die Umweltpolitik die Gefahr, trotz richtiger Marktanreize und Emissionslizenzen geradewegs in eine Ökokatastrophe zu steuern – dann aber immerhin ökonomisch optimal.

6.2 Vom Shareholder Value zum Stakeholder Value – Öffentlicher Dialog als Herausforderung

Die Öffentlichkeit ist kein Trottel, sondern deine Frau.[536]

DAVID OGILVY
(Gründer der Werbeagentur Ogilvy & Mather)

Der Manager, dieses Geschöpf, das nur den lieben Gott über sich akzeptiert, unsere Umwelt verschmutzt und bei betrügerischen Geschäften schamlos abkassiert, fürchtet auf Erden naturgemäß weder das Finanzamt noch den nächsten Konjunktureinbruch. Nein, Angst hat er nur am Wochenende vor der liebeshungrigen Ehefrau und während der Woche vor feindlichen Übernahmen. Und das Grauen ist um so größer, je schlechter die eigene Performance ist – in der Erotik und in der Firma.

Nun sind die meisten Unternehmenslenker eher mit ihrem Betrieb verheiratet als mit der Gattin und sehen deshalb nicht rot, wenn's daheim kriselt, sondern wenn es im Unternehmen nach Mißmanagement riecht. Denn ein lausiger Profit macht die Geldgeber ungeduldig, und dem Unternehmen droht der Verkauf. Da bei solchen Take-overs häufig das Management seinen Hut nehmen muß, gilt es für die Geschäftsführung, durch einen warmen Geldregen für die Eigner einer Übernahme und damit der eigenen Entmachtung entgegenzuwirken. Das Zauberwort heißt Shareholder Value, Wertsteigerungen für die Eigentümer, also bei Aktiengesellschaften regelmäßige Kurssteigerungen und eine saftige Dividende.

Zwangsläufig bedeutet Shareholder Value die Ausrichtung sämtlicher Unternehmensaktivitäten auf den Vorteil einer einzigen Gruppe – der Eigentümer. Luxusdiskussionen über Umweltschutz spielen keine oder nur eine indirekte Rolle, denn Geld läßt sich damit – so die Meinung der Shareholder-Jünger – kaum verdienen. Aus Sicht der Geldgeber ist ein Unternehmen nämlich nicht mehr als ein

Vermögensfonds, der vom Firmenmanagement verwaltet wird und nur dann gut gemanagt ist, wenn das Engagement eine Rendite abwirft, die über der marktüblichen Verzinsung einer Bank liegt.

Aussterbende Spezies

Der Shareholder ist daher zunächst an der Vermehrung seines eingesetzten Kapitals interessiert, wobei der »klassische« Kapitalist, nur auf den eigenen Vorteil bedacht, eher eine aussterbende Spezies ist. Denn im dritten Jahrhundert der Industrialisierung liegt das Ziel eines Unternehmens nicht mehr nur in der Produktion und im Vertrieb irgendwelcher Leistungen oder in der Gewinnerzielung, sondern in der Befriedigung verschiedenster Ansprüche:[537] Die »Generation der Erben«, nämlich die jüngeren Mitarbeiter, sollen im Unternehmen gehalten werden, die Öffentlichkeit verlangt ein Minimum an ökologischer und sozialer Verantwortung, und die Kunden verlangen brauchbare Produkte. Eine möglichst hohe Rendite ist nur ein Ziel.

Nun werden Unternehmen kaum gegründet, um Umweltpreise zu gewinnen – ohne Gewinn gibt es weder Umweltschutz und soziale Verantwortung noch Gehälter. Zwar bewegen sich Unternehmen in einer »freien Wirtschaft«, sie sind jedoch nur in den wenigsten Fällen tatsächlich frei in ihren Entscheidungen, sondern eingebunden in eine Gesellschaft und daher nur eingeschränkt autonom. Häufig haben die Shareholder nicht mehr alle Fäden in der Hand, und das Unternehmen oder eine ganze Branche muß sich mit Gruppierungen herumschlagen, deren Anspruch an das Unternehmen zwar nicht einklagbar ist, die aber durch andere Drohgebärden ihre Forderungen durchzusetzen wissen: durch Kündigung der Geschäftsbeziehungen, Boykottaufruf oder die Mobilisierung öffentlichen und damit politischen Drucks über eine effektive Medienarbeit.

Neben den Shareholdern werden diese Gruppen zu einer immer wichtigeren Macht – der Shareholder Value wird zum Stakeholder Value, der Nutzensteigerung für alle Anspruchsgruppen auch außerhalb von Geschäftsbeziehungen. Brenzlig wird es für ein Unternehmen dann, wenn es auf die eigenen Entscheidungen keinen Einfluß mehr hat und seine Produkte vom Markt nehmen muß. So erging es in den 1980er Jahren der Firma Eternit, die nach langem juristischem

Gerangel gezwungen war, ihre Produktion gesundheitsgefährdender Asbest-Werkstoffe zu stoppen, und deren schwedische Tochterfirma daraufhin bankrott ging.[538] Solche Fälle sind selten. Doch der Image- und Umsatzverlust derartiger Auseinandersetzungen kann beträchtlich sein. Daß es auch anders geht, bewies der Getränkeabfüller Perrier: Als 1990 in seinem Mineralwasser Benzol gefunden wurde, nahm das Unternehmen innerhalb kurzer Zeit weltweit 160 Millionen (!) Flaschen vom Markt.[539] Die Flucht nach vorne bekam dem Unternehmen gut, außer kleinen Imageblessuren durch erste verwirrende Erklärungsversuche war der Fall bald ausgestanden.

Multi am Marterpfahl

Nicht immer laufen die vertrauensbildenden Maßnahmen so reibungslos, häufig bleibt eher der Eindruck eines Vertuschungsmanövers. Welche Konsequenzen dies hat, mußte Mitte der 1990er Jahre das damals drittgrößte Unternehmen der Welt erfahren, Royal Dutch/Shell, das sich wegen der Versenkung der Ölplattform Brent Spar mit dem Zwerg Greenpeace anlegte und eine bittere Niederlage einstecken mußte (→ 10. Exkurs). Im Fall Brent Spar stand die europäische Öffentlichkeit klar auf der Seite der Umweltschützer, denn es ging um mehr als die Entsorgung eines Stahlriesen von der Höhe des Kölner Doms (156 m): Royal Dutch/Shell wurde stellvertretend für alle Multis am Marterpfahl geröstet – jene weltumspannenden Giganten, denen nach Seveso, Bhopal und Exxon Valdez eine ökologische Verantwortungslosigkeit vorgeworfen wird. Solche Unternehmen werden besonders kritisch beobachtet und von der Öffentlichkeit zunehmend als Machtfaktor außerhalb politischer und gesellschaftlicher Kontrolle gesehen.[540] Stakeholder wie Umweltorganisationen und Bürgerinitiativen bieten dem als selbstherrlich empfundenen Auftreten der Unternehmen Paroli und übernehmen damit die traditionell dem Staat vorbehaltene Rolle des Gegenpols und der Konfliktregelung.

Was vielen Unternehmen fehlt, sind robuste Stakeholder-Szenarien, eine Art Risikoradar, durch das sie nicht nur ihre Kunden und deren Wünsche erkennen, sondern auch Situationen vermeiden können, in denen ihnen von außen Verhaltensregeln vorgeschrieben werden. Sofern ein Unternehmen langfristig überleben will, darf es eben nicht nur auf die Forderungen des Marktes und gesetzlicher Bestimmungen reagieren, sondern muß die Ansprüche sämtlicher Stakeholder je nach deren Machtausübung im Auge behalten.

Obwohl schon in den 1960er Jahren an der Stanford University entwickelt, wurde der Stakeholder-Ansatz in Europa erst durch den britischen Premierminister Tony Blair populär, der mit seinem »Dritten Weg« einer »Stakeholder-Gesellschaft« den Weg ebnen will – einer Art partnerschaftlichem Volkskapitalismus nach dem Grundsatz »kein Recht ohne Verantwortung«. Zwar räumte Blair noch 1999 ein, daß dieses Projekt sich in einem frühen Erprobungsstadium befinde,[541] in Teilen der Wirtschaft hat das Konzept jedoch zumindest verbal längst Schule gemacht. So erteilte der ehemalige Chef der Deutschen Bank, Hilmar Kopper, dem Rambo-Kapitalismus und besonders dem Konzept des Shareholder Value eine Absage: »Die Aktie darf nicht gegen die Arbeit ausgespielt werden.« Die Deutsche Bank spreche deshalb nicht vom Shareholder Value, sondern vom Stakeholder Value.[542]

Frosch löst Revolution aus

Gesellschaftlich erwünschte Gesinnung, nach außen durch markige Worte gepriesen, muß nicht zwangsläufig auch in entsprechendes Verhalten münden, vor allem dann, wenn PR-Maßnahmen ausreichen, um simuliertes Gebaren glaubwürdig als »gelebt« zu verkaufen. Entscheidend sind fast immer die Machtkonstellationen, die auf die Entscheidungsträger in den Unternehmen wirken.

Nun ist das Bedrohungspotential einzelner Stakeholder keineswegs statisch, sondern unterliegt Veränderungen und ist damit nur schwer kalkulierbar. Diese Erfahrung mußten Ende der 1980er Jahre die Hersteller von Haushaltsreinigern machen. Die Kunden als wichtigster Stakeholder sprachen ein Machtwort im gesättigten Markt, auf dem »Meister Proper« und »Der General« ihre Marktanteile nur durch aufwendige Werbekampagnen halten konnten und der Auftritt der Marke Frosch des Mainzer Unternehmens Werner & Mertz eine Revolution auslöste: Nach nur vier Jahren Präsenz übernahm Frosch 1991 im wichtigen WC-Reiniger-Markt mit fast 25 %

Anteil die Marktführerschaft. Als Reaktion paßten sich die Konkurrenten dem Trend an und führten neue Produkte ein, stellten in ihrer Produktwerbung ökologische Kriterien in den Vordergrund oder veränderten die chemische Zusammensetzung bereits am Markt plazierter Produkte (»Essigreiniger«).[543]

Unterschwellig spielte auch in diesem Fall die öffentliche Meinung eine gewichtige Rolle, denn ohne Übereinstimmung mit dem Zeitgeist haben neue Marktstrategien kaum Erfolgschancen. Und weil WWF, Amnesty und Greenpeace diese Trends mitbestimmen, haben sie sich in den Chef-Etagen vieler Unternehmen gehörigen Respekt verschafft. Beängstigend für die Manager ist aber erst deren Einfluß auf die öffentliche Meinung. Die Non-Governmental Organizations (NGO) beherrschen es immer professioneller, auf der Klaviatur der Öffentlichkeitsarbeit zu spielen – ein Know-how, für die der Ex-Regierungssprecher und Industrie-Lobbyist Peter Boenisch berufsbedingt nur Spott übrig hat: »Wenn Greenpeace sagt, der Umwelt zuliebe müßten die Bananen gerade sein, dann bügelt die umweltbewußte Hausfrau Bananen.«[544]

Das Frosch-Beispiel zeigt, daß die Verbraucher auch ohne Appell sensibel handeln; die Fakten reichen, Konsequenzen ziehen viele selber. Otto Normalverbraucher ist selbst zu einer eigenen Art von internationalem Multi gereift, der seine Macht jedoch oft unterschätzt. Greift er gemeinsam mit den NGO zur Boykottwaffe, reagieren Regierungen und Unternehmen vielfach noch immer so, als handle es sich um das lästige Geschrei langhaariger Hippies, die die Souveränität der politischen und wirtschaftlichen Entscheidungsträger zu durchkreuzen suchen. Der Verlauf der öffentlich und kontrovers geführten Debatten zeigt allerdings, daß Unternehmen schnell ihren Einfluß auf die Entwicklung der Diskussion verlieren: Die Gentechnikindustrie hat die Schlacht in Europa fast schon verloren – beim Verbraucher sind die als »grüne Biotechnologie« feilgebotenen Soja- und Maisprodukte durchgefallen.

»Killertomaten« und »Frankenfood«

Den großen Saatgutherstellern DuPont, Novartis und allen voran Monsanto ist es nicht gelungen, das Vertrauen der Bevölkerung zu gewinnen und mit der eigenen Position zu überzeugen. Zweistellige Milliardenbeträge steckten die Konzerne in die Entwicklung der neuen Technologie, kaum einen Dollar jedoch in die Kommunikation mit der kritischen Öffentlichkeit. Angesichts der kursierenden Begriffe wie »Killertomaten« und »Frankenfood« ist das nur schwer nachvollziehbar – in Europa finden gentechnisch veränderte Produkte kaum Käufer. Daß die Gentechnik bei Nahrungsmitteln auf Ablehnung stößt, in der Medizin jedoch akzeptiert wird, hat einen einfachen Grund: Die Industrie hat immer wieder behauptet, die Menschen hätten nicht das Wissen zur rationalen Meinungsbildung über die Gentechnik, tat zugleich aber so, als könnte der Konsument komplizierte Nutzen-Risiko-Entscheidungen für Genprodukte in einer Minute im Supermarkt erledigen.

Ob Eternit, Shell oder Monsanto – vom partnerschaftlichen Dialog mit der Öffentlichkeit sind die meisten Unternehmen noch weit entfernt. Trotz aufwendig gestalteter Imagebroschüren und Fernsehspots verstehen sich viele Unternehmen besser auf eine Business-to-Business-Kommunikation als auf die glaubwürdige Darstellung eigener Positionen in der Öffentlichkeit. Der US-Medienkritiker Robert McChesney sieht eine Ursache nicht nur bei den Unternehmen selbst, sondern auch bei einer allzu harmlosen Presse: »Über Konzerne wird besonders in den USA etwa so kritisch berichtet wie damals in der Sowjetunion über die Kommunistische Partei.«[545] Weil die Unternehmen nur selten öffentlich am Pranger stehen und von den Medien eher mit Samthandschuhen behandelt werden, fühlen sie sich unangreifbar – und verstehen den Dialog mit der Öffentlichkeit außerhalb des üblichen PR-Getrommels häufig nur als lästige Pflichtübung.

10. EXKURS

Die Macht der Öffentlichkeit – Shell, Greenpeace und die Auseinandersetzung um die Brent Spar

Wer erinnert sich noch? Im Mai und Juni 1995 schlugen die Wogen der öffentlichen Meinung hoch: Shell gegen Greenpeace, Shell gegen die deutsche Öffentlichkeit und schließlich Shell gegen halb Europa. Der Ölkonzern wollte eine ausgediente Ölverlade- und Lagereinrichtung namens Brent Spar im Nordatlantik versenken und damit aus Sicht der Umweltorganisation billig entsorgen. Für die Medien war der Konflikt ein gefundenes Fressen: Packende Bilder eines Kampfes David gegen Goliath versprachen steigende Auflagen und Einschaltquoten, und Überschriften wie »Kampf um Brent Spar: Shell-Rammboot mit

Shareholder Value in der Klemme: Der Konflikt um die Brent Spar zeigte 1995, welche Macht gesellschaftliche Gruppen mobilisieren und daß sie damit auch Großkonzerne wie Shell in die Knie zwingen

brutaler Enter-Aktion« oder »Menschenjagd in der Nordsee«[546] bewegten sich in verdächtiger Nähe zur Kriegsberichterstattung. Trotzdem: Die Auseinandersetzung ist ein Lehrstück dafür, welche Macht von der Öffentlichkeit ausgeht und welchen Imageverlust ein Unternehmen durch Beharren auf dem eigenen Standpunkt selbst verursachen kann.

Auslöser des Konfliktes war eine Genehmigung der britischen Regierung, die Shell zur Versenkung der Brent Spar im Atlantik berechtigte. Greenpeace besetzte innerhalb von sieben Wochen in dramatischen Aktionen dreimal die Plattform und versuchte, durch Aktionen vor Shell-Tankstellen und einen indirekten Boykottaufruf den Druck auf Shell zu erhöhen. Binnen kurzer Zeit gelangte die Auseinandersetzung auf die Titelseiten deutscher Zeitungen. Sogar Politiker forderten einen Shell-Boykott. Der Gipfel war erreicht, als beim Evangelischen Kirchentag Kirchentagspräsident Ernst Benda beim Schlußgottesdienst offen zum Shell-Boykott aufrief und das Thema sogar auf dem Weltwirtschaftsgipfel zur Sprache kam. Die öffentliche Diskussion weitete sich von Deutschland auf andere europäische Länder aus und gewann auch in Großbritannien als Entscheidungsort erheblich an Bedeutung *(Daily Mirror:* »Mord auf hoher See – wie das Meeresleben ausgelöscht wird«). Allein in Deutschland erreichte die Berichterstattung bis zu 550 Presse- und 170 Fernsehbeiträge täglich (!).[547]

Eine nüchterne Analyse der Ereignisse offenbart das Erfolgsrezept der Greenpeace-Kampagne: Die Öffentlichkeit identifizierte sich schnell mit den Argumenten der Umweltschützer und unterstützte aktiv den Boykott. Greenpeace trat durch die Besetzung der Plattform mit einem Paukenschlag in die Öffentlichkeit. Nach einer Umfrage zur Boykottbereitschaft und lokalen Protestaktionen wurde der Druck rasch auf die Schwachstelle des »Gegners« – nämlich Umsatzeinbußen – verlagert. Daß sich eine solidarische »Einheitsfront« gegen das Unternehmen bildete, war nicht zuletzt Ergebnis einer professionellen Öffentlichkeitsarbeit, die es schaffte, das Thema fast täglich in den Medien zu halten. Gezielt schaltete die Organisation bei einer Nachrichtenflaute bezahlte Anzeigen in überregionalen Zeitungen, durch die es gelang, Meinungsführer zu werden und zu bleiben. Zudem versuchte Greenpeace, durch öffentliche Appelle Koalitionen in der Politik zu gewinnen. Die gesamte Aktion wirkte trotz der straff organisierten Vorgehensweise lebendig, engagiert und spontan.

Aus der Sicht von Shell müssen die Ereignisse Verständnislosigkeit erzeugt haben. Das Unternehmen hatte nicht nur die Genehmigung der britischen Regierung eingeholt, sondern auch Umweltgruppen (außer Greenpeace) in die Entscheidung einbezogen. Die Kampagne traf ein Unternehmen, das auf eine solche Auseinandersetzung von seinem Selbstverständnis her – es war damals der weltgrößte Ölkonzern – nicht vorbereitet war. Es reagierte auf die Greenpeace-Aktivitäten wie ein vorher feststehender Sieger: Kampagnenplanung und gesellschaftliche Akzeptanz der Umweltorganisation wurden sträflich unterschätzt. Shell hatte nicht damit gerechnet, daß Greenpeace nach der ersten Besetzung mit weiteren Aktivitäten »nachlegen« konnte. Entsprechend uneinsichtig und reaktiv war das Erscheinungsbild des Unternehmens. Es fand mit eigenen Erklärungen keinerlei Gehör mehr, und bereits nach vier Wochen war der Vorsprung, den Greenpeace mit seinen Argumenten erreicht hatte, kaum noch aufzuholen. Insofern ist fraglich, ob die kurz vor Ende des Konflikts veröffentliche Greenpeace-Behauptung, an Bord der Spar befänden sich noch 5500 Tonnen Altöl – was sich als falsch erwies –, tatsächlich zu einem Meinungsumschwung zugunsten von Shell geführt hätte.

Insgesamt zeigt der Konflikt, daß für unternehmerische Entscheidungen gesellschaftliche Glaubwürdigkeit notwendig ist, da gerade Umweltorganisationen in der Bevölkerung und den Medien einen Vertrauensvorschuß genießen, dem mit sachlichem Widerspruch kaum zu begegnen ist – die Argumentation wandert häufig auf eine moralische Ebene. Zudem sind Organisationen wie Greenpeace weit entfernt davon, ein loses Gefüge einer Bürgerinitiative zu sein, sondern sie agieren mit hoher Professionalität und sind international präsent. Deutlich ist auch, daß der Erfolg in einer modernen Informationsgesellschaft wesentlich vom

Kommunikationsdesign abhängt. Nicht umsonst räumte Shell nach den Erfahrungen mit dem »Droharsenal« der Umweltorganisation ein, daß solche Gruppen künftig neben der Politik als Dialogpartner und neutrale Berater konsultiert werden sollten.[548] Zumindest lehrt die »unerhörte Kombination der Vorgänge«[549] – professionell organisierte Aktionen, spontane Parteinahme sowie massenhafter Boykott –, daß traditionelle Autoritäten wie Wissenschaft, Politik und Wirtschaft an Einfluß verloren haben. Wer sich unsensibel über die Meinung der (gelenkten) Öffentlichkeit hinwegsetzt, will Konflikte nicht vermeiden, sondern sieht sich als unangreifbar – eine fatale Einschätzung, wie die Lektion Brent Spar zeigt.

Im Juni/Juli 1999 und damit vier Jahre nach ihrer PR-Schlappe kam Shell noch zu später Genugtuung: Die in Ringe zersägte und gereinigte Brent Spar wurde doch versenkt – auf den Meeresboden Norwegens als Fundament für eine neue Kaianlage. Eine Lösung, gegen die auch Greenpeace nichts mehr einzuwenden hatte.

6.3 Das grüne Unternehmen – Auf der Suche nach mehr ökologischer Kreativität

Ökologie ist Langzeitökonomie.
JOSÉ LUTZENBERGER (ehemaliger Umwelt-Staatssekretär Brasiliens)

Der Schachzug war klug vorbereitet: Als der Glasmarkt Ende der 1960er Jahre keine sonderlichen Wachstumsraten mehr versprach, verkündeten die Herren der Branche mit der Einwegflasche kurzerhand die Revolution in der Bequemlichkeit. Und da mit der Besetzung der Begriffe schon die halbe Miete eingefahren ist, schoben sie mit »Ex und hopp« auch gleich den passenden Slogan hinterher. Die Wegwerfpullen wurden ein Erfolg, mit dem lockeren Werbespruch allerdings schossen die Glasmanager das formvollendetste Eigentor der PR-Geschichte: Das Motto entwickelte sich zum Synonym der gleichgültigen Wohlstandsgesellschaft. Als die Politik wegen überlaufender Müllkippen mit Gesetzen drohte, schüttelte die Branche rasch ein Sammel- und Wiederverwertungssystem für die Flaschen aus dem Ärmel – dank des Recycling-Alibis konnte weiterproduziert werden wie bisher.[550]

Alles wäre halb so schlimm, wenn die Ökobilanz des Produzieren-Sammeln-Wiederverwertens stimmen würde. Doch leider landen immer noch zu viele Flaschen nicht im Glascontainer, sondern auf Deponien und in Müllöfen. Außerdem kann der Gang zum Container das Gewissen nicht beruhigen, denn für das Glasrecycling ist ein erheblicher Energieaufwand notwendig. Nicht umsonst rief der Bund für Umwelt- und Naturschutz vor Jahren sogar zum Boykott von Glascontainern auf.[551]

Das Volk, der große Lümmel

Trotz klaren Bekenntnisses zum Umweltschutz passiert wenig, wenn der Anreiz fehlt. Das Sammeln lohnt sich nicht, wenn kein Pfand erstattet wird – ein Sieg der Bequemlichkeit. Auch aus diesem Grund war die (vorläufige) Ablehnung des für Anfang 2002 geplanten Zwangspfands auf Einwegdosen[552] ökologisch bedenklich: Die Dosen werden zunehmend den Mehrwegverpackungen vorgezogen und nicht separat gesammelt, sondern fliegen in den übrigen Müll. Vor allem aber ging vom Einknicken der Politik ein falsches Signal aus: Die großen Getränkeabfüller wußten seit 1991, daß bei Unterschreitung einer bestimmten Mehrwegquote eine Pfandpflicht auf sie zukommt. Sie taten – nichts.

Schuld an der Diskrepanz zwischen Einstellung und Verhalten ist deshalb keineswegs nur das Volk, »der große Lümmel« (Heinrich Heine), sondern sind auch die Unternehmen, die gelegentlich mit wenig vertrauensbildendem Verhalten die Informationsunsicherheit von Otto Normalverbraucher schüren:[553]

- Bhopal-Effekt: Aufgrund von Chemieunfällen, dem Verkauf ökologisch und gesundheitlich bedenklicher Produkte sowie umweltgefährdenden Produktionsverfahren trauen die Kunden den Firmen nicht über den Weg. Negativbeispiele wie der Einsatz ozonzerstörender Gase, die Dünnsäureverklappung in der Nordsee oder der Verkauf gesundheitsschädigender Medikamente (Contergan) lasten auf dem Verhältnis.
- Verschleierungstaktik: Der Kunde wird bewußt in seinem Informationsrecht und seiner Wahlfreiheit eingeschränkt und seine Unwissenheit da ausgenutzt, wo die Produktvielfalt so groß ist, daß die Konsumenten »nicht mehr durchblicken« – wie bei Kosmetika, Textilien oder der Kostenaufschlüsselung von Reparaturen. Dazu gesellen sich Preisabsprachen oder die Ausnutzung monopolartiger Stellungen (Stromwirtschaft).
- Täuschungsmanöver: Unwahrheiten und Intransparenzen in den Bereichen Werbung, Verpackung, Preis und Marktleistung erwecken bisweilen den Eindruck von Blendwerk oder gar bewußter Irreführung.[554] Beispielsweise wies die Stiftung Warentest im Sommer 2000 in über einem Drittel der von ihr untersuchten Lebensmittel gentechnische Veränderungen nach, die auf den Produkten hätten deklariert werden müssen.[555]
- Marketingmacht: Im Konsumgüterbereich mit starker Konkurrenz fällt auf, daß nicht mehr die Kunden die Produktmerkmale vorgeben, sondern die Produzenten durch die Herrschaft des Marketings das Verhalten der Kunden steuern. Einziger Sinn der Werbung ist es, den Verbraucher so zu instrumentalisieren, daß er

nicht mehr diejenigen Güter nachfragt, die er an sich zu haben wünscht, sondern jene, von denen die Unternehmen wollen, daß er sie konsumiert.

Die Kunden wurden von den Unternehmen schrittweise entmachtet, denn sie sind das letzte Glied der Informationskette und gewinnen ihre Macht erst über die Mobilisierung durch andere Interessengruppen zurück. Das grüne Unternehmen wird es daher so lange nicht geben, wie die Konsumenten sich ihres Einflusses auf Unternehmensentscheidungen nicht bewußt sind und das eigene Verhalten ökologisch ausrichten. Daß das Thema Umwelt in den Unternehmen wieder in den Hintergrund tritt und wie in den 1970er Jahren an wirtschaftlichen Interessen scheitert, ist unübersehbar. Die Diskussion um den angeblichen Interessenkonflikt zwischen Wirtschaftlichkeit und Umwelt wird erneut belebt, obwohl jedem Unternehmer klar sein muß, daß wirtschaftliche Effizienz automatisch auch mehr Ökologie in der Produktion bedeutet: In der Umweltentlastung tonangebende Anlagen sind auch in der Ressourcenschonung wegweisend.

Was fehlt, sind neue Ideen. Die Umsetzung der Ökosteuer mit regelmäßigen Preisschüben bei der Energiebesteuerung führte zwar zu einem öffentlichen Aufschrei, ist aber notwendig. Im Jahr 1981 kostete ein Liter Superbenzin 0,79 Euro (1,55 DM),[556] Mitte 2001 kostete der Liter 1,03 Euro (2,01 DM) – eine Steigerung von fast 30 %. In denselben 20 Jahren stiegen die Verbraucherpreise jedoch um über 50 %[557] – der Sprit ist trotz Ökosteuer sogar billiger geworden.

Gut gemeint ist nicht gut gemacht

Viel ist gesagt, noch mehr geschrieben worden, doch radikale Änderungen gab es keine, weder eine Verlangsamung der Modezyklen, die dem Konsum jenseits des Notwendigen Vorschub leisten, noch eine Erhöhung der Haltbarkeit von Produkten. Ökologisch ist das bedenklich: Gut gemeint ist nicht gut gemacht, und mit der zum Ziel erkorenen, aber krumm formulierten »nachhaltigen Entwicklung« hat das bisherige Wirtschaften wenig zu tun. In letzter Konsequenz müßten einzelne Produkte vom Markt verschwinden, weil die verkaufte Menge den schleichenden Garaus für die Firma Erde bedeutet – ein Unternehmen, das seit drei Milliarden Jahren nicht Pleite gemacht hat.

In den Unternehmen klafft bislang ein Bewertungsloch: Die Brücke zwischen volkswirtschaftlichen Schadenssymptomen und betrieblicher Ursachenbekämpfung ist noch nicht geschlagen. Die Kluft spiegelt sich auch in der wissenschaftlichen Spätgeburt einer ökologisch orientierten Betriebswirtschaftslehre in den Vordenkerkreisen von Universitäten und Forschungseinrichtungen wider. In der Volkswirtschaftslehre finden sich wesentlich früher Arbeiten, die sich mit der Umweltproblematik auseinandersetzen. Pigous volkswirtschaftliche Arbeit zu den sozialen Kosten des Wirtschaftens stammt aus dem Jahre 1920, während bis 1988 lediglich *ein* Buch eines betriebswirtschaftlichen Hochschullehrers zum Thema Umwelt und Unternehmen existierte: *Umwelt und Betriebswirtschaft* von Heinz Strebel aus dem Jahre 1980.[558]

Der Grund ist klar: Für die Wirtschaft als Ganzes ist die Berechnung und Anerkennung ökologischer Schäden ungleich einfacher als auf Unternehmensebene, die von möglichen Kosten unmittelbarer und härter betroffen ist. Aber: Die Entscheidung für oder gegen Umweltschutz fällt in den Betrieben.

Alles dreht sich um das Rechnungswesen, das sich im fortwährenden Zustand der Vergangenheitsbewältigung in erster Linie mit sich selbst beschäftigt. Umweltschäden und deren Kosten spielen im betrieblichen Rechnungswesen keine Rolle – selbst in wissenschaftlichen Arbeiten finden beide bisher kaum Platz nebeneinander. Ökologie ist Aufgabe der Umweltabteilung, die Festung Rechnungswesen herrscht über die Finanzen.

Die Festung Rechnungswesen

Es geht auch anders. Ein vom klassischen Rechnungswesen getrenntes Umweltcontrolling in den Betrieben wäre der erste Schritt. Dabei werden alle Eingangs- und Ausgangsströme eines Unternehmens erfaßt (Material, Energie, Gase) und nach ökologischen Kriterien optimiert. Der Bein- und Oberbekleidungshersteller Kunert AG machte

1991 als erstes Unternehmen in Deutschland vor, daß mit einer ausgefeilten Ökobilanz nicht nur ökologisch brisante Materialien erkannt werden können, sondern sich Optimierungen beim Energie- und Wasserverbrauch auch finanziell auszahlen: 1 bis 2% der Gesamtkosten eines Unternehmens lassen sich nach Aussage des Garnverarbeiters durch ein Umweltcontrolling sparen.[559]

Bei manchen Produkten kann sogar noch ein Schritt weiter gegangen werden: Kein Privatmensch und kein Unternehmen braucht ein Auto oder eine Heizung. Bedarf besteht vielmehr für Mobilität und Wärme. Das Auto hat nach einem Tief Ende der 1980er Jahre längst wieder Fetischcharakter erreicht, und viele Menschen lehnen es fast feindselig ab, Autofahren teurer zu machen oder durch Geschwindigkeitsvorschriften einzuschränken. Für die meisten ist das Auto zudem weit mehr als ein Fortbewegungsmittel: Es ist der kaufbare Mythos, der letzte Traum vom Abenteuer im Dschungel, in der Wüste, auf einsamen Küstenstraßen – ständig aufs neue belebt von den Gefühlsingenieuren der Autoindustrie.

Anders im chronisch devisenknappen Kuba: Seinen Mobilitätsbedarf deckt die Insel mit Pferdekutschen, einem begrenzten Busnetz, dem letzten Eisenbahnverkehr der Karibik und der Produktion von Fahrrädern in einer aus China importierten Fabrik. Für eine Industrienation deutschen Kalibers keine Lösung – zumindest so lange, wie der Homo oeconomicus als totalitäre Instanz den Verzicht auf Güter als Einschränkung der Lebensqualität begreift und nicht als Chance für eine bessere Umweltqualität.

Feindbild Nummer eins der Ökobewegung

Der Terror der Ökonomie[560] läßt die Umwelt verblassen, und so werden ökologische Ziele in den bunten Umweltberichten mit ihren stets fallenden Abfall- und Emissionskurven häufig nebulös artikuliert: Sie sind nicht quantifiziert und enthalten oft keine konkreten Umsetzungsfristen für die vage formulierten Maßnahmen. Gerade weil die in den Hochglanzberichten propagierte Ökoeffizienz nicht selten mehr Kosmetik als Realität ist und damit als Synonym für die Halbwahrheiten »der Industrie« gilt, blieb die Geschäftswelt bis heute das Feindbild Nummer eins der Ökobewegung.

Genug kann das grüne Unternehmen nie tun, Öko-Orientierung bleibt eine lebenslange Schinderei. Nicht selten sehen die Firmenmanager daher weg, wenn es um ökologische Vorsorge geht. Defensiv statt innovativ – dabei liegen die Werkzeuge für eine saubere Produktion längst bereit. Neben einer der Ökologie verpflichtete Unternehmensführung ist ein Kurswechsel im Controlling notwendig, also die Verwirklichung und Kontrolle der Umweltziele mittels eines um ein Öko-Controlling ergänzten Rechnungswesens. Nicht zuletzt sind die betrieblichen Abteilungen ökologisch zu trimmen – angefangen bei der Forschung und Entwicklung über die Beschaffung und Produktion bis zur Entsorgung, entsprechend dem Produktlebenszyklus von der Wiege bis zur Bahre.

Gretchenfrage an Unternehmen

Die Lösungen sind simpel, und manchmal stellt sich die Gretchenfrage, warum ökologisch sinnvolle Alternativen, ausgetüftelt von Forschungsinstituten oder den NGO, nicht den Weg in die Produktion finden. Für das Drei-Liter-Auto zum Beispiel, das bereits Mitte der 1990er Jahre von Greenpeace auf der Basis eines Renault Twingo entwickelt und mit altbekannter Technik bestückt worden war, interessierte sich kein Serienhersteller. Einen 7stelligen Betrag hatte die Umweltorganisation für die Entwicklung ausgegeben – verglichen mit den Forschungsetats der großen Automobilproduzenten lachhaft wenig. Kein Serienmodell kann bis jetzt mit dem frisierten Twingo konkurrieren, angeblich fehlt der Markt. Dabei ließe sich auch bei PS-Boliden mit der neuen Technik der Verbrauch erheblich reduzieren. In Ermangelung einer plausiblen Antwort, warum die Konzerne mauern, munkelten Umweltkreise sogar von einem Gentleman's Agreement zwischen Automobil- und Ölbranche. Zumindest beweist das Beispiel, daß für mehr Umweltkreativität und umwelt(mit)gestaltende Unternehmen wohl noch einige ökologische Anschubkatastrophen nötig sind.

6.4 Das Ende des industriell-kapitalistischen Wohlstands?

Einmal kein Fortschritt, das wär' einer.
Klospruch in der Freien Universität Berlin

Wer in den USA das Licht der Welt erblickt, ist bereits Weltmeister: Die 274 Millionen Amerikaner stellen zwar nur 4,6 % der Erdbevölkerung, verbrauchen jedoch 32 % des Papiers, 23 % des Rohöls, 21 % des Rindfleischs und blasen fast ein Viertel (24 %) allen entstehenden Kohlendioxids in die Luft. Mr. Average ist klarer Konsumweltmeister.[561]

US-Amerikaner sind aber auch Umweltschützer. Zwar produziert das Land im weltweiten Vergleich den meisten Müll, es hat aber auch die beste Recyclingquote. PKW-Katalysatoren waren in den USA bereits Pflicht, als in Deutschland kaum jemand das Wort buchstabieren konnte. Kalifornien hat die schärfsten Abgasbestimmungen, und im Handel mit Emissionslizenzen, bisher einziges marktwirtschaftliches Instrument der Umweltpolitik, sind die USA seit Jahren einsame Vorreiter.

Das Dilemma: Die unter dem Treibhauseffekt kräftig gedeihende Umweltbewegung hat zwar dem Gedankenmodell einer »anderen Gesellschaft« zur Popularität verholfen, trotzdem erkennen Mr. Average und Otto Normalverbraucher erst langsam, daß es mit der Erkenntnis nicht getan ist. Es ist der eigene Lebensstil, der die Probleme schafft – 30 % der Weltbevölkerung in den Industriestaaten sind für 70 % der Umweltzerstörung und des Ressourcenverbrauchs verantwortlich.

Ineffiziente Spielart der Industriekultur

Menschen bewegen sich in dem Rahmen, der ihnen vom politischen System vorgegeben wird, und dabei haben sowohl Kapitalismus als auch Sozialismus ihre zerstörerische Kraft in den letzten 50 Jahren ausreichend bewiesen. In den Planwirtschaften war die Umweltschädigung bezogen auf das Volkseinkommen sogar noch ausgeprägter als in den westlichen Industrienationen, und der real existierende Sozialismus machte mit seinem Untergang nur vor, wie es einem System ergeht, das zwar ideologisch pompös als Menschheitsbefreier daherkommt, aber wirtschaftlich und ökologisch nur eine drittklassig und ineffizient organisierte Spielart der kapitalistischen Industriekultur ist. Die Ursache der Umweltzerstörung liegt daher weniger in der weltanschaulichen Ausrichtung eines Staates oder der jeweiligen Wirtschaftsordnung, sondern einzig im Unvermögen der Politik, die richtigen Rahmenbedingungen zu schaffen und »öffentliche Güter« (Natur) mit entsprechend hohen Preisen zu bewirtschaften.

Auch wenn letztlich Unternehmen und Einzelpersonen für mehr Ökologie verantwortlich sind, ist es illusorisch zu glauben, allein durch einen Moralappell deren Verhalten zu ändern. Entscheidungsräume müssen erst geschaffen werden, wobei auch der Marktmechanismus ohne politische Rahmenvorgaben naturzerstörerisch wirkt – besonders, wenn er wie im Umweltbereich fehlt oder durch Subventionen verzerrt wird. Leider hechelt spätestens seit den 1980er Jahren die Politik pausenlos dem öffentlichen Bewußtsein und der Industrie hinterher, getrieben von der Hoffnung, daß schon alles gutgeht, solange die Wirtschaft nur wächst. Vor allem in der Klimapolitik, neben der Artenvielfalt das wichtigste Umweltthema, hat sich bisher wenig Grundsätzliches getan (Zertifikatehandel). Nachdem die große Umweltkatastrophe bis heute ausblieb, ist der ökologische Megatrend wieder in das Gedankengut der 1970er Jahre zurückgefallen: »Let's get rich first and clean up later.«

Zwar hat letztlich jede Wirtschaftsweise der Vergangenheit nichts anderes getan als der Mensch von heute, und jeder Verbraucher der vorindustriellen Zeit könnte sich in seinem Verhalten mit einem modernen Konsumenten vergleichen, doch besteht ein gewichtiger Unterschied: Die Möglichkeiten der Naturzerstörung waren früher ungleich beschränkter als heute. Einen Schritt weiter gedacht: Schaffen es die Entwicklungsländer, das westliche Wohlstandsmodell erfolgreich zu kopieren, bedeutete dies den ökologischen Kollaps. Darin liegt die Denkfalle der Ökonomie, denn was für den einzelnen rational ist, ist für die Gesamtheit katastrophal. Die westlichen Industriestaaten bewegen sich in linearen Produktionsprozessen und sind von einer Kreislaufwirtschaft, bei der Konsum- und Investitionsgüter nach Gebrauchsende eben nicht zu wertlosem Abfall werden, weit entfernt. Über lange Sicht ist das derzeitige Wohlstandsmodell der »Ersten Welt« nicht exportfähig.

In den 1950er Jahren sah das noch anders aus: »Es ist und bleibt der letzte Zweck jeder Wirtschaft, die Menschen aus materieller Not und Enge zu befreien. Darum meine ich, je besser es uns gelingt, den Wohlstand zu mehren, um so seltener werden die Menschen in einer nur materiellen Lebensführung und Gesinnung versinken«,[562] schrieb Ludwig Erhard 1957 in *Wohlstand für alle*, noch geprägt von der Nachkriegsarmut.

Flucht aus Gottes Schoß in den Glauben an Technik

Die Trümmerzeiten sind längst vorbei. Mit der Flucht aus Gottes Schoß in den Glauben an Naturwissenschaft und Technik haben sich in den letzten Jahrzehnten sämtliche materiellen Wünsche in den Industriestaaten erfüllt. Maßgebend für ein marktwirtschaftliches, demokratisches und gleichzeitig naturverträgliches Politiksystem ist kein quantitativer, sondern ein qualitativer Wachstumspfad. Wünschenswert ist ein Bruch mit Verhältnissen, in denen Bescheidenheit und Kritik am Konsum keine Konjunktur haben: Der Ausstieg aus der weltweiten Materialschlacht hat durchaus seine Vorzüge und initiiert einen Wertewandel, der das Thema Ökologie auch außerhalb der engen Zirkel von Sowieso-schon-Überzeugten hoffähig macht.

Konsequenterweise kann die Formel nicht uferloses Wachstum heißen, auf das als finaler Rettungsanker nur noch die Kommandowirtschaft einer Ökodiktatur folgt. Die innovative Kraft von Kapitalismus und Marktwirtschaft ist nutzbar: mit Marktanreizen, die langfristig produktionsbedingte Emissionen sowie den Verbrauch von Rohstoffen und Energie drastisch reduzieren. Das Ende der gegenwärtigen Entwicklung läßt sich noch nicht prophezeien – dafür ist das westliche Wirtschaftsmodell zu erfolgreich –, zu fordern ist aber mehr Mut zum Verlassen ausgetretener Bahnen. Letztlich ist der Zweck von Wirtschaften, daß die Menschen ohne Mühe ihre Grundbedürfnisse erfüllen können und ein wenig Luxus haben. Eine solche Haltung eröffnet die meisten Chancen für Veränderungen – und die Möglichkeit, daß die in den kommenden Jahrzehnten um bis zu 5 Milliarden Personen anwachsende Menschheit bei reduzierten, aber für alle akzeptablen Lebensbedingungen überlebensfähig bleibt.

Eine linke Ökodrohgebärde? Tut jeder einzelne nicht schon genug? Mit dem Prinzip der Nachhaltigkeit und der Agenda 21, dem auf dem Umweltgipfel in Rio 1992 von 180 Staaten verabschiedeten Aktionsprogramm, sind die Weichen gestellt. Die globalste Wirkung haben Klimaänderungen: Die Intergovernmental Panel on Climate Change warnte Anfang 2001 vor den schon meßbaren Auswirkungen wie dem Verschwinden der Gletscher, Überschwemmungskatastrophen wie im Jahr 2000 in Mosambique, bei der 2 Millionen Menschen ihre Lebensgrundlage verloren,[563] und einem Rückgang der Trinkwasserreserven in den bereits jetzt von Dürreperioden betroffenen Regionen Afrikas und des Mittelmeerraums.[564]

Ökologie als Kind der Krise

Auf dem Klimagipfel 1997 in Kyoto wurde festgelegt, wer welche Treibhausgase um wieviel reduzieren soll – durchschnittlich soll der Ausstoß im Vergleich mit 1990 um 5,2% bis spätestens 2012 sinken.[565] Die wenigsten, wenn überhaupt ein Staat, werden ihre Hausaufgaben schaffen. Der Klimasünder USA, verantwortlich für rund ein Viertel der weltweiten CO_2-Emissionen, zog sich sogar aus dem Abkommen zurück.[566]

Ökologie ist ein Kind der Krise – und die ist vielleicht nicht sichtbar genug. Eine umweltverträgliche Mobilität wird nur durch eine Werbung unterstützt, die statt der Emotionen die Emissionen betont. Es kann nicht sein, daß ein Billigflug Frankfurt–New York und zurück mit 260 Euro ähnlich viel kostet wie eine Bahnfahrt Hamburg–München und zurück (2. Klasse, ohne Bahncard), weil Kerosin nicht besteuert ist. Ökologischer Landbau ist teuer, aber die BSE-Krise zeigt, mit welchen Konsequenzen billiges Fleisch erkauft wird. Es sind der individuelle Überkonsum und der falsche Verbrauch, die kollektiv und schleichend die Welt zerstören.

Nach dem Vorbild des Statistischen Bundesamtes und des Europäischen Statistikamtes Eurostat muß flächendeckend eine umweltökonomische Gesamtrechnung eingeführt werden. Die Zahlen dürfen nicht nur als Datenfriedhöfe gesammelt, sondern es müssen Entscheidungen daran geknüpft werden. So hartnäckig die EU und die USA auf dem Marktprinzip beharren, so sehr vernachlässigen sie die Ökologie. Ganz so, als käme die Erderwärmung nicht vom hohen Energieverbrauch. Windenergie, Wasserkraft und vor allem Solarstrom sind die Energieformen der Zukunft. Ein weises Urteil war der Spruch des Europäischen Gerichtshofs im März 2001, mit dem die staatliche Förderung von Strom aus Sonne und Wind in Deutschland als EU-konform erklärt wurde.[567] Damit ist der Weg frei für andere Länder, nicht mehr auf Nachzügler warten zu müssen.

Das Ende des industriell-kapitalistischen Wohlstands? Mitnichten. Die Marktwirtschaft ist gut für die Umwelt. Der Rahmen kommt von der Politik, die Praxis von den Unternehmen und dem einzelnen. Den Königsweg zur Rettung gibt es nicht, und auch das große Unglück wird in den nächsten Jahrzehnten noch nicht eintreffen. Was aber gewiß kommen wird, ist eine Flut flächendeckender Kleinkatastrophen. Gut leben statt viel haben, das wäre ein Entwicklungsmodell. Doch der Weg in die Hölle war schon immer mit guten Vorsätzen gepflastert.

7. Kapitel

Lobbyisten und Polizisten – Bündnisse, Währungshüter, Clubs & Co.

Wirtschaftspolitik ist keineswegs nur die eigene Meinung der Regierung, sondern ein ständiger Kleinkrieg mit der »leisen Politik« einheimischer Verbände und außerstaatlicher Interessen. Da Gesetze und Notenbanken großen Einfluß auf die Wirtschaft eines Landes haben, versuchen die Gegenspieler, (währungs-)politische Entscheidungen zu ihrem Vorteil zu steuern. Dabei treten besonders Lobby-Verbände ins Rampenlicht oder, wenn das weltweite Gleichgewicht bedroht ist, überstaatliche Organisationen wie der Internationale Währungsfonds.

7.1 Wirtschaft im nationalen Dialog – Wirtschaftsverbände, Gewerkschaften und Politikberater

Organisierte Gruppen rotten sich zusammen und nehmen den Staat als Beute.[568]

KARL SCHILLER (ehemaliger deutscher Finanz- und Wirtschaftsminister)

Trotz Globalisierung ist Wirtschaftspolitik in erster Linie eine nationale Angelegenheit, bei der Interessengruppen überall ihre Spuren hinterlassen: kein Gesetz, keine Vereinbarung und kein Tarifabschluß, die so verabschiedet werden, wie sie beantragt wurden. Gegen die Macht von Wirtschaftsverbänden oder Gewerkschaften wehrt sich die Politik mit der unabhängigen Beratung durch wissenschaftliche Institute und Gremien – auch wenn sie dem Rat der Ökonomen dann nicht immer folgen.

7.1.1 Verbände

In einer Demokratie herrscht systembedingt ein buntes Treiben von Interessen und deren Vertretern, und nach dem Politikwissenschaftler Theodor Eschenburg ist der Drang »nach ›Mitsouveränität‹ ein bekannter, häufig wiederkehrender politischer Trieb in der Geschichte«[569] – wenn er nicht existiert, dann krankt die Demokratie. Entsprechend weitreichend und systematisch ist der Einfluß auf politische und wirtschaftliche Fragen: genau 1691 Interessenorganisationen umfaßte die Lobbyliste des Bundestages im Frühjahr 2000.[570]

Gerade durch ihre Vielzahl bilden die Verbände ein Gegengewicht zu der für eine Demokratie schädlichen Konzentration von Macht. Verbände, die politisch aktiv werden wollen, müssen sich seit 1972 registrieren lassen. Die Lobbyliste reicht von den großen Unternehmer-, Arbeitnehmer- und Umweltverbänden bis zu kleinen Organisationen wie dem Verband der Suppenindustrie oder dem Verein der IHK-Verweigerer. Auch Amnesty International, Unicef oder der ADAC gehören dazu.

Wirtschaftsverbände

Kritiker, die der Politik eine schleichende Ökonomisierung vorwerfen, finden sich durch die Liste der im Bundestag akkreditierten Lobbygruppen bestätigt: Die Wirtschaftsverbände machen das stärkste Kontingent aus. Als Verband der Verbände wiederum fungieren die Spitzenverbände, in Deutschland vor allem der Deutsche Industrie- und Handelstag (DIHT), der Bundesverband der Deutschen Industrie (BDI), die Bundesvereinigung der Deutschen Arbeitgeberverbände (BDA) und der Zentralverband des Deutschen Handwerks (ZDH). BDI und BDA betreiben das Institut der Deutschen Wirtschaft in Köln, das wissenschaftliche »Sprachrohr« der deutschen Wirtschaft zu allen wirtschaftlichen und gesellschaftlichen Fragen. Der BDI ragt aus den Spitzenverbänden heraus, da er der Dachverband aller wichtigen Branchenverbände ist, die für sich bereits erhebliche Macht besitzen, beispielsweise der Verband der Automobilindustrie (VDA) oder der Verband der Chemischen Industrie (VCI).

Die Gründung des BDI mit seinen 35 Mitgliedsverbänden,[571] von A wie Automobil- bis Z wie Zuckerindustrie, geht auf das Jahr 1950 zurück, die Ursprünge liegen jedoch weit früher: 1876 wurde der »Centralverband deutscher Industrieller zur Beförderung und Wahrung nationaler Arbeit« ins Leben gerufen. Schon in den Anfängen war erkennbar, daß die Stoßrichtung des industriellen Spitzenverbands überwiegend dem Staat galt.[572] Wichtigster Adressat war lange Zeit das Wirtschaftsministerium. Durch dessen schleichende Entmachtung in der Vergangenheit – die Ressorts Entwicklungshilfe, Bildung, Umwelt, Geld und Kredit wurden in andere oder eigens gegründete Ministerien ausgelagert –[573] hat sich der Fokus des BDI auf das Arbeits- und Finanzministerium erweitert.

Dem BDI wird häufig beträchtliche Macht bei der Durchsetzung industrienaher Interessen nachgesagt. Dies stimmt jedoch nur begrenzt: Bei politischen Entscheidungen und Gesetzen, an denen die Öffentlichkeit erheblichen Anteil nimmt oder gegen die andere Interessenvertretungen eine Gegenoffensive starten – Bürgerinitiativen, Umweltverbände oder Gewerkschaften –, hat der BDI nur geringen Einfluß, da der Gegenpartei häufig eine höhere Glaubwürdigkeit zugestanden wird und diese ihre Interessen durchaus durchzusetzen weiß.[574] Fehlt dieses »Korrektiv«, ist der BDI wesentlich eher imstande, seine Vorstellungen mit Nachdruck zu verfolgen. So nahm der BDI erheblichen Einfluß bei der Gestaltung der Großfeuerungsanlagenverordnung und dem Produkthaftungsgesetz in Deutschland, beide in den 1980er Jahren entstanden: Dank der Interessenübereinstimmung mit anderen Wirtschaftsvertretern und besonders mit dem DIHT, mit dem ein ständiger Gedankenaustausch stattfand, trat die Wirtschaft geschlossen auf und verspürte keinen nennenswerten Gegenwind von anderen Gruppierungen.[575]

Arbeitgeberverbände

Die Stunde der Solidarität schlug im 19. Jahrhundert, als sich die Arbeitnehmer organisierten und streikten: Als Antwort auf die 1866 gegründete Druckergewerkschaft entstand 1869 der Deutsche Buchdruckerverein als erster Arbeitgeberverband Deutschlands. Heute sind fast alle Industrieunternehmen Mitglieder mehrerer Verbände:[576] Neben der Zwangsmitgliedschaft in einer Industrie- und Handelskammer und der Mitgliedschaft im jeweiligen Branchenverband (im Verbund des BDI) sind die meisten Unternehmen auch Beitragszahler von Arbeitgeberverbänden – beispielsweise Gesamtmetall –, die sich wiederum unter dem Dach der »Bundesvereinigung der Deutschen Arbeitgeberverbände« (BDA) zusammengeschlossen haben.

Strategie und Politik des BDA gleichen vielfach denen des BDI, die »Bundesvereinigung« vertritt jedoch stärker als der BDI die Sozial- und Gesellschaftspolitik der Unternehmen gegenüber Regierung und Öffentlichkeit. Obwohl gerade die Tarifpolitik Chefsache ist, hält sich der BDA hier völlig heraus und beschränkt sich auf die Koordinierung der einzelnen Mitgliedsverbände, er selbst schließt wie der Deutsche Gewerkschaftsbund keinen Tarifvertrag ab. Dies erledigen die einzelnen Arbeitgeberverbände – neben Gesamtmetall als mit Abstand größter Verband beispielsweise der Hauptverband des deutschen Einzelhandels –, die für die Unternehmen gegenüber den Gewerkschaften als Gegenmacht auftreten. Dadurch wird die Auseinandersetzung um Löhne und Gehälter aus den Betrieben verbannt, obwohl nach dem Recht durchaus jedes Unternehmen mit seinen Mitarbeitern Tarifverträge aushandeln könnte. Der Staat hält sich bei diesen Vereinbarungen bewußt heraus und hat diese Tarifautonomie, nach der die Betroffenen für die Wahrnehmung ihrer Tarifinteressen selbst verantwortlich sind, im Grundgesetz (Artikel 9, Absatz 3) verankert.

Zwar sind heute 75% der Unternehmen Mitglied eines Arbeitgeberverbands[577] und damit indirekt auch des BDA, doch zeigten sich in den vergangenen Jahren Tendenzen, aus den ausgehandelten Flächentarifverträgen durch »Verbandsflucht« auszusteigen. In Zeiten der Hochkonjunktur neigen Großunternehmen dazu, auf schnelle Tarifabschlüsse ohne Streik zu drängen – zum Leidwesen der gerade in Gesamtmetall zahlenmäßig am stärksten vertretenen Mittelständler, die in die Verbandsloyalität gezwungen sind und die finanziellen Folgen der Verträge »ausbaden« müssen. Sensationellster Austritt war 1992 der Rückzug des Computer-Produzenten IBM aus dem Arbeitgeberverband Gesamtmetall. Seit dieser Initialzündung entdecken immer mehr Unternehmen die Vorteile von Arbeitgeberverbänden mit OT-Zusatz: »Ohne Tarifbindung«. Der älteste und mit über 130 Mitgliedern größte dieser Verbände ist der 1993 gegründete Freiburger Verband, aber auch in Hamburg, Sachsen und dem Saarland entstanden 1998/99 alternative Verbände.[578]

Gewerkschaften

Untergangsstimmung bei den Gewerkschaften? Die Zahlen sprechen eine deutliche Sprache: Allein der Deutsche Gewerkschaftsbund (DGB) verlor zwischen 1994 und Ende 2000 über ein Fünftel seiner Mitglieder – von 9,8 Millionen auf 7,8 Millionen.[579] Die »Bindungskraft« der Arbeitnehmervertreter schwindet, ein Phänomen, mit dem auch andere Großorganisationen kämpfen: Zwischen 1990 und 1996 büßten die evangelische und die katholische Kirche 3 Millionen Mitglieder ein,[580] und die sechs im Bundestag vertretenen Parteien zählten Ende 2000 noch 1,7 Millionen Mitglieder und mußten damit seit 1990 einen steten Schwund hinnehmen.[581]

Begonnen hatte die Organisation der Arbeiter mit der Industrialisierung, die mit der Entstehung eines städtischen Proletariats verbunden war. Erste gewerkschaftsähnliche Tätigkeiten übernahmen in den 30er Jahren des 19. Jahrhunderts die Unterstützungskassen der Gesellen.[582] Seitdem hat die Arbeiterbewegung, angetreten zur Durchsetzung ihrer Rechte gegenüber Unternehmern und der Gesellschaft, eine wechselvolle Geschichte hinter sich: Gewerkschaften wurden mehrmals verboten wie 1848 nach dem Zusammenbruch der Revolution, zwischen 1878 und 1890 aufgrund der Sozialistengesetze und durch Auflösung und Überführung in die »Deutsche Arbeitsfront« in den Jahren 1933 bis 1945.[583] Kurz nach dem Neubeginn 1948 kamen sich die frisch gegründeten Gewerkschaften sogar selbst ins Gehege, denn die Angestellten wollten sich nicht von Arbeitern dominieren lassen.[584] So entstand neben dem als »Einheitsgewerkschaft« formierten Deutschen Gewerkschaftsbund (DGB) die Deutsche Angestellten-Gewerkschaft (DAG) als »historischer Irrtum«,[585] denn die Gewerkschaft vertrat keine Berufsgruppe, sondern den Stand der Angestellten, die sich ebenso von den Branchengewerkschaften wie der Gewerkschaft Handel, Banken und Versicherungen hätten vertreten lassen können. Auch Christen und Beamte bildeten eigene Gewerkschaften.

In der DDR organisierte sich mit dem Freien Deutschen Gewerkschaftsbund (FDGB) eine einheitliche und linientreue Gewerkschaft nach dem Prinzip des »Demokratischen Zentralismus«.[586] Sie sollte die SED-Hauptaufgabe einer weiteren Erhöhung des materiellen und kulturellen Lebensniveaus des Volkes unterstützen, denn die DDR-

Wirtschaft könne ein Vertrauen auf »allzu viele ›*außer*planmäßige Wunder‹ ... nicht verkraften«, wie SED-Chef Erich Honecker 1971 betonte.[587] Noch vor der Wiedervereinigung löste sich der »Transmissionsriemen« der SED-Herrschaft im September 1990 auf[588] und fand teilweise eine neue Heimat unter dem Dach des DGB.[589]

Der DGB mit seinen acht Mitgliedsgewerkschaften[590] – beispielsweise IG Metall oder ver.di – befindet sich in einer handfesten Krise. Nicht nur Austritte, sondern mangelnde Eintritte haben in den letzten Jahren zu einem gewaltigen Aderlaß geführt. Die Gewerkschaften machen gerne die Ellenbogen-Gesellschaft mit einem Heer von »Ichlingen« für den Schwund verantwortlich. Sozialforscher verweisen jedoch auf die Erosion des alten gewerkschaftlichen Modells, mit dem sich gerade junge Menschen immer weniger identifizieren: Das traditionelle Arbeitermilieu mit der Rolle der Gewerkschaft als »Kampforganisation« wird zunehmend ersetzt durch neue Arbeitnehmerschichten mit einer Vielzahl neuer Berufsbilder in den IT-Branchen oder der Biotechnologie. Die Blütezeit der Arbeiterorganisationen war die fordistische Arbeitsorganisation in den 1910er bis 1930er Jahren. Heute sind Gewerkschaften in »ihrer Organisationsform ›Kinder der fordistischen Ära‹, die ... postfordistische Ziele mit fordistischen Organisationsmitteln zu erreichen versuchen«.[591]

Nicht die Motivation hat sich verändert, sondern deren Richtung: Engagement muß etwas bewirken. Nach einer Emnid-Umfrage halten 64 % der Jugendlichen Greenpeace für glaubwürdig, aber nur 17 % die Gewerkschaften.[592] Die »pluralistische Gesellschaft« läßt sich kaum noch unter einen kollektiven Gewerkschaftshut bringen. Zumindest der Wandel zur Dienstleistungsgesellschaft findet inzwischen ein gewerkschaftliches Äquivalent: Im Frühjahr 2001 vereinigten sich ötv, DAG, IG Medien, die Gewerkschaft Handel, Banken und Versicherungen und die Postgewerkschaft zur »Vereinten Dienstleistungsgewerkschaft« (ver.di), der mit knapp 2,9 Millionen Mitgliedern[593] nicht nur größten, sondern auch reichsten Einzelgewerkschaft der westlichen Welt.[594] Der Koloß sammelt vom Börsenmakler bis zum Fernfahrer alle unter einem Dach, die keinen Blaumann tragen und nichts gemeinsam haben außer ihrem Gewerkschaftsausweis. Nicht nur die rückläufige Tendenz bei den Mitgliederzahlen der Partner soll durch solidarische Stärke aufgefangen werden, die neue Lobby will auch einen Kontrapunkt zur dominanten IG Metall setzen und die junge Klientel der New Economy umwerben, für die Tarifverträge und Arbeitskämpfe als überholt gelten.[595] Mit ver.di hoffen die Gewerkschaftsfunktionäre auf einen Weg aus der Krise und auf die Fortsetzung der alten Erfolgsgeschichte: Wichtige Initiativen wie 35-Stunden-Woche, Lohnfortzahlung im Krankheitsfall und das in den 1970er und 1980er Jahren groß angelegte Programm »Humanisierung der Arbeit« kamen nicht von den Arbeitgebern, sondern den Gewerkschaften, namentlich der IG Metall.[596]

7.1.2 Politikberater

Wirtschaftspolitik ist vor allem ein Verteilungskampf: Wer bekommt was wann und wie. Und da von dem Kuchen möglichst viele etwas haben wollen, geht wirtschaftspolitischen Entscheidungen meist ein langwieriger Prozeß voraus, an dem auch unabhängige Ökonomen beteiligt sind – Wissenschaftler und ihre Institute.

Sachverständigenrat

In Anlehnung an den US-amerikanischen »Council of Economic Advisors« wurde 1963 in der Bundesrepublik der »Sachverständigenrat zur Begutachtung der gesamtwirtschaftlichen Entwicklung« gegründet. Ihren größten Auftritt haben die Mitglieder des Rats, die »Fünf Weisen«, am 15. November jeden Jahres, wenn sie ihr Gutachten zur Wirtschaftsentwicklung vorstellen. Darin untersuchen sie gemäß ihrem gesetzlich verankerten Auftrag, inwieweit die Politik die vier wirtschaftspolitischen Ziele Wirtschaftswachstum, Preisstabilität, hoher Beschäftigungsstand und außenwirtschaftliches Gleichgewicht (magisches Viereck) verwirklicht. Zu dem Gutachten muß die Regierung binnen zweier Monate Stellung nehmen.

Der aus fünf Universitätsprofessoren bestehende Rat ist in Wirtschaftsfragen das wohl bekannteste Beratergremium, das hohes Ansehen genießt und auch vor harscher Kritik an der Regierung nicht zurückschreckt. Die Gutachten glänzen mit messerscharfen Analysen der Vergangenheit, mit ihren Prognosen zur künftigen Wirtschaftsentwicklung liegen die »Weisen« dagegen meist daneben. Als »die wichtigste Fehlprognose des Jahres« wird das Gutachten daher häufig in Expertenkreisen verschmäht: Anfang der 1980er Jahre entpuppten sich die Wachstumsprognosen als zu optimistisch, in den Boomjahren 1988 bis 1991 lagen sie durchweg zu niedrig.[597]

Wirtschaftsforschungsinstitute

Die sechs führenden Wirtschaftsforschungsinstitute untersuchen im Auftrag des Wirtschaftsministeriums jeweils im Frühjahr und im Herbst in einem gemeinsamen Gutachten die Lage der deutschen Wirtschaft und der Weltwirtschaft. Der Arbeitsgemeinschaft gehören an: das Institut für Weltwirtschaft (Kiel), das Hamburger Welt-Wirtschafts-Archiv (HWWA), das Deutsche Institut für Wirtschaftsforschung (DIW, Berlin), das Rheinisch-Westfälische Institut für Wirtschaftsforschung (RWI, Essen), das Münchner Ifo-Institut sowie das im Januar 1993 gegründete Institut für Wirtschaftsforschung Halle (IWH). Üblicherweise sprechen die Institute mit einer Stimme. Doch das DIW gilt als arbeitnehmerfreundlicher »Linksabweichler« und gibt bisweilen ein eigenes Votum bei den Gutachten ab. Das Institut fordert als Verfechter des »wahren Keynes« (→ Kapitel 2.6) schon mal eine höhere Staatsverschuldung, um so die Binnenkonjunktur anzukurbeln.[598]

Ebenso wie der Sachverständigenrat leben die Institute in dem Dilemma, jährlich reichlich Papier zu produzieren, bei den politischen Entscheidungsträgern mit ihren Empfehlungen aber nicht immer Gehör zu finden: Die Erhöhung der Mehrwertsteuer auf 15% am 1.1.1993 setzte die Bundesregierung gegen den einstimmigen Rat der Wirtschaftsforschungsinstitute, der Bundesbank und der Spitzenverbände der Wirtschaft durch.[599]

Wissenschaftliche Beiräte

Weniger spektakulär als die »Fünf Weisen« und die Forschungsinstitute treten die wissenschaftlichen Beiräte der Ministerien in Erscheinung. Vor allem Wirtschafts- und Finanzministerium lassen sich durch Wissenschaftler beraten, die außerhalb der ministeriellen Hierarchie stehen und in loser Folge Gutachten zu wirtschaftspolitischen Grundsatzfragen publizieren. Auch die Bundesregierung greift auf wissenschaftliche Beiräte zurück, beispielsweise den 1992 ins Leben gerufenen Beirat für globale Umweltveränderungen.[600] Den einzelnen Beiräten gehören vorwiegend Professoren an, und ihre Berichte zeichnen sich oftmals durch eine eindrucksvolle Distanz zur aktuellen Regierungspolitik aus.[601]

7.2 Weltfinanz zwischen Macht und Moral – Internationaler Währungsfonds und Weltbank

Der IWF gilt als das harte, die Weltbank als das weiche Monster.[602]
HANS MAGNUS ENZENSBERGER
(Schriftsteller)

»Die Weltsanierer vom Dienst«,[603] »IWF und Weltbank müssen die Flügel gestutzt werden«,[604] »Ukraine erwartet IWF-Hilfe«,[605] »Scharfe Kritik am Währungsfonds«[606] – widersprüchlicher könnten die Überschriften zu den beiden ungeliebten Schwestern Weltbank und Internationaler Währungsfonds (IWF) nicht sein. Beide Institutionen sind ebenso wie die Welthandelsorganisation spätestens seit der Asienkrise 1997 ins Kreuzfeuer der Kritik geraten. Der IWF, weil er fast unkontrolliert von Öffentlichkeit und Parlamenten das Schicksal der Schuldnerländer nicht nur positiv beeinflußte. Die Weltbank, weil angesichts andauernder Armut, wachsender Umweltprobleme und steigender Schuldenberge in den Entwicklungsländern die Arbeit der »Internationalen Bank für Wiederaufbau und Entwicklung« (kurz: Weltbank) in Frage gestellt wird.

Auch die Geburtsstunde beider Institutionen war krisengeschüttelt: Als die Alliierten die deutsche Wehrmacht in der Normandie erst wenige Meter zurückgedrängt hatten, setzten sich 44 Staaten an einen Tisch und planten die wirtschaftliche Nachkriegsordnung. Am 22.7.1944 – Stauffenbergs Attentat auf Hitler war gerade gescheitert, der Duce weilte beim Führer – endete im US-Kurörtchen Bretton Woods die »alliierte Währungs- und Finanzkonferenz«, zu der US-Präsident Roosevelt geladen hatte. In der Geschichte internationaler Konferenzen gab es wohl nur wenige Treffen, wo die »breite Öffentlichkeit so wenig vom tatsächlichen Ablauf der Ereignisse verstanden hat«, wie der US-Ökonom John Kenneth Galbraith (→ Kapitel 2.9) später zu den Verhandlungen bemerkte.[607]

Alle angereisten Staatschefs waren sich einig in dem Ziel, Welthandel und Investitionen nach Kriegsende wieder anzukurbeln, auch wenn Stalin die Vereinbarungen später nicht unterschrieb. Vor allem wollten die Teilnehmer eine Wiederholung der Weltwirtschaftskrise wie in den 1930er Jahren vermeiden. Die Ideale auf dem Höhepunkt des Zweiten Weltkriegs waren weltweite Freiheit und Frieden.

IWF

Auch wenn der IWF sich selbst für »eine rätselhafte Erscheinung auf der Weltbühne« hält und einräumt, daß »beträchtliche Unklarheit darüber herrscht, weshalb er besteht und was er tut«,[608] ist seine Aufgabe klar umrissen: Der IWF soll für eine stabile internationale Währungsordnung sorgen. Dazu vergibt er kurzfristige finanzielle Hilfen, wenn die Zahlungsbilanz eines Landes ins Minus abrutscht.

Die größte Geldquelle des IWF sind die Mitgliedsbeiträge, deren Höhe je nach Wirtschaftskraft für jedes Mitglied unterschiedlich ist. Die Beiträge haben erheblichen Einfluß auf die Kredittätigkeit des IWF: Sowohl der Stimmanteil im Fonds als auch die Kreditlinie eines Staates richten sich nach der Höhe der Einzahlung, wobei den Löwenanteil der Stimmen im Jahr 1999 die USA mit 18,25 % hatten, gefolgt von Deutschland und Japan mit je 5,67 % sowie Frankreich und Großbritannien mit je 5,1 %. Die Entscheidungen des Fonds werden also maßgeblich von den Industrienationen beeinflußt. Außerdem können alle wichtigen Entscheidungen mit 15 % der Stimmen blockiert werden – die USA haben somit als einziges Land ein Vetorecht.

Daß die USA auch außerhalb offizieller Wege starken Einfluß auf den IWF auszuüben versuchen, zeigte sich bei der Wahl des geschäftsführenden IWF-Direktors im Frühjahr 2000. Traditionell steht an der Spitze des IWF ein Europäer, während der Präsident der Weltbank in der Regel ein US-Amerikaner ist. Der favorisierte Deutsche, Caio Koch-Weser, war jedoch bei den USA in Ungnade gefallen und gegen deren erklärten Willen nicht mehr durchzubringen. Zwar kam danach mit Horst Köhler doch noch ein deutscher Kandidat zum Zuge, aber das Muskelspiel der USA offenbarte, daß das heilige Doppelgestirn der US-Finanzpolitik – Finanzminister und Notenbank-Chef – im Kern einen IWF wollen, der als verlängerter Arm der US-Politik deren globalen Interessen dient.

Von seiner ursprünglichen Aufgabe – Finanzspritzen für kränkelnde Volkswirtschaften – hat sich der IWF mit wachsender Verschuldung vieler Staaten der Dritten Welt sowie des ehemaligen Ostblocks zuletzt immer weiter entfernt: Inzwischen hat sich die Bank zu einer politischen Eingreiftruppe ihrer Hauptanteilseigner mit angeschlossener Finanzabteilung entwickelt. Bevor ein Staat einen Kredit erhält, der über seine eingezahlten Beiträge hinausgeht, schauen die Finanzexperten des IWF der Regierung genau in die Bücher und stellen Bedingungen, beispielsweise Privatisierungen von Staatsbetrieben, Währungsabwertungen oder die Öffnung des Marktes für Importe. Kreditentscheidungen des IWF haben daher tiefgreifende Konsequenzen für die Innenpolitik eines Landes und üben zudem eine Signalfunktion für private Kreditgeber und Unternehmen aus: Gibt der IWF kein Geld, bedeutet dies automatisch auch das Versiegen anderer Geldquellen. Umweltschützer, Gewerkschaften und Dritte-Welt-Gruppen behaupten daher, der IWF setze sich arrogant über soziale Probleme hinweg und helfe den ins Schlingern geratenen Ländern nicht wirklich.

Beispiel Ecuador:[609]

Als die Staatsverschuldung 1999 auf 16 Milliarden Dollar angewachsen war – aberwitzige 110% des jährlichen Bruttoinlandprodukts[610] –, die Arbeitslosenquote bei 50% lag und das Lohnniveau innerhalb eines Jahres um 20% gesunken war, rief die Regierung nach der Hilfe des IWF. Die kam prompt, jedoch mit Auflagen: offizielle Anerkennung des Dollars als Landeswährung, weitere massive Erhöhung der Benzin- und Gaspreise – was bereits im Oktober 1998 zu Straßenschlachten in Quito geführt hatte –, Abbau von Zöllen und Streichung von Subventionen für Grundbedarfsmittel. Der soziale Sprengstoff dieses Aderlasses entlud sich am 21. 1. 2000, als Tausende von Indios und ein Teil des Militärs rebellierten und den Präsidenten Jamil Mahuad absetzten. Aber auch der neue Präsident, Gustovo Noboa, sah keine Möglichkeit, die Schwindsucht der Wirtschaft zu beenden: Um einen IWF-Kredit von 300 Millionen Dollar zu erhalten, an dem weitere Finanzspritzen von 2 Milliarden Dollar hingen, ging er rücksichtslos vor, erließ am 18. 8. 2000 ein Gesetz zur Privatisierung des öffentlichen Nahverkehrs gegen den Widerstand der Volksvertreter und löste am 10.9.2000 nach 179 Jahren die Nationalwährung Sucre durch den Dollar ab – nach den USA und Panama ist Ecuador das dritte Land, wo der Greenback als einzige Währung kursiert.[611] Dadurch ist das Land nun direkt abhängig von den Entscheidungen der US-Notenbank und finanzpolitisch nicht mehr als ein Bundesstaat der USA.

Eine Reform des IWF ist dringend erforderlich. Vor allem beim Schuldenerlaß für die ärmsten Länder ist ein Signal vonnöten, damit diese nicht in einer ewigen Überschuldungsspirale nur noch ihre Kredite abstottern und die eigene Entwicklung blockieren. Eine Studie des US-amerikanischen Kongresses aus dem Jahr 2000 läßt kein gutes Haar an der Arbeit des Fonds: »Das bisherige kurzfristige Krisenmanagement des IWF ist zu teuer, seine Reaktionen zu langsam, sein Rat oft falsch und seine wirtschaftspolitischen Interventionen zu aufdringlich und störend.«[612] Zu einem ähnlichen Ergebnis kommt Horst Köhler, erster Deutscher an der Spitze der Organisation: Der IWF habe »in weiten Teilen der Welt ein miserables Image«, stellte er im Jahr 2000 nach einer Reise durch 15 Entwicklungs- und Schwellenländer ernüchtert fest. Den eigenen Experten warf er vor, manchmal übers Ziel hinauszuschießen und den kreditsuchenden Staaten alles haarklein vorzuschreiben. So hätten IWF-Mitarbeiter beispielsweise Moçambique und Indonesien ins Verhandlungsprotokoll diktiert, welche Zölle auf Zucker zu erheben seien.[613]

Nicht zuletzt solche Kleinkrämerei macht die Gründung eines IWF-TÜV notwendig, der den Fonds danach beurteilt, ob es ihm gelingt, ökonomische Stabilität, soziale Sicherung für die Armen und die langfristige Verhinderung weiterer Zahlungsbilanzkrisen unter einen Hut zu bringen, um so den Ländern sowie deren Bevölkerung zu helfen und nicht den ausländischen Privatbanken, die sich wie in der Asienkrise 1997 bei ihren riskanten Spekulationen darauf verlassen, daß der IWF mit seinen Geldern im Krisenfall ihr privates Risiko absichert.[614]

Weltbank

IWF und Weltbank werden zwar meist in einem Atemzug genannt, doch ist die Weltbank keineswegs eine finanzpolitische Feuerwehr wie der Fonds, sondern hat sich deutlich höhere Ziele gesetzt: »Our dream is a world free of poverty«[615] – sie träumt von einer Welt ohne Armut. Damit ist sie für die längerfristige, entwicklungspolitische Arbeit und deren Finanzierung zuständig – anfangs besonders im kriegszerstörten Europa, dann für die in die Unabhängigkeit strebenden Kolonien in Asien und Afrika. Inzwischen wildert der IWF ungeniert im Weltbank-Revier der Armutsbekämpfung – eine klare Abgrenzung, welche Institution für was zuständig ist, steht noch aus. Manche Mitgliedstaaten, beispielsweise Großbritannien, spielen gar mit dem Gedanken, IWF und Weltbank zu fusionieren.[616]

Auch an anderer Stelle treten die Verknüpfungen zwischen Weltbank und IWF, beide mit Sitz in Washington, deutlich zutage: Zum einen kann Mitglied in der Weltbank nur werden, wer auch IWF-Mitglied ist, und zum anderen findet die Jahrestagung beider Institutionen gemeinsam am selben Ort statt. Zwar ist die Weltbank ebenso wie der IWF offiziell eine Unterorganisation der Vereinten Nationen, allerdings operieren die beiden Institute völlig autonom und ohne UNO-Kontrolle.

Streng genommen ist die Weltbank nur eine von fünf Institutionen, die zur Weltbankgruppe zählen: Die Internationale Entwicklungsorganisation (IDA), die den ärmsten Ländern mit Entwicklungsprojekten unter die Arme greift, gehört ebenso dazu wie die Internationale Finanz-Corporation (IFC) als Kreditgeber für Privatinvestoren und die Multilaterale Investitions-Garantie-Agentur (MIGA) als Risikoversicherer für ausländische Investoren in Entwicklungsländern. Auch das Internationale Zentrum zur Beilegung von Investitionsauseinandersetzungen (ICSID) arbeitet unter dem Dach der Weltbank-Gruppe, anders als die anderen vier Organisationen vergibt das Zentrum jedoch keine Kredite, sondern tritt als Schlichter bei Streitigkeiten zwischen Regierungen und ausländischen Investoren auf.

Der Weltbank bläst seit Jahren der gleiche kritische Wind ins Gesicht wie dem IWF. Beiden Organisationen wird vorgeworfen, sie hätten mit ihrer Arbeit maßgeblich die Kluft zwischen Industriestaaten und Dritter Welt vergrößert. Außerdem wurde bei vielen Projekten der Weltbank der betroffenen Bevölkerung keine Beachtung geschenkt – so wurden 1993 in den 131 Weltbank-Projekten mehr als 1,9 Millionen Menschen zwangsumgesiedelt[617] und 1999 einer bankinternen Studie zufolge durch laufende Projekte sogar 2,6 Millionen Menschen aus ihren Dörfern vertrieben.[618] Umweltschutz spielt bei den Projekten ebenfalls nur eine untergeordnete Rolle, und so meint der ehemalige Chefökonom der Weltbank, Lawrence Summers, denn auch, die Umweltverschmutzung sei in großen Teilen der Dritten Welt noch gering: »Unterbevölkerte Länder in Afrika sind weitgehend unterverschmutzt.«[619]

Beispiel Brasilien:[620]

Durch Zufall entdeckten US-Mineralienexperten 1967 mitten im brasilianischen Amazonasdschungel die sagenhaften Eisenerzlager der Serra dos Carajás. Die größten Erzreserven der Erde weisen nicht nur höchste Qualität auf, sondern sind auch im Tagebau abbaubar. Obwohl die Weltbank ihren Kredit von 300 Millionen Dollar zum Abbau der Rohstoffe an strikte Umweltauflagen knüpfte und 12 Millionen Dollar in Indianerschutzgebiete investiert werden mußten, gilt das Projekt als Paradebeispiel für eine riesige Umweltzerstörung im Namen des Fortschritts. Problematisch sind weniger die Rodungen, um an das Eisen oder Bauxit heranzukommen, sondern vielmehr die indirekten Auswirkungen der Erzförderung. Um eine fast 900 km lange Eisenbahnlinie zur Atlantikküste sowie einen Tiefseehafen bauen zu können, wurden 20 000 Menschen umgesiedelt und 10 Millionen Hektar Primärwald abgeholzt. Zugleich begann der Aufbau einer eigenen Verhüttungsindustrie, die Holzkohle verfeuert – gewonnen aus den umliegenden Wäldern. Der Strom für Mine, Eisenhütten, Aluminiumgewinnung und das angrenzende Front-Dorf Marabá, 250 000 Seelen groß und ohne Kanalisation, kommt aus Wasserkraftwerken, deren Stauseen gigantische Waldflächen überfluten. Allein der Staudamm Tucuruí begräbt ein Areal unter sich, das fünfmal so groß ist wie der Bodensee. Da mit der Rodung des Waldes zu spät begonnen wurde, kam anfangs das dioxinhaltige Entlaubungsmittel Tordon 55 zum Einsatz. Nur 7 % der späteren Seefläche wurden abgeholzt – Edelhölzer im Wert von 2,5 Milliarden Euro verfaulten in den Wassermassen.

Daß die Zerstörung derartige Ausmaße annehmen würde, konnte selbst die Weltbank nicht ahnen. Oder doch? Als das Tucuruí-Projekt 1975 begonnen wurde, gab es keinerlei ökologische Vorstudien, obwohl die weitreichenden Umweltprobleme derartiger Staudämme spätestens seit dem Bau des zweiten Assuan-Damms im Niltal in den

1960er Jahren bekannt waren. Erst später gestand Maritta Koch-Weser, Vertreterin der Weltbank-Umweltabteilung, daß die Bank heute ein derartiges Projekt ohne ein Umweltgutachten nicht mehr fördern würde.

Die Kritik an der Weltbank wie an allen internationalen Finanzinstituten richtet sich gegen die falsche Lenkung der eingesetzten Gelder, wobei sowohl die Folgen der Entscheidungen als auch die Stimmen der NGO zuwenig Beachtung finden. Den G7-Ländern wird vorgeworfen, sie verhielten sich gegenüber Weltbank und IWF wie Großaktionäre, die ihre Firma für eigene Interessen instrumentalisieren.[621] Dazu kamen in jüngster Zeit handfeste Krawalle gegen die Nebenwirkungen der Globalisierung, die sich nicht nur auf den Treffen von Weltbank und IWF, sondern regelmäßig auf allen »Gipfeln« entladen – beim EU-Gipfel im Juni 2001 in Göteborg waren über 20 000 Demonstranten auf der Straße.[622] Verlierer der Globalisierung gibt es angeblich nur bei den Ländern, die nicht mitmachen, und so will die Weltbank die Grenzen der Staaten öffnen, um einen globalen Markt zu schaffen. Auf die Anfeindungen reagiert Weltbankpräsident James Wolfensohn inzwischen nach eigener Aussage protestgestählt und mit (verbalem) Entgegenkommen:[623] Er sei dankbar, daß die Protestaktionen zu einem größeren öffentlichen Bewußtsein über die negativen Seiten der Globalisierung geführt hätten. An dem beschrittenen Weg halten er und sein IWF-Kollege ebenso unbeirrt fest wie an den reformbedürftigeEntscheidungsstrukturen der Bank.

7.3 Ritter des Freihandels – Welthandelsorganisation und GATT

Das GATT ist tot, lange lebe das GATT.[624]
Die Welthandelsorganisation
über ihren Vorgänger GATT

Es sollte ein Kreuzzug für den freien Welthandel werden und wurde zum Karneval des Widerstands: Als sich im November 1999 die 135 Mitgliedstaaten der Welthandelsorganisation (WTO) in Seattle zu ihrer Jahrestagung trafen, brach vor den Toren der Handelsrunde ein gewaltiger Protest aus. Wo normalerweise drei Dutzend Demonstranten mit Spruchbändern Spalier stehen, bis die Fernsehkameras kommen, marschierten nahezu 1000 Nicht-Regierungsorganisationen (NGO) aus aller Welt[625] auf und richteten ihre Anklage gegen den Kern des Treffens: Liberalisierung und Zusammenwachsen der Welt, besser bekannt als Globalisierung.

Wie viele Großorganisationen ist auch die WTO in eine Krise gerutscht und sieht sich den Anfeindungen einer kritischen Öffentlichkeit ausgesetzt, obwohl ihr Vorläufer, das Bretton-Woods-Duo von 1944 mit IWF und Weltbank, eigentlich als Trio mit einer Internationalen Handelsorganisation (ITO) geplant, den Nachkriegsfrieden sichern sollte. Die ITO kam damals jedoch nicht zustande, ersatzweise wurde 1947 das Allgemeine Zoll- und Handelsabkommen (GATT) mit dem Ziel gegründet, Wettbewerbsverzerrungen wie Zölle und Subventionen aus dem Welthandel zu verbannen und damit den freien Handel zwischen den Staaten zu fördern. Erst 47 Jahre später, im Frühjahr 1994, konnte sich die Staatengemeinschaft auf die Einrichtung der WTO einigen, die schließlich 1995 in Genf als Nachfolgeorganisation des GATT ihre Arbeit aufnahm.

Als Organisation war das GATT immer ein Provisorium. Die Genfer GATT-Zentrale zählte gerade 400 Mitarbeiter – allein der IWF hat 2700 Beschäftigte – und galt als Wachhund des Freihandels ohne Biß, der Liberalisierungen nicht verordnen konnte, sondern in Handelsrunden zeitraubend aushandeln mußte. Seine Aufgabe bestand vor allem in der Umsetzung der GATT-Regeln, die im wesentlichen ein Ziel verfolgten: keine Diskriminierung. Konkret hieß dies, importierte Güter genauso zu behandeln wie einheimische Produkte. Zudem verpflichtete die berühmte Meistbegünstigungsklausel einen Staat, Zollvergünstigungen, die einem anderen Land zugebilligt werden, auch allen übrigen GATT-Parteien zu gewähren. Genau diese Bedingung erwies sich in der achten, bisher letzten Handelsrunde (»Uruguay-Runde« 1986–1994)[626] als größter Hemmschuh für einen zügigen Verhandlungsabschluß: Die Runde drohte mehrmals an utopischen US-Positionen sowie der restriktiven EG-Agrarpolitik zu scheitern[627] und dauerte mit 7½ Jahren doppelt so lange wie geplant.[628] Das Trauerspiel des Verhandlungsmarathons war jedoch nur ein Symptom für die schleichende Erosion der GATT-Prinzipien seit den 1970er und 1980er Jahren, als die großen Industrienationen eine »unkoordinierte Gegenordnung« zum GATT entwickelten.[629]

Heute ist das GATT als internationale Agentur aufgelöst und gleichzeitig wiederauferstanden als WTO, die eine eigenständige Organisation innerhalb der UNO ist. Kern der WTO bleiben die Vereinbarungen des GATT, dessen organisatorische Strukturen ebenfalls übernommen wurden. Die WTO ist aber mehr: Während sich das GATT nur für den Handel von Gütern interessierte, umfaßt die Aufgabe der WTO nun auch den Handel mit Dienstleistungen wie Bankwesen und Telekommunikation sowie Rechte an geistigem Eigentum wie Software und Patente. Und vor allem: Die Mitgliedstaaten akzeptieren bis jetzt die WTO-Autorität und beugen sich freiwillig den Schiedssprüchen aus Genf.

Wichtigster Teil des WTO-Gründungsvertrags ist ein detailliertes Regelsystem zur Schlichtung von Handelsstreitigkeiten. Allein in den ersten sechs Jahren nach der Gründung 1994 wurden der WTO 167 Konfliktfälle vorgelegt – verglichen mit 300 in der fast 50jährigen GATT-Geschichte[630] –, darunter so bedeutsame wie der Bananenstreit zwischen der EU und den USA: Mehrmals klagten die USA vor der WTO, weil sie die Bananenausfuhren von US-Firmen aus Lateinamerika (»Dollarbananen«) in die EU benachteiligt sahen gegenüber den Bananenimporten aus afrikanischen, karibischen und pazifischen Staaten (AKP-Staaten). Die EU schluckte das Urteil der WTO zur Grenzöffnung für die billigen Bananen zähneknirschend, versuchte jedoch mit Tricks, für die bisher begünstigten Produzenten in den Ex-Kolonien einiger EU-Länder und auf den spanischen Inseln lange Übergangsfristen herauszuschinden.[631]

Der WTO kommt heute eine viel tiefgreifendere Rolle zu als dem alten GATT. Schon während der Uruguay-Runde hat sich die Welt mit dem Zusammenbruch des Sozialismus entscheidend verändert; das Wort Globalisierung kannten zu Beginn der Runde nur Eingeweihte. Heute ist das westliche Wirtschaftssystem zu einem weltumspannenden geworden, in dem die WTO als Schiedsrichterin eine Schlüsselfunktion einnimmt – eine Entwicklung, mit der die Gründungsväter im Jahr 1993 nicht gerechnet hatten.

Wer Macht hat, hat auch Feinde. Und die machen sich inzwischen ungezwungen Luft – beispielsweise 1999 in Seattle, zum Auftakt der auf drei Jahre angesetzten sogenannten Millenniumsrunde. Die Argumente der WTO-Gegner sind dieselben wie die der Weltbank- und IWF-Kritiker: Schrankenloser Freihandel bewirkt schlechte Umwelt-

und Sozialstandards, die skrupellosen Geschäftspraktiken Vorschub leisten und zu Arbeitsplatzverlust und menschenunwürdigen Lebensbedingungen vorwiegend in der Dritten Welt führen.[632]

Tatsache ist allerdings, daß Weltbank und IWF in den Ländern operativ tätig werden, während die WTO eher ein Aufsichtsrat des Welthandels ist, der keine Sanktionsmöglichkeit gegenüber Straftätern hat – wer sich nicht an die Spielregeln hält, kann nur öffentlich an den Pranger gestellt werden. Die wirkliche Wirtschaftspolitik wird nach wie vor in Washington, Brüssel und Tokio gemacht.[633] Faktum ist aber auch, daß unschöne Begleiterscheinungen des freien Welthandels bei WTO-Verhandlungen bis heute nebensächlich sind: Umweltprobleme werden an Umweltorganisationen und die Aufsicht über Arbeitsbedingungen an die Internationale Arbeitsorganisation weitergereicht.

Auch wenn der Weg weit ist: Die WTO trägt in sich den Keim zum globalen Wirtschaftsgerichtshof, und die WTO-Vereinbarungen könnten sich zu einer Weltwirtschaftsverfassung entwickeln,[634] was innerhalb eines Wirtschaftsrahmens von Bedeutung ist, der immer stärker durch Blöcke wie EU, NAFTA, Mercosul und ASEAN geprägt ist. Dazu muß die WTO jedoch nach dem Scheitern der ersten Millenniumsrunde in Seattle noch einige Hausaufgaben erledigen.

7.4 Der Chor der Reichen – OECD

Moskau im Mai 1996: Mit einer gehörigen Portion Mut beantragte Rußland die Aufnahme in die Organisation für wirtschaftliche Zusammenarbeit und Entwicklung (OECD), in jenen feinen Club, dem allgemein nur Mitglieder mit gut gefüllter Staatskasse angehören.[635] Wenige Wochen vor den russischen Präsidentschaftswahlen hatte der Schritt hauptsächlich wahltaktische Gründe, um dem eigenen Volk den Eindruck zu vermitteln, das Land sei durch den möglichen Beitritt auf dem Weg in den Wohlstand. Allerdings spiegelte sich im Antrag auch die Fähigkeit der Regierung zur Selbstüberschätzung.

Dabei klingen die Voraussetzungen für eine OECD-Mitgliedschaft banal: ein am Markt orientiertes Wirtschaftssystem und eine pluralistische Demokratie.[636] Reichtum hilft zwar, reicht aber nicht aus. Selbst die finanzstarken Erdölförderländer der arabischen Welt und die ostasiatischen »Tigerstaaten« erfüllen nicht beide Bedingungen und müssen vor den Toren der OECD bleiben. Nicht umsonst bedeutete der Beitritt für Tschechien, Polen, Ungarn und zuletzt die Slowakei einen enormen Prestigegewinn.

Trotz scheinbar trivialer Aufnahmebedingungen ist die OECD ein Club der Wohlhabenden: Die OECD-Staaten produzieren zwei Drittel aller weltweit hergestellten Produkte und Dienstleistungen.[637] Der Club ist aber auch der zahme Riese unter den vier großen Organisationen, die sich für den Welthandel verantwortlich fühlen (neben IWF, Weltbank und WTO). Als Nachfolgeorganisation der 1948 für die Durchführung des Marshallplans geschaffenen Organisation für europäische wirtschaftliche Zusammenarbeit (OEEC) hat sich die 1961 gegründete OECD zum »think tank« ihrer 30 Mitgliedstaaten entwickelt,[638] denen sie als ständige internationale Regierungskonferenz ein Forum zur »Diskussion, Entwicklung und Optimierung ihrer Wirtschafts- und Sozialpolitik« bietet.[639] Größte Geldgeber für das Jahresbudget, 200 Millionen Dollar im Jahr 2000, sind die USA und Japan.[640]

Die OECD ist eine Clique von Gesinnungsgenossen westlicher Prägung, der sich viele zugehörig fühlen – auch Rußland. Seit dem Zusammenbruch des ehemaligen Ostblocks hat sich die Organisation mit der Unterstützung dieser Länder einen zusätzlichen Schwerpunkt gesetzt. Eine OECD-Mitgliedschaft ist damit jedoch nicht automatisch verbunden. Jedes Anwärterland muß die Einhaltung der Eintrittsbedingungen durch Transparenz und eigene Erklärungen belegen, was durch das OECD-Sekretariat und seine Ausschüsse gründlich geprüft und bewertet wird. Für Rußland würde dies ein Reformprogramm bedeuten, das gewaltiger wäre als der Schritt von der Plan- in die Marktwirtschaft: Liberalisierung des Kapitalmarktes, Wirtschaftsstatistik auf Westniveau und Rubel-Konvertierbarkeit – allesamt Aufgaben, die das Land bisher nicht halbwegs geschafft hat und bei denen auch EU und IWF trotz saftiger Geldspritzen seit Jahren gegen Wände rennen. Dazu kommt, daß fast alle Mitgliedsländer dem OECD-eigenen Ausschuß für Entwicklungshilfe (DAC) angehören. Der Beitritt ist zwar vor allem eine moralische Verpflichtung, doch der Solidaritätsdruck ist hoch, denn wer DAC-Mitglied ist, zählt als »westliches Geberland« und »legitimiert« sich damit für die OECD. Rußland hat aber nichts zu geben, sondern war damals mit

100 Milliarden Dollar verschuldet.[641] Um die Mitgliedstaaten bei der Koordination ihrer Politik zu beraten, haben die 1850 Mitarbeiter im Pariser OECD-Sekretariat wichtige Indikatoren und Statistiken beispielsweise zur Wohlstandsmessung entwickelt (List of Social Concerns 1973, The OECD List of Social Indicators 1982).[642] Das Sekretariat produziert eine wahre Flut an Studien (jährlich rund 12 000)[643] zu den unterschiedlichsten Themen wie internationale Migration, E-Commerce oder aber Korruption und Steuerflucht.[644]

Eine solche Studie inklusive einer Schwarzen Liste von 35 Staaten mit dubiosen Steuerpraktiken sorgte im Jahr 2000 für Aufsehen: Neben Südsee-Paradiesen wie Vanuatu oder Samoa wurden auch alte Bekannte wie Liechtenstein und Monaco gebrandmarkt. Delikaterweise finden sich auf der Sünderliste auch Gebiete, die im Einflußbereich der OECD-Mitglieder USA, Frankreich, Großbritannien und Niederlanden liegen, beispielsweise Gibraltar, die Kanalinseln oder die US-amerikanischen Jungfern-Inseln.

Schon 1985 hatte die OECD schwere Geschütze gegen die Steueroasen aufgefahren – damals allerdings vergeblich, denn sie wollte das Steuer- und Bankgeheimnis aufbrechen. Um den Offshore-Finanzplätzen künftig das Wasser abzugraben, hat die OECD mit G7, EU, IWF und UNO ein schlagkräftiges Bündnis gestrickt,[645] mit dem sie verhindern will, daß durch die »schädliche Steuerkonkurrenz« einzig die Steuerlast zum Investitionskriterium für Unternehmen und Privatleute wird: Bis zum Jahr 2005 haben die 35 Staaten Zeit, ihre Steuersysteme anzupassen und für einen Informationsaustausch mit anderen Steuerverwaltungen zu sorgen.[646]

7.5 Die Ölprinzen – OPEC

Ein Barrel Coca-Cola kostet 78 Dollar, ein Barrel Milch 150 Dollar und ein Barrel Sonnencreme gar 5365 Dollar.[647]

Hugo Chávez (Präsident Venezuelas und Gastgeber des OPEC-Gipfels 2000)

Im Herbst 2000 ging es hoch her an den Stammtischen dieser Welt: Die »Ölscheichs« wurden für einen dramatischen Anstieg der Benzinpreise verantwortlich gemacht. Auf mehr als 37 Dollar stieg der

Barrelpreis (159 Liter) für Rohöl, das Fieberthermometer der Weltwirtschaft, und katapultierte den Spritpreis in Deutschland über die (damalige) Schmerzgrenze von 2,10 DM (1,07 Euro) pro Liter. Die Gemüter der PS-Freunde waren kaum zu beruhigen, und die weltweiten Proteste gegen die Organisation erdölexportierender Länder (OPEC) entluden sich gar auf deren Internet-Seite: Zuerst verunstalteten Hacker die Website, dann verschwand sie ganz.[648]

»Die Scheichs«, das sind die elf gut gekleideten Herren der OPEC-Mitgliedstaaten, von denen tatsächlich nur acht in der Wüste leben: Indonesien, Nigeria und Venezuela gehören zwar zur 1960 gegründeten OPEC, liegen jedoch nicht im Sandgürtel Afrikas oder des Mittleren Ostens wie die anderen Mitglieder Algerien, Iran, Kuwait, Libyen, Irak, Katar, Saudi-Arabien und Vereinigte Arabische Emirate.

Der vierte Ölpreisschock führte den Industrienationen im September/Oktober 2000 schlagartig vor Augen, welche Macht die OPEC noch immer über die Weltwirtschaft hat: Auch nach den beiden Schocks der 1970er Jahre und dem Kuwait-Krieg 1990/91 hängen die Industrienationen am Öl-Tropf. Lange Zeit sah es so aus, als sei das Kartell heillos zerstritten und als seien die jährlichen OPEC-Treffen in Wien nur ein netter Plausch über die Weltwirtschaft im allgemeinen und den Ölpreis im besonderen, bei dem Verabredungen getroffen werden, an die sich sowieso niemand hält. Bisher haben sich die einzelnen Mitglieder immer aus den Absprachen gestohlen, je größer die Versuchung war, je höher also der Barrelpreis lag. Zusammenhalt fand die OPEC lediglich in der Erinnerung an den Ruhm der 1970er Jahre, als sie dem Westen in einem Rausch von Allmacht die Preise diktierte und Deutschland die bis heute einzigen autofreien Sonntage seiner Geschichte bescherte. Erst als Anfang 1999 der Rohölpreis unter 10 Dollar je Barrel gesunken war, so tief wie seit Anfang der 1970er Jahre nicht mehr,[649] fand das Kartell wieder zu einer gemeinsamen Linie, drosselte die Förderung und verdreifachte so den Ölpreis.

Trotz des vierten Ölpreisschocks ist die OPEC keineswegs mehr der mächtige Ölclub, der die halbe Welt mit seinem schwarzen Gold versorgt. Große Förderländer wie Norwegen und Mexiko, inzwischen auch Rußland, gehören nicht zur OPEC und pumpen ihr Öl nach eigenem Willen auf den Weltmarkt. Die OPEC kontrolliert nur

35 % der weltweiten Ölförderung[650] – und ist damit längst kein Kartell mehr.

Daß die Scheichs unverhofft erstarkten, war weniger deren Verdienst, sondern ein Versäumnis der Industriestaaten: Die Frage nach einer Energiepolitik abseits vom Öl stellte sich in den Industrienationen zwar bereits in den 1970er Jahren, blieb jedoch bis heute unbeantwortet. Denn die Staaten und mit ihnen die Emerging Markets in Asien und Südamerika hielten die Ölpreisbaisse in den 1990er Jahren für einen Dauerzustand und taten nichts: Fast 40 % des Weltenergieverbrauchs wurden 1998 durch Erdöl gedeckt.[651] Öl ist nach wie vor der Stoff, aus dem Wohlstand und Macht sind. Die OPEC reibt sich die Hände, denn die Industrienationen haben eine alternative Energiepolitik nur zaghaft gefördert. Die Benzinpreise in den USA sind im Vergleich mit Europa lachhaft oder, je nach Standpunkt, unverantwortlich und lassen nicht erwarten, daß sich des kleinen Mannes liebste Kinder – Roadster und Offroad-Jeep – auf absehbare Zeit den Durst abgewöhnen.

Anfang 1998, der Rohölpreis versank gerade im Jammertal, meinte der Chef von British Petrol noch, 14 Dollar seien ein Preis, mit dem alle leben könnten – Autofahrer, Scheichs und Ölgesellschaften.[652] Im Frühjahr 2001 war für die Regierungschefs ein Preis von 25 Dollar »richtig«. Da (noch) keine echte Knappheit besteht, war der Ölpreis bisher immer ein politischer Preis. Nur rapide Preissteigerungen bewirken einen Schock – und zwar einen psychologischen, denn die Weltwirtschaft läuft, ob das Öl 14 oder 25 Dollar kostet. Für die OPEC-Staaten allerdings tickt die Uhr, denn die Ölreserven sind begrenzt – nach vorsichtigen Schätzungen auf 40 Jahre. Das könnte der OPEC langfristig sogar wieder Auftrieb geben, denn sie sitzt auf mehr als drei Vierteln aller noch gewinnbaren Ölreserven der Welt.[653]

Die großen Ölkonzerne haben bis auf Ausnahmen wie Shell in Nigeria den direkten Zugriff auf die Ölvorkommen verloren; die OPEC hat es nicht geschafft, aus ihrer Rolle als Rohstofflieferant herauszukommen und das eigene Öl zu hochwertigen Produkten weiterzuverarbeiten. Das wird ihr Schicksal kaum beeinflussen. Entscheidender für die Zukunft des Kartells wird sein, wie es die Industrienationen schaffen, eine vom Öl unabhängige Energiepolitik auf die Beine zu stellen. Ein durch die OPEC in die Höhe getriebener Ölpreis hat viele Nachteile. Der Vorteil ist, daß er das Nachdenken beträchtlich beschleunigt.

7.6 Regionale Fürstentümer – NAFTA, Mercosul, ASEAN und EFTA

Armes Mexiko – so fern von Gott und so nah an den Vereinigten Staaten.[654]

PORFIRIO DÍAZ
(ehemaliger Staatspräsident Mexikos)

Der freie Welthandel ist keine 150 Jahre alt und muß laufend neu erkämpft werden. Das gilt trotz Welthandelsorganisation besonders für diejenigen Staaten, die zu keinem der großen Wirtschaftsblöcke zählen. Die bisher am weitesten fortgeschrittene regionale Wirtschaftsintegration bildet die 1957 gegründete EU. Später entstanden weitere Bündnisse wie die Gemeinschaft karibischer Staaten (CARICOM) oder in Nordamerika die NAFTA und in Südostasien die ASEAN, die zur AFTA wachsen soll. Der Sprung in die Weltwirtschaft ist kaum möglich, ohne einem der großen Handelsblöcke anzugehören – diese bieten Schutz nach außen und öffnen nach innen neue Absatzmärkte. Genau darin liegt aber auch die Gefahr, denn die Regionalabkommen können nach außen zu abgeschotteten Wirtschaftsblöcken mutieren, die sich auf die Handelsströme innerhalb ihres Blockes konzentrieren und so ganze Ländergruppen (beispielsweise Mittlerer Osten, Schwarzafrika) isolieren, die einzelne Produkte möglicherweise effizienter herstellen.

NAFTA

Schon wenige Monate nachdem am 1.1.1994 das North American Free Trade Agreement (NAFTA) zwischen Mexiko, USA und Kanada in Kraft getreten war, zogen dunkle Wolken über das Projekt: Das Finanzsystem Mexikos und damit auch der Peso brachen zusammen, und nur ein Hilfspaket von 48 Milliarden Dollar konnte den Bankrott des Landes verhindern.[655]

Auch wenn der Peso-Crash mit der NAFTA nichts zu tun hat – vor dem Abenteuer einer Freihandelszone mit dem Schwellenland Mexiko hatten NAFTA-Gegner in den USA lange gewarnt. Präsidentschaftskandidat Ross Perot hörte damals ein »ohrenbetäubendes Sauggeräusch« durch die USA gehen, ausgelöst vom Klang Abertausender von Arbeitsplätzen, die nach Mexiko verlagert würden. Mexiko fühlte sich bedroht von der Wirtschaftsübermacht des »großen Bruders«. Von der damaligen Kritik ist heute nichts mehr zu spüren: Die Jobs der Amerikaner sind nicht in den Süden gewandert, und Mexiko konnte als Investitionsstandort wachsen, auch wenn die Einkommen der Mexikaner nicht explodiert sind.

Motor der Entwicklung waren die USA, die bereits 1989 mit Kanada ein Liberalisierungsabkommen schlossen, aus dem fünf Jahre später die NAFTA entstand. Ziel des Vorhabens ist die Schaffung einer wirtschaftlichen Union, die durch den Abbau von Handelsbarrieren und Zöllen bis zum Jahre 2009 erreicht sein soll.[656] Inzwischen hat die weltgrößte Wirtschaftsmacht sogar noch einen Gang zugelegt: Auf dem panamerikanischen Gipfel im April 2001 in Québec unterzeichnete sie zusammen mit 33 Ländern des amerikanischen Kontinents eine Erklärung, die eine gesamtamerikanische Freihandelszone von Alaska bis Feuerland bis zum Jahr 2005 vorsieht.[657] Wichtigste Bedingung für die Aufnahme in den Handelsblock: Die Staaten müssen von demokratischen Regierungen geführt sein. Dem sozialistischen Kuba ist damit als einzigem Staat der Region eine Mitgliedschaft verwehrt.

Vor allem Mexiko hat durch die NAFTA als Industriestandort profitiert. Aufgrund der niedrigen Arbeitskosten ist das Land zur verlängerten Werkbank internationaler Unternehmen geworden, auch wenn keineswegs nur Massenware produziert wird. Binnen weniger Jahre ist Mexiko in die Reihe der zwölf größten Autoproduzenten der Welt aufgestiegen; Volkswagen produziert hier den New Beetle exklusiv für den Weltmarkt.[658]

Vorteilhaft ist Mexikos unmittelbare Nähe zum riesigen Absatzmarkt USA, die das Land aber auch in eine gefährliche Abhängigkeit gebracht hat: 88% der Exporte flossen 1999 zum nördlichen Nachbarn.[659] Um ein Gegengewicht zu schaffen, schloß Mexiko Mitte 2000 ein Freihandelsabkommen mit der EU und räumte den Europäern damit beim Handel die gleichen Rechte ein wie den USA und Kanada. Europäische Unternehmen erhalten dadurch Zugang zum

»Hinterhof der USA«, während sich Mexiko einen weiteren Schub bei Investitionen erhofft. Die Chancen dafür stehen nicht schlecht – Mexiko ist neben Israel das einzige Land, das sowohl mit Nordamerika als auch mit der EU ein Freihandelsabkommen abgeschlossen hat.[660]

Mercosul

Der nach EU, NAFTA und ASEAN viertgrößte Wirtschaftsblock der Welt ist in Europa weitgehend unbekannt: 1995 formierten sich die südamerikanischen Staaten Brasilien, Argentinien, Uruguay und Paraguay zum gemeinsamen Markt des Südens, spanisch: Mercosur, portugiesisch: Mercosul. Als »assoziierte Mitglieder« haben sich auch Chile und Bolivien dem Abkommen angeschlossen.

Das Bündnis hat sich in den ersten Jahren prächtig entwickelt, der Handel innerhalb der Grenzen nahm jährlich um 35% zu.[661] Zu schweren Erschütterungen kam es 1999, ausgelöst durch wirtschaftliche Turbulenzen in Südamerika. Brasilien wertete seine Währung Real stark ab, ohne sich mit seinen Handelspartnern abzustimmen. Die anderen Mercosul-Partner stürzten daraufhin in eine schwere Rezession, und Argentinien stand kurz davor, Schutzzölle auf brasilianischen Waren einzuführen. Als sich später auch noch die Staatschefs Uruguays, Argentiniens und Paraguays wegen der Auslieferung ehemaliger paraguayischer Generäle zerstritten und gegenseitig sogar ihre Botschafter abzogen, stand das Bündnis am Rand der Auflösung.[662]

Solche Streitigkeiten versperren den Weg zum homogenen Binnenmarkt nach europäischem Vorbild: Viel mehr als die EU ist der Mercosul auch ein anspruchsvolles politisches Projekt. Vor allem Rivalitäten zwischen Brasilien und Argentinien führen immer wieder zu Spannungen. Dazu kommt, daß der Verbund eine Freundschaft ungleicher Freunde ist, denn die Lebensbedingungen in den vier plus zwei Ländern sind so unterschiedlich wie in Deutschland und Ägypten: Argentinien als das reichste Land Südamerikas und Bolivien als »armer Schlucker« und wirtschaftliches Schlußlicht des Kontinents müssen integriert werden. Brasilien steuert mit seinen 170 Millionen Einwohnern zwei Drittel der gesamten Wirtschaftsleistung bei.[663]

Der Mercosul allein kann den drei anderen großen Wirtschaftsblöcken nicht Paroli bieten. Außer mit der NAFTA wird auch mit der EU über die Bildung einer Freihandelszone verhandelt, vor allem jedoch mit dem Andenpakt, dessen Mitglieder die südamerikanischen Staaten Bolivien, Kolumbien, Ecuador, Peru und Venezuela sind. Als Zeichen des festen Willens, die bestehende Allianz voranzubringen, kündigten die Mitgliedstaaten des Mercosul im Jahr 1997 sogar die Schaffung einer gemeinsamen Währung an.[664] Zwei Jahre später erinnerte sich Argentiniens Zentralbankchef schon nicht mehr an den Plan und dachte laut über die Ablösung seiner Landeswährung Peso durch den Dollar nach.[665] Von einem gemeinsamen Vorgehen ist das Bündnis noch weit entfernt.

ASEAN

Als am 8. August 1967 in Bangkok die Staatschefs Indonesiens, Malaysias, der Philippinen, Singapurs und Thailands die Vereinigung südostasiatischer Staaten (ASEAN) ins Leben riefen, waren sie sich der Schwierigkeiten des Projektes bewußt: Das buddhistische Thailand muß mit dem moslemischen Indonesien ebenso zusammenarbeiten wie mit den katholischen Philippinen, und durch den zweiten Indochina-Krieg waren in den Anfangsjahren Flüchtlingsströme aus Vietnam und Kambodscha gleichermaßen zu bewältigen wie der Expansionsdrang des Kommunismus. Bis heute überstand die Allianz diese Stürme und wuchs mit Brunei, Kambodscha, Laos, Myanmar (Birma) und Vietnam auf zehn Mitgliedstaaten an.

Die Staaten des ASEAN haben sich nicht nur einer ökonomischen Zusammenarbeit verschrieben, sondern sie wollen unter Einbindung der Partner China, Japan und Südkorea ein führender Politik- und Wirtschaftsblock werden und die Stabilität in der Region stärken. Auf der 4. ASEAN-Gipfelkonferenz 1992 wurde ein Abkommen zur Errichtung einer ASEAN-Freihandelszone (AFTA) vereinbart,[666] die bis 2005 den Abbau von Zollbarrieren und »nicht-tariflichen« Hemmnissen vorsieht und nach der die Region zu einer »einzigen Produktionseinheit« verschmelzen soll. Die meisten ASEAN-Staaten sind auch Mitglied im Asiatisch-Pazifischen Wirtschaftsforum (APEC), dem unter anderem die USA, Kanada, Japan, China und

Australien angehören, mit denen ebenfalls eine Freihandelszone anstrebt wird.

Ebenso wie im Mercosul ist das Hauptproblem der unterschiedliche Entwicklungsstand der Mitgliedstaaten: Die »Habenichtse« Laos und Kambodscha sitzen am selben Tisch wie das im Geld schwimmende Sultanat Brunei, und die High-Tech-Oase Singapur muß sich mit der Militärdiktatur Myanmar einigen, deren Mitgliedschaft Gespräche mit dem Westen blockiert. Ein »echter« gemeinsamer Markt ist die ASEAN auch über dreißig Jahre nach ihrer Gründung nicht. Die als »Schönwetterbund« verspottete Allianz ist wirtschaftlich noch lange nicht gefestigt, wie 1997 die Asienkrise bewies, und nationale Sonderwege lähmen immer wieder den Integrationsprozeß: Malaysia setzte im Jahr 2000 seine Teilnahme an der AFTA aus, um sein nationales Autoproduktionsprojekt Proton zu schützen.[667]

Auch die »Politik der gegenseitigen Nichteinmischung« hat wenig dazu beigetragen, Krisen in der Region selbst zu meistern. Zwar vereinbarten die ASEAN-Staaten zusammen mit China, Japan und Südkorea drei Jahre nach der tiefen Wirtschafts- und Währungskrise von 1997 lose eine engere Kooperation gegen Devisenspekulationen, nach der im Fall von Attacken gegen eine Währung die anderen Staaten Teile ihrer Devisenreserven zur Abwehr bereitstellen.[668] Doch die Neutralität zwingt die Partnerstaaten und Nachbarn nach wie vor dort zur Passivität, wo ein Eingreifen zur Verhinderung menschlicher Tragödien durchaus sinnvoll wäre. So konnten blutige Übergriffe wie 1999 in Osttimor oder Menschenrechtsprobleme in Myanmar nicht verhindert werden. In Osttimor mußten schließlich Australien und die UNO eingreifen.

EFTA

Klein, aber fein und vor allem wohlhabend, das ist die Europäische Freihandelszone (EFTA), das neben der dominanten EU zweite Wirtschaftsbündnis in Europa.[669] Nach einem Schrumpfungsprozeß auf nur noch vier Mitglieder – Norwegen, Liechtenstein, die Schweiz und Island – steht die Rest-EFTA zwar im Schatten der EU, mit einem Pro-Kopf-Bruttosozialprodukt von 37 500 US-Dollar (Stand: 1998) überflügeln die Bürger des lockeren Bundes den »big brother« jedoch deutlich (EU: 22 100 US-Dollar).[670]

Ursprünglich wurde die EFTA 1960 von den sieben Staaten Österreich, Dänemark, Norwegen, Portugal, Schweden, Schweiz und Großbritannien gegründet, denen sich später auch Finnland, Liechtenstein und Island anschlossen. Sie galt als Antwort auf die im kalten Krieg stark ideologisch ausgerichtete Europäische Wirtschaftsgemeinschaft (EWG), sollte jedoch später mit dieser verschmelzen. Die Verhandlungen scheiterten allerdings vor allem an den unterschiedlichen Konzepten der beiden Wirtschaftsräume: Die sechs damaligen EWG-Staaten strebten von Beginn an eine Integration auch auf politischer Ebene an, während die EFTA-Mitglieder auf ihre staatliche Neutralität bedacht waren. Auf ihrem Höhepunkt bildete die EFTA einen Markt von 100 Millionen Konsumenten.[671] Doch dem Bündnis liefen kontinuierlich die Mitglieder weg: 1973 traten Großbritannien und Dänemark der EWG bei, 1986 folgte Portugal, und 1995 wechselten Österreich, Schweden und Finnland.

Die Regierungen Norwegens und der Schweiz bemühten sich 1992/93 ebenfalls um die Aufnahme in die EU, wurden jedoch von der eigenen Bevölkerung in einer Volksabstimmung zurückgepfiffen. Bis auf die Schweiz sind alle EFTA-Mitglieder mit der EU durch ein Abkommen über einen Europäischen Wirtschaftsraum (EWR) verbunden.[672]

Politisch ist die EFTA kaum noch entwicklungsfähig, da alle Mitglieder auf ihre Souveränität pochen. Sie strebt ausdrücklich eine »Politik der Parallelität und Übereinstimmung mit der EU-Politik« an[673] und hat sich nicht nur ein »Groß-Europa« einschließlich aller Mittelmeeranrainerstaaten zum Ziel gesetzt, sondern auch, neue Freihandelspartner außerhalb dieser Region zu finden. Verhandlungen laufen mit dem Mercosul, Kanada, aber auch dem Golf-Kooperationsrat (GCC), dem die arabischen Golfstaaten angehören. Ein Handelsabkommen wurde 1999 mit der PLO als Vertreter der Palästinensischen Autonomiebehörde geschlossen[674] – einem Staat, der noch gar nicht existiert. Doch trotz aller Verträge und ihres Reichtums ist die EFTA ein Club von Individualisten. Allerdings sind sich die politischen Einzelgänger des Gewichts durchaus bewußt, das sie als gemeinsamer Markt bei Verhandlungen in die Waagschale werfen können – und mehr wollen sie vorerst auch nicht.

8. Kapitel

Zwischen Integration und nationalen Sonderwünschen – Die Europäische Union

Die EU ist wie ein Fahrrad. Wenn es sich nicht bewegt, fällt es um.[675]

Gey Verhofstadt
(belgischer Regierungschef)

Um einzuschätzen, welchen Weg die europäischen Staaten bis zur heutigen EU zurückgelegt haben, lohnt sich ein Blick zurück: Fast völlig zerstört, eingekeilt zwischen den ideologischen Kämpfen von Kapitalismus und Kommunismus, lag Europa nach dem Zweiten Weltkrieg wirtschaftlich und politisch am Boden. Die einzige Perspektive war ein wirtschaftlicher Schulterschluß, um den Wiederaufbau schnell voranzutreiben. Der erste Schritt für eine engere Zusammenarbeit war schließlich 1951 die Gründung der Europäischen Gemeinschaft für Kohle und Stahl (EGKS). Seitdem hat das vom Krieg verwüstete Europa trotz einer bis heute latenten »Euroskepsis« ständig Fortschritte in seiner Integration erzielt.

Daran konnten auch die immer wieder aufflammenden »Grabenkämpfe« zwischen einzelnen Mitgliedstaaten mit unterschiedlichen Standpunkten nichts ändern, die geschürt wurden vom Einstimmigkeitsprinzip im Ministerrat bei wichtigen Entscheidungen, einer der stärksten EU-Bremsen. Die größte Herausforderung wird künftig darin liegen, sich von der Politik der nationalen Besitzstandswahrung zu verabschieden und das eigene Haus in Ordnung zu bringen, insbesondere wenn die Gemeinschaft tatsächlich zwölf (und später mehr) neue Mitglieder aufnehmen will.

8.1 Von der Montanunion zum Euro – Kleine Biographie der EU

Erste Ideen für ein europäisches Bündnis hatten verschiedene Politiker schon in den 20er Jahren des 20. Jahrhunderts. Der Österreicher Richard Nikolaus Graf Coudenhove-Kalergi (* 1894, † 1972) forderte 1923 in seinem Buch *Paneuropa* den Aufbau einer europäischen Union. Der französische Außenminister Aristide Briand (* 1862, † 1932) griff 1929 den Gedanken erneut auf und machte sich für ein europäisches Bündnis innerhalb des Völkerbundes stark. Die Worte verhallten ungehört. Erst im Trümmerhaufen nach dem Zweiten Weltkrieg fiel die Idee auf fruchtbaren Boden: In seiner berühmten Zürcher Rede schlug Winston Churchill (* 1874, † 1965) 1946 die Gründung der »Vereinigten Staaten von Europa« vor – ohne Großbritannien.[676] Die Briten wähnten sich noch in einer Welt, wie sie Churchill in seiner Rede beschrieben hatte: die Erde aufgeteilt unter den drei Weltmächten USA, Sowjetunion und dem Commonwealth mit britischer Führung.

Im Nachkriegschaos trieben die beiden früheren Feinde Deutschland und Frankreich den Gedanken eines Zusammenschlusses voran. Frankreich war daran gelegen, einen vierten Krieg mit dem Nachbarn zu verhindern (nach 1871, 1914–18 und 1939–45). Deutschland hatte kaum eine Wahl und war froh über jede moralische und politische Kooperation mit seinen Nachbarn und früheren Kriegsgegnern, um eine Einigung der Alliierten auf dem Rücken Deutschlands zu verhindern. Nur eines verband beide Länder: Zusammen wollten sie einen Kontrapunkt zur US-amerikanischen Dominanz setzen, denn Europa hatte schon nach dem Ersten Weltkrieg seine führende Rolle an die USA eingebüßt. Das war schlimm genug. Nach dem Zweiten Weltkrieg war die Situation noch ausgeprägter, und ein einzelner Staat hatte keine Chance gegen die Überlegenheit der US-Wirtschaft. Außerdem zeigte die Sowjetunion politisch die Zähne. Europa hatte sich selbst zerfleischt und mußte sich wieder sammeln.

In dieser Lage machte der französische Außenminister Robert Schuman (* 1886, † 1963) 1950 den Vorschlag einer Vereinigung der Schwerindustrie Deutschlands und Frankreichs, der 1951 zur Gründung der Europäischen Gemeinschaft für Kohle und Stahl (»Montanunion«) mit Italien und den Benelux-Staaten führte. Der Zusammenschluß gerade dieses Wirtschaftsbereiches ist nicht zu unterschätzen: Die Schwerindustrie war damals der vielleicht wichtigste Industriesektor, auf ihm fußte der Wiederaufbau. Die Montanunion war mehr als eine ökonomische Allianz, sie war das erste Zeichen für den Willen einer politischen Integration nach dem Motto »Kleineuropa oder kein Europa«.[677]

Sechs Jahre später war es dann soweit: Die spätere EU erblickte das Licht der Welt. Nach Konferenzen in Messina (1955) und Venedig (1956) wurden 1957 in Rom die Europäische Wirtschaftsgemeinschaft (EWG) sowie die Europäische Atomgemeinschaft (Euratom) gegründet. Politisch war Europa zu diesem Zeitpunkt noch nicht zu einer Integration bereit: Der Schock des Zweiten Weltkriegs saß tief, und einige Staaten wie Frankreich oder die Niederlande hingen gedanklich noch ihrem verblichenen Weltmachtstatus und verlorenen Kolonien nach. Da politisch kein Fortschritt zu erzielen war, mußte der Umweg über die wirtschaftliche Integration gegangen werden, um die politische Einigung voranzutreiben.[678]

Es folgten harte Jahre für die Gemeinschaft. Die 1960 begonnenen Verhandlungen über eine politische Union der sechs EWG-Staaten (»Fouchet-Plan«) wurden 1962 abgebrochen. Zu einem Eklat kam es 1965: Nach dramatischen Auseinandersetzungen über die Finanzierung der Agrarpolitik[679] und die Einführung von Mehrheitsentscheidungen verließ Frankreich den EWG-Ministerrat und blokkierte mit einer »Politik des leeren Stuhls« jede Entscheidung. Über ein halbes Jahr stand der gesamte Integrationsprozeß auf der Kippe. Ebenso wie später die britische Regierung wollte Frankreich nicht riskieren, in wichtigen Fragen überstimmt und damit in die Rolle eines »normalen« europäischen Staates ohne Sonderstatus gedrängt zu werden.[680] Die Krise wurde erst mit dem »Luxemburger Kompromiß« Anfang 1966 beendet. Ein weiterer Bruch ereignete sich im März 1966, als Frankreich aus der NATO austrat und das Verteidigungsbündnis zur Übersiedelung von Paris nach Brüssel zwang.

Auch die Erweiterung der Gemeinschaft gestaltete sich schwierig. Großbritannien hatte zwar 1960 versucht, mit der EFTA-Gründung (→ Kapitel 7.6) der zuvor ins Leben gerufenen Europäischen Wirtschaftsgemeinschaft (EWG) Paroli zu bieten, nahm aber schon kurz danach Beitrittsverhandlungen mit der EWG auf. Die Insel hatte rasch gemerkt, daß die EWG mehr Vorteile bot als die »kleine Freihandelszone«, die eher ein Single-Club war als eine Wirtschaftsgemeinschaft: Die einzelnen EFTA-Länder waren im Außenhandel stärker mit der EWG verbunden als untereinander.[681] Doch die Gespräche zwischen Großbritannien und der EWG scheiterten 1961 am Veto des französischen Staatspräsidenten Charles de Gaulle (* 1890, † 1970), der sich keinen zweiten »Platzhirsch« in die von ihm beherrschte Runde holen wollte.

Erst 1967 rückten die sechs EWG-Staaten wieder näher zusammen und einigten sich auf den Zusammenschluß von EWG, Euratom und Montanunion zur Europäischen Gemeinschaft, verbunden mit einer »Fusion der Exekutiven«: der Schaffung eines gemeinsamen Ministerrats und einer gemeinsamen Kommission.[682] Gut zehn Jahre nach Inkrafttreten der Römischen Verträge wurden 1968 durch die Abschaffung sämtlicher Zölle auf industrielle und gewerbliche Güter wirkliche Binnenmarktverhältnisse geschaffen und eine Zollunion nach außen realisiert.

Im April 1969 trat General Charles de Gaulle nach dem negativen Ausgang einer Volksbefragung zurück und machte damit den Weg frei für die Wiederaufnahme der Verhandlungen mit Großbritannien. Auf dem EG-Gipfel in Den Haag Ende 1969 beschlossen die EG-Staats- und Regierungschefs, Beitrittsgespräche mit Großbritannien, Dänemark, Irland und Norwegen aufzunehmen. Norwegen entschied sich in einer Volksabstimmung im September 1972 gegen die Mitgliedschaft; durch die Beitritte der übrigen drei Länder wurde die EG 1973 zum »Europa der Neun«.

Die Erweiterung hat die EG ebenso nachhaltig geprägt wie später die »Süderweiterung« mit Griechenland (1981), Spanien und Portugal (1986): Durch die erste von bisher vier Aufnahmerunden wurde 1973 die wirtschaftliche Spaltung Westeuropas in EG und EFTA beendet. Nach dem »Dreisprung« erwirtschaftete die EG 1973 fast 80% des westeuropäischen Sozialprodukts und betrieb 80% des Handels in Westeuropa.[683]

Anfang der 1970er Jahre rutschte die Welt in schwere Währungsturbulenzen: Das System fester Wechselkurse von Bretton Woods befand sich in Auflösung. Schon zuvor war vor allem der Franc gegenüber der D-Mark mehrmals abgewertet beziehungsweise die D-Mark aufgewertet worden, wie es Frankreich seinem Volk verkündete.

1972 wurde der Europäische Wechselkursverbund (EWV) mit festen Bandbreiten gegründet, in denen die Kurse der Währungen schwanken durften (2,25 % untereinander, 4,5 % gegen den US-Dollar). Um die Vorgaben einzuhalten, mußten die Notenbanken der EG-Staaten entweder die Leitzinsen anpassen oder auf dem Devisenmarkt durch Zu- oder Verkäufe der eigenen Währung aktiv werden.

Mit dem EWV bestand eine »Insel fester Paritäten in einer Welt flexibler Wechselkurse«; an dem Verbund beteiligten sich letztlich jedoch nur Deutschland, die Benelux-Staaten und Dänemark: Großbritannien stieg ebenso wie Italien noch 1973 aus,[684] und Frankreich verabschiedete sich 1974 aus der »Währungsschlange«.[685] Der Bund blieb Stückwerk, und damit war auch der 1970 von Luxemburgs Ministerpräsident Pierre Werner (* 1913) präsentierte Vorschlag für eine Wirtschafts- und Währungsunion (WWU) endgültig gescheitert. Erst 1979 wurden auf Initiative des französischen Präsidenten Valéry Giscard d'Estaing und des Bundeskanzlers Helmut Schmidt das Europäische Währungssystem (EWS I) und die ECU aus der Taufe gehoben. Das EWS baute auf den Erfahrungen des EWV auf, doch wurden die Staaten stärker in die Pflicht genommen: Länder mit starken Währungen mußten diejenigen mit schwachen stützen.

Einen zusätzlichen Schub erhielt Europa mit der Umsetzung der Einheitlichen Europäischen Akte (EEA) im Juli 1987, die eine Verwirklichung des Binnenmarktes innerhalb von 5½ Jahren vorsah. Die EEA war die erste grundlegende Änderung der Römischen Verträge von 1957: Der Binnenmarkt wurde als »Raum ohne Binnengrenzen«[686] definiert – das Ziel der EG-Staaten ist damit nicht mehr nur eine wirtschaftliche, sondern eine politische Union. Die EEA brachte weitere tiefgreifende Neuerungen: Erstmals wurde das Thema »Umwelt« in den EG-Vertrag aufgenommen,[687] und der Ministerrat konnte nun Mehrheitsentscheidungen treffen, wenn auch nur in eher zweitrangigen Fragen.[688]

Seitdem hat die Gemeinschaft viel erreicht: Österreich, Finnland und Schweden wurden 1995 als neue Mitglieder aufgenommen, und mit den Verträgen von Maastricht schrieb sich die Union 1992 eine neue Währungspolitik auf die Fahnen – die Geburtsstunde des Euro und der Europäischen Zentralbank. Maastricht war die bisher gründlichste Umgestaltung des europäischen Vertragswerks. Neben der Währungsunion einigten sich die Staats- und Regierungschefs in der niederländischen Stadt auf weitere politische Integrationsschritte: Durch die Erweiterung der EG um eine Zusammenarbeit in den Bereichen Justiz und Inneres sowie eine Gemeinsame Außen- und Sicherheitspolitik (GASP) wurde die EU gegründet (»drei Pfeiler der EU«). Völliges Neuland betrat die EU mit der GASP. Überrollt von den Ereignissen vor der eigenen Haustür in Ex-Jugoslawien, bekannte sich die EU dazu, daß »Außenpolitik mit militärischen Mitteln ausgestattet sein muß«.[689] Zur Krisenintervention ist die Aufstellung einer schnellen Eingreiftruppe mit 50 000–60 000 Soldaten bis zum Jahr 2003 geplant.[690] Viele Dinge sind dabei noch ungeklärt, wie beispielsweise das Verhältnis zur NATO; einige EU-Staaten wie Großbritannien, deren Boulevardpresse in der Streitmacht die »Armee eines europäischen Superstaats«[691] sieht, sind skeptisch.

Das wirtschaftspolitische Gewicht der EU, vielleicht auch die Anziehungskraft großer Massen, führten in den 1990er Jahren zu einer Flut von Beitrittsanträgen, insbesondere der osteuropäischen Staaten. Mit zwölf Staaten steht die EU in Verhandlungen für eine Aufnahme. Die Türkei, seit 1987 mit einem Antrag in der Warteschleife, erhielt Ende 1999 den Status »Beitrittskandidat«. Auch wenn konkrete Verhandlungen mit dem »Christenclub« (Ex-Ministerpräsidentin Tansu Çiller) noch auf Eis liegen, vor allem wegen unbewältigter Menschenrechtsprobleme und der Kurdenfrage, löste die EU-Entscheidung in der Türkei Euphorie aus.

Mit dem im Mai 1999 in Kraft getretenen Vertrag von Amsterdam und der Einführung des Euro am 1.1.2002 in 12 der 15 Mitgliedstaaten stärkte die EU innen- und außenpolitisch ihre Stellung weiter. Als neues Ziel wurde der Aufbau »eines Raums der Freiheit, der Sicherheit und des Rechts« verankert. Damit sind Kriege innerhalb der Union weitgehend unmöglich geworden – die werden heute am Verhandlungstisch ausgefochten. Selbst eine EU-Steuer unter der Zuständigkeit des Europäischen Parlaments wird diskutiert.[692] Sie käme einer erheblichen Aufwertung des Parlaments gleich, liegt derzeit aber noch in weiter Zukunft. Bisher finanziert die EU sich aus den Überweisungen der einzelnen Staaten.

Offen bleibt weiter die Frage, wie weit die Binnenharmonisierung noch gehen soll. In vielen Bereichen macht das Wort »Überregulierung« die Runde, während in Details überhaupt keine Einigung in Sicht ist: Auf einen »Euro-Stecker«, mit dem sich das Reisebügeleisen von Finnland bis Portugal adapterlos nutzen läßt, warten die EU-Bürger bis heute vergeblich.

Auch die Entscheidungen der EU kommen bei vielen Bürgern nicht an: Die seit 1979 stattfindenden Wahlen zum Europäischen Parlament stoßen auf wenig Widerhall, weil nicht klar ist, was dort überhaupt beschlossen wird. Die Bürger denken immer noch national, sollen aber europäisch entscheiden. Dennoch war der Integrationsansatz der EU der erfolgreichste des 20. Jahrhunderts, dem sich kein Land und kein Bürger Europas entziehen konnte.

Entsteht eine Supermacht Europa mit 28 Mitgliedstaaten?
Der Einigungsprozeß im Zeitraffer:[693]

1923		**Erste Idee** für eine europäische Union durch den österreichischen Politiker Richard Nikolaus Coudenhove-Kalergi in dessen Buch *Paneuropa*
1946	19. September	**Startsignal:** Winston Churchill fordert in Zürich die Bildung der »Vereinigten Staaten von Europa«, allerdings ohne Großbritannien
1948	16. April	**Gründung der Organisation für Europäische Wirtschaftliche Zusammenarbeit** (OEEC)
1951	18. April	**Europäische Gemeinschaft für Kohle und Stahl** (EGKS/Montanunion) mit sechs Mitgliedern: Niederlande, Frankreich, Italien, Luxemburg, Belgien und Westdeutschland
1957	25. März	**Römische Verträge** über die Bildung der Europäischen Wirtschaftsgemeinschaft (EWG) und der Europäischen Atomgemeinschaft (Euratom) zwischen Belgien, Frankreich, Italien, Luxemburg, den Niederlanden und Westdeutschland unterzeichnet
1958	1. Januar	**Römische Verträge** treten in Kraft
1967	1. Juli	**Europäische Gemeinschaft** (EG) gegründet durch Verschmelzung von EWG, Montanunion und Euratom
1968	1. Juli	**Europäische Zollunion:** Alle Binnenzölle in der EWG entfallen, gemeinsamer Außenzolltarif
1973	1. Januar	**Beitritt von Dänemark, Großbritannien und Irland** zur EG
1979	13. März	**Europäisches Währungssystem und ECU:** Zwischen den Staaten werden feste Wechselkurse vereinbart, die nur in engen Bandbreiten schwanken dürfen (»Währungsschlange«). Europäische Währungseinheit wird die ECU.

1981	1. Januar	**Beitritt Griechenlands** zur EG
1986	1. Januar	**Beitritt von Spanien und Portugal** zur EG (jetzt 12 Mitglieder)
	17./28. Februar	**Einheitliche Europäische Akte** zur Verwirklichung des EU-Binnenmarktes bis 31. Dezember 1992 von allen Mitgliedstaaten ratifiziert
1992	7. Februar	**Verträge von Maastricht** unterzeichnet (europäischer Binnenmarkt, europäische Währungsunion)
1993	1. Januar	**Europäischer Binnenmarkt** mit den vier Freiheiten: freier Verkehr von Waren, Personen, Dienstleistungen und Kapital verwirklicht
	2. August	**Auseinanderbrechen des Europäischen Währungssystems:** Die Schwankungsbreite wird auf 15 % erhöht
	1. November	**Verträge von Maastricht** treten in Kraft (EG wird zur EU)
1994	1. Januar	**Europäisches Währungsinstitut** (EWI) errichtet als Vorläufer der EZB
	28. November	**Norwegen: EU-Beitritt nach Volksbefragung abgelehnt** (erstes Referendum 1972 war ebenfalls gescheitert)
1995	1. Januar	**Beitritt von Österreich, Finnland und Schweden** zur EU (15 Mitglieder)
	26. März	**Schengener Abkommen:** Verzicht auf Grenzkontrollen zwischen Luxemburg, Frankreich, Belgien, Deutschland, Niederlande, Griechenland, Portugal, Spanien (1998 treten Österreich und Italien bei; ab März 2001 auch Finnland, Dänemark, Schweden und die Nicht-EU-Länder Island und Norwegen)
1997	2. Oktober	**Vertrag von Amsterdam** von den 15 EU-Staaten unterzeichnet (Reformen zur politischen Stärkung der EU)
1998	1. Juni	**Europäische Zentralbank** (EZB) in Frankfurt/Main gegründet
	10. November	**Start der Beitrittsverhandlungen mit Tschechischer Republik, Polen, Estland, Slowenien, Ungarn** und **Zypern**
1999	1. Januar	**Euro gemeinsame Währung** in Spanien, Irland, Luxemburg, Niederlande, Deutschland, Belgien, Finnland, Frankreich, Österreich, Portugal und Italien
	1. Mai	**Vertrag von Amsterdam** tritt in Kraft
	10./11. Dezember	**Start der Beitrittsverhandlungen mit Lettland, Bulgarien, Litauen, Malta, Rumänien und der Slowakei; Türkei** wird Beitrittskandidat

2000	22. September	**Euro-Intervention:** US-Notenbank, Bank of Japan und EZB überraschen den Devisenmarkt mit massiven Euro-Stützungskäufen. Seit 1.1.1999 war der Euro von 1,17 Dollar um über 27% auf unter 85 US-Cents gefallen.
2001	1. Januar	**Griechenland zwölftes Mitglied der Euro-Zone**
2002	1. Januar	**Euro offizielles Zahlungsmittel** in den zwölf Euro-Staaten

8.2 Graue Eminenz, Euro-Wächter und Hohes Haus – Die Institutionen der EU

Die EU ist zwar kein eigenes Staatsgebilde, doch ähnlich wie die USA mit ihren 51 Bundesstaaten benötigt auch EU-Europa verschiedene übergeordnete Institutionen, um funktionsfähig zu bleiben. Die wichtigsten Organe sind die Europäische Kommission, das EU-Parlament, der Europäische Gerichtshof, die Europäische Zentralbank, der Rat der Europäischen Union (Ministerrat) und der alles überragende Europäische Rat der Staats- und Regierungschefs (»EU-Gipfel«). Diesen Institutionen kommt ein besonderes Gewicht zu, denn ihre Beschlüsse haben unmittelbare Auswirkung auf die Mitgliedstaaten, vor allem auf deren geltendes Recht: Die Kommission macht Rechtsvorschläge, das Parlament nimmt dazu Stellung, der Ministerrat verabschiedet sie, und der Gerichtshof ist für die Auslegung zuständig.

Europäische Kommission

Die Europäische Kommission entstand 1967 aus der Fusion der Kommissionen von EGKS, EWG und Euratom und ist mit 16 000 Beschäftigten nicht nur die größte EU-Institution,[694] sondern auch eine der mächtigsten: Sie hat das Vorschlagsmonopol für Verordnungen, Richtlinien und Empfehlungen, die dann in nationales Recht umgesetzt werden. Zur Verwirklichung ihrer Ziele beschäftigt die Kommission ein ganzes Heer von Dolmetschern: Rund ein Fünftel der Bediensteten ist als Übersetzer oder Dolmetscher tätig – der weltweit mit Abstand größte Dienst seiner Art.

Der Kommission gehören 20 Kommissare an: Frankreich, Deutschland, Großbritannien, Spanien und Italien als die größten EU-Länder stellen je zwei Kommissare, die anderen zehn Staaten je einen. Der Präsident und die Mitglieder der Kommission werden von den Mitgliedstaaten mit Zustimmung des Europäischen Parlaments für fünf Jahre ernannt. Nach den Römischen Verträgen von 1957 dürfen die Kommissare keine Weisungen ihrer Staaten entgegennehmen. In der Praxis zeigen sich jedoch besonders die Abgesandten der südlichen Mitgliedstaaten willig, »Anregungen« ihrer Heimatländer aufzugreifen.[695]

Die Kommission ist das Herz Europas, denn sie ist die Hüterin der EU-Verträge, handelt im Namen der EU internationale Übereinkommen aus, verwaltet den EU-Haushalt und besitzt das alleinige Initiativrecht für Gesetzestexte.[696] Damit nimmt die Kommission eine herausragende Stellung ein: Sie ist das Nadelöhr, durch das alle Rechtsanträge müssen. Die Vorschläge werden von 25 Generaldirektionen vorbereitet, die jedoch keineswegs im luftleeren Raum arbeiten, sondern auch auf die Empfehlungen der Mitgliedsländer reagieren. Das macht die Kommission gelegentlich ungewollt zur Gehilfin der EU-Regierungen. Der britische Kommissar Christopher Patten verglich in einem internen Bericht des Jahres 2000 die 15 EU-Staaten mit der »Mafia« und die EU-Kommission mit einer »Küchenmagd«, die aus den diffusen Befehlen der Mafia erlesene Festessen zaubern solle.[697] Letztlich geht es um die Macht in der EU: zwischen den Staaten und der häufig nur auf dem Papier unabhängigen Brüsseler Kommission.

Nach wie vor hat die Kommission ein stark ausgeprägtes Regelungsbedürfnis für die Belange innerhalb der EU. Trotz Subsidiaritätsprinzip, nach dem die EU-Organe nur tätig werden, wenn die Mitgliedstaaten eine Aufgabe nicht allein erledigen können, haben die EU-Beamten für fast alle Lebensbereiche Vorschriften parat. Einige Glanzstücke aus dem Gruselkabinett der Kommissare: Eine Gurke darf in der EU nur dann Gurke heißen, wenn die Größe der Warzen festgelegt ist (72/168 EWG). Dieselbe Richtlinie widmet sich der Wellung des Blattrandes von Brokkoli. Selbst Unebenheiten bei Traktorensitzen (96/37 EG)[698] und die Wischfrequenz von PKW-Scheibenwischern (78/318 EWG)[699] nehmen die Beamten nicht auf die leichte Schulter.[700]

Ende der 1990er Jahre kam die Kommission aus ganz anderem Grund ins Kreuzfeuer der Kritik: Einzelnen Kommissaren wurde vom EU-Parlament Vetternwirtschaft, schlechte Haushaltsführung und sogar Betrug vorgeworfen. Ein Mißtrauensvotum des EU-Parlaments scheiterte zwar Anfang 1999 mit knapper Mehrheit,[701] zwei Monate später mußte die Kommission jedoch nach Veröffentlichung eines Untersuchungsberichts zurücktreten.[702] Um ähnlichen Vorfällen vorzubeugen, wurde Mitte 1999 das Europäische Amt für Betrugsbekämpfung eingerichtet mit der Aufgabe, Korruption und Filz innerhalb und außerhalb der EU aufzudecken.[703]

Rat der Europäischen Union (Ministerrat)

Der Ministerrat ist das eigentliche Entscheidungsorgan der EU, denn alle Vorschläge der Kommission passieren diesen Rat, der die Zulassung befürwortet oder ablehnt. Als das Hohe Haus der Union besteht er aus Vertretern der Mitgliedstaaten auf Ministerebene, im allgemeinen aus Ministern, die für die zu beratende Frage zuständig sind: Die Außenminister tagen, um Fragen der Außenbeziehungen oder allgemeine politische Fragen zu verhandeln, während die für Wirtschafts- und Finanzfragen zuständigen Minister als Rat »Wirtschaft und Finanzen« zusammentreten.

Eines der größten Hemmnisse für zügige Entscheidungen war bis zum Inkrafttreten der Einheitlichen Europäischen Akte im Jahr 1987 das Prinzip der Einstimmigkeit. Heute entscheiden die Minister in vielen Fällen mit Mehrheit, in politischen Kernfragen wie der Außenpolitik oder bei Steuern müssen jedoch nach wie vor alle Mitglieder zustimmen. Einzig die Staats- und Regierungschefs können Weisungen erteilen und haben damit faktisch ein Vetorecht, von dem sie bisher auch nicht abgerückt sind.[704] So scheiterte im Juni 1999 trotz grundsätzlicher Einigkeit im Rat der EU-Umweltminister eine Verordnung, die europäische Autohersteller zur kostenlosen Rücknahme von Altfahrzeugen ab 2003 verpflichtet hätte. Bundeskanzler Gerhard Schröder hatte Bundesumweltminister Jürgen Trittin zurückgepfiffen und angewiesen, der Verordnung nicht zuzustimmen.[705] Im Mai 2000 einigten sich Vertreter des Europäischen Parlaments und des Ministerrates auf einen Kompromiß mit deutlich längeren Übergangsregelungen. Danach ist die europäische Autoindustrie verpflichtet, seit 1. 1. 2001 alle Neufahrzeuge und ab 1. 1. 2007 sämtliche Fahrzeuge des Altbestands kostenlos zurückzunehmen.[706]

Mehr noch als die Kommission ist der Ministerrat vom eigenstaatlichen Interesse seiner Mitglieder geprägt: Auch nach über 50 Jahren Lebensgemeinschaft ist von Solidarität wenig zu spüren, nationaler Dünkel überschattet häufig die Entscheidungen. Unterstützt wird der Rat von einem Generalsekretariat mit einem von ihm ernannten Generalsekretär, der zugleich Hoher Vertreter für die Gemeinsame Außen- und Sicherheitspolitik (GASP) ist. Alle wichtigen Entscheidungen des Rats werden von verschiedenen Sonderausschüssen, vor allem aber vom Ausschuß der Ständigen Vertreter (AStV), vorbereitet, dem damit eine Schlüsselrolle zukommt und der in den vergangenen Jahren häufig die eigentliche Arbeit leistete.

Der Ratsvorsitz wechselt turnusmäßig alle sechs Monate, was sich als immer weniger praktikabel erweist, da kleine Mitgliedstaaten nicht über die üppigen Beamtenstäbe der »Großen« verfügen und daher zunehmend an ihre Grenzen stoßen.[707] Künftig werden vor allem das seit Jahrzehnten diskutierte Projekt der europäischen Aktiengesellschaft (Europa AG) und die immer wieder auf der Tagesordnung stehende, aber nie entschiedene Stimmenneuverteilung im Ministerrat ein Thema sein:[708] Wenn die EU bald von 15 auf 27 Staaten wächst, hätte Deutschland ebenso viele Einwohner wie die 17 bevölkerungsärmsten EU-Länder. Wegen der Überrepräsentanz der »Kleinen« würden diese über 57 Stimmen verfügen, Deutschland ebenso wie Frankreich, Italien und Großbritannien aber nur über jeweils 10 (Stand: Frühjahr 2001). Damit gerät das Verhältnis zwischen Kleinen und Großen aus den Fugen. Wie viele EU-Entscheidungen ist auch die Stimmenverteilung im Rat eine zutiefst nationale Angelegenheit: Kann Deutschland mit seiner nach der Wiedervereinigung fast 40 % größeren Bevölkerung wirklich mehr Stimmen als Frankreich beanspruchen? Eine immens prestigeträchtige Frage, zumindest für Paris.[709]

Europäischer Rat

Viel Zeit haben die Staats- und Regierungschefs der 15 EU-Staaten nicht, um über die Strategie der EU zu beraten: Im allgemeinen treffen sie sich zweimal im Jahr (meist im Juni und Dezember) für jeweils 1½ bis 2 Tage. »Weltmacht für Stunden«[710] ist eine der gängigen Bezeichnungen für den Europäischen Rat (ER), an dessen Sitzung auch der Präsident der EU-Kommission teilnimmt. Um der Verwirrung mit den drei verschiedenen Räten in Europa vorzubeugen: Der ER ist weder mit dem Europarat (der keine EU-Institution ist) zu verwechseln noch mit dem Rat der Europäischen Union (der sich aus den Ministern der Mitgliedstaaten zusammensetzt).

Die Themen des ER auf der »Konferenz der Konferenzen« bestimmen den Takt des politischen Lebens und der EU-Entwicklung. Das Ereignis ist von großer Bedeutung: Die Zusammenkunft der 15 »Chefs« mit großer demokratischer Legitimation, begleitet von einem Troß an Ministern und engen Mitarbeitern, ist seit 1974 ein politisches Highlight, zu dem die Presse stets mit hoher Erwartung und mindestens 2000 Journalisten anrückt.[711] Und das aus gutem Grund: Durch die Einheitliche Europäische Akte von 1987 kommt dem ER eine herausragende Rolle zu, da er gegenüber dem Ministerrat weisungsbefugt und damit übergeordnet ist. Die Staats- und Regierungschefs wissen eine Völkergemeinschaft von 375 Millionen Menschen hinter sich, deren Marktmacht größer ist als die der USA, Japans oder Rußlands.

Trotz seiner Bedeutung steht der Aufwand für die Gipfel nur selten im Verhältnis zu deren Ergebnissen. Die Konferenzen haben keine festgelegten Regeln und keine »Geschäftsordnung«,[712] weshalb Beschlüsse häufig erst beschwerlich in der letzten Nacht getroffen werden. Von Journalisten wird oft bemängelt, die Entscheidungen seien gar keine, sondern nur eine »wortreiche Sammlung bester Absichten, die häufig schon nach wenigen Tagen von den Gipfelteilnehmern Lügen gestraft werden«.[713]

Durch seine Etablierung als »Quasi-Organ« der EU hat der ER in zunehmendem Maße die Funktion des Weichenstellers für Grundsatzentscheidungen übernommen: Mit der Einbeziehung der »Vorgesetzten« der Minister in Entscheidungen bot sich die Möglichkeit, heikle Themen aus der Sackgasse zu führen. Kritiker sehen jedoch gerade darin eine zunehmende Gefahr und interpretieren die Institutionalisierung des ER als Symptom für den Machtverlust der EU-Kommission.[714]

Der ER hat keinen festen Wohnsitz: Gastgeber der Tagungen ist jeweils der Staat, der im Rat der Europäischen Union den Vorsitz hat. Der ER beschließt nicht, wie es der Ministerrat tut, sondern er »ersucht«, »betont« und »freut sich in besonderem Maße«[715] – freilich mit dem unausgesprochenen Nachdruck der Regierungschefs. Er führt auch keine Abstimmungen durch nach den Regeln der Einstimmigkeit oder der qualifizierten Mehrheit wie im Ministerrat. Der ER ist in erster Linie ein politisches – und kein rechtliches – Entscheidungsorgan, das um so wichtiger ist, je grundsätzlicher die anstehenden Entschlüsse sind: Soll die Türkei nun rein oder nicht, wo könnte sich Großbritannien noch bei der gemeinsamen Außenpolitik bewegen? Auch wenn viele strittige Fragen nach über einem Vierteljahrhundert ER noch ungeklärt sind: Um überhaupt voranzukommen, ist der ER unentbehrlich. Durch ihn werden auf höchster Regierungsebene Wege für Entscheidungen geebnet, Wogen geglättet und vor allem Witterungen aufgenommen.

EU-Parlament

Das EU-Parlament ist die einzige Institution der Union, die öffentlich tagt[716] und damit einer unmittelbaren Kontrolle ausgesetzt ist. Es wird von den 375 Millionen EU-Bürgern direkt gewählt und sieht sich daher stärker als Kommission und Ministerrat als Wahrer der europäischen Interessen und der Bürgerrechte. Verglichen mit Kommission und Ministerrat hat das Parlament jedoch eine schwächere Stellung.

Mit seinen 626 Abgeordneten wacht es wie alle Parlamente über die Gesetzgebung und kontrolliert die Exekutive. Dazu ist es heute besser in der Lage als je zuvor, denn seine Zuständigkeiten wurden nach seiner Gründung 1957 Zug um Zug erweitert, zunächst durch die Einheitliche Europäische Akte von 1987 und erneut durch die Verträge von Maastricht (1993) und von Amsterdam (1997).[717] Traditionell verstand sich das Parlament zusammen mit dem Ministerrat als die Haushaltsbehörde der Union. Mit dem EU-Vertrag von

Maastricht wurden Ministerrat und Parlament bei der Gesetzgebung in vielen Bereichen gleichgestellt, beispielsweise bei den meisten Binnenmarktgesetzen oder in den Bereichen der Sozial-, Verkehrs- und Umweltpolitik.[718] Dagegen hat das Parlament in den brisanten Feldern der Steuer- und Agrarpolitik nur eingeschränkte Mitspracherechte.[719]

Das Parlament hat historisch bedingt drei Sitze, was einen teuren und zeitraubenden »Sitzungstourismus« der Abgeordneten mitsamt ihrem Hilfskonvoi nach sich zieht: Für die Plenartagung müssen die EU-Abgeordneten nach Straßburg, dem Sitz des Europäischen Parlaments, für Sitzungen der Ausschüsse nach Brüssel, dem Sitz von Kommission und Ministerrat, und das Generalsekretariat befindet sich in Luxemburg. Bisher stießen alle Bemühungen um eine Zusammenlegung auf taube Ohren: Der Europäische Rat hat 1992 und 1997 die Verteilung der Institutionen auf drei Arbeitsorte offiziell bestätigt.

Die Abgeordneten des Parlaments werden seit 1979 von den EU-Bürgern direkt und für fünf Jahre gewählt. Auch bei der letzten Wahl 1999 war die Wahlbeteiligung niedriger als bei Wahlen zu den nationalen Parlamenten – für viele ein Indiz für die »EU-Verdrossenheit« der Bürger. In der 5. Wahlperiode (1999–2004) umfaßt das Parlament sieben Fraktionen und einige fraktionslose Mitglieder. In den Fraktionen sind mehr als 100 nationale Parteien vertreten. Die größte Fraktion bilden die in der Europäischen Volkspartei (EVP) zusammengeschlossenen Christdemokraten mit 233 Abgeordneten, gefolgt von den Sozialdemokraten mit 180 Abgeordneten.

Das Parlament sieht sich in erster Linie als demokratische Kontrollinstanz der EU-Institutionen, insbesondere der Kommission: Es muß der Ernennung des Kommissionspräsidenten und der übrigen 19 Kommissare zustimmen und kann die gesamte Kommission (keine Einzelmitglieder) durch Mißtrauensanträge aus dem Amt jagen. Derartige Anträge hat es in den letzten Jahren gelegentlich gegeben, es erhielt aber keiner die notwendige Mehrheit (dafür sind die Mehrheit aller Abgeordneten und zwei Drittel der abgegebenen Stimmen notwendig). Allerdings reichte im März 1999 nach schweren Korruptionsvorwürfen gegen einzelne Kommissare die alleinige Drohung des Parlaments mit dem Mißtrauensvotum, um die Kommission zum Rücktritt zu bewegen.

Das EU-Parlament kontrolliert nicht nur die EU-Institutionen, sondern hat der aufkeimenden Bürokratie den Kampf angesagt. Die Vielzahl der Einrichtungen und die schiere Größe der Union haben die EU nicht gerade zu einem Hort schlanker Verwaltung werden lassen. Nach dem Willen des EU-Parlaments sollen jedoch nicht die Papierindustrie und die Dolmetscherbranche Hauptgewinner des EU-Binnenmarktes sein, sondern der Bürger.

Europäische Zentralbank

Jeder Banker wird sich dagegen wehren, die Europäische Zentralbank (EZB) als Institution der EU zu bezeichnen. Sie ist es auch nicht. Die EZB ist zwar ohne die Euro-Zone in der EU nicht denkbar, gleichzeitig ist sie jedoch an keine Weisung der europäischen Politik und der EU-Regierungen gebunden. Die Mitglieder des EZB-Direktoriums handeln nicht als Vertreter nationaler Interessen, sondern als Wächter des Euro.

Die EZB ist in das Europäische System der Zentralbanken (ESZB) eingebunden, das mit dem Übergang zur 3. Stufe der Europäischen Wirtschafts- und Währungsunion am 1.1.1999 entstand und dem außerdem die Zentralbanken der 15 EU-Staaten (beispielsweise die Deutsche Bundesbank) angehören. Die sechs EZB-Direktoren müssen einstimmig vom Europäischen Rat (ER) bestimmt werden, was den Staats- und Regierungschefs einen gewissen Einfluß auf die EU-Notenbank ermöglicht. Die personelle Unabhängigkeit der EZB ist jedoch durch die lange Amtszeit der Direktoren von acht Jahren ohne die Möglichkeit einer Wiederernennung gesichert.

Vorrangiges Ziel der EZB mit Sitz in Frankfurt/Main ist die Sicherung der Preisstabilität im Euro-Raum (niedrige Inflation). Daneben ist sie für die europäische Geldpolitik verantwortlich, führt Devisengeschäfte durch und sorgt für ein reibungsloses Funktionieren der Zahlungssysteme. Die EZB hat das ausschließliche Recht zur Ausgabe von Banknoten. Das Recht zur Münzausgabe liegt bei den Mitgliedstaaten.

In den ersten Jahren ihres Bestehens wurde die Arbeit der EZB vor allem am Außenwert des seit 1999 existierenden Euro gemessen. Und der sank kontinuierlich. Das machte die EZB zum Buhmann der

EU – vor allem in Deutschland, das auf die starke D-Mark zurückblickte. Viele hatten erwartet, die EZB würde sich rasch einen Logenplatz im Weltwährungstheater sichern, gleich neben der mächtigen US-Notenbank. Dabei wurde häufig übersehen, daß ein kränkelnder Euro für den Export wie eine süße Droge wirkt: Maschinenbau, Chemie und Automobil, Deutschlands Exportindustrien Nummer eins, verdienen prächtig an einem schwachen Euro. Die EZB geriet in arge Bedrängnis, obwohl sie kaum etwas falsch gemacht hatte: Sie paßte die Zinsen an die Wirtschaftslage an, ohne daß nationale Fronten aufbrachen und ein Gegensteuern erforderten. Die Inflation spielte keine Rolle. Der matte Euro hatte seine Ursache nicht in einer verfehlten Geldpolitik, sondern in der Psychologie und in der realen Wirtschaft: Die USA erreichten ein deutlich höheres Wirtschaftswachstum als Europa, was die US-Zinsen nach oben trieb und die Kapitalströme aus Europa über den Atlantik lenkte.

Seine echte Bewährungsprobe steht dem Euro noch bevor, nämlich wenn er nicht nur psychisch greifbar ist, sondern auch physisch: als Münze und Banknote. Dann wird sich zeigen, ob er sich nur als Zahlungsmittel innerhalb der EU bewährt oder als zweite Währung neben dem US-Dollar auf dem Weltmarkt durchsetzen kann. Das wird sicher einige Jahre dauern. Für die EZB hängt davon jedoch nicht weniger als die eigene Zukunft ab.

23 Jahre Schwangerschaft: die Chronik der europäischen Währung[720]

1969	1./2. Dezember	**EG-Gipfel in Den Haag:** Die Staats- und Regierungschefs beschließen die Errichtung einer Wirtschafts- und Währungsunion bis 1980
1970	7./8. Oktober	**»Werner-Plan« vorgelegt:** Luxemburgs Ministerpräsident Pierre Werner präsentiert einen Vorschlag für die Verwirklichung einer Wirtschafts- und Währungsunion (WWU)
1972	21. März	**Gründung des Europäischen Wechselkursverbunds** (EWV): Die Wechselkurse der beteiligten europäischen Währungen dürfen bilateral um maximal 2,25% schwanken
1979	13. März	**Europäisches Währungssystem (EWS I) und ECU:** EWS I löst den EWV ab, und zwischen den Staaten werden feste Wechselkurse vereinbart, die nur in einer Bandbreite von ± 2,25 % schwanken dürfen (»Währungsschlange«). Europäische Währungseinheit wird die ECU. Teilnehmer am EWS I: Frankreich, Deutschland, Irland, Niederlande, Luxemburg, Belgien, Dänemark

1986	17.–28. Februar	**Ratifizierung der Einheitlichen Europäischen Akte,** in der auch das Ziel einer Währungsunion festgeschrieben ist (in Kraft ab 1. 7. 1987).
1989	14.–16. Juni	**Europäischer Rat nimmt Plan für Wirtschafts- und Währungsunion (WWU)** an, der vom Päsidenten der EG-Kommission, Jacques Delors, vorgeschlagen worden war. Wie bei dem 1973 aufgegebenen »Werner-Plan« sind bei der WWU drei Stufen vorgesehen
1990	1. Juli	**1. Stufe der WWU:** Geld- und Kapitalverkehr zwischen den Mitgliedstaaten wird liberalisiert
1993	2. August	**Auseinanderbrechen des Europäischen Währungssystems:** Die Schwankungsbreite wird auf 15% erhöht
1994	1. Januar	**2. Stufe der WWU:** Gründung des Europäischen Währungsinstituts (EWI) als Vorläufer der Europäischen Zentralbank (EZB)
1996	13./14. Dezember	**Vorstellung der neuen Euro-Geldscheine** auf dem EU-Gipfel in Dublin
1998	1. Juni	**Europäische Zentralbank** (EZB) in Frankfurt/Main gegründet; löst EWI ab
	31. Dezember	**3. Stufe der WWU:** Die Umrechnungskurse des Euro werden unwiderruflich festgelegt. Der Kurs für einen Euro beträgt 1,95583 DM
1999	1. Januar	**Euro ersetzt ECU und wird gemeinsame Währung (EWS II)** in Spanien, Irland, Luxemburg, Niederlande, Deutschland, Belgien, Finnland, Frankreich, Österreich, Portugal und Italien; Verwendung des Euro bis 31. 12. 2001 nur im bargeldlosen Zahlungsverkehr (»Buchgeld«)
	2. Quartal	**Start der Euro-Münzproduktion**
	1. Juli	**Start der Euro-Banknotenproduktion**
2000	22. September	**Euro-Intervention:** Die drei weltweit wichtigsten Zentralbanken (US-Notenbank, Bank of Japan und EZB) überraschen den Devisenmarkt mit massiven Euro-Stützungskäufen. Seit 1. 1. 1999 war der Euro von 1,17 Dollar um über 27 % auf unter 85 US-Cents gefallen
	28. September	**Dänemark lehnt Euro ab:** In einem Referendum entscheidet sich die dänische Bevölkerung gegen die Teilnahme an der europäischen Währung
2001	1. Januar	**Griechenland wird zwölftes Mitglied der Euro-Zone**

	ab Frühjahr	**Vorzeitige Rückgabe der alten DM-Münzen** durch Banken und Landeszentralbanken, um den gewaltigen Münzrücklauf zeitlich zu strecken (insgesamt 28 Milliarden Münzen mit 98 500 Tonnen Gewicht)
	17. Dezember	**Ausgabe von Starter-Kits** in Deutschland (Münzhaushaltsmischungen) mit 20 Münzen im Wert von 10,23 Euro für 20 DM
2002	1. Januar	**Euro offizielles Zahlungsmittel** in den zwölf Euro-Staaten; Euro löst die DM als alleinige Währung ab (»Big Bang«, in anderen Euro-Staaten längere Übergangsfristen)
2002	1. März	**Ende der Euro-Übergangszeit in Deutschland:** Nur noch die Zweigstellen der Deutschen Bundesbank und die EZB tauschen DM-Banknoten und -Münzen in Euro um
	1. Juli	**Euro-Übergangszeit in anderen Euro-Staaten endet:** Nationale Währungen verlieren Gültigkeit; Euro ist alleiniges Zahlungsmittel

Europäischer Gerichtshof

Den Europäischen Gerichtshof (EuGH) in Luxemburg trifft das Los der grauen Eminenz unter den EU-Organen. Die wenigsten Bürger kennen ihn, und doch ist er mit seinen Entscheidungen eine der zentralen Institutionen der Union. Der EuGH hat sich neben dem Parlament zur stärksten Triebfeder der europäischen Integration entwikkelt: Seine Urteile haben oft grundsätzliche Bedeutung für die Mitgliedstaaten und großen wirtschaftlichen Einfluß.

Die 15 Richter und 8 Generalanwälte des EuGH sichern die Wahrung, Auslegung und Anwendung der EU-Verträge in den Mitgliedstaaten. Die Errichtung des »Gerichts erster Instanz« im Jahr 1989 entlastete den EuGH und verbesserte durch die zusätzliche Instanz zugleich den Rechtsschutz der Betroffenen. Derzeit liegt die durchschnittliche Verfahrensdauer bei 18–21 Monaten,[721] weil vieles in die Sprache der streitenden Parteien übersetzt werden muß. Sogar Gälisch ist zugelassen.[722]

Seit seiner Gründung 1952 hat sich der Gerichtshof mit über 10 000 Rechtssachen[723] befaßt (Stand: Herbst 2000) und sich mit seinen Entscheidungen erheblichen Respekt bei den EU-Staaten verschafft. Nicht immer fällt es den Mitgliedstaaten leicht, die Urteile zu akzeptieren, denn sie sind für die EU-Staaten unmittelbar bindend (»EU-Recht bricht Staatenrecht«). Dem EuGH wurden von den nationalen Gerichten immer mehr Rechtsfälle zur Vorabentscheidung vorgelegt[724], was Schritt für Schritt zu einem europäischen Recht führte, an das sich die Mitgliedstaaten halten müssen. Bemerkenswert ist, daß keine nationalen Revisionsmöglichkeiten der EuGH-Entscheidungen vorgesehen sind.[725]

Oft muß der Gerichtshof sich mit Fragen des freien Waren- und Dienstleistungsverkehrs beschäftigen. Noch immer errichten die Mitgliedstaaten nur zu gerne Importschranken zum Schutz ihrer einheimischen Märkte und Unternehmen. Berühmt wurde vor allem das »Cassis de Dijon«-Urteil von 1979, nach dem nationale Nahrungsmittelgesetze kein Handelshemmnis sein dürfen. Dem Urteil folgte eine ganze Reihe ähnlicher Entscheidungen zu Lebensmitteln: Das Reinheitsgebot für Bier in Deutschland (1986)[726] fand ebenso wenig Gnade vor den EU-Kadis wie das Reinheitsgebot für italienische Pasta (1987),[727] das innerhalb Italiens nur Fertigteigwaren aus Hartweizen erlaubte. Gelegentlich bewertet der Gerichtshof andere Werte jedoch höher als den Grundsatz der Freizügigkeit. So gestand er Dänemark 1988 das Recht zu, auf Einwegdosen und -flaschen Pfand zu erheben und die Verkäufer zur Rücknahme leerer Verpackungen zu verpflichten.[728]

Ein heftiger Wind der Empörung blies dem EuGH 1992 aus dem katholischen Irland entgegen, als das Gericht das Verbot zweier Abtreibungs-Beratungsstellen aufhob. Die beiden Einrichtungen, die Auskunft über Abtreibungsmöglichkeiten im Ausland gaben, waren 1988 von irischen Gerichten für rechtswidrig erklärt worden, da sie gegen den »moralischen Wert« des Rechts auf Leben verstießen. Dagegen hatten die Beratungsstellen und mehrere Frauen geklagt. Die EU-Richter befanden, der Staat besitze im Bereich der Moral kein absolutes Weisungsrecht und habe mit seinem Verbot gegen die Europäische Menschenrechtskonvention verstoßen.[729]

Das Europa der Gemeinschaften, vor über fünf Jahrzehnten entstanden, tritt derzeit in seine Reifephase ein. Durch den Vertrag von Maastricht 1993 ist Europa zu einem Raum ohne Binnengrenzen geworden und entwickelt sich langsam in Richtung einer politischen Union. Wenn die Regierungen dies tatsächlich wollen, werden sie bald auch die Frage nach einer EU-Verfassung nicht nur diskutieren, sondern abschließend klären müssen.[730] Dies würde zugleich eine erhebliche Erweiterung der EuGH-Aufgaben oder die Errichtung eines eigenen europäischen Verfassungsgerichts bedeuten.

11. EXKURS

Der Dollar-Rivale – Chancen und Risiken des Euro

Für die meisten EU-Bürger ändert sich mit der Einführung des Euro nur in einem Bereich etwas: Beim Urlaub in Spanien, Österreich oder Griechenland ist kein Geldtausch mehr notwendig. Die Erleichterung hat handfeste Vorteile für die Ferienkasse. Wer vor der Umstellung mit 1000 DM eine Reise durch alle zwölf Euro-Staaten unternahm und dabei keine Mark ausgab, sondern das Geld in den Ländern nur in die einheimische Währung tauschte, kam mit etwa 500 DM wieder nach Deutschland[731] – den Rest hatten Wechselgebühren von durchschnittlich 2–3 % je Land gefressen.

Am 1. 1. 2002 ist in Europa die höchste Stufe wirtschaftlicher Einheit abgeschlossen: die Währungsunion. Die Verbraucher haben es dann nicht nur mit neuen Banknoten und Münzen zu tun, an die sie sich schnell gewöhnen werden, sondern in der Anfangsphase vor allem mit einer Rechenaufgabe: Die Umrechnung 1 Euro = 1,95583 DM führt an der Ladentheke zu krummen Beträgen, durch die ein »DM-Rückvergleich« erschwert wird. Dagegen liegt der Vorteil des Euro in der europaweiten Preistransparenz und dem Wegfall des mühseligen Geldwechsels. Chancen und Risiken des Euro bleiben für die Verbraucher beherrschbar, da es sich weitgehend um ein Umrechnungsproblem handelt.

Schwieriger wird es für Unternehmen: Fast alle Bereiche einer Firma sind von der Währungsumstellung betroffen, nicht nur unternehmensintern, sondern vor allem an der Schnittstelle mit Kunden und Lieferanten. Die größte Schwierigkeit wird wie beim Jahr-2000-Problem – das letztlich keines war – die Umstellung der IT-Systeme auf die neue Währung sein. Auf der Gegenseite entfallen für Unternehmen die Umtausch- und Kurssicherungskosten bei Auslandgeschäften, die sich vor der Euro-Einführung auf schätzungsweise 25 Milliarden Euro beliefen.[732] Das Währungsrisiko bei Investitionen im Euro-Raum ist auf Dauer ausgeschaltet.

Die Umstellung wird zu bewältigen sein, was aber kommt dann? Über die künftige Entwicklung des Euro läßt sich ebenso wie über den angeblich völkerverbindenden Charakter des Euro[733] nach Herzenslust streiten. Bisher steht allenfalls fest, daß die europäische Währung bezogen auf das Bruttoinlandprodukt nach dem US-Dollar die zweitwichtigste Währung der Welt ist.[734] Nirgendwo außerhalb der USA existieren so große Aktien- und Rentenmärkte in einem Währungsgebiet. Sicher ist aber auch, daß das Image des Euro seit seiner Einführung 1999 durch die schwache Kursentwicklung gegenüber dem Dollar angeknackst ist.

Ein schwacher Euro bringt zwar einen Boom in der Exportwirtschaft, schürt bei den Bürgern aber auch die Angst vor einem Wertverlust durch Inflation. Das ist nicht unbegründet: Die unterschiedlichen Inflations- und Wachstumsraten in den zwölf Euro-Ländern führen zwangsläufig auch zu unterschiedlichen Leistungsbilanzen der Staaten. Früher konnten die nationalen Notenbanken dies durch unterschiedliche Zinssätze (um die eigene Wirtschaft mit billigem Geld zu stützen) und Abwertungen auffangen. Diese Ventile sind durch den Euro verstopft: Eine Währung bedeutet *einen* Zinssatz und keine Möglichkeit der Abwertung zwischen einzelnen Staaten. Eine lasche Inflationsbekämpfung oder Schuldenmacherei einer Regierung wirkt sich daher auch auf die anderen Euro-Teilnehmer aus. Da ein »Staaten-Finanzausgleich« laut EU-Vertrag verboten ist,[735] läßt sich die Wettbewerbsfähigkeit eines kränkelnden Staates nur über sinkende Löhne oder einen Schnitt bei den Sozialleistungen zurückgewinnen. Oder die EZB müßte für alle die Zinsen senken – ein Vabanque-Spiel, bei dem die restlichen Euro-Staaten ohne Rücksicht auf deren Situation für das schwache Land in Haftung genommen würden.

Das ist die Achillesferse des Euro: daß die EZB ihre Geldpolitik an den Kernländern Frankreich, Deutschland und Italien ausrichtet und damit den anderen Ländern eine Zwangsjacke verpaßt. Realität wurde dies Anfang 2001, als die EZB Irland in einem »blauen Brief« für eine zu hohe Inflationsrate rügte.[736]

Was war geschehen? Wegen der anhaltenden Hochkonjunktur wäre für das Land ein hoher Zinssatz richtig gewesen. Doch die Kernländer kämpften mit vergleichsweise mäßigem Wachstum und hoher Arbeitslosigkeit. Als Folge fuhr die EZB eine »expansive Geldpolitik« (niedrige Zinsen), was in Irland zu einem Inflationsschub führen mußte. Nicht die mittelmäßigen Schüler, sondern der Klassenprimus Irland wurde bestraft.

Nun ist es eine sichere Erkenntnis der Volkswirtschaft, daß eine Notenbank mit der Zinsschraube nie innere und äußere Stabilität gleichzeitig erzielen kann. Bis jetzt hat sich der Binnenwert des Euro als stabil erwiesen. Das ist auch künftig am wichtigsten, denn den größten Teil ihres Außenhandels wickeln die Euro-Länder untereinander ab. Eine Euro-Schwäche wirkt sich daher für Deutschland oder Österreich sehr viel geringer aus als früher eine Abwertung der Mark oder des Schillings. Sorgen müssen sich die Euro-Banker erst, wenn ein schwacher Außenwert eine Gefahr für die Binnenkonjunktur wird.

Viele Politiker hoffen, der Euro werde als künftige internationale Handels- und Reservewährung eine ähnliche Rolle übernehmen wie heute der US-Dollar, der mehr als die Hälfte aller Währungsreserven der Zentralbanken ausmacht.[737] Diese Erwartung hat der Euro bisher nicht erfüllt.[738] Bei allen Risiken und Chancen ist es wahrscheinlich einfacher, das Ei des Kolumbus zu finden, als eine zuverlässige Prognose über die Entwicklung des Euro abzugeben. Abzusehen ist jedoch, daß er kaum ins Bodenlose stürzen wird – das vereinte Europa ist trotz aller Unwägbarkeiten über seine künftige Entwicklung kein Nobody in der Weltwirtschaft.

8.3 Erweitern oder scheitern – Projekt Osterweiterung

Seit dem Fall der Berliner Mauer erlebt die EU einen Ansturm der Völker, anders als in vorigen Jahrhunderten jedoch ohne Gewalt. Durch den Drang der mittel- und osteuropäischen Staaten nach Westen ist die Union zum Wachstum verdammt: Zehn Reformländer sowie Zypern, Malta und die Türkei warten auf ihre Eintrittskarte für die EU. Mit deren Aufnahme wird die Gemeinschaft auf über eine halbe Milliarde Menschen anschwellen – zu dem mit Abstand größten Binnenmarkt weltweit.

Die »Rückkehr nach Europa« ist für die ehemaligen Satelliten Moskaus von großer Bedeutung – politisch und wirtschaftlich. EU und NATO spielen im Ostintegrationsprozeß die Schlüsselrolle, auch wenn in einigen EU-Staaten von Beginn an Besorgnis über die zu erwartenden Finanzbelastungen aufkam. In der bis heute größten Erweiterung ihrer Geschichte hat es die EU in der Mehrzahl mit Anfängern zu tun – Lehrlinge in Sachen Demokratie und Kapitalismus. Um das Abenteuer Osterweiterung berechenbar zu machen, hat die EU eindeutige politische und wirtschaftliche Kriterien aufgestellt, die alle Anwärter erfüllen müssen. Das Problem: In der Lesart der EU-Statuten dürfen die Reformländer nach ihrem Beitritt keine mehr sein.[739]

Zwölf Länder stehen vor Europas Tür: Estland, Polen, Tschechien, Slowenien, Ungarn und der griechische Teil Zyperns verhandeln seit 1998, Lettland, Litauen, die Slowakei, Rumänien, Malta und Bulgarien kamen 1999 dazu. Als 13. Kandidat blieb die Türkei bisher außen vor, sie ist aber bereits seit 1963 assoziiert. Die Zahl der Beitrittswilligen bedeutet wenig, wenn diese ein der EU vergleichbares ökonomisches Entwicklungsniveau erreicht haben. Doch das Bruttosozialprodukt der ehemaligen Ostblockstaaten liegt zwischen 40 und 70 % unter EU-Durchschnitt: Die wirtschaftlichen Realitäten dämpfen den politischen Beitrittswunsch. Zwar kamen bei der EU-Süderweiterung 1981 und 1986 die Beitrittsländer Griechenland, Spanien und Portugal auch nicht auf höhere Werte (der befürchtete Wirtschafts-GAU blieb damals aus), trotzdem muß die Union mit den 12 Anwärtern die heterogenste Gruppe aufnehmen, mit der sie es je zu tun hatte.[740]

Um das Großprojekt Ostintegration voranzutreiben, hat die EU

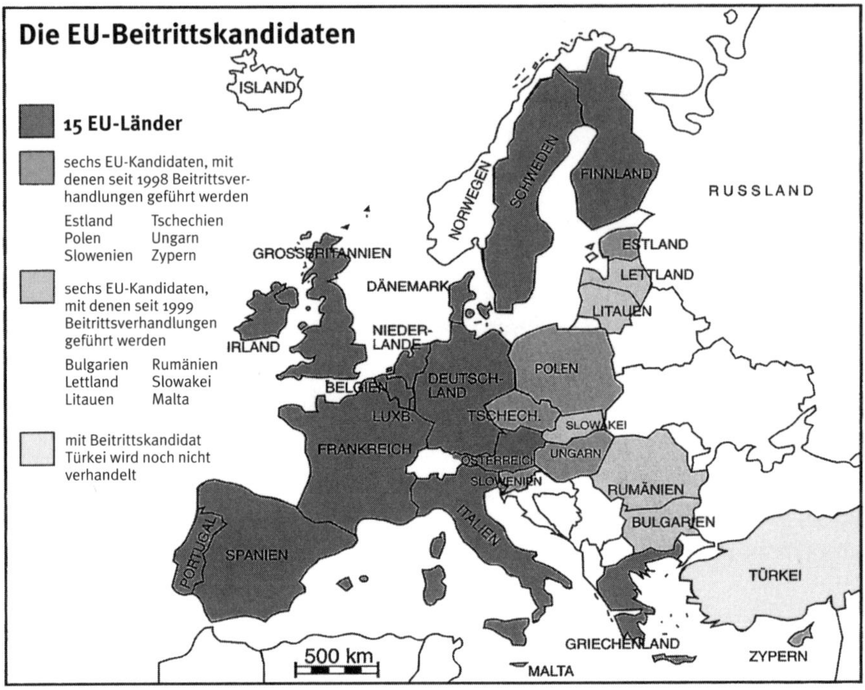

Europa-Karte mit EU-Beitrittskandidaten

einen Stufenplan erarbeitet, dessen zentrales Element 30 Themenkapitel sind, angefangen vom freien Warenverkehr über Landwirtschaft und Umwelt bis zur Sozialpolitik.[741] Die Erfüllung der Bedingungen und die ständige Kontrolle durch die EU erzeugen einen hohen Druck in den Beitrittsländern, der jedoch willkommen ist, weil er die ohnehin notwendigen Reformen beschleunigt: Unpopuläres begründen die Regierungen nur zu gerne mit dem EU-Einlaß. Bei den Beitrittsverhandlungen führen nicht Grundsatzfragen wie Marktwirtschaft und Demokratie immer wieder zu Problemen, sondern zahlreiche Einzelfragen, die einschneidende Konsequenzen für beide Verhandlungsseiten haben, etwa in der Agrarpolitik oder der Freizügigkeit auf dem Arbeitsmarkt.

Über den Fortschritt der Bewerberländer erstellt die EU regelmäßig ihre berüchtigten Statusberichte. Anfang 2001 kam sie zu dem Schluß, daß alle Länder mit Ausnahme der Türkei die vom Europäischen Rat festgelegten politischen Kriterien erfüllen. Allerdings tauchen in gravierenden Einzelfragen wie dem Frauen- und Kinderhandel oder der Lage von Minderheiten wie Sinti und Roma noch

Probleme auf. Nach den wirtschaftlichen Kriterien der EU sind »die meisten Bewerberländer Marktwirtschaften oder können als solche betrachtet werden und sollten in der Lage sein, kurz- oder mittelfristig dem Wettbewerbsdruck innerhalb der Union standzuhalten«.[742] Dies ist allerdings eine zuversichtliche Einschätzung, denn mit Ausnahme der Sonderfälle Zypern und Malta dürfte keiner der Kandidaten in der Lage sein, dem vollen Druck des Binnenmarktes standzuhalten – der sowjetische Mief liegt immer noch wie Blei auf Verwaltung und Wirtschaft. Noch im Jahr 2000 hatte die Union selbst den ökonomischen Vorzeigeaspiranten Polen mit seinen jahrelangen Wachstumsraten von 5% nur als »mittelfristig« vorbereitet eingestuft. Die kompromißlose Haltung in Fragen des Verkaufs von Grund und Boden sowie bei der Freizügigkeit ließen das Land ein Jahr später in den Verhandlungen stark zurückfallen.[743] Sorgen bereiten Bulgarien, vor allem jedoch Rumänien und die Türkei, die beide »ihre Bemühungen verstärken müssen, um den Kriterien zu entsprechen«.[744]

Kritische Töne wollen die meisten Politiker der Beitrittsländer nicht hören. Polen hat sich bereits früh auf eine Mitgliedschaft für das Jahr 2003 festgelegt, und auch für Ungarn und Tschechien ist das Datum eine heilige Zahl. Beitrittsfähigkeit ist die eine Voraussetzung, die andere ist die Erweiterungsbereitschaft der Union[745] – die EU will bis Ende 2002 bereit sein, neue Mitglieder aufzunehmen, die dann bereits 2004 an den Wahlen zum EU-Parlament teilnehmen könnten.[746] Eine unerläßliche Vorbedingung für die Erweiterung ist die erfolgreiche Lösung von vier Problemen: Größe und Zusammensetzung der Kommission, Einstimmigkeit statt qualifizierter Mehrheit in den Entscheidungsverfahren, Stimmengewichtung im Ministerrat sowie verstärkte Zusammenarbeit.[747] Um die ersten beiden Punkte ringen die Mitgliedstaaten seit Jahren ohne Ergebnis. Die Kommission bestand Mitte 2001 aus 20 Kommissaren, was für eine effektive Arbeit bereits zu viel ist. Künftig wird jeder der 27 oder 28 Staaten einen Vertreter in die Kommission schicken wollen – noch mehr Mitglieder werden aber wichtige Entscheidungen nicht nur verwässern, sondern auch verzögern. Ähnlich strittig ist die Frage der Stimmenverteilung im Ministerrat. Schon heute haben kleine Staaten im Verhältnis zu ihrer Bevölkerungszahl ein Übergewicht, was sich durch die Aufnahme zusätzlicher Mitglieder weiter verschärfen wird.

Noch kontroverser wird die Frage der Mehrheitsentscheidungen diskutiert: Wichtige Entscheidungen müssen im Ministerrat einstimmig gefällt werden. Die Gefahr der Blockade wächst mit jedem weiteren Mitglied: 27 Mitglieder, das heißt auch 27 Vetostimmen. Neben diesen Hauptproblemen wird es künftig weitaus schwerer, die föderale Idee in einer Gemeinschaft lebendig zu erhalten. Die Union war auf sechs Mitglieder ausgelegt, die eine homogene, industriell weit entwickelte Gemeinschaft bildeten, bald werden es fast fünfmal so viele sein – und die neuen Anwärter sind mit dem alten EG-Kern weder politisch noch wirtschaftlich vergleichbar.[748] Damit die Erweiterung nicht auf Kosten der Vertiefung geht, machte Jacques Delors, langjähriger Präsident des EU-Kommission, den Vorschlag einer »Avantgarde«,[749] die als magnetischer Kern weitergehen will und kann als der Rest der Union. Eine solche »EU in der EU« würde es einigen Staaten erlauben, bei der Integration schneller voranzuschreiten als andere – ein Europa der zwei Geschwindigkeiten mit dem Vorteil, Erweiterung und Vertiefung der Union zu vereinen.

Für die künftige Funktionsfähigkeit der Union wird es lebenswichtig sein, die Entscheidungswege in Ministerrat und Kommission effizienter zu gestalten. Die lange aufgeschobene Reform der beiden Institutionen wird unvermeidbar sein – das betrifft Verkleinerung, Stimmengewichtung und Vetorecht. Eine Kommission mit über 30 Mitgliedern und ein Parlament mit 1000 Abgeordneten führen zwangsläufig zur Lähmung der europäischen Politik.[750] Im Frühjahr 2001 wurde deutlich, daß die Union noch weit von der Aufnahmebereitschaft entfernt ist: Wichtige Entschlüsse über die Reform der EU-Entscheidungsstrukturen stockten und machten den Beitrittstermin 2003 immer unwahrscheinlicher. Kommissionspräsident Romano Prodi träumte zwar angesichts der zu erwartenden Größe der EU bereits vom Römischen Reich,[751] doch die verbleibenden offenen Fragen machen es eher wahrscheinlich, daß frühestens mit dem Ende der Amtszeit der Kommission im Jahr 2005 der Beitritt vollzogen sein wird[752] – 15 Jahre nach der »leisen Revolution«.

Die Erfahrung lehrt, daß hoher Leidensdruck, wie ihn die Osterweiterung erzeugt, das Tempo tiefgreifender Reformen in der Union erheblich erhöht. Ohne Neugestaltung ist die EU nicht aufnahmefähig. Für die 15 »alten« EU-Staaten ist die Osterweiterung deshalb eine Bewährungsprobe für das gesamte Projekt der europäischen

Einheit.[753] Wenn die Reformen mißlingen, läuft die EU Gefahr, später an ihrer Größe und am eigenen Erfolg zu scheitern.

8.4 Der Letzte beißt die Hunde – Verbraucher- und Umweltschutz als Handelshemmnis

Noch gibt es ihn nicht, auch wenn er dringend nötig wäre: der Oscar für lesbare Gebrauchsanweisungen. Die EU-Kommission druckst herum. Zwar sind vernünftige Gebrauchsanweisungen nicht das wichtigste im Leben, doch spätestens die BSE-Krise führte deutlich vor Augen, daß Verbraucherschutz in der EU ein Stiefkind ist: Bis eine Entscheidung fällt, ist eine Krise schon voll im Gang.

Erstmals 1975 entschloß sich die EG für ein Programm zum Schutz und zur Information des Verbrauchers. Seitdem hat sich einiges getan: Höchstwerte für Rückstände von Schädlingsbekämpfungsmitteln, beispielsweise in Obst und Gemüse, wurden erlassen und Hygienevorschriften für Schlachthöfe sowie den Handel mit Frischfleisch aufgestellt.[754] Eine Richtlinie gegen irreführende Werbung wurde verabschiedet[755] und ein Verbot für die Verwendung von Hormonen in der Tiermast ausgesprochen, für das sogar ein Handelskrieg mit den USA in Kauf genommen wurde, die in dem Importverbot eine unzulässige Handelsbeschränkung sahen.[756] Verbraucherschutz als Handelshemmnis?

Die Liste der EU-Gesetze zu Umwelt- und Verbraucherschutz ist lang, fast alle Verordnungen und Richtlinien haben eines gemeinsam: Bis zur Verabschiedung vergingen meist Jahre, nicht selten über ein Jahrzehnt. So führt die BSE-Krise der vergangenen Jahre deutlich vor Augen, daß Verbraucherschutz in der EU ein strukturelles Problem darstellt. Als der britische Tierarzt David Bee 1985 das Hirn der »Kuh 133« sezierte, verging bis zur Identifizierung von BSE (Bovine Spongiforme Encephalopathie) nur gut ein Jahr. Trotzdem konnte sich die Seuche ungehemmt von der Insel über die EU verbreiten, denn erst zehn Jahre später, im März 1996, trat ein Exportverbot für Rinder und Rindererzeugnisse aus Großbritannien in Kraft,[757] das im November 1998 wieder aufgehoben wurde. Mit dem seit Januar 2001 gültigen (befristeten) Verfütterungsverbot von Tiermehl rangen sich die EU-Lenker endlich zu einer einschneidenden Entscheidung in der BSE-Bekämpfung durch. Interessanterweise hatte die EU bereits 1994 ein Verbot der »Verfütterung von aus Säugetiergewebe gewonnen Futtermitteln an Wiederkäuer« verhängt.[758] Scheinbar hatte das niemand kontrolliert.

Daß es zu der BSE-Welle kommen konnte, lag laut *Spiegel* zuallererst am EU-System mit seinen »ungeklärten Zuständigkeiten, nicht rechenschaftspflichtigen Beamten und national bornierten Ministerialapparaten«.[759] Dazu kam das alte Problem der Einstimmigkeit in der EU-Kommission: Die Briten zweifelten alle kritischen Gutachten an, die eine Verbindung von BSE und der für den Menschen gefährlichen Creutzfeldt-Jakob-Krankheit diagnostizierten, legten Gegenstudien vor, und wenn alles nichts nutzte, blockierten sie mit ihrem Veto in der Kommission den Beschluß. Im Umwelt- und Verbraucherschutz ist die Europäische Union mit ihren bisherigen Mitteln nicht mehr als eine Verwaltung von Problemen und nationalen Eigeninteressen.

Die BSE-Krise ist symptomatisch für die EU: Bei fast allen Gesetzen erweist sich die Geschwindigkeit als problematisch, mit der EU-Vorgaben national umgesetzt werden. Eindrücklich zeigte dies auch die Diskussion in den 1980er Jahren um die Einführung von Abgas-Katalysatoren für Kraftfahrzeuge. Die Meinung der Bundesrepublik bezüglich der festzusetzenden Abgas-Grenzwerte (hohe Schadstoff-Reduzierung) und jene der EG klafften damals erheblich auseinander, und die Differenzen waren nur durch einen Kompromiß zu lösen. Bereits 1983 kündigte der damalige deutsche Innenminister Friedrich Zimmermann die rasche Einführung der Katalysator-Technik für 1986 an, er wurde jedoch von der EG (genauer: einigen Mitgliedstaaten) in seiner umweltpolitischen Aktivität zunächst ausgebremst. Zwar hat die EG gegenüber ihrer ursprünglichen Position später trotzdem eine strengere Regelung verabschiedet, allerdings vergingen vom ersten Vorschlag bis zum Inkrafttreten der Abgas-Richtlinie im Jahr 1993 neun Jahre.[760]

Nicht anders erging es der lange geforderten Umweltverträglichkeitsprüfung: Die EWG-Richtlinie 85/337 verpflichtete die einzelnen Mitgliedstaaten zur Verabschiedung einer Umweltverträglichkeitsprüfung innerhalb von drei Jahren. Für die Umsetzung war schließlich ein 5jähriger Zeitraum[761] erforderlich, was die Schwierigkeit der fristgerechten Umsetzung und Überwachung der auf EU-Ebene erlassenen Rechtsakte nicht nur in Deutschland veranschaulicht. Die Uneinigkeit im Ministerrat hatte außerdem eine über 20malige Änderung der seit Ende der 1970er Jahre geplanten Richtlinie zur Umweltverträglichkeitsprüfung zur Folge, die dabei vornehmlich entschärft wurde. Wer schneller marschiert als die lahmsten Mitglieder, dem stellt sich die EU in den Weg.[762]

Besonders die 1970er und 1980er Jahre waren eher desillusionierend für den Verbraucher- und Umweltschutz. Im Juni 1985 kam der neue Kommissionspräsident Jacques Delors und brachte sein Projekt vom einheitlichen Binnenmarkt mit: Weil es ihm auf dem Harmonisierungspfad zu langsam voranging, schlug er den sogenannten Liberalisierungspfad ein. Das Prinzip war einfach: Jedes Produkt, das in einem der Mitgliedsländer zugelassen ist, darf auch in allen anderen EU-Staaten verkauft werden. Nur wenn es um die Gesundheit geht, sind Ausnahmen möglich, wie zum Beispiel beim schwedischen Kautabak »Snus«, von dem die französische Regierung überzeugt ist, daß er neben braunen Zähnen auch in den Innereien allerhand bewirken kann. Ohne »Snus« wollten die Schweden aber nicht in die EU eintreten, und daher darf die dunkle Masse nördlich der Ostsee verkauft werden.[763] Der Liberalisierungspfad hat sich als wahre Rennstrecke erwiesen, auf der vor allem der Verbraucherschutz unter die Räder gekommen ist – über eine Einzelgenehmigung kann jedes Produkt ungehindert in die gesamte EU eingeschmuggelt werden.

Ob BSE, Abgas-Richtlinie oder Umweltverträglichkeitsprüfung: Viele Gesetze wurden in der EU erst beschlossen, als es bereits Probleme gab. Der Umwelt- und Verbraucherschutz hinkt den Ereignissen immer in beträchtlichem Abstand hinterher. Das liegt nicht nur an den EU-Beamten. Auf den Märkten treffen sich Konsumenten und Produzenten mit klarem Kräfteverhältnis: Die Produzenten sind häufig eine übersichtliche Gruppe, die ihre Interessen leicht organisieren kann und von der EU mit üppigen Finanzspritzen versorgt wird. Fast die Hälfte des EU-Etats war im Haushaltsjahr 2001 für die Agrarpolitik reserviert,[764] obwohl der Bevölkerungsanteil der Landwirte in der Union im unteren einstelligen Prozentbereich liegt.

Ganz anders sieht es auf der Verbraucherseite aus: Einer gut organisierten Interessenvertretung der Produzenten steht eine weitgehend orientierungslose Konsumentengruppe gegenüber, die nur in wenigen Fällen Unterstützung durch eine der immer wieder gerühmten NGO findet. Es existiert keine professionell auftretende Verbraucherorganisation, die der Produzentenlobby Paroli bieten könnte – WWF, Greenpeace und BUND haben mit dem Verbraucherschutz nur dann Berührungspunkte, wenn das Thema Umwelt gestreift wird.

Ein weiteres Problem des Verbraucher- und Umweltschutzes liegt darin, daß die Wahrscheinlichkeit für Folgeschäden bei kritischen Produkten oder Fertigungsverfahren in vielen Fällen gering erscheint oder zunächst nur schwer erkennbar ist. Das gilt um so mehr, je weiter der Schadensfall zeitlich in der Ferne liegt und eine Ursache-Wirkungs-Kette nur erahnt wird, nicht jedoch mit Sicherheit nachgewiesen ist. Auch eine Kennzeichnungspflicht hilft da nicht weiter: Für den Verbraucher steht das Risiko meist in keinem Verhältnis zum Aufwand, der notwendig ist, um sich vor möglichen Gefahren zu schützen. Um sich darüber zu informieren, was ein Käse an möglicherweise problematischen Zutaten enthält, ist viel Mühe erforderlich – besonders, wenn das Wissen eines Lebensmittelchemikers nötig ist, um zu verstehen, was auf dem Teller liegt.[765]

Im selben Dilemma findet sich auch die EU: Es ist zu bezweifeln, daß sie immer besser weiß als der Konsument, was für ihn gut ist und was nicht. Eine Kennzeichnungspflicht ist zwar für Allergiker unentbehrlich, führt aber nicht zwangsläufig zu einem besseren Verbraucherschutz. Einzig bei eindeutig identifizierten und seit Jahren in Mißkredit stehenden Gesundheitskillern ist die EU gnadenlos: Im Februar 2001 einigte sie sich darauf, Zigarettenpackungen mit größeren Warnhinweisen zu versehen, Höchstwerte für Teer- und Nikotinwerte vorzuschreiben und Bezeichnungen wie »Light« zu verbieten, um der Verharmlosung von Tabakwaren vorzubeugen.[766] Da das Gesetz zunächst die Instanzen der EU-Bürokratie durchlaufen muß, ist mit seiner Umsetzung nicht vor September 2002 zu rechnen.

Die inhaltliche »Schärfe« erlassener EU-Gesetze, wie sie bei Tabakprodukten vernünftig erscheint, hängt weitgehend davon ab, welche nationalen Interessen und Gegebenheiten in den einzelnen Mitgliedstaaten vorherrschen. So ist die Schaffung hoher EU-Standards für einen wirkungsvollen Umweltschutz zwar erstrebenswert und möglichst durch marktwirtschaftliche Anreize zu unterstützen,[767] doch sind diese Standards aufgrund »nationaler Sonderwünsche« – die im allgemeinen auf wirtschaftlichen Interessen beruhen –

nicht immer durchsetzbar, wie sich dies auch an der seit den 1990er Jahren immer wieder aufflammenden Diskussion zur Einführung einer EU-weiten CO_2-Energiesteuer zeigt.[768]

So sinnvoll bei einer absehbar langwierigen Verhandlung auf EU-Ebene nationale Alleingänge sein können, so haftet ihnen doch meist das Etikett »Importschranke« an: Nur selten ist eindeutig feststellbar, ob eine Norm zum Wohle der Bevölkerung oder zum Schutz der heimischen Industrie verschärft wird, was sich beispielsweise im Streit zwischen der EU und den USA um die Wachstumshormone im Rindfleisch zeigte. Besonders prekär wird es, wenn Entwicklungsländer betroffen sind. Denen sind vor allem westliche Umweltvorschriften ein Dorn im Auge: Die Einführung von Umweltlabels für Holzprodukte aus nachhaltig bewirtschafteten Wäldern sahen die betroffenen Tropenholzexporteure Südostasiens und Afrikas als Maßnahme zum Schutz der europäischen und US-amerikanischen Holzindustrie und nicht der Tropenwälder. Die Frage ist immer dieselbe: Wo fängt Umwelt- und Verbraucherschutz an, und wo werden Qualitätsmaßstäbe als Protektionismus mißbraucht?

Besonders die »Vita« des BSE-Falles zeigt, daß die hehren Verbraucherschutzprogramme der Union für den EU-Alltag zu anspruchsvoll sind oder zumindest erheblichen Zeitbedarf benötigen, bis auch letzte Details nationaler Befindlichkeiten ausdiskutiert sind. So makaber es klingt: Derzeit ist die größte Hoffnung für den Verbraucher und die Umwelt, daß spektakuläre Fälle genügend Aufmerksamkeit in der Öffentlichkeit – und beim Wähler – erregen, so daß gehandelt werden *muß*. Nicht zuletzt die BSE-Krise hat dazu geführt, daß die EU-Kommission im Jahr 2000 für die Lebensmittelsicherheit eine Strategie »vom Erzeuger zum Verbraucher« aufgestellt hat, der sie durch eine Reihe von Gesetzesvorschlägen wie der Errichtung einer EU-Lebensmittelbehörde Gestalt geben will.[769] Vielleicht gelingt es ihr damit, über 25 Jahre nach dem ersten Verbraucherschutzprogramm wieder in eine aktive Phase einzutreten. Bei allen Bemühungen der EU um Verbraucher- und Umweltschutz werden die Bürger weiterhin genau hinsehen müssen, welche Produkte sie kaufen. Eine Gebrauchsanweisung wird es dafür auch künftig nicht geben.

8.5 Die Furcht der Europäer vor Europa – Das Ende der Nationalstaaten?

»Europa« – der Begriff hat bei Europas Bürgern an Wohlklang eingebüßt. 40 Jahre lang ging alles gut, dann fiel das Sowjetreich, und seitdem bröckelt die Europaidee. Der Groschen war spätestens gefallen, als Ende September 2000 die Dänen nein zum Euro sagten und im Juni 2001 die Iren den Vertrag von Nizza ablehnten. Es sprach die Stimme der Unzufriedenheit, die nicht nur in Dänemark und Irland wächst: Europa ist europamüde, denn für viele ist die EU ein künstlicher Organismus, anonym und seelenlos. Wer heute Europa sagt, meint die Wirtschafts- und Währungsunion, nicht die Kultur, nicht das ohnehin lose politische Gebilde.

Auslöser vieler Krisen ist der immer wieder bröckelnde Zusammenhalt der Achse Frankreich–Deutschland. Beide Staaten waren häufig das Schwungrad für die Integration: »Wer nicht mehr frei über Energie und Stahl verfügt, kann keinen Krieg erklären«,[770] hieß es schon 1951 bei der Gründung der Montanunion. Daraus entstand in über einem halben Jahrhundert das Europa der Wirtschaft. Doch während Deutschland auf eine stärkere Integration und föderale Struktur für Europa setzt, hält Frankreich einen weiteren Verlust seiner Souveränität für unzumutbar.[771] Als Zugpferde lassen sich beide Staaten nicht ersetzen, zumindest nicht kurzfristig: Andere Länder wie Großbritannien haben eine noch immer begrenzte Vorstellung von der Zukunft Europas oder sind wie Spanien wirtschaftlich zu schwach. Ohne »Vorstand«, der die Linie vorgibt, droht die Gefahr einer ernsten Krise.

Fehlt die innere Führung, kann auch äußerer Druck zusammenschweißen. Das war in den Anfängen der Union der Fall mit der als Bedrohung empfundenen Macht des sich formierenden Ostblocks. Doch der kalte Krieg hat ausgedient und ein Vakuum erzeugt. Die in anderen Erdteilen entstehenden Wirtschaftsbündnisse und die Dominanz der USA sind zwar gute Gründe für die weitere Integration, reichen aber anscheinend nicht mehr als gemeinsame Motivation. Seit dem Verschwinden des Eisernen Vorhangs fehlt der Gegner, der Europa auf einen gemeinsamen Kurs bringt.

Heute versuchen die ehemaligen Vasallen sogar, wieder Anschluß an das gemeinsame Europa zu finden. Östlicher und zerklüfteter, so wird sich die Union nach ihrer Erweiterung um zehn Transformationsländer in Zukunft präsentieren. Ist die EU nach dieser explosionsartigen Erweiterung überhaupt noch regierbar? Zumindest eines ist sicher: Ein Europa der fast 30 Staaten wird anders funktionieren müssen als das ehemals westeuropäische Bündnis. Die Beitrittskandidaten stehen durch die großeuropäische Wiedervereinigung vor der Aufgabe, im Eiltempo ihre Agrargesellschaften in Industriestaaten umzuwandeln. Der danach folgende Schritt zur Wissensgesellschaft ist außer in Nischenbereichen vorerst noch Zukunftsmusik. Die Neumitglieder wollen keine Autos, Maschinen oder Gemüse importieren, sondern Stabilität und Subventionen.[772] Was heißt das für Europa? Destabilisierung der Beitrittsländer, der Union oder ein Durcheinander, das zur Wiedererstarkung der Nationalstaaten führt? Die Erweiterung ist wirtschaftlich und geografisch gemeint, ohne eine politische Vertiefung bleibt die Wahrnehmung der Staaten auf das eigene Territorium beschränkt. Europa muß aber mehr sein als die Summe seiner Einzelstaaten.

Daß dies bei den Bürgern noch nicht angekommen ist, liegt auch an den Skandalen der letzten Jahre und der Reformunfähigkeit der europäischen Institutionen. Die Dauerkontroverse um eine einheitliche Zinsbesteuerung mögen die EU-Bürger noch als positiv empfinden – wenigstens diejenigen, die ihr Geld im Schuhkarton in die Steueroase Luxemburg tragen. Die Korruptionsaffären der EU-Kommission, die 1999 geschlossen zurücktreten mußte, schwerfällige Entscheidungsstrukturen wie im Fall BSE und besonders die von nationalen Blockaden geprägten Bereiche der Umwelt- und Agrarpolitik zeigen, daß ein Weiterkommen unmöglich ist, wo Entscheidungen »nur« einen europäischen Mehrwert bringen, aber keinen nationalen.

Die EU leidet wie vorher die EG darunter, daß sie kein »echtes« Regierungssystem ist, sondern auf Gedeih und Verderb vom guten Willen ihrer Einzelstaaten abhängt und kein unmittelbares demokratisches Mandat besitzt. Zwar wählen Europas Bürger ihre Vertreter im EU-Parlament, die Entscheidungswege und die daran beteiligten Institutionen sind ihnen jedoch fremd geblieben. Vom europäischen Gedanken sind die Regierungen der EU-Länder ebenso weit entfernt wie ihre Bürger. Ein »europäisches Volk« existiert noch nicht, zumal sich die EU der Bildung einer gemeinsamen Identität der Bevölkerung bisher kaum gewidmet hat.[773] Erst wenn sich Politiker und Bürger schämen, national zu denken, ist der Weg für Europa frei.

Das klingt nach Resignation gegenüber der europäischen Idee. Dennoch ist die Integration europäischer Staaten der erfolgreichste Ansatz seiner Art in den letzten Jahrzehnten, obwohl es dafür keine Vorbilder aus der Geschichte gibt. Die Ursprünge der europäischen Staaten liegen im Mittelalter,[774] und entsprechend lassen sich die über Jahrhunderte gewachsenen nationalen Strukturen nicht innerhalb weniger Jahre in den Vereinigten Staaten von Europa auflösen. Der deutsche Außenminister Joschka Fischer sieht die Nationalstaaten noch mindestens eine Generation lang bestehen[775] – ein politisch vereintes Europa ist mittelfristig nicht erreichbar.

Keine Frage: Das »Rechtssubjekt EU«[776] ist auf der Suche nach seiner Identität. Die bisher größten Projekte der EU, die Osterweiterung und die Euro-Einführung, erfordern neue Spielregeln, über die zwar viel verhandelt, aber zu wenig entschieden wird. Die EU steht in den kommenden Jahren vor einem Quantensprung, der bewältigt werden will: Die Vielfalt der Kulturen muß unter einen Hut gebracht werden. Der Anfang vom Ende der Nationalstaaten hat erst begonnen, denn auf absehbare Zeit zählt für die Bürger und Politiker Europas weiterhin zuerst die eigene Nation. Noch ist dafür kein Ersatz gefunden.

Anhang

Wirtschaftswissen von A bis Z

Das folgende Ökonomie-ABC öffnet das Tor zur Sprachwelt der Wirtschaft – zumindest einen Spalt. Als schnelle Übersicht und Übersetzungshilfe für das moderne Wirtschafts-Kauderwelsch gedacht, gehört es zu den Nachteilen jedes Lexikons, so viele Lücken zu beherbergen wie die Ökonomie Theorien.

Aktie
Wertpapier, durch das ein Teileigentum an einer Aktiengesellschaft oder einer Kommanditgesellschaft auf Aktien (KGaA) verbrieft ist. Durch den Erwerb von Aktien erhält der Käufer einen Anteil am Eigenkapital des Unternehmens und damit das Recht zur Mitbestimmung bei der Hauptversammlung (außer bei stimmrechtlosen Vorzugsaktien) sowie zur Beteiligung am Gewinn.

Amtlicher Handel
Segment des Wertpapierhandels in Deutschland mit den strengsten Zulassungs- und Publizitätsvorschriften. In den Amtlichen Handel werden lediglich etablierte Unternehmen aufgenommen, deren Kapitalisierung mindestens 1 022 584 Euro (2 000 000 DM) beträgt, die wenigstens seit drei Jahren existieren[777] und eine Reihe formaler Vorschriften erfüllen müssen. In diesem Börsensegment sind nur sogenannte amtliche Makler zugelassen, die von der jeweiligen Landesregierung eingesetzt und vereidigt werden.

Aufsichtsrat
Für Aktiengesellschaften und Genossenschaften gesetzlich vorgeschriebenes Organ, zusammengesetzt aus Anteilseignern und Arbeitnehmern. Auch GmbH und Kommanditgesellschaften können einen Aufsichtsrat bestellen. Dient der Überwachung des Vorstands oder der Geschäftsführung eines Unternehmens.

Baisse
Französisch für »Sinken«, »Abnahme«. Phase starker Kursverluste an der Börse. Gegenteil: Hausse.

Bären
Pessimisten, die mit fallenden Börsenkursen rechnen und auf »Baisse« spekulieren. Aus der US-Börsenwelt stammender Begriff, bei dem das Bild des Bären Pate stand, der seinen Angriff von oben nach unten startet.

Benchmarking
Vergleich von eigenen Produkten, Verfahren und Funktionen mit denjenigen anderer Unternehmen, um die eigene Leistung anhand von »best practice«-Beispielen zu verbessern.

Betriebsvereinbarung
Individuelle Vereinbarung zwischen

dem Betriebsrat und der Unternehmensleitung zu einzelnen Arbeits- und Einkommensbedingungen, die jedoch den Tarifverträgen nicht widersprechen dürfen.

Betriebsverfassungsgesetz
Gesetzliche Regelung für die Beziehung zwischen Arbeitgebern und Belegschaft (Mitbestimmung). Das Gesetz gilt für alle Betriebe in Deutschland mit mindestens fünf wahlberechtigten Beschäftigten und regelt Wahl, Befugnisse und Tätigkeiten des Betriebsrates sowie die Vertretung der Arbeitnehmer im Aufsichtsrat von Unternehmen. Es wurde im Februar 2001 reformiert und verschaffte den Betriebsräten unter anderem dadurch mehr Macht, daß Unternehmen ab 200 Mitarbeitern (vorher 300) einen Betriebsrat von der Arbeit freistellen müssen und dieser Mitspracherechte bei der Beschäftigungssicherung und der Qualifizierung erhält.[778] Die strengste Mitbestimmung ist die seit 1951 wirksame Montanmitbestimmung für Unternehmen des Bergbaus und der eisen- und stahlerzeugenden Industrie.

Bilanz
Kurzgefaßte Zusammenstellung des gesamten Vermögens und aller Finanzquellen eines Unternehmens zu einem festgelegten Stichtag, meist der 31.12. eines Jahres. Das Vermögen (Aktiva, linke Seite der Bilanz) besteht aus Anlage- und Umlaufvermögen, die Finanzquellen (Passiva, rechte Seite der Bilanz) setzen sich zusammen aus Eigen- und Fremdkapital.

Blue Chip
Bezeichnung für die wichtigsten Aktien, z. B. eines Landes. In Deutschland zählen dazu die 30 DAX-Unternehmen, in den USA diejenigen Unternehmen, deren Aktien im Dow-Jones-Index enthalten sind.

Bookbuilding
Verfahren zur Festlegung des Emissionspreises einer neuen Aktie. Das Unternehmen gibt einen Mindest- und einen Höchstkurs bekannt (Bookbuilding-Spanne), innerhalb deren Kaufwillige ein Angebot abgeben können, und erfaßt so das Interesse für seine Aktien. Setzt der Emittent die Spanne zu hoch an, riskiert er, seine Aktien nicht loszuwerden.

Börse (Börsenplatz)
Handelsort für Wertpapiere (beispielsweise Aktien), Devisen oder auch Waren. In Deutschland existieren acht Börsenplätze: Berlin, Bremen, Düsseldorf, Frankfurt, Hamburg, Hannover, München und Stuttgart.

Bretton Woods
Währungskonferenz, die 1944 im US-Ort Bretton Woods (New Hampshire) stattfand und zur Gründung von Weltbank, Internationalem Währungsfonds sowie zur Bildung fester Wechselkurse in Anbindung an den US-Dollar führte. Das System fester Wechselkurse brach 1973 zusammen.

Bruttoinlandprodukt (BIP)
Wert aller Leistungen einer Volkswirtschaft, die innerhalb eines bestimmten Zeitraums (meist eines Jahres) von In- und Ausländern erbracht werden. Erfaßt werden alle produzierten Waren und Dienstleistungen nach Abzug der als Vorleistung verbrauchten Güter.

Bruttosozialprodukt (BSP)
Wie Bruttoinlandprodukt, jedoch werden diejenigen Leistungen abgezogen, die zwar im Inland entstehen, jedoch an das Ausland geleistet werden (Export). Insofern gibt das Bruttoinlandprodukt ein realistischeres Bild der Wirtschaftsleistung eines Landes als das BSP.

Bullen

Wall-Street-Jargon für Optimisten an der Börse, die mit steigenden Kursen rechnen. Abgeleitet von der Kampfweise eines Stiers, da dieser von unten nach oben angreift.

Bündnis für Arbeit

Forum aus Gewerkschaften, Bundesregierung und Arbeitgebern zur Senkung der Arbeitslosigkeit und zur Erreichung gemeinsamer wirtschaftspolitischer Ziele. Das 1995 initiierte Bündnis sah eine Halbierung der Arbeitslosigkeit bis zum Jahr 2000 vor, ein Ziel, das nicht annähernd erreicht wurde.[779]

Call

Englisch für »Kaufoption«. Ein Call verbrieft seinem Käufer das Recht zum Kauf von Aktien zu einem vorher festgelegten Preis bzw. zur Auszahlung eines Ausgleichs in bar bei Überschreiten eines bestimmten Aktienkurses. Calls ermöglichen gegenüber dem reinen Aktienkauf eine hohe Hebelwirkung, d. h., ein Call steigt und fällt stärker als der entsprechende Aktienkurs. Im Unterschied zum Put profitiert der Käufer eines Calls vom steigenden Kurs der betreffenden Aktie.

Cash flow

Kennzahl zur Beurteilung der Finanzstärke eines Unternehmens. Der Cash flow errechnet sich aus den nicht ausgezahlten Gewinnen, den Abschreibungen und der Erhöhung der langfristigen Rückstellungen.

Chart-Analyse

Durch die grafische Darstellung des Kursverlaufs von Aktien, Währungen etc. wird versucht, die Vielzahl der kursbeeinflussenden Faktoren zusammenzufassen und daraus den künftigen Kursverlauf abzuleiten. Von Kritikern häufig als »Orakeln« bezeichnet.

Day Trading

Englisch für »Handeln innerhalb eines Tages«. Bezeichnung für den Handel von Wertpapieren in kurzen Zeitabständen. Meist wird ein Papier sogar mehrmals pro Tag ge- und verkauft, damit auch aus kleinsten Kursänderungen ein möglichst hoher Gewinn eingestrichen werden kann.

Derivate

Finanztitel, die aus Wertpapieren wie Aktien, Devisen oder Rohstoffen abgeleitet sind und Rechte an den zugrundeliegenden Wertpapieren verbriefen. Beispiele sind Call, Put oder Termingeschäfte.

Deutsche Börse AG

Am 1. 1. 1993 durch Zusammenführung des Kassenvereins, der Wertpapierdatenzentrale sowie der Deutschen Terminbörse gegründete Holdinggesellschaft.[780] Die Deutsche Börse AG hält 100 % der Anteile an der Frankfurter Wertpapierbörse AG. Anfang 2001 ging die Deutsche Börse AG selbst an die Börse.

Deutsche Mark

Währung der Bundesrepublik Deutschland vom 20. 6. 1948 bis zum 31. 12. 2001, ab 3. 10. 1990 auch in den fünf neuen Bundesländern der ehemaligen DDR. Am 1. 1. 2002 abgelöst durch den Euro.

Deutscher Aktienindex (DAX)

Während eines Börsentages ständig aktualisierter Index, der von der Deutschen Börse AG in Frankfurt ermittelt wird. Er enthält die 30 wichtigsten, nach ihrer Marktkapitalisierung gewichteten deutschen Aktien, d. h. je höher der Börsenwert eines Unternehmens, desto größer das Gewicht im Index. Der DAX wurde am 31. 12. 1987 auf 1000 Punkte gesetzt und gilt seitdem als Stimmungsbarometer der deutschen Börse.

Deutscher Industrie- und Handelstag (DIHT)
1861 gegründete und 1949 neugegründete Spitzenorganisation aller Industrie- und Handelskammern in Deutschland. Sitz ist Bonn. Seine Hauptaufgabe ist, die Belange der gewerblichen Wirtschaft im In- und Ausland zu vertreten sowie die Zusammenarbeit der Kammern untereinander zu fördern.

Discount Broker
Englisch für »preiswerter Makler«; deutsch: »Online-Bank« oder »Direktbank«. Banken, die ihre Dienste nicht über den persönlichen Kontakt am Bankschalter anbieten, sondern über Internet, E-Mail, Fax oder Telefon. Eine Beratung ist im allgemeinen nicht vorgesehen, dafür sind die Gebühren im Vergleich mit Filialbanken teilweise erheblich niedriger.

Dividende(nrendite)
Jährliche Gewinnausschüttung für eine Aktie. In ihrer Höhe ist die Dividende aussagelos, daher wird zur Beurteilung einer Aktie häufig die Dividendenrendite herangezogen (Dividende bezogen auf den Preis einer Aktie). Beispielsweise beträgt bei einer Dividende von 7 Euro und einem Aktienkurs von 100 Euro die Dividendenrendite 7 %.

Dotcom
Bezeichnung für Firmen, die ihr Geld vorwiegend mit Aktivitäten im Internet verdienen, wie beispielsweise der Buch- und CD-Händler Amazon. Da die Web-Adresse eines Unternehmens in den USA meist auf ».com« endet, hat sich für Internetfirmen die Bezeichnung »dotcom« durchgesetzt (»dot« für den Punkt vor »com«).

Dow Jones Industrial Average (Dow-Jones-Index)
International bekanntester und meistbeachteter Aktienindex der New Yorker Börse. Ebenso wie der Deutsche Aktienindex enthält der »Dow« die Aktien der 30 maßgebenden Industrieunternehmen des Landes und gilt damit als Indikator für die Aktienentwicklung in den USA. Benannt wurde der Index nach der amerikanischen Firma Dow Jones Company, Herausgeberin des *Wall Street Journal*, einer der weltweit führenden Wirtschaftszeitungen.

Dumping
Englisch für »Schutt abladen«. Liegt dann vor, wenn der Verkauf von Gütern im Ausland durch niedrigere Preise als im Heimatland gefördert wird. Durch die günstigen Preise soll die Konkurrenz im Exportmarkt verdrängt werden. Die WTO verbietet das Dumping grundsätzlich.

DVFA-Ergebnis
Kennzahl der »Deutschen Vereinigung für Finanzanalyse und Anlageberatung« (DVFA) zur Bewertung des Gewinns bzw. Verlusts eines Unternehmens. Das Ergebnis wird anhand der DVFA-Formel berechnet, die alle individuellen Bilanzeinflüsse ausschließt und so einen Vergleich verschiedener Unternehmen zuläßt.

Earnings Before Interest and Tax (EBIT)
Englisch für »Jahresüberschuß vor Zinsen und Steuern«. International eingesetzte Größe, die das Unternehmensergebnis ohne Berücksichtigung von Zinsen und Steuern berechnet und dadurch vergleichbar macht (Ausschluß unterschiedlicher Zins- und Steuersätze in den Staaten).

European Currency Unit (ECU)
Englisch für »Europäische Währungseinheit«. Die ECU wurde am 13.3.1979 gültig und war bis zur Einführung des Euro am 1.1.1999 die Rechen- und Bezugswährung der EU. Die ECU war ein Währungskorb, der sich aus unterschiedlichen Anteilen der Währungen der EU-Mitgliedstaaten zusammensetzte, abhängig von deren Wirtschaftskraft. Der Euro ersetzte die ECU im Verhältnis 1:1.

Emerging Markets
Oberbegriff für die (Wertpapier-)Märkte in den Staaten Osteuropas, Lateinamerikas, Asiens und Afrikas, die an der Schwelle vom Entwicklungs- zum Industrieland stehen.

Eigenkapitalrendite
Betriebswirtschaftliche Kennzahl zur Beurteilung des in einem Unternehmen eingesetzten Eigenkapitals, d.h. derjenigen Finanzmittel, die aus Gewinnen des Unternehmens oder Einzahlungen der Eigentümer stammen. Die Eigenkapitalrendite errechnet sich durch Division des Gewinns durch das Eigenkapital, multipliziert mit 100.

Einheitliche Europäische Akte (EEA)
Am 1.1.1987 in Kraft getretene erste große Revision der Römischen Verträge von 1957 (Gründung von EWG und Europäischer Atomgemeinschaft), die die Umsetzung des europäischen Binnenmarktes zum 31.12.1992, die Überführung der EG in die EU sowie eine engere politische Zusammenarbeit der EU-Mitgliedstaaten festschrieb.

Euro
Name der einheitlichen Währung in den 12 EU-Ländern, die an der Währungsunion teilnehmen. Der Euro wurde am 1.1.1999 eingeführt und ersetzte die ECU im Verhältnis 1:1.

Europäische Union (EU)
Aus der Europäischen Gemeinschaft (EG) als Ergebnis des Maastrichter Vertrags (7.2.1992) am 1.1.1993 entstandener Zusammenschluß von inzwischen 15 europäischen Staaten (seit 1.1.1958: Belgien, Deutschland, Frankreich, Italien, Luxemburg, Niederlande; seit 1.1.1973: Dänemark, Großbritannien, Irland; seit 1.1.1981: Griechenland; seit 1.1.1986: Portugal, Spanien; seit 1.1.1995: Österreich, Finnland, Schweden). Ziel der EU ist nicht mehr wie bei der EG eine Zusammenarbeit lediglich auf den Gebieten Wirtschaft, Atom, Kohle und Stahl, sondern eine politische Union, die auch eine gemeinsame Außen- und Verteidigungspolitik einschließt.

Europäische Zentralbank (EZB)
1998 gegründete zentrale Notenbank der an der Währungsunion teilnehmenden 12 EU-Staaten. Sitz der EZB ist Frankfurt/Main. Sie ist zuständig für die Geldpolitik der Euro-Länder und löste in dieser Funktion die bisherigen nationalen Notenbanken ab, beispielsweise die Deutsche Bundesbank. Zusammen mit den Notenbanken aller 15 EU-Staaten bildet sie das Europäische System der Zentralbanken (ESZB).

Euro Stoxx 50
Mit Gründung der Europäischen Währungsunion, die in der Einführung des Euro am 1.1.1999 gipfelte (als Banknoten und Münzen am 1.1.2002), entstand auch der Wunsch nach einem europäischen Aktienindex. Vergleichbar mit dem DAX oder dem Dow-Jones-Index ist der Euro Stoxx 50 innerhalb der Europäischen Währungsunion der

wichtigste Aktienindex. Er umfaßt die 50 bedeutendsten Unternehmen in Euro-Land.

Externer Effekt

Begriff aus der Umweltpolitik. Wirtschaftliches Handeln zieht Folgen (Effekte) nach sich, die nicht nur dem Verursacher, sondern auch anderen Unternehmen, Personen oder Objekten schaden (negative e. E.) oder nützen (positive e. E.).

Finanzausgleich

In Deutschland Bezeichnung für den Geldtransfer von finanziell starken Ländern (Nordrhein-Westfalen, Hessen etc.) in finanziell schwache Länder (beispielsweise Bremen, Saarland). Nach den Bestimmungen des Vertrags von Maastricht ist auf EU-Ebene ein Finanzausgleich verboten, d. h., kein Mitgliedstaat und auch nicht die Staatengemeinschaft darf für Schulden eines anderen Mitgliedstaates aufkommen oder in Haftung genommen werden (»no-bailout«).

Flächentarifvertrag

Tarifvereinbarung zwischen Gewerkschaft und Arbeitgebern/Arbeitgeberverbänden. Da die Regelungen für alle Unternehmen eines Arbeitgeberverbandes bindend sind, wird von einem Flächentarifvertrag gesprochen. Daneben existiert der Manteltarifvertrag, in dem jedoch keine Gehaltszahlungen, sondern die allgemeinen Arbeitsbedingungen wie Arbeitszeit, Urlaub oder Zahlungen für Überstunden festgelegt sind.

Fonds

In Fonds sammelt eine Kapitalanlagegesellschaft oder ein Fondsmanager das Kapital vieler Anleger und investiert das Geld in verschiedene Vermögenswerte wie Wertpapiere (beispielsweise Aktien), Immobilien oder Anleihen. Das Risiko eines Wertverlustes wird durch die geschickte Streuung des gesammelten Kapitals auf diese Vermögenswerte minimiert. Ein »Investmentfonds« beinhaltet das eingezahlte Gesamtkapital (Investment) der Anleger.

Freistellungsauftrag

Durch das Zinsabschlaggesetz fallen auf Zinseinkünfte seit dem 1. 1. 1993 Steuern an. Bis zur Höhe von 1534 Euro (3000 DM) zuzüglich 51 Euro (100 DM) Werbungskostenpauschale – oder von 3068 Euro bzw. 6000 DM für Verheiratete – kann ein Anleger für seine Zinsen und Dividenden einen Freistellungsauftrag stellen und damit vom Steuerabzug befreit werden. Für alle darüber hinausgehenden Zinseinkünfte und Dividendenzahlungen führen die Banken automatisch 30 % Zinsabschlagsteuer (Zinsen) bzw. 25 % Kapitalertragsteuer (Dividende) an das Finanzamt ab.

Freiverkehr

Wertpapiere, die nicht im Amtlichen Handel, im Geregelten Markt oder im Neuen Markt notiert sind, werden im Freiverkehr gehandelt. Zu unterscheiden ist zwischen geregeltem Freiverkehr und ungeregeltem (Telefonhandel). Für die Aufnahme eines Unternehmens in den Freiverkehr sind die Zulassungskriterien weniger streng als bei den beiden wichtigsten Handelssegmenten Amtlicher Handel und Geregelter Markt, beispielsweise muß kein Verkaufsprospekt veröffentlicht und kein Zwischenbericht erstellt werden.[781]

Fremdkapital

In einem Unternehmen vorhandene Finanzmittel, die nicht aus Gewinnen oder Kapitaleinlagen der Anteileigner stammen, sondern von Dritten. Dazu gehören beispielsweise Banken oder Lieferanten. Auch Rückstellungen für im kommenden Geschäftsjahr anfallende Ausgaben zählen zum Fremdkapital.

Frühstücks-Kartell

Vereinbarungen zwischen Unternehmen, die bewußt nicht dokumentiert werden und daher vom Kartellamt nicht nachgewiesen werden können (beispielsweise Preisabsprachen).

Fundamentalanalyse

Kursbewertung eines Wertpapiers auf Basis fundamentaler Daten, also beispielsweise Marktpotential oder Gewinnentwicklung eines Unternehmens. Gegensatz: Chartanalyse.

Fusion

Verschmelzung zweier oder mehrerer Unternehmen mit dem Ziel einer Stärkung der Marktmacht, Rationalisierung der Produktion etc.

Future

Englisch für »Zukunft«. Bezeichnung für ein Termingeschäft: Zu einem festgelegten künftigen Zeitpunkt kann ein bestimmtes Wertpapier (beispielsweise die Aktie eines Unternehmens) zu einem vereinbarten Preis ge- oder verkauft werden. Nur die wenigsten Geschäfte werden tatsächlich an diesem Termin ausgeführt. Die meisten Kontrakte werden vorher ge- und verkauft. Futures werden zur Spekulation verwendet, aber auch zur Absicherung gegen Kursrisiken. Sie zählen zu den Derivaten und können zum Totalverlust des eingesetzten Kapitals führen.

G7 (G8)

Gruppe der sieben wichtigsten Industrienationen, deren Staats- und Regierungschefs sich seit 1975 jährlich (ohne ständigen Sitz) zur Diskussion wichtiger weltpolitischer Fragen – vor allem zur Weltwirtschaft – treffen. Seit 1977 nehmen außerdem der Präsident der EU-Kommission und seit 1994 auch Rußlands Präsident teil. Mit der Aufnahme Rußlands im Jahr 1998 erweiterte sich die G7 zur G8, obwohl Rußland bei wirtschaftspolitischen Beratungen der G7 nicht einbezogen wird.[782]

Generationenvertrag

Umlageverfahren der gesetzlichen Rentenversicherung, bei dem die arbeitende Bevölkerung die Rente der aus dem Arbeitsleben ausgeschiedenen Personen finanziert. Derzeit und noch stärker in der Zukunft ist das Gleichgewicht zwischen Einzahlern und Rentnern jedoch nicht mehr gewährleistet: Hohe Arbeitslosigkeit, Vorruhestandsregelungen und eine im Durchschnitt älter werdende Bevölkerung führen künftig bei gleichem Rentenmodell zu einem Finanzierungsproblem.

Geregelter Markt

Im Mai 1987 gegründeter Wertpapierhandel, bei dem im Vergleich mit dem Amtlichen Handel die Anforderungen an die Zulassung geringer sind. Beispielsweise wird eine bestimmte Dauer des Unternehmensbestehens nicht vorausgesetzt.[783]

Gedacht war der Geregelte Markt für mittelgroße Aktiengesellschaften (zum Beispiel Familienunternehmen), die die hohen Kosten für eine Plazierung ihrer Aktien im Amtlichen Handel scheuen und denen dennoch eine Möglichkeit zur kostengünstigen Kapitalbeschaffung an der Börse gegeben werden sollte.

Gewinn- und Verlustrechnung (GuV)

Neben der Bilanz wichtigster Teil des Jahresabschlusses eines Unternehmens. Stellt sämtliche Erträge und Aufwendungen eines Zeitraums gegenüber und gibt dadurch Auskunft darüber, in welcher Höhe ein Gewinn oder Verlust erwirtschaftet wurde.

Handelsregister

Öffentlich zugängliches Verzeichnis beim Amtsgericht mit wichtigen Angaben über ein Unternehmen wie beispielsweise Name der Firma, Geschäftsinhaber, Prokuristen, Geschäftssitz, Art und Gegenstand des Geschäftsbetriebes, Kapitalzusammensetzung und Auflösung.

Hauptversammlung

Mindestens einmal jährlich stattfindende Konferenz der Aktionäre einer Kommanditgesellschaft auf Aktien oder einer Aktiengesellschaft. Auf der Hauptversammlung sind Vorstand und Aufsichtsrat auskunftspflichtig.
Wesentliche Inhalte: Verwendung des Bilanzgewinns (Dividende), Satzungsänderungen sowie Entlastung von Vorstand und Aufsichtsrat.

Hausse

Französisch für »Anstieg«, »Erhöhung«. Phase starker Kurssteigerungen an der Börse. Gegenteil: Baisse.

Hedge-Fonds

Von englisch »to hedge« = »abzäunen«, »absperren«. In der Regel hochspekulatives Finanzgeschäft, bei dem die Anleger in einen nur für Gutbetuchte zugänglichen Fonds einzahlen, dessen Sitz meist in einem Steuerparadies liegt. Da Hedge-Fonds keinen börsenrechtlichen Regeln unterliegen, können die Gewinne traumhaft und die Verluste alptraumhaft sein.

Hermes-Bürgschaft

Exportbürgschaften der Hermes Kreditversicherung, hinter der die Bundesregierung steht. Die Bürgschaft erlaubt es deutschen Unternehmen, an ausländische Regierungen zu exportieren, bei denen eine 100%ige Zahlungsfähigkeit nicht sichergestellt ist. Im Fall des Zahlungsausfalls übernimmt die Hermes Kreditversicherung einen Teil der Lieferkosten (keine vollständige Übernahme, um den leichtfertigen Vertragsabschluß zu verhindern).

Inflation

Zunahme der Geldmenge über den Geldbedarf für Produkte und Dienstleistungen, so daß die Preise steigen und das Geld an Wert verliert. Von den Notenbanken wird meist eine Inflation von 2–3 % pro Jahr als »akzeptabel« angesehen. Eine darüber liegende Rate von bis zu 8 % gilt als schleichende Inflation,[784] die zu einer galoppierenden Inflation werden kann, wie 1923 im Deutschen Reich. In amtlichen Statistiken wie den Jahrbüchern des Statistischen Bundesamts in Wiesbaden taucht der Begriff nur in seiner akademischen Fassung auf: »Verbraucherpreisindex« oder »Preisindex für die Lebenshaltung aller privaten Haushalte«.[785]

Insiderhandel

Durch das Wertpapierhandelsgesetz von 1995 strafbare Wertpapier-Geschäfte von Personen, die beispielsweise als Unternehmer einen Informationsvorsprung vor anderen Börsenteilnehmern haben und sich damit einen Vorteil am Kapitalmarkt verschaffen können.

International Accounting Standard (IAS)

Vorschriften zur Rechnungslegung (Bilanzierung), die vom International Accounting Standards Committee festgelegt werden. Die Regelungen weichen teilweise erheblich von jenen des Handelsgesetzbuchs und des US-GAAP ab.

Internationaler Währungsfonds (IWF)

1944 in Bretton Woods (USA) gegründete Institution, deren Ziel eine hohe Stabilität der Wechselkurse ist und deren Mitgliedstaaten gegenseitig finanzielle Hilfe bei Zahlungsschwierigkeiten leisten. Seit dem Zusammenbruch des Systems fester Wechselkurse (1973) hat die Bedeutung des IWF stetig zugenommen.

Investmentfonds
Siehe »Fonds«.

Investor Relations
Pflege der Beziehungen und der Kommunikation eines Unternehmens mit seinen Kapitalgebern, beispielsweise durch Aktionärsbriefe oder Quartalsberichte.

Jahresüberschuß
Gewinn eines Unternehmens nach Abzug von Steuern und sonstigen Aufwendungen, beispielsweise Zahlungen aufgrund eines Vertrags, der das Unternehmen zur Auszahlung eines Teilgewinns an eine oder mehrere Personen/Organisationen verpflichtet.

Kapitalgesellschaft
Unternehmensform, bei der die Haftung auf das eingezahlte Kapital beschränkt ist, d. h., das Unternehmen haftet als juristische Person und nicht die Einzahler (Aktionäre, Gesellschafter) des Kapitals. Für die Geldgeber steht die Geldanlage im Vordergrund, nicht die eigene unternehmerische Tätigkeit. Hauptformen sind die Aktiengesellschaft (AG), die Kommanditgesellschaft auf Aktien (KGaA) sowie die Gesellschaft mit beschränkter Haftung (GmbH).

Kartell
Absprachen oder Verträge zwischen Unternehmen über ein gemeinsames Vorgehen, meist zur Ausschaltung des Wettbewerbs. Nach dem deutschen Gesetz gegen Wettbewerbsbeschränkungen von 1957 und dem EU-Wettbewerbsrecht sind fast alle Kartelle verboten oder zumindest meldepflichtig.

Keynesianismus
Nach dem britischen Wirtschaftswissenschaftler John Maynard Keynes (→ Kapitel 2.6) benannte ökonomische Strömung, nach der die Ursachen einer Depression mit hoher Arbeitslosigkeit in einer zu geringen Güternachfrage liegen. Als Lösung schlug Keynes nach der Weltwirtschaftskrise 1929–1932 eine Steigerung der Nachfrage durch Staatsaufträge vor.

KonTraG
Das Gesetz zur »Kontrolle und Transparenz im Unternehmensbereich« verpflichtet seit 1998 Aktiengesellschaften zur ständigen Überwachung der eigenen Aktivitäten, um Mißmanagement und Kompetenzmißbrauch vorzubeugen.

Kurs-Gewinn-Verhältnis (KGV)
Für die Beurteilung des Aktienkurses ist es unbedeutend, ob die Aktie an der Börse 10 oder 100 Euro kostet. Aussagefähiger ist eine Bewertung des Kurses am Gewinn des Unternehmens, ausgedrückt durch das KGV. Berechnung des KGV: Kurs einer Aktie, geteilt durch den erwarteten Unternehmensgewinn pro Aktie und Jahr. Je niedriger das KGV, desto preiswerter ist eine Aktie, da das Unternehmen dann an der Börse beispielsweise nur das 15fache statt 25fache des Jahresgewinns kostet, d. h., alle Aktien des Unternehmens ließen sich nach 15 bzw. 25 Jahren mit den Unternehmensgewinnen bezahlen. Das KGV ist eine der wichtigsten Kennzahlen zur Aktienanalyse.

Leitzins
Zinssatz einer Zentralbank, der die Zinsen einer Geschäftsbank stark beeinflußt. Wichtigster Leitzins der Deutschen Bundesbank war bis zum 31. 12. 1998 der Diskontsatz. Die seit dem 1. 1. 1999 agierende Europäische

Zentralbank setzt keinen Diskontsatz mehr fest, sondern bestimmt Zinssätze für Geschäfte mit bestimmten Fristen, die Geschäftsbanken zur Geldbeschaffung oder zur Geldanlage bei den Zentralbanken, beispielsweise der Deutschen Bundesbank, abwickeln können.

Lohnstückkosten
Begriff für den Anteil der Lohnkosten pro produziertes Stück oder pro Dienstleistungseinheit.

Magisches Viereck
Siehe »Stabilitätsgesetz«.

Management-buy-out
Kauf eines Unternehmens durch das eigene Management, beispielsweise bei einer drohenden feindlichen Übernahme oder wenn ein Unternehmen von einem Konzern abgespalten wird.

Marktkapitalisierung
Aktueller Börsenwert eines Unternehmens, berechnet aus dem aktuellen Börsenkurs der Aktie, multipliziert mit der Anzahl der Aktien. Die Gewichtung der im Deutschen Aktienindex enthaltenen Unternehmen erfolgt anhand der Marktkapitalisierung.

MDAX
Abkürzung für »Midcap-DAX«. Index für die Aktienentwicklung von 70 mittelgroßen deutschen Unternehmen, deren Gewichtung im MDAX sich wie im Deutschen Aktienindex an der Marktkapitalisierung orientiert.

Mergers & Acquisitions
Englisch für »Verschmelzung & Kauf«. Bezeichnung für Fusionen und Unternehmenskäufe oder -verkäufe.

Meistbegünstigungsklausel
Bestimmung der Welthandelsorganisation, nach der Handelsvorteile, die einem einzelnen Land gewährt werden, auch für alle anderen Staaten gelten müssen.

Mindestreservepflicht
Verpflichtung der Banken, eine bestimmte Menge Kapital bei der Zentralbank (beispielsweise EZB) zu hinterlegen. Der Mindestreservesatz wird aus verschiedenen Bilanzposten der Bank berechnet (insbesondere aus Verbindlichkeiten). Ende 1999 waren rund 7900 Kreditinstitute in der Euro-Zone mindestreservepflichtig.[786]

Mitbestimmung
Recht der Arbeitnehmer zur Mitwirkung an Unternehmensentscheidungen. Siehe »Betriebsverfassungsgesetz«.

Monetarismus
Ökonomische Strömung, nach deren Theorie Wirtschaftswachstum und Inflation vor allem von der Geldmenge abhängen. Die Anhänger des Monetarismus mit ihrem Hauptvertreter Milton Friedman (→ Kapitel 2.7) befürworten im Gegensatz zum Keynesianismus eine Wirtschaft, die möglichst weitgehend von staatlichen Einflüssen befreit ist, und empfehlen zur Steuerung der Konjunktur die Instrumente der Geldpolitik (Veränderung des Leitzinses, Mindestreservepolitik, Offenmarktpolitik, Währungspolitik).

Montanunion
Im Jahr 1951 gegründete »Europäische Gemeinschaft für Kohle und Stahl« (EGKS).

Nachhaltige Entwicklung
Übersetzung des Begriffs »sustainable development«. Handelsmaxime der Umweltpolitik, die erstmals im Brundtland-Report von 1987 (nach der norwegischen Vorsitzenden der Weltkommission für Umwelt und Entwicklung, Gro

Harlem Brundtland) erwähnt wird. Eine nachhaltige – oder besser: dauerhafte – Entwicklung wird dort beschrieben als eine »Entwicklung, die die Bedürfnisse der Gegenwart befriedigt, ohne zu riskieren, daß zukünftige Generationen ihre eigenen Bedürfnisse nicht befriedigen können«.[787]

NASDAQ
Abkürzung für »National Association of Securities Dealers' Automated Quotation System«. Vergleichbar mit dem Neuen Markt in Deutschland, ist die US-amerikanische NASDAQ das Börsensegment vor allem für junge und innovative Technologie-, Software- und Internetunternehmen. Der computerisierte Freihandelsverkehr der NASDAQ ist heute nach der New York Stock Exchange weltweit die zweitgrößte Börse.

Nemax 50
Abkürzung für »Neuer-Markt-Index 50«. Aktienindex, der die 50 Unternehmen des Neuen Marktes mit der höchsten Marktkapitalisierung zusammenfaßt.

Neuemission
Erstmalige Ausgabe von Wertpapieren (beispielsweise Aktien) eines Unternehmens zum Handel an der Börse, um dadurch Kapital am Finanzmarkt aufzunehmen (Aktien-, Rentenmarkt). Die (Neu-)Emission wird normalerweise von einer Gruppe von Banken (Bankenkonsortium) vorgenommen, die die Aktien zu einem bestimmten Kurs der Öffentlichkeit anbietet. Vor allem am Neuen Markt sind Neuemissionen von Unternehmen mit (vermeintlich) exzellenten Zukunftsperspektiven häufig mehrfach überzeichnet, d.h., die Nachfrage nach den Aktien ist größer als das Angebot.

Neuer Markt
Am 10.3.1997 gegründetes Handelssegment für Unternehmen mit hohen Wachstumschancen, vor allem aus den Branchen Informationstechnologie, Internet, Telekommunikation und Biotechnologie. Mehrere Konkurse und Fast-Pleiten führten Anfang 2001 zu strengeren Regeln am Neuen Markt. Seitdem müssen Vorstand und Aufsichtsrat Aktienkäufe und -verkäufe des eigenen Unternehmens der Deutschen Börse mitteilen und Angaben zur Unternehmenssituation in dreimonatigem Rhythmus veröffentlicht werden.[788] Als der Neue Markt trotzdem immer neue Rekordtiefs erreichte und zur »Spielhölle für Schrottwerte« verkam, sah sich die Deutsche Börse Mitte 2001 zu einer Notoperation gezwungen: Fällt der Wert einer Aktie unter einen Euro, soll das Papier künftig aus dem Neuen Markt fliegen.[789]

New Economy
Englisch für »Neue Ökonomie«. Bezeichnung für die in den Bereichen Telekommunikation, Internet, Medien oder Biotechnologie tätigen Unternehmen, die an der Börse häufig am Neuen Markt gehandelt werden. Aufgrund der hohen Wachstumschancen werden für Unternehmen der New Economy häufig hohe Preise an der Börse bezahlt, obwohl die Unternehmen überhaupt keine Gewinne erzielen oder Dividenden zahlen. In den Jahren 2000/2001 führten der Vertrauensverlust in das Wachstum dieser Unternehmen und die Konjunkturschwäche – vor allem in den USA – zu einem Crash auf Raten, bei dem der Aktienindex für Wachstumswerte, Nemax 50, innerhalb von 16 Monaten (zwischen März 2000 und Juli 2001) fast 90 % seines Wertes verlor.[790] Gegenteil: Old Economy.

Nikkei-225-Index
Wichtigster Aktienindex an der Tokioter Börse mit 225 Werten japanischer Aktiengesellschaften, die eine hohe Marktkapitalisierung aufweisen.

Non-Governmental Organization (NGO)
Englisch für »Nicht-Regierungs-Organisation«. Von staatlichen Geldern und Direktiven unabhängige Organisation mit entsprechend eigenständigen Zielen, die sich meist über Spenden finanziert. Beispiele: WWF, Greenpeace, Brot für die Welt oder Ärzte ohne Grenzen.

Nullkuponanleihe (Zerobond)
Anleihe, die während ihrer Laufzeit keine Zinsen abwirft. Vor Fälligkeit notieren Zerobonds unter dem Nennwert (beispielsweise 1000 Euro), und der Anleger profitiert davon, daß der Kurs bis zum Ende der Laufzeit auf den Nennwert steigt.

Offenmarktpolitik
Kauf und Verkauf von Wertpapieren am Finanzmarkt durch die Notenbank. Neben der Änderung des Zinssatzes ist die Offenmarktpolitik das wichtigste Instrument einer Notenbank (beispielsweise EZB) in ihrer Geldpolitik. Mit den Eingriffen am Markt signalisiert die Notenbank ihren geldpolitischen Kurs.

Ökosteuer
Eigentlich ist die in Deutschland erhobene Ökosteuer eine Energiesteuer, da sie den Energieverbrauch seit 1999 in jährlichen Schritten verteuert. Die Einnahmen fließen in die Sozialversicherung, um die Beiträge zur Rentenversicherung zu senken. Auf Benzin und Diesel beträgt der Aufschlag jährlich 3 Cents (6 Pfennig) bis zum Jahre 2003 (im Jahr 2003 summiert sich die Steuer auf insgesamt 15 Cents bzw. 30 Pfennig).

Old Economy
Englisch für »Alte Ökonomie«. Bezeichnung für Unternehmen mit traditioneller Produktpalette (Automobil, Maschinenbau, Chemie etc.), die zwar geringe Wachstumsraten, jedoch solide Gewinne aufweisen. Gegenteil: New Economy.

Optionsschein (Warrants)
Börsennotiertes Wertpapier, das dem Inhaber das Recht verbrieft, ein Basisobjekt (Aktie, Währungen) innerhalb einer bestimmten Zeit (Optionsfrist) zu einem bestimmten Preis (Basispreis) in einem bestimmten Verhältnis zu kaufen (Optionsverhältnis). Durch ihre »Hebelwirkung« lassen sich mit Optionsscheinen mit geringen Beträgen hohe Gewinne, aber auch immense Verluste (Totalausfall) erzielen. In Deutschland werden Optionscheine am häufigsten auf Aktien ausgegeben.[791]

Outsourcing
Auslagerung bestimmter Unternehmenstätigkeiten (Steuererklärung, Datenverarbeitung) an Fremdfirmen oder an eigens gegründete Firmen.

Personengesellschaft
Unternehmensform, bei der die Eigentümer unbeschränkt mit ihrem Privatvermögen haften und meist selbst in den Unternehmen tätig sind. Hauptformen: Kommanditgesellschaft (KG) oder Offene Handelsgesellschaft (OHG).

Phillipskurve
Eine erstmals von Alban William Phillips (* 1914, † 1975) ermittelte Kurve, die den Zielkonflikt zwischen Inflationsrate und Arbeitslosenquote verdeutlicht. Zentrale Aussage: Mit sinkender Arbeitslosenquote steigt die Inflation. Ob eine derartige Beziehung tatsächlich besteht, ist heftig umstritten und empirisch keineswegs nachgewiesen, wie die hohe Arbeitslosigkeit bei

gleichzeitig hoher Inflation in den 1970er Jahren bewies.

Prospekthaftung
Um Aktien eines Unternehmens an der Börse ausgeben zu können, muß das Unternehmen einen Bericht (Prospekt) vorlegen, der die Lage des Unternehmens vollständig und richtig darzustellen hat. Anderenfalls können Anleger nach dem Börsengesetz Schadenersatz fordern (Haftung).

Put
Englisch für »Verkaufsoption«. Im Gegensatz zum Call verbrieft ein Put seinem Käufer das Recht zum Verkauf von Aktien zu einem vorher festgelegten Preis bzw. zur Auszahlung eines Ausgleichs in bar bei Unterschreiten eines bestimmten Aktienkurses. Anders als beim Call profitiert der Käufer eines Puts vom fallenden Kurs der betreffenden Aktie.

Rendite
Gewinn in Prozent bezogen auf das eingesetzte Kapital in einer festgelegten Zeitperiode von beispielsweise einem Jahr. Die Gesamtkapitalrendite eines Unternehmens errechnet sich zum Beispiel aus dem Gewinn plus Fremdkapitalzinsen, dividiert durch die Summe aus Eigen- und Fremdkapital.

Sachverständigenrat (»Fünf Weise«)
Gremium von fünf unabhängigen Wirtschaftsexperten, die nach dem Gesetz über die Bildung des Sachverständigenrates von 1963 mindestens einmal jährlich ein Gutachten über den Zustand und die Entwicklung der deutschen Wirtschaft vorlegen.

Schengener Abkommen
Vereinbarung von 1985 zwischen den Benelux-Staaten, Deutschland und Frankreich zur Abschaffung von Personenkontrollen an den Grenzen. Dieses 1. Schengener Abkommen trat 1995 in Kraft und wird inzwischen bis auf Großbritannien und Irland von allen EU-Staaten angewendet. Im 2. Schengener Abkommen von 1990 sind Fragen der Zusammenarbeit von Polizei- und Justizbehörden nach dem Fall der Grenzkontrollen geregelt.

Shareholder Value
Englisch für »Aktionärsvermögen«. Managementansatz, nach dem sämtliche Unternehmensaktivitäten an der finanziellen Wertsteigerung für die Kapitalgeber, beispielsweise die Aktionäre, auszurichten sind. Der Shareholder-Value-Ansatz wurde 1986 von dem US-Ökonomen Alfred Rappaport entwickelt, der das primäre Ziel eines Unternehmens in der Steigerung des Aktienkurses und der Dividendenzahlung für die Anteilseigner sah[792] – eine nicht unbedingt originelle Idee. Häufig wird Shareholder Value mit Personalentlassungen und der ausschließlichen Fokusierung auf einen möglichst hohen Profit gleichgesetzt. Richtig ist vielmehr, daß der Ansatz auf eine langfristige Existenzsicherung des Unternehmens zielt, so daß nicht nur die Forderungen einer einzigen Gruppe möglichst maximal berücksichtigt werden können, sondern ein Gleichgewicht zwischen angemessener Rendite, Wertsteigerung, Image und dauerhafter Unternehmensentwicklung gefunden werden muß.

SMAX
Abkürzung für »Small Cap Exchange«. Von der Deutschen Börse AG im Jahr 1999 eingeführtes Börsensegment für kleine Aktienwerte.

Sonderziehungsrechte (SZR)
Rechnungseinheit des IWF, in der seit 1969 die Quoten der IWF-Mitgliedländer berechnet und als Guthaben beim

IWF gehalten werden. Die SZR sind ein Währungskorb, der sich aus US-Dollar, japanischen Yen, britischen Pfund und Euro zusammensetzt. Die Kredite des IWF an finanzschwache Länder werden in SZR ausgezahlt.

Spekulationssteuer

Gewinne aus Spekulationen, beispielsweise mit Aktien, sind erst dann steuerfrei, wenn die Wertpapiere frühestens ein Jahr nach dem Erwerb verkauft werden. Ansonsten sind die Gewinne in der Einkommenssteuer anzugeben und werden als Einkünfte mit dem Einkommenssteuersatz des Anlegers versteuert, sofern die Freigrenze von 511,3 Euro (1000 DM) überschritten wird. Ab 1. 1. 2002 müssen Spekulationsgewinne für inländische Papiere nur noch zur Hälfte versteuert werden; von 20 000 Euro Gewinn sind also 10 000 Euro steuerpflichtig. Für ausländische Wertpapiere gilt diese Regelung bereits seit 1. 1. 2001.

Sperrminorität

Sofern ein Anleger mehr als 25 % Kapitalanteil an einer Aktiengesellschaft besitzt, kann er durch diese Sperrminorität Grundsatzentscheidungen wie Satzungsänderungen oder eine Fusion blockieren.

Staatsquote

Anteil des Staates an der Wirtschaftsleistung eines Landes, genauer: Verhältnis zwischen den gesamten Ausgaben von Bund, Ländern und Gemeinden sowie der Sozialversicherung einerseits und dem Bruttoinlandprodukt andererseits. In den USA liegt die Staatsquote mit ca. 29,4 % deutlich niedriger als in Ländern wie Deutschland mit 46,1 %, Frankreich mit 50,2 % oder Schweden mit 54,7 % (Stand: 2001).[793]

Stabilitätsgesetz

Das »Gesetz zur Förderung der Stabilität und des Wachstums der Wirtschaft« von 1967 verpflichtet die deutsche Wirtschaftspolitik auf vier Ziele (»magisches Viereck«): hoher Beschäftigungsstand, Stabilität des Preisniveaus, außenwirtschaftliches Gleichgewicht sowie stetiges und angemessenes Wirtschaftswachstum. Als »magisch« werden die Ziele deshalb bezeichnet, da sich durch die wechselhafte Abhängigkeit der Einzelziele wirtschaftspolitische Zielkonflikte ergeben, so daß sich nicht alle Ziele gleichzeitig erreichen lassen.

Stakeholder

Englisch für »Anspruchsgruppen«. In der Managementlehre werden darunter diejenigen Gruppierungen, Organisationen oder Einzelpersonen verstanden, die einen Einfluß auf ein Unternehmen ausüben (können). Neben Kapitalgebern (Shareholder) gehören dazu auch Kunden, Mitarbeiter oder gesellschaftliche Gruppierungen wie Bürgerinitiativen oder Umweltorganisationen.

Stammaktien

Aktie, die dem Besitzer ein Stimmrecht auf der Hauptversammlung einräumt. Gegensatz: Vorzugsaktie.

Subsidiaritätsprinzip

Handlungsprinzip, nach dem die EU nur dort in die Aktionen der Mitgliedstaaten eingreifen darf, wo sich die Ziele besser durch Maßnahmen auf EU-Ebene als auf einzelstaatlicher Ebene erreichen lassen. Das Prinzip ist im Vertrag von Maastricht ausdrücklich festgeschrieben.

Tarifautonomie

Artikel 9, Absatz 3 des Grundgesetzes garantiert den Tarifparteien, also Arbeitnehmern und -gebern, selbst Vereinbarungen über Löhne, Gehälter und sonstige Arbeitsbedingungen treffen zu können. Eine Einmischung des Staates ist ausgeschlossen.

Termingeschäft

Finanzgeschäfte an der Börse, die erst zu einem künftigen Zeitpunkt zu vorher vereinbarten Bedingungen erfüllt werden müssen. Standardisierte Termingeschäfte sind Futures oder Optionen. Bei einem Warentermingeschäft wird beispielsweise am 1. 1. 2003 vereinbart, ein Jahr später Waren für 50 Euro pro Stück zu kaufen. Steigen in der Zwischenzeit die Preise für die Ware, hat der Käufer der Waren den Vorteil; sinken die Preise, hat er den Nachteil.

US-GAAP

Abkürzung für »United States Generally Accepted Accounting Principles«. Bezeichnung für die US-amerikanischen Bilanzierungsvorschriften, die in wesentlichen Punkten von den Vorschriften des Handelsgesetzbuches und dem »International Accounting Standard« abweichen. Da börsennotierte Unternehmen in den USA nach US-GAAP bilanzieren müssen, zeigt sich international eine Tendenz zur Rechnungslegung nach diesen Regeln.

Vertrag von Amsterdam

Nach der Einheitlichen Europäischen Akte (1986) und dem Vertrag von Maastricht (1992) der dritte wichtige Vertrag der EU. Er trat am 1. 5. 1999 in Kraft und diente vor allem der Vorbereitung zur Aufnahme neuer Mitgliedstaaten. Im Außenverhältnis (beispielsweise Kontrollen an den Außengrenzen) konnten zahlreiche Fortschritte erzielt werden, die Reform der Entscheidungsstrukturen erfüllte jedoch nicht die Erwartungen.

Vertrag von Nizza

Vierter wichtiger Vertrag der EU, der im Februar 2001 unterzeichnet wurde, bis Ende 2002 zu ratifizieren ist und die Union auf die geplante Osterweiterung vorbereiten soll. Die Entscheidungen über die Stimmengewichtung im Ministerrat, die Struktur der Kommission sowie die Sitzverteilung im Parlament erlauben zwar grundsätzlich die Aufnahme neuer Mitgliedstaaten,[794] im Gegensatz zu den vorigen Verträgen (Einheitliche Europäische Akte, Maastricht, Amsterdam) haftet dem Vertrag aber nicht die »Aura des Historischen« an. Einige Bereiche wie die Aufgabenverteilung zwischen EU und Mitgliedstaaten sind noch nicht geregelt, und auch die Vereinbarungen des Vertrags sind teilweise lediglich Kompromisse auf dem kleinsten gemeinsamen Nenner.[795]

Vertrag von Maastricht

Zweiter wichtiger Vertrag der EU/EG, der 1992 unterzeichnet wurde, 1993 in Kraft trat und grundlegende Entscheidungen zur Errichtung einer Wirtschafts- und Währungsunion sowie einer politischen Union beinhaltet. Er ist die vertragliche Grundlage zur Bildung der Europäischen Union.

Volatilität

Maß für die Schwankungsbreite eines Wertpapiers in einem bestimmten Zeitraum. Eine Volatilität von 30 % innerhalb eines Jahres bedeutet, daß der Kurs des Papiers in diesem Zeitraum durchschnittlich zwischen 70 % und 130 % des aktuellen Kurswerts schwankte.

Vorstand

Höchstes Entscheidungsorgan einer Aktiengesellschaft (AG), das aus einer oder mehreren Personen besteht und das Unternehmen leitet. Der Vorstand wird vom Aufsichtsrat der AG bestellt und bildet mit diesem zusammen die Verwaltung beziehungsweise das Management der AG.

Vorzugsaktien
Aktie ohne Stimmrecht auf der Hauptversammlung. Vorzugsaktien sind meist mit einer höheren Dividende als Stammaktien ausgestattet und sichern dem Aktionär oft eine Besserstellung bei der Liquidation des Unternehmens (Pleite) zu.

Weltbank
Eigentlich »Internationale Bank für Wiederaufbau und Entwicklung«. 1944 auf der Konferenz von Bretton Woods gegründete Bank mit dem Ziel der Finanzierung und Betreuung von Projekten der Entwicklungshilfe. Die Weltbank ist eine selbständige Organisation der Vereinten Nationen mit Sitz in Washington.

Welthandelsorganisation (WTO)
Internationale Behörde mit Sitz in Genf, die 1995 aus dem GATT hervorging und dieses ablöste. Sie überwacht die Einhaltung der internationalen Handelsverträge, soll weltweit den Abbau von Handelsschranken vorantreiben und Streitigkeiten zwischen den Vertragspartnern schlichten.

XETRA
Abkürzung für »Exchange Electronic Trading«. Neben dem Parketthandel existiert seit dem 28.11.1997 das elektronische Handelssystem XETRA der Deutschen Börse AG in Frankfurt, das den IBIS-Handel (Inter-Banken-Informationssystem) ablöste und den Kauf/Verkauf von Wertpapieren ohne Zwischenschaltung von Börsenmaklern ermöglicht. Die Mehrzahl der Wertpapieraufträge für DAX-, MDAX- und Neuer-Markt-Aktien wird inzwischen über XETRA abgewickelt.

Zerobond
Siehe »Nullkuponanleihe«.

Zertifikatehandel
Auch »Umweltlizenzen« oder »Emissionslizenzen«. Handel mit Lizenzen, die vom Staat herausgegeben werden, zwischen den Besitzern gehandelt werden können und dem Inhaber erlauben, die Umwelt mit einer bestimmten Menge an Schadstoffen, beispielsweise Kohlendioxid, zu belasten. Der Zertifikatehandel ist bis heute das einzige »echte« marktwirtschaftliche Instrument der Umweltpolitik, da sich am Markt je nach Angebot und Nachfrage ein Preis für das Emissionsrecht bildet, und wurde erst in Einzelfällen eingesetzt.

Zinsabschlagsteuer
Seit 1993 existierende Steuer in Höhe von 30% auf Zinseinkünfte, beispielsweise aus Bankguthaben, die anfällt, sofern der Freistellungsauftrag erschöpft ist. Die Steuer wird automatisch von den Banken an das Finanzamt abgeführt. Die Zinsabschlagsteuer ist eine Variante der Kapitalertragssteuer. Nach einem Vorschlag der EU zur Steuerharmonisierung zwischen den Mitgliedstaaten soll künftig eine Steuer von 20% auf Zins- und Dividendeneinkünfte in allen EU-Ländern eingeführt oder ein Meldesystem im EU-Raum errichtet werden. Voraussichtlich ab 2010 wollen die Mitgliedstaaten dieses »Nebeneinander« von Steuer und Kontrollmitteilung auflösen und zum Informationsaustausch zwischen den Staaten übergehen.[796]

Nobelpreisträger für Wirtschaftswissenschaften seit 1969

Der Name der ehrwürdigen Auszeichnung geht auf den Gründer der Nobelstiftung zurück, den schwedischen Chemiker Alfred Nobel (* 1833, † 1896), der gar keinen Preis für Wirtschaftswissenschaften vorgesehen hatte. Dieser kam erst 1969 hinzu, gestiftet von der schwedischen Reichsbank anläßlich ihres 300jährigen Bestehens (»Preis für ökonomische Wissenschaften in Erinnerung an Alfred Nobel«).

Eine Länderquote bei der Vergabe der Nobelpreise existiert nicht, und so spiegelt die Preisvergabe bis heute – zutreffend – die wissenschaftliche Übermacht der USA wider: 32 von 46 Preisträgern in den Wirtschaftswissenschaften lehren an einer US-Universität. Eine Frau ist bis jetzt nicht dabei.[797]

Jahr	Preisträger	Fachgebiet	Begründung des Nobel-Komitees
1969	Ragnar Frisch (N) Jan Tinbergen (NL)	Makroökonomik	Entwicklung und Anwendung dynamischer Modelle zur Analyse wirtschaftlicher Prozesse
1970	Paul Anthony Samuelson (USA)	Partielle und allgemeine Gleichgewichtstheorie	Entwicklung der statischen und dynamischen ökonomischen Theorie und Verbesserung des Analyseniveaus in den Wirtschaftswissenschaften
1971	Simon Kuznets (USA)	Wirtschaftswachstum und Wirtschaftsgeschichte	Interpretationen wirtschaftlichen Wachstums, die zu neuen Einblicken in wirtschaftliche und soziale Strukturen und Wirtschaftsprozesse führten
1972	Kenneth Joseph Arrow (USA) John Richard Hicks (GB)	Allgemeine Gleichgewichtstheorie	Pionierarbeiten zur allgemeinen Theorie des wirtschaftlichen Gleichgewichts und zur Wohlfahrtstheorie
1973	Wassily Leontief (USA)	Input-Output-Analyse	Entwicklung der Input-Output-Methode sowie ihre Anwendung bei wichtigen wirtschaftlichen Problemen
1974	Friedrich August von Hayek (A) Gunnar Myrdal (S)	Makroökonomik und Institutionenökonomik	Grundlegende Arbeiten in der Geldtheorie und Untersuchung der Abhängigkeiten ökonomischer, sozialer und institutioneller Phänomene
1975	Leonid Kantorowitsch (SU) Tjalling Koopmans (USA)	Ressourcenallokation	Bahnbrechende Arbeiten in der Theorie der optimalen Zuweisung von Ressourcen

1976	Milton Friedman (USA) (→ Kapitel 2.7)	Makroökonomik/ Monetarismus	Erkenntnisse zur Konsum- und Geldtheorie und zu komplexen Problemen der Stabilitätspolitik
1977	Bertil Ohlin (S) James Edward Meade (GB)	Außenwirtschaft	Bahnbrechende Arbeiten zur Theorie des internationalen Handels und der internationalen Kapitalverflechtungen
1978	Herbert Simon (USA)	Verwaltungs-wissenschaften	Wegweisende Arbeiten zur Entscheidungsfindung in Organisationen
1979	Theodore Schultz (USA) Arthur Lewis (USA)	Entwicklungsökonomik	Erkenntnisse in der Entwicklungs-theorie (Entwicklungsländer)
1980	Lawrence Klein (USA)	Makroökonomik	Erfindung und Anwendung ökonomischer Prognosemodelle
1981	James Tobin (USA) (→ Kapitel 2.8)	Makroökonomik	Analyse der Finanzmärkte und ihrer Beziehung zu Ausgabeent-scheidungen, Beschäftigung, Produktion und Preisen
1982	George Stigler (USA)	Industrielle Organisation	Pionierarbeiten über Industriestruktur und öffentliche Regulierung
1983	Gerard Debreu (USA)	Allgemeine Gleichgewichtstheorie	Neue analytische Methoden und Neuformulierung der allge-meinen Gleichgewichtstheorie
1984	Richard Stone (GB)	Volkswirtschaftliche Gesamtrechnung (VGR)	Wegweisende Arbeiten zur Entwicklung der VGR als Basis für die empirische Forschung
1985	Franco Modigliani (USA)	Makroökonomik	Basisanalysen über Ersparnis und Finanzmärkte
1986	James McGill Buchanan (USA)	Öffentliche Finanzen	Entwicklung der vertrags- und verfassungstheoretischen Grundlagen für die Theorie wirtschaftlicher und politischer Entscheidungen
1987	Robert Solow (USA)	Wachstumstheorie	Arbeiten zur Wachstumstheorie
1988	Maurice Allais (F)	Partielle und allgemeine Gleichgewichtstheorie	Pionierarbeiten zur Theorie der Märkte und der effizienten Ressourcennutzung

1989	Trygve Haavelmo (N)	Ökonometrie	Klärung wahrscheinlichkeitstheoretischer Grundlagen der Ökonometrie und Analyse simultaner ökonomischer Strukturen
1990	Harry Markowitz (USA) Merton Miller (USA) William Sharpe (USA)	Theorie der Finanzmärkte	Pionierarbeiten in der Investitions- und Finanzierungstheorie
1991	Ronald Coase (USA/GB)	Institutionenökonomik	Entdeckung und Klärung der Bedeutung von Transaktionskosten und Verfügungsrechten für die institutionelle Struktur und Funktion der Wirtschaft
1992	Gary Becker (USA) (→ 3. Exkurs)	Mikroökonomik und Wirtschaftssoziologie	Ausdehnung der mikroökonomischen Analyse auf die unterschiedlichsten Gebiete menschlichen Verhaltens
1993	Robert Fogel (USA) Douglas North (USA)	Wirtschaftsgeschichte	Erneuerung der Forschung zur Wirtschaftsgeschichte durch Anwendung ökonomischer Theorie und quantitativer Methoden zur Erklärung wirtschaftlichen und institutionellen Wandels
1994	John Harsanyi (USA/H) John Nash (USA) Reinhard Selten (D)	Spieltheorie	Pionierarbeiten über Gleichgewichtszustände in der Theorie nicht-kooperativer Spiele
1995	Robert Lucas (USA)	Makroökonomik	Entwicklung und Anwendung der Hypothese rationaler Erwartungen
1996	James Mirrlees (GB) William Vickrey (USA)	Informationstheorie	Grundlegende Arbeiten zur Anreiztheorie bei asymmetrischer Information
1997	Myron Scholes (USA) Robert Merton (USA)	Theorie der Finanzmärkte	Neue Methode zur Bestimmung des Wertes von Finanzderivaten
1998	Amartya Sen (GB/IND)	Wohlfahrtstheorie	Beiträge zur Wohlfahrtsökonomie
1999	Robert Mundell (USA/CAN)	Währungstheorie	Analyse der Geld- und Fiskalpolitik in Wechselkurssystemen sowie Theorie optimaler Währungsgebiete
2000	James Heckman (USA) Daniel McFadden (USA)	Mikroökonometrie	Entwicklung von Theorien und Methoden zur Analyse von Wahlentscheidungen

A = Österreich; CAN = Kanada; D = Deutschland; F = Frankreich; GB = Großbritannien; H = Ungarn; IND = Indien; N = Norwegen; NL = Niederlande; S = Schweden; SU = Sowjetunion; USA = Vereinigte Staaten von Amerika

Abkürzungen

ADAC	Allgemeiner Deutscher Automobilclub
AFTA	ASEAN Free Trade Area
AG	Aktiengesellschaft
ASEAN	Association of Southeast Asian Nations
BBC	British Broadcasting Corporation
BDA	Bundesvereinigung der Deutschen Arbeitgeberverbände
BDI	Bundesverband der Deutschen Industrie
BIP	Bruttoinlandprodukt
BSE	Bovine Spongiforme Encephalopathie
BSP	Bruttosozialprodukt
BUND	Bund für Umwelt und Naturschutz Deutschland
CDU	Christlich-demokratische Union
COMECON	Council for Mutual Economic Assistance (Rat für gegenseitige Wirtschaftshilfe der Ostblockstaaten [RGW])
DAC	Development Assistance Committee (Ausschuß für Entwicklungshilfe)
DAX	Deutscher Aktienindex
DDR	Deutsche Demokratische Republik
DIHT	Deutscher Industrie- und Handelstag
DM	Deutsche Mark
DTB	Deutsche Terminbörse
ebd.	ebenda
ECU	European Currency Unit
EEA	Einheitliche Europäische Akte
EFTA	European Free Trade Association
EG	Europäische Gemeinschaft(en) (bestehend aus EGKS, EWG und Euratom)
EGKS	Europäische Gemeinschaft für Kohle und Stahl (»Montanunion«)
ER	Europäischer Rat
ESZB	Europäisches System der Zentralbanken
etc.	et cetera
EU	Europäische Union
Euratom	Europäische Atomgemeinschaft
Eurex	European Exchange
EWG	Europäische Wirtschaftsgemeinschaft
EWR	Europäischer Wirtschaftsraum (englisch: European Economic Area)
EZB	Europäische Zentralbank
FAZ	Frankfurter Allgemeine Zeitung
FBI	Federal Bureau of Investigation
FDGB	Freier Deutscher Gewerkschaftsbund
Fed	Federal Reserve System (US-Notenbank)
GAAP	Generally Accepted Accounting Principles
GASP	Gemeinsame Außen- und Sicherheitspolitik (der EU)
GATT	General Agreement on Tariffs and Trade (Allgemeines Zoll- und Handelsabkommen)

GAU	Größter anzunehmender Unfall
GCC	Gulf Cooperation Council (Golf-Kooperationsrat)
IAS	International Accounting Standard
IBIS	Inter-Banken-Informationssystem
IG	Industriegewerkschaft
IHK	Industrie- und Handelskammer
IT	Informationstechnologie
ITO	International Trade Organization
IWF	Internationaler Währungsfonds (englisch: International Monetary Fund)
KG	Kommanditgesellschaft
KGaA	Kommanditgesellschaft auf Aktien
KGV	Kurs-Gewinn-Verhältnis
km	Kilometer
MDAX	Midcap-DAX
Mercosul	portugiesisch für »Mercado Comum do Sul« (Gemeinsamer Markt des Südens); spanisch: Mercosur (»Mercado Común del Sur«)
MIT	Massachusetts Institute of Technology
MITI	Ministry of International Trade and Industry (Japan)
Mrd.	Milliarden
NAFTA	North American Free Trade Agreement
NASDAQ	National Association of Securities Dealers' Automated Quotation System
NATO	North Atlantic Treaty Organization
n. Chr.	nach Christi Geburt
Nemax	Neuer-Markt-Index
NGO	Non-Governmental Organization
NSDAP	Nationalsozialistische Deutsche Arbeiterpartei
OECD	Organization for Economic Co-operation and Development (Organisation für wirtschaftliche Zusammenarbeit und Entwicklung)
OEEC	Organization for European Economic Co-operation
OPACS	Office of Price Administration and Civilian Supply
OPEC	Organization of Petroleum Exporting Countries
ötv	Gewerkschaft Öffentliche Dienste, Transport und Verkehr
o.V.	ohne Verfasser
PCC	Partido Comunista de Cuba (kommunistische Partei Kubas)
PDS	Partei des Demokratischen Sozialismus
PKW	Personenkraftwagen
PLO	Palestine Liberation Organization
PR	Public Relations
SED	Sozialistische Einheitspartei Deutschlands
SMAX	Small Cap Exchange
TMT	Technologie, Medien, Telekommunikation
TQM	Total Quality Management
UMTS	Universal Mobile Telecommunications System
UNCTAD	United Nations Conference on Trade and Development (UN-Konferenz für Handel und Entwicklung)

Unicef	United Nations Childen's Fund (Weltkinderhilfswerk)
UN(O)	United Nations (Organization) (Vereinte Nationen)
v. Chr.	vor Christi Geburt
ver.di	Vereinte Dienstleistungsgewerkschaft
WTO	World Trade Organization (Welthandelsorganisation)
XETRA	Exchange Electronic Trading

Anregungen zum Weiterlesen

Wer einzelne Themen vertiefen will, dem bietet die folgende Zusammenstellung einen ersten Einstieg. Nicht alle Bücher – beispielsweise Galbraiths *Gesellschaft im Überfluß* oder Friedmans *Kapitalismus und Freiheit* – sind heute noch im Buchhandel erhältlich; ein Ausweg sind in diesem Fall nur Antiquariate oder Universitätsbibliotheken.

Allgemeine Literatur

Bibliographisches Institut & F.A. Brockhaus AG (Herausgeber): *Wie funktioniert das? Wirtschaft heute.* Meyers Lexikonverlag, Mannheim, Leipzig, Wien, Zürich, 4. Auflage 1999.

Fischer Weltalmanach 2001. Fischer Taschenbuch, Frankfurt/Main 2000.

Jeske, Jürgen; Barbier, Hans D.: *Handbuch Wirtschaft. So nutzt man den Wirtschafts- und Finanzteil einer Tageszeitung.* Societäts-Verlag, Frankfurt 2000.

Spiegel Almanach 2001. Spiegel-Buchverlag und Hoffmann & Campe, Hamburg 2000.

Kapitel 1

Borchardt, Ralph-Waldo: *Grundzüge der Wirtschaftsgeschichte.* Heckners, Wolfenbüttel, 9. Auflage, ohne Jahr.

Buchheim, Christoph: *Einführung in die Wirtschaftsgeschichte.* C.H. Becksche Verlagsbuchhandlung, München 1997.

Eggebrecht, Arne; Flemming, Jens; Meyer, Gert; Müller, Achatz von; Oppolzer, Alfred; Paulinyi, Akos; Schneider, Helmuth: *Geschichte der Arbeit – vom alten Ägypten bis zur Gegenwart.* Kiepenheuer & Witsch, Köln 1980.

Galbraith, John Kenneth: *Die moderne Industriegesellschaft.* Droemersche Verlagsanstalt Th. Knaur Nachf., München, Zürich 1968.

Galbraith, John Kenneth: *Finanzgenies. Eine kurze Geschichte der Spekulation.* Eichborn, Frankfurt/Main 1992.

Gall, Lothar: *Krupp. Der Aufstieg eines Industrieimperiums.* Siedler, Berlin 2000.

Matis, Herbert: *Die Weltwirtschaft. Struktur und Entwicklung im 20. Jahrhundert.* Carl Ueberreuter, Wien 1991.

Müller, Karlheinz: *Vom Tauschhandel zur Weltwirtschaft.* Ensslin & Laiblin, Reutlingen 1984.

North, Michael (Herausgeber): *Deutsche Wirtschaftsgeschichte.* C.H. Becksche Verlagsbuchhandlung, München 2000.

Ott, Hugo; Schäfer, Hermann: *Wirtschafts-Ploetz.* Verlag Ploetz, Freiburg, Würzburg 1984.

Pentzlin, Heinz: *Das Geld.* Ullstein, Berlin, Frankfurt/Main, Wien 1982.

Stenglein, Frank: *Krupp. Höhen und Tiefen eines Industrieunternehmens.* Econ, München, Düsseldorf, 2. Auflage 1999.

Treue, Wilhelm: *Wirtschaftsgeschichte der Neuzeit. Band II – 20. Jahrhundert.* Alfred Körner, Stuttgart, 3. Auflage 1973.

Weber, Max: *Wirtschaftsgeschichte. Abriß der universalen Sozial- und Wirtschaftsgeschichte.* Duncker & Humblot, Berlin 1958.

Wurm, Franz F.: *Vom Hakenpflug zur Fabrik. Wirtschafts- und Sozialgeschichte Mitteleuropas bis 1850.* Horst Diesterweg, Frankfurt/Main, Berlin, Bonn, München 1966.

Kapitel 2

Becker, Gary S.: *Der ökonomische Ansatz zur Erklärung menschlichen Verhaltens.* Mohr Siebeck, Tübingen, 2. Auflage 1993.

Friedman, Milton: *Die optimale Geldmenge und andere Essays.* Verlag Moderne Industrie, München 1970.

Friedman, Milton: *Kapitalismus und Freiheit.* Seewald, Stuttgart 1971.

Galbraith, John Kenneth: *Die Geschichte der Wirtschaft im 20. Jahrhundert. Ein Augenzeuge berichtet.* Hoffmann und Campe, Hamburg 1995.

Galbraith, John Kenneth: *Die moderne Industriegesellschaft.* Droemersche Verlagsanstalt Th. Knaur Nachf., München, Zürich 1968.

Galbraith, John Kenneth: *Gesellschaft im Überfluß.* Droemersche Verlagsanstalt Th. Knaur Nachf., München, Zürich 1959/1970.

Gesell, Silvio: *Die natürliche Wirtschaftsordnung durch Freiland und Freigeld.* Freiland-Freigeldverlag, Rehbrücke bei Berlin, 5. Auflage 1922.

Hoffmann, Jürgen P.: *Die großen Wirtschaftsdenker.* Econ Taschenbuch, Düsseldorf 1986.

Höller, Ralf: *Der Anfang, der ein Ende war. Die Revolution in Bayern 1918/19.* Aufbau Taschenbuch, Berlin 1999.

Keynes, John Maynard: *Allgemeine Theorie der Beschäftigung, des Zinses und des Geldes.* Duncker & Humblot, Berlin 1936.

Koesters, Paul-Heinz: *Ökonomen verändern die Welt. Lehren, die unser Leben bestimmen.* Gruner+Jahr, Hamburg, 2. Auflage 1983.

Mahbub, Haq ul; Kaul, Inge; Grunberg, Isabelle: *The Tobin Tax: Coping With Financial Volatility.* Oxford University Press, Oxford, New York 1996.

Marx, Karl: *Das Elend der Philosophie,* in: *Frühe Schriften,* 2. Band (herausgegeben von Hans-Joachim Lieber und Peter Furth). Cotta-Verlag, Stuttgart 1971.

Marx, Karl: *Das Kapital – Kritik der politischen Ökonomie;* 1. Buch. Dietz, Berlin 1961.

Marx, Karl: *Zur Kritik der Nationalökonomie – ökonomisch-philosophische Manuskripte;* in: *Frühe Schriften,* 1. Band (herausgegeben von Hans-Joachim Lieber und Peter Furth). Cotta-Verlag, Stuttgart 1962; S. 504–665.

Onken, Werner: *Ein vergessenes Kapitel der Wirtschaftsgeschichte. Die Selbsthilfeaktionen mit Freigeld;* in: Creutz, Helmut; Suhr, Dieter; Onken, Werner: *Wachstum bis zur Krise?* Basis Verlag, Berlin 1986; S. 63–87.

Pribram, Karl: *Geschichte des ökonomischen Denkens;* 1. Band. Suhrkamp Taschenbuch Wissenschaft, Frankfurt/Main 1998.

Recktenwald, Horst Claus (Herausgeber): *Geschichte der politischen Ökonomie.* Alfred Körner, Stuttgart 1971.

Schöllgen, Gregor: *Max Weber.* C.H. Becksche Verlagsbuchhandlung, München 1998.

Schumpeter, Joseph A.: *Das Wesen und der Hauptinhalt der theoretischen Nationalökonomie.* Duncker & Humblot, Berlin, 2. Auflage; unveränderter Nachdruck der ersten Auflage von 1908.

Schumpeter, Joseph A.: *Kapitalismus, Sozialismus und Demokratie.* A. Franke, Tübingen, Basel, 7. Auflage 1993.

Silk, Leonard: *Wirtschaft als Schicksal. Die großen Ökonomen Amerikas.* Belser, Stuttgart, Zürich 1978.

Smith, Adam: *Der Wohlstand der Nationen.* Übersetzt von Horst Claus

Recktenwald. Deutscher Taschenbuch Verlag, München, 3. Auflage 1983.
Sommer, Theo (Herausgeber): *Zeit der Ökonomen. Eine kritische Bilanz volkswirtschaftlichen Denkens.* Verlag Die Zeit, Reihe ZeitPunkte; Heft 3/1993.
Starbatty, Joachim: *Klassiker des ökonomischen Denkens;* Band 1 + 2. C.H. Becksche Verlagsbuchhandlung, München 1989.
Tobin, James: *Grundsätze der Geld- und Staatsschuldenpolitik.* Nomos Verlagsgesellschaft, Baden-Baden 1978.
Weber, Marianne: *Max Weber. Ein Lebensbild.* R. Piper, München, Zürich 1989.
Weber, Max: *Die protestantische Ethik und der »Geist« des Kapitalismus.* Athenäum, Hain, Hastein Verlagsgesellschaft, Bodenheim 1993 (Textausgabe auf der Grundlage der ersten Fassung von 1904/05).
Zeitdokument. Verlag Die Zeit; Heft 1/2000; Zeitbibliothek der Ökonomie.

Kapitel 3

Anders, Günther: *Die Antiquiertheit des Menschen;* Band 2. C.H. Becksche Verlagsbuchhandlung, München, 4. Auflage 1992.
Bischoff, Joachim: *Der Kapitalismus des 21. Jahrhunderts.* VSA-Verlag, Hamburg 1999.
Dönhoff, Marion Gräfin: *Zivilisiert den Kapitalismus. Grenzen der Freiheit.* Deutsche Verlags-Anstalt, Stuttgart 1997.
Erhard, Ludwig: *Wohlstand für alle.* Econ, Düsseldorf, Wien 1957.
Eucken, Walter: *Grundsätze der Wirtschaftspolitik.* Rowohlt, Hamburg 1959; gekürzte Ausgabe.
Galbraith, John Kenneth: *Die moderne Industriegesellschaft.* Droemersche Verlagsanstalt Th. Knaur Nachf., München, Zürich 1968.
Galbraith, John Kenneth: *Geld – Woher es kommt, wohin es geht.* Droemersche Verlagsanstalt Th. Knaur Nachf., München, Zürich 1976.
Kellner, Joachim; Lippert, Werner: *Werbefiguren – Geschöpfe der Warenwelt.* Econ, Düsseldorf, Wien, New York, Moskau 1992.
Koslowski, Peter; Chen, Yunquan (Herausgeber): *Sozialistische Marktwirtschaft – soziale Marktwirtschaft.* Physica-Verlag, Heidelberg 1996.
Kunde, Jesper: *Corporate Religion.* Betriebswirtschaftlicher Verlag Dr. Th. Gabler, Wiesbaden 2000.
Kurz, Robert: *Schwarzbuch Kapitalismus. Ein Abgesang auf die Marktwirtschaft.* Eichborn, Frankfurt/Main 1999.
Müller-Vogg, Hugo: *Unsere unsoziale Marktwirtschaft – Vom guten Modell zur traurigen Praxis.* Kölner Universitätsverlag, Köln 1998.
Reich, Robert: *Die neue Weltwirtschaft. Das Ende der nationalen Ökonomie.* Fischer Taschenbuch, Frankfurt/Main 1996.
Rifkin, Jeremy: *Das Ende der Arbeit und ihre Zukunft.* Campus, Frankfurt/Main, New York 1995.
Scheller, Hanspeter K.: *Die Europäische Zentralbank.* Fritz Knapp, Frankfurt/Main 2000.
Schnibben, Cordt: *Reklamerepublik.* Rasch und Röhring, Hamburg 1994.
Simmel, Georg: *Philosophie des Geldes.* Duncker & Humblot, München, Leipzig, 4. Auflage 1922.
Spiegel Special – Money, Money, der Glanz des Geldes. Nr. 5/1996.
Thurow, Lester C.: *Die Zukunft des Kapitalismus.* Metropolitan Verlag, Düsseldorf, München 1996.
Toscani, Oliviero: *Die Werbung ist ein lächelndes Aas.* Fischer Taschenbuch, Frankfurt/Main 1997.

Wicksell, Knut: *Geldzins und Güterpreise.* Scientia, Aalen 1968; Neudruck der Erstausgabe von 1898.

Yergin, Daniel; Stanislaw, Joseph: *Staat oder Markt.* Campus, Frankfurt/Main, New York 1999.

Kapitel 4

Born, Karl Erich: *Geld und Banken im 19. und 20. Jahrhundert.* Alfred Körner, Stuttgart 1977.

Gaulke, Jürgen: *Ihr Geld 2000.* Droemersche Verlagsanstalt Th. Knaur Nachf., München 1999.

Hawke, David Freeman: *John D. Rockefeller – Symbolfigur der amerikanischen Gründerzeit.* Wilhelm Heyne, München 1987.

Kostolany, André: *Kostolanys Wunderland von Geld und Börse.* Seewald, Stuttgart-Degerloch 1984.

Schwanfelder, Werner: *Aktien für Fortgeschrittene.* Campus, Frankfurt/Main, New York 2000.

Sieper, Hartmut: *Erfolgreich spekulieren.* Betriebswirtschaftlicher Verlag Dr. Th. Gabler, Wiesbaden 1995.

Soros, George: *Die Krise des globalen Kapitalismus. Offene Gesellschaft in Gefahr.* Alexander Fest, Berlin 1998.

Weissenfeld, Horst; Weissenfeld, Stefan: *Börsen-Gurus und ihre Strategien.* TM Börsenverlag, Rosenheim 2000.

Kapitel 5

Altvater, Elmar; Mahnkopf, Birgit: *Grenzen der Globalisierung. Ökonomie, Ökologie und Politik in der Weltgesellschaft.* Westfälisches Dampfboot, Münster, 3. Auflage 1997.

Bonder, Michael: *Wem gehört was in Europa 2000?* Metropolitan-Verlag, Düsseldorf, Regensburg 2000.

Boxberger, Gerald; Klimenta, Harald: *Die 10 Globalisierungslügen.* Deutscher Taschenbuch Verlag, München 1998.

Bundeszentrale für politische Bildung (Herausgeber): *Informationen zur politischen Bildung – Globalisierung.* Heft 263, 2. Quartal 1999.

Die Gruppe von Lissabon: *Grenzen des Wettbewerbs. Die Globalisierung der Wirtschaft und die Zukunft der Menschheit.* Luchterhand, München 1997.

Grömling, Michael; Lichtblau, Karl; Weber, Alexander: *Industrie und Dienstleistungen im Zeitalter der Globalisierung.* Deutscher Instituts-Verlag, Köln 1998.

Köpf, Peter: *Stichwort Globalisierung.* Wilhelm Heyne, München 1998.

Küng, Hans: *Weltethos für Weltpolitik und Weltwirtschaft.* Piper, München, Zürich 1997.

Lafontaine, Oskar; Müller, Christa: *Keine Angst vor der Globalisierung. Wohlstand und Arbeit für alle.* J.H.W. Dietz Nachfolger, Bonn 1998.

Launer, Ekkehard: *Zum Beispiel Globalisierung.* Lamuv, Göttingen 2001

Martin, Hans-Peter; Schumann, Harald: *Die Globalisierungsfalle.* Rowohlt, Reinbek bei Hamburg, 17. Auflage 1998.

O'Rourke, Kevin H.; Williamson, Jeffrey G.: *Globalization and History. The Evolution of a Nineteenth-Century Atlantic Economy.* MIT Press, Cambridge 1999.

Schmidt, Helmut: *Globalisierung. Politische, ökonomische und kulturelle Herausforderungen.* Deutsche Verlags-Anstalt, Stuttgart 1998.

Weizsäcker, Carl Christian von: *Logik der Globalisierung.* Vandenhoeck und Ruprecht, Göttingen 1999.

Kapitel 6

Bund für Umwelt und Naturschutz Deutschland; Misereor (Herausgeber): *Zukunftsfähiges Deutschland –*

Ein Beitrag zu einer global nachhaltigen Entwicklung. Studie des Wuppertal Instituts für Klima, Umwelt, Energie. Birkhäuser, Basel, Boston, Berlin, 4. Auflage 1997.

Coase, Ronald H.: *Das Problem der sozialen Kosten;* in: Assmann, Heinz-Dieter; Kirchner, Christian; Schanze, Erich (Herausgeber): *Ökonomische Analyse des Rechts.* Uni-Taschenbuchverlag, Tübingen 1993; S. 129–183.

Deutsche Shell AG (Herausgeber): *Die Ereignisse um Brent Spar in Deutschland.* Hamburg 1995.

Greenpeace; Deutsches Institut für Wirtschaftsforschung (Herausgeber): *Wirtschaft ohne Wachstum? Denkanstöße, Handlungskonzepte, Strategien.* Betriebswirtschaftlicher Verlag Dr. Th. Gabler, Wiesbaden 1999.

Maier-Rigaud, Gerhard: *Schritte zur ökologischen Marktwirtschaft.* Metropolis-Verlag, Marburg 1997.

Meadows, Dennis; Meadows, Donella; Zahn, Erich; Milling, Peter: Die *Grenzen des Wachstums: Bericht des Club of Rome zur Lage der Menschheit.* Rowohlt Taschenbuch, Reinbek bei Hamburg 1973.

Pigou, Arthur Cecil: *The Economics of Welfare.* Macmillan, London, 4. Auflage 1932; Nachdruck 1960.

Vorfelder, Jochen: *Brent Spar oder die Zukunft der Meere.* C.H. Becksche Verlagsbuchhandlung, München 1995.

Weizsäcker, Ernst Ulrich von (Herausgeber): *Umweltstandort Deutschland. Argumente gegen die ökologische Phantasielosigkeit.* Birkhäuser, Berlin, Basel, Boston 1994.

Weizsäcker, Ernst Ulrich von: *Erdpolitik.* Wissenschaftliche Buchgesellschaft, Darmstadt, 4. Auflage 1994.

Weizsäcker, Ernst Ulrich von; Lovins, Amory B.; Lovins, L. Hunter: *Faktor vier. Doppelter Wohlstand, halbierter Naturverbrauch.* Droemersche Verlagsanstalt Th. Knaur Nachf., München 1996.

Wicke, Lutz: *Umweltökonomie.* Franz Vahlen, München, 4. Auflage 1993.

Winter, Georg (Herausgeber): *Das umweltbewußte Unternehmen. Die Zukunft beginnt heute.* Franz Vahlen, München, 6. Auflage 1998.

Kapitel 7

Deppe, Frank; Fülberth, Georg; Harrer, Jürgen (Herausgeber): *Geschichte der deutschen Gewerkschaftsbewegung.* Pahl-Rugenstein, Köln 1977.

Eschenburg, Theodor: *Das Jahrhundert der Verbände. Lust und Leid organisierter Interessen in der deutschen Politik.* Corso bei Siedler, Berlin 1989.

Gill, Ulrich: *Der Freie Deutsche Gewerkschaftsbund (FDGB).* Leske+ Budrich, Opladen 1989.

Hoering, Uwe: *Zum Beispiel IWF & Weltbank.* Lamuv, Göttingen 1999.

Kusch, Franz: *Das Machtkartell. Die Gewerkschaften in Deutschland.* Seewald, Stuttgart 1980.

Mann, Siegfried: *Macht und Ohnmacht der Verbände. Das Beispiel des Bundesverbandes der Deutschen Industrie e.V. (BDI) aus empirisch-analytischer Sicht.* Nomos Verlags-Gesellschaft, Baden-Baden 1994.

www.aseansec.org
www.bda-online.de
www.oecd.org
http://secretariat.efta.int
www.worldbank.org
www.wto.org

Kapitel 8

Ambrosius, Gerold: *Wirtschaftsraum Europa.* Fischer Taschenbuch Verlag, Frankfurt/Main 1996.

Angres, Volker; Hutter, Claus-Peter; Ribbe, Lutz: *Bananen für Brüssel.*

Droemersche Verlagsanstalt Th. Knaur Nachf., München 1999.
Brestel, Heinz: *Kapitalanlagen. Heinz Brestels Jahrbuch 2001.* Conzett bei Oesch, Zürich 2001.
Bundesministerium für Finanzen (Herausgeber): *Der Euro. Eine stabile Währung für ein starkes Europa.* August 2000.
Duden – Der Euro. Das Lexikon zur Währungsunion. Dudenverlag, Mannheim, Leipzig, Wien, Zürich 1998.
Haupt, Hans; Piepenbrock, Hartwig (Herausgeber): *Verbraucherpolitik international.* Deutscher Instituts-Verlag, Köln 1988.
Hillenbrand, Olaf: *Europa öko-logisch? Wirkungs- und Störfaktoren der europäischen Umweltpolitik.* Europa-Union, Bonn 1994.
Hippel, Eike von: *Verbraucherschutz.* Mohr Siebeck, Tübingen 1986.
Hirschburger, Ute; Zahorka, Hans-Jürgen: *Der Euro.* Deutscher Sparkassenverband, Stuttgart 1996.
Hörnlein, Frank: *Leitbilder im Zielsystem der europäischen Integration.* Verlag Dr. Köster, Berlin 2000.
http://europa.eu.int
Prange, Heiko: *Die Ostintegrationspolitik der Europäischen Union.* Tectum Verlag, Marburg 1997.
Rinsche, Günter; Friedrich, Ingo (Herausgeber): *Weichenstellung für das 21. Jahrhundert. Erfordernisse und Perspektiven der europäischen Integration.* Böhlau Verlag, Köln, Weimar, Wien 1998.
Sarrazin, Thilo: *Der Euro.* J. H. W. Dietz Nachfolger, Bonn 1998.
Scheller, Hanspeter K.: *Die Europäische Zentralbank.* Fritz Knapp, Frankfurt/Main 2000.
Schubert, Klaus; Müller-Brandeck-Bocquet, Gisela: *Die Europäische Union als Akteur der Weltpolitik.* Leske+Budrich, Opladen 2000.
Weidenfeld, Werner (Herausgeber): *Mittel- und Osteuropa auf dem Weg in die Europäische Union.* Bertelsmann Stiftung, Gütersloh 1995.
Wicke, Lutz; Huckestein, Burkhard (Herausgeber): *Umwelt Europa – der Ausbau zur ökologischen Marktwirtschaft.* Bertelsmann Stiftung, Gütersloh 1991.

Wirtschaftswissen von A bis Z

Gabler Lexikon Wirtschaft. Betriebswirtschaftlicher Verlag Dr. Th. Gabler, Wiesbaden, 6. Auflage 1995.
Grüske, Karl-Dieter; Recktenwald, Horst Claus: *Wörterbuch der Wirtschaft.* Alfred Kröner, Stuttgart, 12. Auflage 1995.
Rittershofer, Werner: *Wirtschaftslexikon.* Deutscher Taschenbuch Verlag, München 2000.

Nobelpreisträger für Wirtschaftswissenschaften seit 1969

www.nobel.se

Anmerkungen

1 Eggebrecht, Arne; Flemming, Jens; Meyer, Gert; Müller, Achatz von; Oppolzer, Alfred; Paulinyi, Akos; Schneider, Helmuth: *Geschichte der Arbeit – vom alten Ägypten bis zur Gegenwart.* Kiepenheuer & Witsch, Köln 1980, S. 95.
2 Weber, Max: *Wirtschaftsgeschichte. Abriß der universalen Sozial- und Wirtschaftsgeschichte.* Duncker & Humblot, Berlin 1958, S. 82.
3 Eggebrecht et al., S. 143.
4 Gaile, Jochen: *Wir Deutschen. Eine Reise zu den Schauplätzen der Vergangenheit.* Kartographischer Verlag Busche, Dortmund 1991, S. 19.
5 Ebd., S. 33.
6 Müller, Karlheinz: *Vom Tauschhandel zur Weltwirtschaft.* Ensslin & Laiblin, Reutlingen 1984, S. 18–21.
7 Borchardt, Ralph-Waldo: *Grundzüge der Wirtschaftsgeschichte.* Heckners, Wolfenbüttel, 9. Auflage o.J., S. 27.
8 Eggebrecht et al., S. 109.
9 Ebd., S. 171.
10 Wurm, Franz F.: *Vom Hakenpflug zur Fabrik. Wirtschafts- und Sozialgeschichte Mitteleuropas bis 1850.* Horst Diesterweg, Frankfurt/Main, Berlin, Bonn, München 1966, S. 23.
11 Borchardt, S. 31.
12 Wurm, S. 30.
13 Borchardt, S. 33.
14 Müller, S. 22.
15 Ebd., S. 22.
16 Borchardt, S. 32.
17 Rösener, Werner: *Bauern im Mittelalter.* C.H. Becksche Verlagsbuchhandlung, München, 2. Auflage 1986, S. 255.
18 Buchheim, Christoph: *Einführung in die Wirtschaftsgeschichte.* C.H. Becksche Verlagsbuchhandlung, München 1997, S. 71.
19 Smith, Adam: *Untersuchung über das Wesen und die Ursachen des Volkswohlstandes;* 3. Band. Übersetzt von F. Stöpel. Verlag von R. L. Prager, Berlin, 2. Auflage 1906, S. 161 (von insgesamt 247 Seiten im 3. Band).
20 Wurm, S. 95.
21 Müller, S. 38.
22 Weber, S. 259.
23 Borchardt, S. 55.
24 Buchheim, S. 79.
25 Kriedte, Peter; Medick, Hans; Schlumbohm, Jürgen: *Industrialisierung vor der Industrialisierung. Gewerbliche Warenproduktion auf dem Land in der Formationsperiode des Kapitalismus.* Vandenhoek & Ruprecht, Göttingen 1978.
26 Buchheim, S. 80.
27 Gaile, S. 188.
28 Borchardt, S. 61.
29 North, Michael: *Geschichte der Niederlande.* C.H. Becksche Verlagsbuchhandlung, München 1997, S. 37.
30 Ott, Hugo; Schäfer, Hermann: *Wirtschafts-Ploetz.* Verlag Ploetz, Freiburg, Würzburg 1984, S. 75.
31 Galbraith, John Kenneth: *Finanzgenies. Eine kurze Geschichte der Spekulation.* Eichborn, Frankfurt/Main 1992, S. 32.
32 Weber, S. 247.
33 Borchardt, S. 70.
34 Müller, S. 42–44.
35 Borchardt, S. 80.
36 Hoffmann, Wolfgang: »Algebra des Kapitals«; in: Sommer, Theo (Herausgeber): *Zeit der Ökonomen. Eine kritische Bilanz volkswirtschaftlichen Denkens.* Verlag Die Zeit; Reihe Zeit-Punkte; Heft 3/1993, S. 8 [8–10].
37 Bibliographisches Institut & F.A. Brockhaus AG (Herausgeber): *Wie funktioniert das? Wirtschaft heute.* Meyers Lexikonverlag, Mannheim, Leipzig, Wien, Zürich, 4. Auflage 1999, S. 10.
38 Wurm, S. 77.
39 Smith, Adam: *Der Wohlstand der Nationen.* Übersetzt von Horst Claus Recktenwald. Deutscher Taschenbuch Verlag, München, 3. Auflage 1983.
40 Gaile, S. 294.
41 Chronik-Verlag Harenberg (Herausgeber): *Chronik der Menschheit.* Chronik-Verlag in der Harenberg Kommunikation Verlags- und Mediengesellschaft, Dortmund 1988, S. 577.
42 Gaile, S. 314.

43 Ebd., S. 314.
44 Tenfelde, Klaus: *Bilder von Krupp. Fotografie und Geschichte im Industriezeitalter.* C.H. Becksche Verlagsbuchhandlung, München 1994, S. 16 und 20.
45 Buchheim, S. 32.
46 Eggebrecht et al., S. 194.
47 Borchardt, S. 84 und 97.
48 Müller, S. 52.
49 Bernhard Fürst von Bülow am 6. Dezember 1897 im Reichstag (Stenographische Berichte über die Verhandlungen des Deutschen Reichstages; 9. Legislaturperiode; 5. Session [1897/98], S. 60), zitiert nach: Erbar, Ralph: *Ein »Platz an der Sonne«? Die Verwaltungs- und Wirtschaftsgeschichte der deutschen Kolonie Togo 1884–1914.* Franz Steiner, Stuttgart 1991, S. 4.
50 Borchardt, S. 120.
51 Müller, S. 38.
52 Mitchell, B. R.: »Eisenbahnbau und Wirtschaftswachstum im Vereinigten Königreich«; in: Braun, Rudolf; Fischer, Wolfram; Großkreutz, Helmut; Volkmann, Heinrich (Herausgeber): *Industrielle Revolution – wirtschaftliche Aspekte.* Kiepenheuer & Witsch, Köln, Berlin 1972, S. 356 [356–374].
53 Buchheim, S. 42.
54 Juglar, Clément: *Des crises commerciales et de leur retour périodique en France, en Angleterre et aux États-Units.* Guillaumin et cie, Paris 1862.
55 Müller, S. 51.
56 Treue, Wilhelm: *Wirtschaftsgeschichte der Neuzeit; Band II – 20. Jahrhundert.* Alfred Körner, Stuttgart, 3. Auflage 1973, S. 1.
57 *Chronik der Menschheit,* S. 705.
58 Galbraith, John Kenneth: *Die moderne Industriegesellschaft.* Droemersche Verlagsanstalt Th. Knaur Nachf., München, Zürich 1968, S. 59.
59 Ziegler, Dieter: »Das Zeitalter der Industrialisierung«; in: North, Michael (Herausgeber): *Deutsche Wirtschaftsgeschichte.* C.H. Becksche Verlagsbuchhandlung, München 2000, S. 206 [192–281].
60 Rost, Alexander: »Krupp«; in: *Geo;* Nr. 11; November 1979, S. 22 [8–36].
61 Gall, Lothar: *Krupp. Aufstieg eines Industrieimperiums.* Siedler, Berlin 2000, S. 84.
62 Platthaus, Andreas: »Ich zerstöre ja blindlings«; in: *FAZ;* 17.10.2000, S. L49.
63 Rother, Thomas: *Gründer & Erben. Die großen Familien im Ruhrgebiet.* Verlag Peter Pomp, Bottrop, Essen 1998; S. 95 [91–110].
64 Gall, S. 370–371.
65 Rost, S. 22 [8–36].
66 Stenglein, Frank: *Krupp. Höhen und Tiefen eines Industrieunternehmens.* Econ, München, Düsseldorf, 2. Auflage 1999, S. 85.
67 Beispiele aus der Krupp-Dauerausstellung in der Villa Hügel, Essen; Stand: 3/2001.
68 Schywek, Fred: »Ein Volk ohne Krupp. Das Ende eines Mythos«; in: *die tageszeitung;* 15.12.1988, S. 8.
69 Tenfelde, S. 38.
70 Calogeras, Roy C.: *Die Krupp-Dynastie und die Wurzeln deutschen Nationalcharakters.* Verlag Internationale Psychoanalyse, München, Wien 1989, S. 1–2.
71 Hilferding, Rudolf: *Das Finanzkapital. Eine Studie über die jüngste Entwicklung des Kapitalismus.* Europäische Verlagsanstalt, Frankfurt/Main 1968, S. 157–165 (Die erste Auflage erschien bereits 1910.).
72 Für Hilferding ist »das Finanzkapital in seiner Vollendung ... die höchste Stufe ökonomischer und politischer Machtvollkommenheit in der Hand der Kapitaloligarchie. Es vollendet die Diktatur der Kapitalmagnaten. Zugleich macht es ... die Herrschaft des Kapitals ... immer unvereinbarer mit den Interessen der durch das Finanzkapital augebeuteten, aber auch zum Kampf aufgerufenen Volksmassen. In dem gewaltigen Zusammenprall der feindlichen Interessen schlägt schließlich die Diktatur des Kapitalmagnaten um in die Diktatur des Proletariats.« Hilferding, S. 507.
73 Pentzlin, Heinz: *Das Geld.* Verlag Ullstein, Berlin, Frankfurt/Main, Wien 1982, S. 93–96.

74 Chronik-Verlag Harenberg (Herausgeber): *Chronik des 20. Jahrhunderts.* Chronik-Verlag in der Harenberg Kommunikation Verlags- und Mediengesellschaft, Dortmund 1988, S. 98.
75 Ebd., S. 100.
76 Ford, Henry: *Mein Leben und Werk.* List Verlag, Leipzig 1923, S. 83.
77 *Brockhaus' Konversationslexikon,* neue revidierte Jubiläumsausgabe 1901, zitiert nach: o.V.: »Wie vor 100 Jahren verleiht der VDA seinen Interessen Nachdruck«; in: *FAZ;* 20. 1. 2001, S. 14.
78 Borchardt, S. 127.
79 Ebd., S. 128.
80 Matis, Herbert; Stiefel, Dieter: *Die Weltwirtschaft. Struktur und Entwicklung im 20. Jahrhundert.* Carl Ueberreuter, Wien 1991, S. 79.
81 Matis/Stiefel, S. 80.
82 Pentzlin, S. 106.
83 Borchardt, S. 136.
84 Pentzlin, S. 110.
85 Treue, S. 4.
86 Ebd., S. 40.
87 Keynes, John Maynard: *Vom Gelde.* Duncker & Humblot, Berlin 1931, S. 456.
88 Ehrenzweig, Paul; Wilhelm, Julius: *Der neue Wirtschaftsgedanke. Die Umwandlung der Überproduktion in allgemeinen Wohlstand.* Die Bereitschaft, Wien 1933, S. 10.
89 Keynes, John Maynard: *Allgemeine Theorie der Beschäftigung, des Zinses und des Geldes.* Duncker & Humblot, Berlin 1936.
90 Galbraith, John Kenneth: *Die Geschichte der Wirtschaft im 20. Jahrhundert. Ein Augenzeuge berichtet.* Hoffmann und Campe, Hamburg 1995, S. 136.
91 Ambrosius, Gerold: »Von Kriegswirtschaft zu Kriegswirtschaft«; in: North, Michael (Herausgeber): *Deutsche Wirtschaftsgeschichte.* C.H. Becksche Verlagsbuchhandlung, München 2000, S. 318–322 [282–350].
92 Galbraith: *Die Geschichte der Wirtschaft im 20. Jahrhundert,* S. 132.
93 Ambrosius, S. 335 [282–350].
94 Treue, S. 51.
95 Müller, S. 81.
96 Matis/Stiefel, S. 96.
97 Pentzlin, S. 159, 183 und 189.
98 Erhard, Ludwig: *Wohlstand für alle.* Econ, Düsseldorf, Wien 1957.
99 Jeske, Jürgen; Barbier, Hans D.: *Handbuch Wirtschaft. So nutzt man den Wirtschafts- und Finanzteil einer Tageszeitung.* Societäts-Verlag, Frankfurt 2000, S. 46.
100 Aust, Stefan: *Der Baader-Meinhof-Komplex.* Droemersche Verlagsanstalt Th. Knaur Nachf., München 1989, S. 37.
101 Brockhaus – *Die Bibliothek. Die Weltgeschichte; Band 6. Eine Welt und doch geteilt (seit 1945).* Bibliographisches Institut & F.A. Brockhaus AG, Leipzig, Mannheim 1999, S. 222.
102 Yergin, Daniel ; Stanislaw, Joseph: *Staat oder Markt.* Campus Verlag, Frankfurt/Main, New York 1999, S. 146–147.
103 *Fischer Weltalmanach 1992.* Fischer Taschenbuch, Frankfurt/Main 1991, S. 419.
104 Matis/Stiefel S. 167–168.
105 Weissenfeld, Horst; Weissenfeld, Stefan: *Börsen-Gurus und ihre Strategien.* TM Börsenverlag, Rosenheim 2000, S. 188.
106 Im Unternehmensbericht von 1998 über die Verschmelzung von Daimler-Benz und Chrysler wird der Wert von Chrylser mit 82 Milliarden DM (41,9 Milliarden Euro) angegeben.
107 Galbraith: *Die Geschichte der Wirtschaft im 20. Jahrhundert,* S. 276.
108 *Spiegel Almanach 2001.* Spiegel-Buchverlag und Hoffmann & Campe, Hamburg 2000, S. 283.
109 *Fischer Weltalmanach 2001.* Fischer Taschenbuch, Frankfurt/Main 2000, S. 482.
110 Haubrich, Walter: »Don Quijote der Geschichte. Fidel Castros Welt und Kubas Menschen«; in: *FAZ;* 29. 1. 2000, S. 1.
111 *Spiegel Almanach 2001,* S. 284.
112 o.V.: »US-Senat für Lockerung des Cuba-Embargos«; in: *Süddeutsche Zeitung;* 20. 10. 2000, S. 10.

113 Hoffmann, Bert: »Dólares o muerte!«; in: *die tageszeitung;* 28.7.1993, S. 10.
114 *Spiegel Almanach 2001,* S. 283.
115 Zitiert nach: Hickel, Rudolf: »Genie im Männerzirkus«; in: Sommer, Theo (Herausgeber): *Zeit der Ökonomen. Eine kritische Bilanz volkswirtschaftlichen Denkens.* Verlag Die Zeit, Reihe ZeitPunkte; Heft 3/1993, S. 71 [71–73].
116 Smith: *Der Wohlstand der Nationen,* S. 17.
117 Streminger, Gerhard: *Adam Smith.* Rowohlt Taschenbuch, Reinbek bei Hamburg 1989, S. 12–13.
118 Smith: *Der Wohlstand der Nationen,* S. 647.
119 Rae, John: *Life of Adam Smith.* Kelley, New York 1965 (Nachdruck der Ausgabe von 1895, mit einer Einführung von Jacob Viner), S. 30.
120 Smith: *Der Wohlstand der Nationen,* S. 212–213.
121 Smith, Adam: *Theorie der ethischen Gefühle.* Übersetzt und herausgegeben von W. Eckstein. Felix Meiner, Hamburg 1977.
122 Recktenwald, Horst Claus (Herausgeber): *Geschichte der politischen Ökonomie.* Alfred Körner, Stuttgart 1971, S. 77.
123 Taylor, Frederick Winslow: *The Principles of Scientific Management.* Harper & Row, New York 1911. Taylor legte mit diesem Werk den Grundstein für die Arbeitsteilung in Unternehmen und beeinflußte maßgeblich die Einführung des Fließbandes, insbesondere in den US-amerikanischen Ford-Werken.
124 Smith: *Der Wohlstand der Nationen,* S. 19.
125 Ebd., S. 24.
126 Marx, Karl: *Das Kapital – Kritik der politischen Ökonomie;* 1. Buch. Dietz, Berlin 1961, S. 803.
127 Recktenwald, S. 309.
128 Marx, S. 181.
129 Marx, Karl: »Zur Kritik der Nationalökonomie – ökonomisch-philosophische Manuskripte«; in: *Frühe Schriften;* 1. Band (herausgegeben von Hans-Joachim Lieber und Peter Furth). Cotta-Verlag, Stuttgart 1962, S. 511.
130 Marx: *Das Kapital,* S. 225 und 324–325.
131 Ebd., S. 325.
132 Marx: »Zur Kritik der Nationalökonomie«, S. 520.
133 Marx: *Das Kapital,* S. 803.
134 Ebd., S. 14.
135 Sertcan, Deniz: »Spurensuche im Werk«; in: *Financial Times Deutschland;* 30.3.2001; Beilage »Buch«, S. IV.
136 Marx: *Das Kapital,* S. 803.
137 Marx, Karl: »Das Elend der Philosophie«; in: *Frühe Schriften;* 2. Band (herausgegeben von Hans-Joachim Lieber und Peter Furth). Cotta-Verlag, Stuttgart 1971, S. 811.
138 Zitiert nach: Afhüppe, Sven: »Gottgewollter Reichtum«; in: *Zeitdokument.* Verlag Die Zeit, Heft 1/2000; Zeitbibliothek der Ökonomie, S. 25.
139 Hoffmann, Jürgen P.: *Die großen Wirtschaftsdenker.* Econ Taschenbuch, Düsseldorf 1986, S. 178.
140 Baumgarten, Eduard: *Max Weber. Werk und Person.* J.C.B. Mohr (Paul Siebeck), Tübingen 1964, S. 10.
141 Ebd., S. 685.
142 Ebd., S. 11.
143 Weber, Marianne: *Lebenserinnerungen.* Johs. Storm, Bremen 1948, S. 56.
144 Weber, Marianne: *Max Weber. Ein Lebensbild.* R. Piper, München, Zürich 1989, S. 256.
145 Schöllgen, Gregor: *Max Weber.* C.H. Becksche Verlagsbuchhandlung, München 1998, S. 19.
146 Weber, Max: *Die protestantische Ethik und der »Geist« des Kapitalismus.* Athenäum, Hain, Hastein Verlagsgesellschaft, Bodenheim 1993; Textausgabe auf der Grundlage der ersten Fassung von 1904/05, S. 120, 139 und 147.
147 Ebd., S. 73.
148 Ebd., S. 149.
149 Ebd., S. 9.
150 Ebd., S. 80–81.

151 Ebd., S. 153.
152 Ebd., S. 153.
153 Hecht, Martin: »Der blinde Prophet und seine ernsten Jünger«; in: *Süddeutsche Zeitung;* 17./18.6.2000, S. III.
154 Schöllgen, S. 19.
155 Gesell, Silvio: *Die natürliche Wirtschaftsordnung durch Freiland und Freigeld.* Freiland-Freigeldverlag, Rehbrücke bei Berlin, 5. Auflage 1922, S. 255.
156 Hahn, Oswald: »In memoriam Silvio Gesell«; in: *Zeitschrift für das gesamte Kreditwesen;* 33. Jahrgang; Nr. 6/1980, S. 212 [211–212].
157 Gesell, S. 392.
158 Höller, Ralf: *Der Anfang, der ein Ende war. Die Revolution in Bayern 1918/19.* Aufbau Taschenbuch, Berlin 1999, S. 206–208.
159 Gesell, S. VII.
160 Keynes: *Allgemeine Theorie der Beschäftigung, des Zinses und des Geldes,* S. 300.
161 Gesell, S. 9.
162 Ebd., S. 4.
163 Ebd., S. 244.
164 Ebd., S. 7.
165 Ebd., S. 178.
166 Ebd., S. 244.
167 Ebd., S. 9.
168 Ebd., S. 246 und 255.
169 Ebd., S. 244.
Gesell spricht von einem Wertverlust von »wöchentlich ein Tausendstel ... und zwar auf Kosten der Inhaber«.
170 Ebd., S. 8.
171 Ebd., S. 254.
172 Ebd., S. 9.
173 Ebd., S. 253.
174 Ebd., S. 68.
175 Ebd., S. 72 und 93.
176 *Wära-Handelsblatt.* Stern Verlag Hans Timm in Hochheim bei Erfurt, 1. Jahrgang, Nr. 6/1931, S. 3.
177 Senft, Gerhard: »Marktwirtschaft ohne Kapitalismus«; in: Sommer, Theo (Herausgeber): *Zeit der Ökonomen. Eine kritische Bilanz volkswirtschaftlichen Denkens.* Verlag Die Zeit, Reihe ZeitPunkte; Heft 3/1993, S. 86 [85–87].
178 Punkt 11 des 25-Punkte-Programms der NSDAP vom 24. Februar 1920.
179 Pentzlin, S. 250.
180 Schwarz, Fritz: *Das Experiment von Wörgl.* Genossenschaft Verlag freiwirtschaftlicher Schriften, Bern 1951, S. 52–61.
Siehe auch: Unterguggenberger, S.: *Der Schwundgeldversuch von Wörgl.* Wien 1957, S. 15–22 (Der Autor ist ein Sohn des früheren Bürgermeisters von Wörgl, die zitierte Veröffentlichung seine an der Wiener Hochschule für Welthandel eingereichte Diplomarbeit.)
181 Der 1934 in Zürich gegründete WIR (Wirtschaftsring) ist noch heute ein Wirtschaftsfaktor in der Schweiz. Anstatt mit Geld arbeitet der WIR mit Verrechnungseinheiten, die auf offizielle Schweizerfranken lauten. (www.tauschring.de/t0507wir.htm)
182 Onken, Werner: »Ein vergessenes Kapitel der Wirtschaftsgeschichte. Die Selbsthilfeaktionen mit Freigeld«; in: Creutz, Helmut; Suhr, Dieter; Onken, Werner: *Wachstum bis zur Krise?* Basis Verlag, Berlin 1986, S. 74–82 [63–87].
183 Zitiert nach: Senft, S. 87 [85–87].
184 Bröckers, Mathias: »Satanischer Zins oder Wachstumsmotor?«; in: *die tageszeitung;* 17.3.1990, S. 11.
185 Hahn, S. 211 [211–212].
186 Schumpeter, Joseph A.: *Kapitalismus, Sozialismus und Demokratie.* A. Franke, Tübingen, Basel, 7. Auflage 1993, S. 215.
187 Ebd., S. 105.
188 Ebd., S. 267.
189 Schumpeter, Joseph: *Das Wesen und der Hauptinhalt der theoretischen Nationalökonomie.* Duncker & Humblot, Berlin, 2. Auflage (unveränderter Nachdruck der ersten Auflage von 1908).
190 Schneider, Erich: *Joseph A. Schumpeter. Leben und Werk eines großen Sozialökonomen.* J.C.B. Mohr (Paul Siebeck), Tübingen 1970, S. 9.
191 Ebd., S. 7.
192 Schumpeter: *Kapitalismus, Sozialismus und Demokratie,* S. 138, 218.

193 Ebd., S. 97.
194 Ebd., S. 213–217.
195 Ebd., S. 228.
196 Fokken, Ulrike: »Metallgesellschaft-Chef gefeuert«; in: *die tageszeitung;* 18.12.1993, S. 7.
o.V.: »Mißmanagement kostet viele den Job«; in: *die tageszeitung;* 7.1.1994, S. 6.
197 Schumpeter: *Kapitalismus, Sozialismus und Demokratie,* S. 230.
198 Ebd., S. 298.
199 Ebd., S. 253.
200 Ebd., S. 215 und 218.
201 Ebd., S. 226.
202 Recktenwald, S. 518 und 532.
203 Stolper, Wolfgang F.: *Joseph Alois Schumpeter. The Public Life of a Private Man.* Princeton University Press, Princeton 1994, S. 377.
204 Schumpeter: *Kapitalismus, Sozialismus und Demokratie,* S. 5.
205 Schumpeter, Joseph A.: *Geschichte der ökonomischen Analyse;* 2 Bände. Vandenhoek & Ruprecht, Göttingen 1965, 1520 Seiten.
206 Piper, Nikolaus: »Der Unternehmer als Pionier«; in: Sommer, Theo (Herausgeber): *Zeit der Ökonomen. Eine kritische Bilanz volkswirtschaftlichen Denkens.* Verlag Die Zeit, Reihe ZeitPunkte; Heft 3/1993 S. 43 [42–44].
207 Ebd., S. 43 [42–44].
208 Recktenwald, S. 518.
209 Piper, S. 44 [42–44].
210 Koesters, Paul-Heinz: *Ökonomen verändern die Welt. Lehren, die unser Leben bestimmen.* Verlag Gruner+ Jahr, Hamburg, 2. Auflage 1983, S. 161
211 Schumpeter: *Kapitalismus, Sozialismus und Demokratie,* S. 525.
212 Keynes: *Allgemeine Theorie der Beschäftigung, des Zinses und des Geldes,* S. 323.
213 Hession, Charles H.: *John Maynard Keynes.* Klett-Cotta, Stuttgart 1986, S. 11 und 148.
214 Zitiert nach: Zank, Wolfgang; in: Sommer, Theo (Herausgeber): *Zeit der Ökonomen. Eine kritische Bilanz volkswirtschaftlichen Denkens.* Verlag Die Zeit, Reihe ZeitPunkte; Heft 3/1993, S. 65 [65–67].
215 Robinson, Augustin; Moggridge, D. E. (Herausgeber): *The Collected Writings of John Maynard Keynes;* Bände 1–30. Macmillan, London 1971–1989.
216 Zitiert nach: Scherf, Harald: »John Maynard Keynes«; in: *Klassiker ökonomischen Denkens;* Band 2. C.H. Becksche Verlagsbuchhandlung, München 1989, S. 273 [273–291].
217 Zitiert nach: Koesters, S. 203.
218 Hession, S. 9 und 10.
219 Koesters, S. 206.
220 Hession, S. 143.
221 Keynes: *Allgemeine Theorie der Beschäftigung, des Zinses und des Geldes,* S. 267.
222 Zitiert nach: Koesters, S. 224.
223 Keynes: *Allgemeine Theorie der Beschäftigung, des Zinses und des Geldes,* S. 273.
224 Ebd., S. 275.
225 Zitiert nach: Koesters, S. 225.
226 Keynes: *Allgemeine Theorie der Beschäftigung, des Zinses und des Geldes,* S. 319.
227 *Time;* Nr. 27; 31.12.1965.
228 Keynes: *Allgemeine Theorie der Beschäftigung, des Zinses und des Geldes,* S. 323.
229 Keynes, John Maynard: »Economic Possibilities for our Grandchildren«; in: Robinson, Augustin; Moggridge, D.E. (Herausgeber): *The Collected Writings of John Maynard Keynes;* Band 9 (Essays in Persuasion). Macmillan, London 1971–1989, S. 332.
230 o.V.: »Alle Steuern sind zu hoch«; in: *Der Spiegel;* Nr. 41/2000; 9.10.2000, S. 129 [128–132].
231 Beide Beispiele ebd., S. 131 [128–132].
232 Friedman, Milton: *Es gibt nichts umsonst. Warum in einer Volkswirtschaft jede Mark verdient werden muß.* Verlag Moderne Industrie, München 1979, S. 26.
233 Zitiert nach: Koesters, S. 234.
234 Silk, Leonard: *Wirtschaft als Schicksal. Die großen Ökonomen Ameri-*

kas. Belser Verlag, Stuttgart, Zürich 1978, S. 58.

235 Friedman, Milton: *Kapitalismus und Freiheit.* Seewald Verlag, Stuttgart 1971, S. 30.

236 Zitiert nach: Koesters, S. 233.

237 Friedman: *Kapitalismus und Freiheit,* S. 18.

238 Friedman, Milton: »The Role of Monetary Policy«; in: *American Economic Review.* Band LVIII, 1968, S. 1–17.

239 Beispielsweise Friedman, Milton: *Die optimale Geldmenge und andere Essays.* Verlag Moderne Industrie, München 1970.
Friedman setzt der keynesianischen Theorie die Mengentheorie des Geldes entgegen, die Keynes verworfen hatte. So erklärt sich die Bezeichnung Monetarismus.

240 Friedman: *Die optimale Geldmenge und andere Essays,* S. 155.

241 Friedman: *Kapitalismus und Freiheit,* S. 81.

242 Friedman: *Die optimale Geldmenge und andere Essays,* S. 120.

243 Friedman: *Kapitalismus und Freiheit,* S. 77.

244 o.V.: »Lockere Geldpolitik erhöht das Wachstum langfristig nicht«; in: *FAZ;* 14.4.2001, S. 14.

245 Galbraith, John Kenneth: *Geld. Woher es kommt, wohin es geht.* München, Droemersche Verlagsanstalt Th. Knaur Nachf., Zürich 1976, S. 279.

246 Zitiert nach: Koesters, S. 231.

247 Friedman: *Kapitalismus und Freiheit,* S. 245.

248 Ebd., S. 247.

249 Heuser, Uwe Jean: »Geld, Freiheit, Ideologie«; in: Sommer, Theo (Herausgeber): *Zeit der Ökonomen. Eine kritische Bilanz volkswirtschaftlichen Denkens.* Verlag Die Zeit, Reihe ZeitPunkte, Heft 3/1993, S. 100 [100–102].

250 Koesters, S. 235.

251 Zitiert nach: Koesters, S. 234.

252 Keynes: *Allgemeine Theorie der Beschäftigung, des Zinses und des Geldes,* S. 323.

253 Tobin, James: *Grundsätze der Geld- und Staatsschuldenpolitik.* Nomos Verlagsgesellschaft, Baden-Baden 1978, S. 122.

254 Tobin, James: *The New Economics One Decade Older. The Eliot Janeway Lectures on Historical Economics in Honour of Joseph Schumpeter 1972.* Princton University Press, Princeton 1974.

255 Tobin, James: »A Proposal for International Monetary Reform«; in: *The Eastern Economic Journal 3–4,* July/October 1978, S. 153–159.

256 Tobin, James: »Prologue«; in: Mahbub, Haq ul; Kaul, Inge; Grunberg, Isabelle: *The Tobin Tax: Coping with Financial Volatility.* Oxford University Press, Oxford, New York 1996, S. x.

257 Hoffmann, Andreas: »Vater der Globalsteuerung«; in: Sommer, Theo (Herausgeber): *Zeit der Ökonomen. Eine kritische Bilanz volkswirtschaftlichen Denkens.* Verlag Die Zeit, Reihe ZeitPunkte, Heft 3/1993, S. 109 [109–111].

258 Tobin: *Grundsätze der Geld- und Staatsschuldenpolitik.*

259 Ebd., S. 7.

260 Tobin: »Prologue«, S. xiv.

261 Ebd., S. xii.

262 Eichengreen, Barry; Tobin, James; Wyplosz, Charles: »Two Cases for Sand in the Wheels of International Finance«. *The Economist Journal,* 105, Januar 1995.

263 Tobin: *The New Economics One Decade Older,* S. 88–89.

264 Tobin: »Prologue«, S. xiv–xv.

265 Ebd., S. xiv–xv.

266 Ebd., S. xiv–xv.

267 Felix, David; Dau, Ranjit: »On the Revenue Potential and Phasing in of the Tobin Tax«; in: Mahbub, Haq ul et al., S. 239 [223–254].
Die Berechnungsbeispiele der einzelnen Autoren sind verwirrend und führen zu völlig unterschiedlichen Ergebnissen. Die Zahl von 148 Milliarden Dollar findet sich jedoch außer in dem Beitrag von Felix/Dau auch im zusammenfassenden Kapitel des Bu-

ches: Kaul, Inge; Grunberg, Isabelle; Mahbub, Haq ul: »Overview«; in: Mahbub, Haq ul et al., S. 11 [1–12].
268 Huffschmid, Jörg: »Funktionsweise, Nutzen und Grenzen der Tobin-Tax«; in: *Informationsdienst Weltwirtschaft & Entwicklung;* Sonderdienst 8/1995.
269 Tobin: »A Proposal for International Monetary Reform«, S. 153–159.
270 Martin, Hans-Peter; Schumann, Harald: *Die Globalisierungsfalle.* Rowohlt Verlag, Reinbek bei Hamburg, 17. Auflage 1998, S. 121.
271 Kaul, Inge; Grunberg, Isabelle; Mahbub, Haq ul: »Overview«, S. 11 [1–12].
272 Mahbub, Haq ul et al.
273 Kaul, Inge; Grunberg, Isabelle; Mahbub, Haq ul: »Overview«, S. 7–11 [1–12].
274 o.V.: »Schutz vor Spekulation«; in: *die tageszeitung;* 25. 1. 2000, S. 9.
275 Zitiert nach: Martin/Schumann, S. 123.
276 Galbraith, John Kenneth: *Gesellschaft im Überfluß.* Droemersche Verlagsanstalt Th. Knaur Nachf., München, Zürich 1959/1970, S. 107.
277 Ebd., S. 108.
278 Galbraith, John Kenneth: *The Affluent Society.* Mariner Books, New York 1998. Die erste US-Ausgabe erschien 1958.
279 Galbraith, John Kenneth: *Leben in entscheidender Zeit. Memoiren.* C. Bertelsmann, München 1982, S. 8–9.
280 Ebd., S. 33.
281 Ebd., S. 28.
282 Galbraith, John Kenneth: »My Forty Years with the FBI«; in: Galbraith, John Kenneth: *Annals of an Abiding Liberal.* Houghton Mifflin, Boston/Massachusetts 1979, S. 155–181.
283 Galbraith: *Leben in entscheidender Zeit. Memoiren,* S. 64
284 Ebd., S. 80.
285 Ebd., S. 183.
286 Ebd., S. 188.
287 Ebd., S. 198.
288 Ebd., S. 388.
289 Galbraith, John Kenneth: *A Theory of Price Control.* Harvard University Press, Cambridge/Massachusetts 1952.
290 Galbraith, John Kenneth: *American Capitalism.* Hamish Hamilton, London 1952 (deutsch: *Der amerikanische Kapitalismus im Gleichgewicht der Wirtschaftskräfte.* Walter Verlag, Stuttgart, Wien, Zürich 1956).
291 Galbraith: *Gesellschaft im Überfluß,* S. 29.
292 Ebd., S. 148.
293 Ebd., S. 163.
294 Ebd., S. 148.
295 Ebd., S. 148.
296 Ebd., S. 225.
297 Ebd., S. 225–226.
298 Ebd., S. 230–231 und 249.
299 Heuser, Uwe Jean: »Schreiben, Schreiben, Schreiben«; in: Sommer, Theo (Herausgeber): *Zeit der Ökonomen. Eine kritische Bilanz volkswirtschaftlichen Denkens.* Verlag Die Zeit, Reihe ZeitPunkte, Heft 3/1993, S. 103 [103–105].
300 Friedman, Milton: »From Galbraith to Economic Freedom«. *Institute of Economic Affairs, Occasional Paper* Nr. 49, London 1978, S. 31.
301 Galbraith, John Kenneth: *How to Get out of Vietnam. A Workable Solution to the Worst Problem of Our Time.* New American Society, New York 1967.
–: *Die Tyrannei der Umstände. Ursachen und Folgen unseres Zeitalters der Unsicherheit.* Scherz Verlag, Bern, München 1978, S. 379.
302 Galbraith, John Kenneth: *Anatomie der Macht.* C. Bertelsmann, München 1967, S. 207–217.
303 Galbraith, John Kenneth: *The Triumph. A Novel of Modern Diplomacy.* Hamish Hamilton, London 1968.
304 Rai, Raghu: *Bilder aus Indien.* Text von John Kenneth Galbraith. Christian Verlag, München 1989.
Galbraith, John Kenneth; Randhawa, Mohindar Singh: *Indian Painting.* Houghton Mifflin, Boston/Massachusetts 1968.
305 Meier, Beat: *John Kenneth Galbraith und seine Wegbereiter.* Verlag Rüegger, Grüsch/Schweiz 1989, S. 57.

306 Zitiert nach: Heuser, S. 105 [103–105].
307 Becker, Gary S.; Becker, Guity N.: *Die Ökonomik des Alltags. Vom Baseball über Gleichstellung zur Einwanderung. Was unser Leben wirklich bestimmt.* Mohr Siebeck, Tübingen 1998.
308 Becker, Gary S.: *Der ökonomische Ansatz zur Erklärung menschlichen Verhaltens.* Mohr Siebeck, Tübingen, 2. Auflage 1993, S. 228.
309 Ebd., S. 213.
310 Ebd., S. 272.
311 Blinder, Alan: »The Economics of Brushing Teeth«; in: *Journal of Political Economy;* volume 82, Nr. 4; July/August 1974, S. 887–890.
312 Becker, S. 3.
313 Burgdorff, Stephan: »Viel Glück, wenig Skrupel«; in: *Spiegel special »Money, Money – Der Glanz des Geldes«*, Nr. 5/1996, S. 20 [20–26].
314 Eucken, Walter: *Grundsätze der Wirtschaftspolitik.* Rowohlt Verlag, Hamburg 1959; gekürzte Ausgabe, S. 126.
315 Berger, Peter L.: »McJesus, Incorporated«; in: *Süddeutsche Zeitung;* 6./7. 3. 1999, S. U1.
316 Informationsdienst des Instituts der deutschen Wirtschaft (iwd): *Ein Buch mit sieben Siegeln.* Nr. 18, Jahrgang 26, 4. 5. 2000, Köln 2000. (www.iwkoeln.de/IWD/i-archiv/iwd18-00/i18-00-4.htm)
317 Jeske/Barbier, S. 28.
318 Ebd., S. 122.
319 Wintermann, Jürgen H.: »Die Marktwirtschaft erreicht die Steckdose«; in: *Die Welt online;* 12. 6. 1999. (www.welt.de/daten/1999/06/12/0612wi117596.htx)
320 o.V.: »Wirtschaftsminister liest Strom-Managern die Leviten«; in: *Frankfurter Rundschau;* 1. 6. 2001, S. 9.
321 o.V.: »Die Deutsche Post behält ihr Briefmonopol bis 2007«; in: *FAZ;* 14. 7. 2001, S. 14.
322 Artikel 4 (»Wirtschafts- und Währungsunion«) des EG-Vertrages, ehemals Artikel 3a. Die Verpflichtung auf den »Grundsatz einer offenen Marktwirtschaft mit freiem Wettbewerb« findet sich auch in Artikel 98 des EG-Vertrages.
Geiger, Rudolf: *EUV/EGV – Vertrag über die Europäische Union und Vertrag zur Gründung der Europäischen Gemeinschaft.* Verlag C.H. Beck, München 2000, S. 158 und 458.
323 o.V.: »EU verhängt Millionenstrafe gegen Post AG«; in: *Spiegel online;* 20. 3. 2001. (www.spiegel.de/wirtschaft/0,1518,123503,00.html)
324 o.V.: »Kartellamt verhängt Buße von 300 Millionen DM«; in: *FAZ;* 4. 11. 1999, S. 17.
325 Deckstein, Dagmar: »Alle schauen dem Tarifbruch zu«; in: *Süddeutsche Zeitung;* 3. 12. 1999, S. 23.
326 Schwarz, Harald: »KPMG kommt auf den Grill«; in: *Süddeutsche Zeitung;* 8. 12. 1999, S. 35.
327 Nawrocki, Joachim: »Die Saurier und die Marktwirtschaft«; in: *Die Welt online;* 5. 8. 2000. (www.welt.de/daten/2000/08/05/0805f0183759.htx)
328 Prevezanos, Klaudia: »Propaganda für den Markt«; in: *Zeitdokument.* Verlag Die Zeit; Heft 1/2000; Zeitbibliothek der Ökonomie, S. 45.
329 Erhard, S. 134–135.
330 Prevezanos, S. 45.
331 Koslowski, Peter: »Ethik des Kapitalismus – die soziale Marktwirtschaft«; in: Koslowski, Peter; Chen, Yunquan (Herausgeber): *Sozialistische Marktwirtschaft – soziale Marktwirtschaft.* Physica-Verlag, Heidelberg 1996, S. 25–48.
332 Bibliographisches Institut & F. A. Brockhaus AG (Herausgeber): *Wie funktioniert das? Wirtschaft heute.* Meyers Lexikonverlag, Mannheim, Leipzig, Wien, Zürich, 4. Auflage 1999, S. 173.
333 Beispiel aus: Müller-Vogg, Hugo: *Unsere unsoziale Marktwirtschaft. Vom guten Modell zur traurigen Praxis.* Kölner Universitätsverlag, Köln 1998, S. 24.

334 o.V.: »Wirbel bei Porsche«; in: *Der Spiegel;* Nr. 18/2000; 1.5.2000, S. 81.

335 Schlecht, Otto: »Ein Modell macht Karriere«; in: *FAZ;* 3.3.1990, S. 15.

336 Zitiert nach: Weissenfeld, Horst; Weissenfeld, Stefan: *Börsen-Gurus und ihre Strategien.* TM Börsenverlag, Rosenheim 2000, S. 39.

337 Bundesministerium der Finanzen: *Finanzbericht 2001.* Bundesanzeiger Verlagsgesellschaft Bonn, Berlin 2000, S. 382.

338 Schwenn, Kerstin: »Eine Bahn ohne Netz«; in: *FAZ;* 31.3.2001, S. 1.

339 Jeske/Barbier, S. 129.

340 o.V.: »Mythos hilft Harley Davidson über Durststrecken hinweg«; in: *Die Welt;* 10.4.2001, S. 21.

341 US-Marktanteil 2000 in der Klasse ab 650 Kubikzentimeter: 46,3 % (1999: 49 %). Innerhalb von nur neun Jahren (1991 bis 2000) stieg der Umsatz des Unternehmens um über 314 % und damit ähnlich rasant wie das Durchschnittsalter der Harley-Käufer: 1987 gehörten sie mit 35 Jahren noch zu den Youngsters, im Jahr 2000 hatten sie jedoch mit fast 46 Jahren die Midlife-Crisis gerade überschritten.
(Daten aus: http://investor.harley-davidson.com/inv_16c.cfm (Marktanteil),
http://investor.harley-davidson.com/annual-stmt.cfm (Umsatz),
http://investor.harley-davidson.com/inv_18c.cfm (Durchschnittsalter))

342 Kunde, Jesper: *Corporate Religion.* Betriebswirtschaftlicher Verlag Dr. Th. Gabler, Wiesbaden 2000, S. 17. In seinem Buch beschreibt der dänische Werbeprofi zahlreiche Unternehmen, die es geschafft haben, eine hohe Kundenbindung durch eine starke Markenphilosophie zu erreichen. Zu den beschriebenen Beispielen gehören neben Harley-Davidson auch Walt Disney, Microsoft, Adidas oder die Marke Virgin des britischen Selbstdarstellers Richard Branson.

343 *Vahlens Großes Wirtschaftslexikon* (herausgegeben von Erwin Dichtl und Otmar Issing). Verlag Franz Vahlen, München 1993; Band 1; A–K, S. 50.

344 o.V.: »Geldstrafen für Lambsdorff und Friderichs, Haft auf Bewährung für Brauchitsch«; in: *FAZ;* 17.2.1987, S. 1–2.

345 Hoffmann, Wolfgang; Kirbach, Roland: »Kontakthof der Macht«; in: *Die Zeit;* 8.7.1999, S. 21 [21–22].

346 Kloss, Ingomar: *Werbung.* Oldenbourg Wissenschaftsverlag, München, Wien, 2. Auflage 2000, S. 3.

347 Kellner, Joachim; Lippert, Werner: *Werbefiguren. Geschöpfe der Warenwelt.* Econ, Düsseldorf, Wien, New York, Moskau 1992, S. 144.

348 Schnibben, Cordt: *Reklamerepublik.* Rasch und Röhring, Hamburg 1994, S. 304.

349 Berger, Peter L.: »McJesus, Incorporated«; in: *Süddeutsche Zeitung;* 6./7.3.1999, S. U1.

350 Schnibben, S. 310.
Der kreative Kopf der Benetton-Werbung, Oliviero Toscani, fand es nach eigener Aussage schrecklich, daß »diese riesigen Werbetafeln, diese gemalten Slogans, diese unzähligen Seiten in Printmedien, diese Millionen Sendestunden im Fernsehen und Radio, daß all dies für jene paradiesische Bilderflut reserviert ist, die dumm, irreal und trügerisch ist. Kommunikation ohne jeglichen Nutzen für die Gesellschaft. Saftlos, kraftlos, sinnlos. Ohne irgendeine Botschaft als die der grotesken Verherrlichung eines Yuppie-Lebensstils, alles so schön bunt hier, lebenslänglich Party-Time.« So entstanden (angeblich) die provokanten Benetton-Motive.
Toscani, Oliviero: *Die Werbung ist ein lächelndes Aas.* Fischer Taschenbuch, Frankfurt/Main 1997, S. 17.

351 Telgheder, Maike: »PR-Marktführer wachsen kräftig«; in: *Handelsblatt;* 20./21.4.2001, S. 26.

352 Scheller, Hanspeter K.: *Die Europäische Zentralbank.* Fritz Knapp Verlag, Frankfurt/Main 2000, S. 42.

353 o.V.: »Lockere Geldpolitik erhöht

das Wachstum langfristig nicht«; in: *FAZ;* 14.4.2001, S. 14.
354 Weissenfeld/Weissenfeld, S. 35.
355 Gandow, Andreas: »Japan will Absturz in Deflation verhindern«; in: *Handelsblatt;* 20.3.2001, S. 33.
356 Weissenfeld/Weissenfeld, S. 40.
357 Ebd., S. 39.
358 Dönhoff, Marion Gräfin: *Zivilisiert den Kapitalismus. Grenzen der Freiheit.* Deutsche Verlags-Anstalt, Stuttgart 1997, S. 33.
359 Ebd., S. 51.
360 Schümer, Dirk: »Der Preis des Fußballs«; in: *FAZ;* 31.3.2001, S. 1.
361 o.V.: »Zidane unterschreibt Vertrag in Madrid«; in: *Die Welt;* 10.7.2001, S. 28.
362 o.V.: »Kurz gemeldet«; in: *Süddeutsche Zeitung;* 7.3.2001, S. 39.
363 Kistner, Thomas; Weinreich, Jens: *Das Milliardenspiel. Fußball, Geld und Medien.* Fischer Taschenbuch, Frankfurt/Main 1998, S. 231.
364 Jeske/Barbier, S. 39.
365 Bibliographisches Institut & F.A. Brockhaus AG (Herausgeber), S. 941.
366 Mussel, Gerhard: *Grundlagen des Geldwesens.* Verlag Wissenschaft und Praxis Dr. Brauner, Ludwigsburg, Berlin, 2. Auflage 1992, S. 54–55.
Jacob, Klaus-Dieter: *Geldlehre. Theorie und Politik.* Betriebswirtschaftlicher Verlag Dr. Th. Gabler, Wiesbaden 1981, S. 136–137.
367 Simmel, Georg: »Das Geld in der modernen Kultur« (1896); in: Simmel, Georg: *Schriften zur Soziologie* (herausgegeben von Heinz-Jürgen Dahme und Otthein Rammstedt). Suhrkamp Taschenbuch, Frankfurt/Main, 5. Auflage 1995, S. 89 [78–94].
Bekannt ist Simmel vor allem für sein Buch *Philosophie des Geldes,* in dem er als erster Denker der Moderne die Macht und verschiedene Erscheinungsformen des Geldes beschreibt. Simmel, Georg: *Philosophie des Geldes.* Duncker & Humblot, München, Leipzig, 4. Auflage 1922.
368 Ballard, Robert D.; Archold, Rick: *Das Geheimnis der Titanic.* Ullstein Buchverlage, Berlin, 6. Auflage 1998, S. 325.
369 Rumler, Fritz: »Droge mit magischem Glanz«; in: *Spiegel special »Money, Money – der Glanz des Geldes«,* Nr. 5/1996, S. 18–19 [16–19].
370 Informationen zur Titanic inklusive Passagierliste: www.encyclopedia-titanica.org.
371 o.V.: »Ich bin nicht alarmiert«; in: *Der Spiegel;* Nr. 16/2001; 14.4.2001, S. 85 [85–86].
372 o.V.: »Müller widerspricht Wirtschaftsexperten«; in: *Spiegel online;* 10.4.2001. (www.spiegel.de/wirtschaft/0,1518,127660,00.html)
373 o.V.: »Ich bin nicht alarmiert«, S. 85 [85-86].
374 Peters, Hans-Rudolf: *Wirtschaftspolitik.* Oldenbourg Wissenschaftsverlag, München, Wien, 3. Auflage 2000, S. 115.
375 Erhard, S. 8–9.
376 Zinn, Karl Georg: *Konjunkturpolitik für Praktiker.* Verlag Neue Wirtschafts-Briefe, Herne, Berlin, 4. Auflage 1977, S. 43.
Einen schnellen und einigermaßen lesbaren Überblick über die Inhalte der wichtigsten Konjunktur- und Gleichgewichtstheorien von Jean Baptiste Say über Emil Lederer, Knut Wicksell bis John Maynard Keynes (unverständlicherweise ohne Milton Friedman) gibt beispielsweise: Glastetter, Werner: *Konjunkturpolitik.* Bund-Verlag, Köln 1987, S. 126–176.
377 Wicksell, Knut: *Geldzins und Güterpreise.* Scientia Verlag, Aalen 1968; Neudruck der Erstausgabe von 1898, S. 97.
378 Friedman: *Kapitalismus und Freiheit,* S. 76.
379 Pelda, Kurt; Trost, Wolfram: »US-Notenbank senkt überraschend die Zinsen«; in: *Financial Times Deutschland;* 19.4.2001, S. 1.
In den folgenden drei Monaten senkte die US-Notenbank die Zinsen noch zweimal, um der »unakzeptablen

Schwäche« der US-Wirtschaft entgegenzuwirken. Binnen eines halben Jahres fielen die US-Zinsen damit um 2,75% auf 3,75%.
Despeignes, Peronet; Fidler, Stephen: »US Fed in quarter-point rate cut«; in: *Financial Times;* 28. 6. 2001, S. 1.

380 Peters, S. 217.

381 Wagner, Wieland: »Panik der Bosse«; in: *Der Spiegel;* Nr. 11/2001; 12. 3. 2001, S. 150.

382 o.V.: »Japan dreht Geldhahn auf«; in: *Handelsblatt;* 20. 3. 2001, S. 1.

383 o.V.: »Lockere Geldpolitik erhöht das Wachstum langfristig nicht«; in: *FAZ;* 14. 4. 2001, S. 14.

384 o.V.: »Der DGB fordert niedrige Leitzinsen«; in: *FAZ;* 18. 4. 2001, S. 17.

385 Bei den Wachstumsprognosen der EU-Kommission war Deutschland in der Euro-Zone Schlußlicht mit 2,2% (2001) und 2,6% (2002).
o.V.: »Konjunktur verliert merklich an Tempo«; in: *Frankfurter Rundschau;* 26. 4. 2001, S. 9.

386 Bölsche, Jochen; Bott, Hermann; Halter, Hans; Lakotta, Beate; Pötzl, Norbert F.; Vehlewald, Hans-Jörg: »Frankenfood aus dem Labor«; in: *Der Spiegel;* Nr. 49/2000; 4. 12. 2000, S. 322 [312–328].

387 Koslowski, Peter: »Sozialistische Marktwirtschaft – Soziale Marktwirtschaft«; in: Koslowski/Chen, S. 2 [1–7].

388 o.V.: »Armutsbericht gibt der Familien-Debatte neue Nahrung«; in: *Frankfurter Rundschau;* 26. 4. 2001, S. 1.
Höhn, Hilmar: »Die Folgerungen bleiben offen«; in: *Frankfurter Rundschau;* 26. 4. 2001, S. 4.
Die Artikel beruhen auf den Ergebnissen des »Armuts- und Reichtumsberichts« der Bundesregierung, erschienen Ende April 2001.

389 Anders, Günther: *Die Antiquiertheit des Menschen;* Band 2. C.H. Becksche Verlagsbuchhandlung, München, 4. Auflage 1992, S. 16.

390 Galbraith: *Die moderne Industriegesellschaft,* S. 201.

391 Rifkin, Jeremy: *The End of Work.* Putnam's Sons, New York; (deutsch: *Das Ende der Arbeit und ihre Zukunft.* Campus Verlag, Frankfurt/Main, New York 1995).
Reich, Robert: *Die neue Weltwirtschaft. Das Ende der nationalen Ökonomie.* Fischer Taschenbuch, Frankfurt/Main 1996.

392 Martin/Schumann, S. 12–14.

393 Thurow, Lester C.: *Die Zukunft des Kapitalismus.* Metropolitan Verlag, Düsseldorf, München 1996, S. 169.

394 Galbraith: *Die moderne Industriegesellschaft,* S. 175.

395 Marx: *Das Kapital,* S. 44.

396 Das gilt nicht nur für Wasser: Die Tischlampe Porfylit von Ikea kostete im November 2000 in Deutschland 19,96 Euro, in Schweden 17,30 Euro, in Großbritannien 16,53 Euro und in Frankreich lediglich 12,04 Euro – erhebliche Preisunterschiede innerhalb eines »gemeinsamen Marktes«. Dabei ist es kein Trost zu wissen, daß die gleiche Lampe in den USA 31,51 Euro kostet.
Wernicke, Christian: »Zur Kasse bitte!«; in: *Die Zeit;* 3. 5. 2001, S. 25.

397 Yergin, Daniel; Stanislaw, Joseph: *Staat oder Markt.* Campus Verlag, Frankfurt/Main, New York 1999, S. 525–531.

398 Kurz, Robert: *Schwarzbuch Kapitalismus. Ein Abgesang auf die Marktwirtschaft.* Eichborn, Frankfurt/Main 1999.

399 Ebd., S. 12.

400 Bischoff, Joachim: *Der Kapitalismus des 21. Jahrhunderts.* VSA-Verlag, Hamburg 1999, S. 111.

401 Peters, Thomas J.; Waterman, Robert H.: *Auf der Suche nach Spitzenleistung. Was man von den bestgeführten US-Unternehmen lernen kann.* mvg-Verlag, München, Landsberg/Lech, 4. Auflage 1993.
Die US-amerikanische Ausgabe erschien bereits 1982.

402 o.V.: »A Classic Business Bookshelf«; in: *Business Week;* 5. 3. 1990, S. 7.

403 Womack, James P.; Jones, Daniel T.; Roos, Daniel: *Die zweite Revolution*

in der Autoindustrie. Konsequenzen aus der weltweiten Studie aus dem Massachusetts Institute of Technology. Campus Verlag, Frankfurt/Main, New York 1992.
Die US-amerikanische Ausgabe erschien 1990 und basiert auf Untersuchungen in den 1980er Jahren. Angesichts der wieder erstarkten Wettbewerbsfähigkeit der europäischen Automobilindustrie sind die Ergebnisse der Studie heute weitgehend Geschichte.

404 Füser, Karsten: *Modernes Management.* Deutscher Taschenbuch Verlag – Beck-Wirtschaftsberater, München 1997, S. 110 und 118.

405 So das Ergebnis einer Umfrage des *Manager Magazin* im April 2001 bei den 200 bedeutendsten deutschen Unternehmen. Die Studie stellt McKinsey, Roland Berger und Boston Consulting Group nur ein mittelmäßiges Zeugnis aus; Durchschnittsnote aus Kundensicht: »befriedigend plus«.
Hirn, Wolfgang; Student, Dietmar: »Gewinner ohne Glanz«; in: *Manager Magazin;* 7/2001, S. 50 [49–51].

406 Beer, Simone: *Die wichtigsten Börsen Europas.* Deutscher Sparkassenverlag, Stuttgart 1992, S. 13.

407 Von fast 9700 Punkten im März 2000 fiel der Nemax 50 auf unter 1800 Punkte im März 2001. Bis Juli 2001 sank der Index sogar auf unter 1200 Punkte.

408 o.V.: »Boom der Dachfonds«; in: *Der Spiegel;* Nr. 31/2000; 31.7.2000, S. 71.

409 Hawke, David Freeman: *John D. Rockefeller. Symbolfigur der amerikanischen Gründerzeit.* Wilhelm Heyne, München 1987.

410 Kuffer, Jutta: »Schweizer Nationalbank verkauft Reservegold«; in: *Süddeutsche Zeitung;* 24./25.6.2000, S. 33.

411 Gaulke, Jürgen: »Die Gewinner«; in: *Spiegel special »Angst vor dem Euro«;* Nr. 2/1998, S. 92 [88–93].

412 Halusa, Martin: »Auch eine Börsenlegende setzt mal auf die falsche Aktie«; in: *Die Welt online;* 29.4.2000. (www.welt.de/daten/2000/04/29/0429wi165202.htx)

413 Weissenfeld/Weissenfeld, S. 155.

414 Molitor, Christian: »Hedge Fonds: Ritt auf dem ›Tiger‹ ist nach 20 Jahren vorbei«; in: *Financial Times Deutschland;* 31.3.2000. (www.ftd.de/ub/fi/FTD954443870783.html)

415 Gaulke, Jürgen: *Ihr Geld 2000.* Droemersche Verlagsanstalt Th. Knaur Nachf., München 1999, S. 271.

416 Weissenfeld/Weissenfeld, S. 151.

417 o.V.: »Die Lotsen des Soros-Fonds gehen von Bord«; in: *Süddeutsche Zeitung;* 29./30.4./1.5.2000.

418 o.V.: »George Soros heuert externe Fondsverwalter an«; in: *FAZ;* 17.6.2000, S. 23.
o.V.: »Die Lotsen des Soros-Fonds gehen von Bord«; in: *Süddeutsche Zeitung;* 29./30.4./1.5.2000.
Hesse, Martin: »Währungsjongleur und Weltverbesserer«; in: *Süddeutsche Zeitung;* 12.8.2000, S. 27.

419 Soros, George: *Die Krise des globalen Kapitalismus. Offene Gesellschaft in Gefahr.* Alexander Fest Verlag, Berlin 1998, S. 122–137.

420 www.soros.org/gsbio/;
Stand: 11.7.2001.

421 o.V.: »Kurssturz bei der Deutschen Bank«; in: *Die Welt;* 2.2.2001, S. 1.

422 Börsenwert Amazon: 24 Milliarden Euro (Stand: März 2000); im Dezember 1999 stand der Amazon-Kurs sogar noch höher als im März 2000.

423 Verluste zwischen Anfang und Ende 2000: Dax: –7,54 % (drittschlechteste Performance seit 1985); Nemax All Share: –40 % (schlechteste Performance seit Gründung 1997); Dow Jones: –5,37 % (schlechteste Performance seit 1985); Nasdaq Composite Index: –36,89 % (schlechteste Performance seit 1985); Nikkei 225: –27,19 % (zweitschlechteste Performance seit 1985).
o.V.: »Das Jahr 2000 brachte an den großen Börsen hohe Verluste«; in: *FAZ;* 30.12.2000, S. 26.

424 o.V.: »Die Deutsche Börse verschärft die Regeln am Neuen Markt«; in: *FAZ;* 21.12.2000, S. 33.

425 Hagen, Hans von der: »Erste Rote Karte am Neuen Markt«; in: *Süddeutsche Zeitung;* 23.2.2001, S. 26.

426 Eigendorf, Jörg: »Breuers Vorgaben werden nur schwer zu erreichen sein«; in: *Die Welt;* 2.2.2001, S. 14.

427 o.V.: »Experten reagieren verhalten auf die Zahlen der Deutschen Bank«; in: *Die Welt;* 2.2.2001, S. 14.

428 Zu diesen beiden Rechten kommen laut Gesetz noch zwei hinzu: ein Bezugsrecht bei der Ausgabe neuer Aktien sowie das Recht auf einen Anteil am Vermögen bei Auflösung des Unternehmens.

429 o.V.: »Wie im Casino«; in: *Capital;* Nr. 17; 10.8.–23.8.2000, S. 59 [58–61].

430 Büschemann, Karl-Heinz: »Als Dividende Wut im Bauch«; in: *Süddeutsche Zeitung;* 12./13.4.2001, S. 3.

431 o.V.: »Kaum noch Dividenden in Amerika«; in: *Süddeutsche Zeitung;* 8.1.2000, S. 25–26.

432 Spenneberg, Lutz: »Goldrausch an der Börse«; in: *Die Woche;* 10.3.2000, S. 12.

433 Höchstkurs im Frühjahr 2000: 120 Euro; Kurs im Januar 2001: <6 Euro. Danach ging es noch weiter bergab auf knapp 2 Euro im Juli 2001.

434 o.V.: »Sommer schlägt zurück«; in: *Der Spiegel;* Nr. 23/2000; 5.6.2000, S. 76.

435 Weissenfeld/Weissenfeld, S. 14.

436 Gaulke: »Die Gewinner«, S. 93 (88–93).

437 Küting, Karlheinz: »Schmerzhafter Abschied vom deutschen Bilanzrecht«; in: *Die Welt;* 10.8.1999.

438 o.V.: »Suche nach Schnäppchen«; in: *Der Spiegel;* Nr. 22/2000; 29.5.2000, S. 91.
Zschäpitz, Holger; Iken, Matthias: »New Economy: Alte Bewertungen gelten nicht mehr«; in: *Die Welt;* 10.3.2000, S. 21.

439 Seit 2001 entfällt in Deutschland die Körperschaftssteuergutschrift.
Schreiber, Michael: »Siebenprozentige Sahnehäubchen«; in: *Süddeutsche Zeitung;* 28.6.2000; Beilage »Geld & Kapital«, S. V3/3.

440 Gaulke, Jürgen: *Ihr Geld 2000.* Droemersche Verlagsanstalt Th. Knaur Nachf., München 1999, S. 152.

441 o.V.: »Das Menetekel«; in: *Der Spiegel;* Nr. 24/1962; 13.6.1962, S. 22.

442 Metzger, Reiner: »Weltweiter Werteverfall! Jetzt zugreifen!«; in: *die tageszeitung;* 29.10.1997, S. 1.

443 o.V.: »Die Angst vor dem offenen Messer«; in: *Süddeutsche Zeitung;* 18.4.2000, S.22.

444 Schumacher, Manfred: *Die Börse.* Verlag Arthur Moewig, Rastatt, 2. Auflage 1989, S. 158.

445 o.V.: »Großer Busen hebt den Kurs«; in: *Spiegel special »Angst vor dem Euro«;* Nr. 2/1998, S. 12.

446 Eine gute Übersicht über die Geschichte der Globalisierung bis zum Jahr 1914 geben: O'Rourke, Kevin H.; Williamson, Jeffrey G.: *Globalization and History. The Evolution of a Nineteenth-Century Atlantic Economy.* MIT Press, Cambridge 1999.

447 Launer, Ekkehard: *Zum Beispiel Globalisierung.* Lamuv, Göttingen 2001, S. 21.

448 Martin/Schumann, S. 11.

449 Jeske/Barbier, S. 295–296

450 Aussage des »World Investment Report 1995« der UN Konferenz für Handel und Entwicklung (UNCTAD). Nach der Studie sind die internationalen Direktinvestitionen im Jahr 1995 um rund 40 % auf 315 Milliarden Dollar gestiegen. Eine Gruppe von 39 000 multinationalen Gesellschaften verfügte damals über 270 000 Tochter- und Beteiligungsgesellschaften im Ausland.
Zitiert nach: o.V.: »Globalisierung nimmt dramatisch zu«; in: *Die Welt online;* 25.9.1996.
(www.welt.de/daten/1996/09/25/0925wi106866.htx)

451 Zahlen aus (Stand: 1998): *Spiegel Almanach 2001.* Spiegel-Buchverlag und Hoffmann & Campe, Hamburg 2000, S. 72–81.
Bonder, Michael: *Wem gehört was in*

Europa 2000? Metropolitan-Verlag, Düsseldorf, Regensburg 2000, S. 18–19.

452 Zitiert nach: Martin/Schumann, S. 27.

453 Beispiel ebd., S. 27.

454 Habib, Kadhim: »Doch ein ›clash of civilizations‹«? in: *Neue Zürcher Zeitung;* 6. 3. 2001, S. 66.

455 Martin/Schumann, S. 272–276.

456 o.V.: »Daimler zahlt im Inland keine Steuern«; in: *FAZ;* 27. 2. 2001, S. 21.

457 Schumann, Harald: »Revolution des Kapitals«; in: *Der Spiegel;* Nr. 25/1999; 21. 6. 1999, S. 132 [122–137].

458 Die Gruppe von Lissabon: *Grenzen des Wettbewerbs. Die Globalisierung der Wirtschaft und die Zukunft der Menschheit.* Luchterhand, München 1997, S. 102.

459 Zitiert nach: Joffe, Josef: »Hätte Schrempp das gelesen«; in: *Die Zeit;* 7. 12. 2000, S. 33.

460 Nach einer Untersuchung des Beratungsunternehmens PricewaterhouseCoopers aus dem Jahr 2000 bleiben 80 % der Fusionen hinter den Erwartungen zurück, mehr als 30 % der Akquisitionen werden wieder verkauft (zitiert nach: Noack, Hans-Christoph: »Die Führungskräfte brüllten sich bis in die frühen Morgenstunden an«; in: *FAZ;* 1. 11. 2000, S. 49).

461 Büschemann, Karl-Heinz: »Die japanische Strategie«; in: *Süddeutsche Zeitung;* 27. 3. 2000, S. 23.

462 Jeske/Barbier, S. 379 und Recherche des Autors.

463 *New Perspectives Quarterly;* Fall 1995, S. 3 (zitiert nach: Martin/Schumann, S. 27).

464 Kinsky, Esther: »Über die Demokratie in der Konkurrenzgesellschaft. Die sieben Todsünden des liberalen Modells«; *Le Monde diplomatique;* in: *die tageszeitung;* 16. 5. 1997, S. 14–15.

465 Seidl, Claudius: »Auf dem Weg in die Kultur der Zukunft«; in: Bundeszentrale für politische Bildung (Herausgeber): *Informationen zur politischen Bildung. Globalisierung.* Heft 263, 2. Quartal 1999, S. 50 [47–51].

466 Die Gruppe von Lissabon, S. 31.

467 Postman, Neil: *Wir amüsieren uns zu Tode: Urteilsbildung im Zeitalter der Unterhaltungsindustrie.* S. Fischer, Frankfurt/Main 1985.

468 Grömling, Michael; Lichtblau, Karl; Weber, Alexander: *Industrie und Dienstleistungen im Zeitalter der Globalisierung.* Deutscher Instituts-Verlag, Köln 1998, S. 316.

469 o.V.: »Millionen bleibt die Luft weg«; in: *die tageszeitung;* 24. 9. 1997, S. 1.

470 o.V.: »Brände in Asien breiten sich aus«; in: *die tageszeitung;* 25. 9. 1997, S. 6.

471 o.V.: »Wo der Fiskus die Natur zerstört«; in: *die tageszeitung;* 28. 1. 2000, S. 8.

472 Linden, Eugene: »The big Meltdown«; in: *Time;* 4. 9. 2000, S. 55 [54–58].

473 Schönemann, Tyll: »Die Politik muß handeln«; in: *Die Woche;* 13. 10. 2000, S. 9 [8–9].

474 *Fischer Weltalmanach 2001,* S. 35–38.

475 Maak, Niklas: »Vollgas statt Verantwortung«; in: *Süddeutsche Zeitung;* 16./17. 9. 2000, S. 4.

476 Koufen, Katharina: »Kontrapunkt zu Weltbank und IWF«; in: *die tageszeitung;* 25. 1. 2000, S. 9.

477 Die Gruppe von Lissabon, S. 78.

478 o.V.: »Neuer Boss will ›Globalisierung für alle‹«; in: *Spiegel online;* 20. 9. 2000. (www.spiegel.de/wirtschaft/0,1518,94286,00.html)

479 o.V.: »Die 48 Verlierer der Globalisierung«; in: *Süddeutsche Zeitung;* 13. 10. 2000, S. 25.

480 Schumann: »Revolution des Kapitals« S. 132 [122–137].

481 Die Gruppe von Lissabon, S. 177.

482 Ebd., S. 178.

483 Hirsh, Michael: »Who's in Charge Here?«; in: *Newsweek;* 26. 6. 1995, S. 35–39.
Auf seiner Titelseite stellte das Magazin sogar den ganzen Staat in Frage

(»Does Government Really Matter? – The State Is Withering and Global Business Is Taking Charge«).

484 Höffe, Otfried: »Auf dem Weg zur Weltrepublik«; in: *Süddeutsche Zeitung*; 24./25.6.2000, S. 1.

485 o.V.: »Who's in the Driving Seat?«; in: *The Economist;* 7.–13.10.1995; Survey »Who's in the Driving Seat?«, S. 5 [5–7].

486 Boxberger, Gerald; Klimenta, Harald: *Die 10 Globalisierungslügen.* Deutscher Taschenbuch Verlag, München 1998, S. 55.

487 Altvater, Elmar; Mahnkopf, Birgit: *Grenzen der Globalisierung. Ökonomie, Ökologie und Politik in der Weltgesellschaft.* Verlag Westfälisches Dampfboot, Münster, 3. Auflage 1997, S. 131.
Der Professor im Fachbereich Politische Wissenschaften der Freien Universität Berlin untersucht in seinem kenntnisreichen Buch die globale Vernetzung aus sozialistischem Blickwinkel.

488 Schmidt, Helmut: *Globalisierung. Politische, ökonomische und kulturelle Herausforderungen.* Deutsche Verlags-Anstalt, Stuttgart 1998, S. 62.

489 Schumann: »Revolution des Kapitals«, S. 130 [122–137].

490 Lütge, Gunhild: »Mach's gut, Mannesmann«; in: *Die Zeit;* 10.2.2000, S. 27 [27–28].

491 o.V.: »Totengräber Esser«; in: *Der Spiegel;* Nr. 17/2000; 24.4.2000, S. 82 [82–84].

492 o.V.: ohne Titel; in: *Handelsblatt*; 4./5.2.2000, S. 26.

493 o.V.: »Poker um Mannesmann bringt Traumumsätze für die Werbebranche«; in: *Die Welt;* 4.2.2000, S. 14.

494 o.V.: »Größte Fusion der Geschichte perfekt«; in: *Süddeutsche Zeitung;* 5./6.2.2000, S. 25.

495 Kröger, Michael: »Chef im Ring«; in: *Die Woche;* 11.2.2000, S. 12.

496 Kowalewsky, Reinhard: »Koffer packen«; in: *Capital;* Nr. 3; 27.1.–9.2.2000, S. 45.

497 Dohmen, Frank; Kerbusk, Klaus-Peter: »Wir haben den Krieg gewonnen«; in: *Der Spiegel;* Nr. 6/2000; 7.2.2000, S. 82 [82–84].

498 o.V.: »Totengräber Esser«, S. 82 [82–84].

499 o.V.: »Richemont kauft Mannesmann-Uhren«; in: *Süddeutsche Zeitung;* 22./23.7.2000, S. 31.

500 Cannibol, H.-P.; Zuber, S.: »Bye-bye Mannesmann«; in: *Focus;* 7.2.2000, S. 252 [252–254].

501 Borger, Sebastian: »Herablassend freundlich«; in: *Die Woche;* 11.2.2000, S. 12.

502 Weber, Stefan: Chris Gent: »Wir sind beide Sieger«; in: *Süddeutsche Zeitung;* 5./6.2.2000, S. 26.

503 Bläske, Gerhard: »José Bové und die Globalisierung«; in: *Süddeutsche Zeitung;* 3.7.2000, S. 27.

504 Leick, Romain: »Käse statt Hamburger«; in: *Der Spiegel;* Nr. 27/2000; 3.7.2000, S. 166.

505 Ebd., S. 166.

506 Issing, Otmar: »Globalisierung ist nie Gemütlichkeit«; in: *FAZ;* 19.5.2001, S. 15.

507 Lafontaine, Oskar; Müller, Christa: *Keine Angst vor der Globalisierung. Wohlstand und Arbeit für alle.* J.H.W. Dietz Nachfolger, Bonn 1998.

508 Küng, Hans: *Weltethos für Weltpolitik und Weltwirtschaft.* Piper, München, Zürich 1997, S. 278.

509 Ebd., S. 319.

510 Erler, Brigitte: *Tödliche Hilfe.* Dreisam-Verlag, Köln 1990, S. 96–97.

511 Holzamer, Hans-Herbert: »Noch immer regiert das Klischee«; in: *Süddeutsche Zeitung;* 22./23.7.2000, S. U1/1.

512 Schmidt, Stephanie: »Kostspielige Mißverständnisse«; in: *Süddeutsche Zeitung;* 17./18.6.2000, S. U1/1.

513 Holzamer, S. U1/1.

514 Dadder, Rita: *Interkulturelle Orientierung. Analyse ausgewählter interkultureller Trainingsprogramme.* Verlag Breitenbach, Saarbrücken, Fort Lauderdale 1987, S. 13.

515 Beispiel aus: Sieg, Klaus: »Gutes Benehmen weltweit«; in: *die tageszeitung;* 5.2.1999, S. 20.

Weitere Beispiele für interkulturelle Mißverständnisse: Arnold, Rolf: »Umgang mit Fremde(n)«; in: *Zeitschrift für Entwicklungspädagogik (ZEP);* 12. Jahrgang; Heft 3; September 1989, S. 2–7.

516 Rößiger, Monika: »Harpunen, Helikopter, Haftminen«; in: *Spiegel special »Greenpeace, Amnesty & Co.«;* Nr. 11/1995, S. 50.

517 Umweltgutachten 2000 der deutschen Bundesregierung; Punkt 8.

518 Weizsäcker, Ernst Ulrich von: *Erdpolitik.* Wissenschaftliche Buchgesellschaft, Darmstadt, 4. Auflage 1994, S. 143.

519 Meadows, Dennis; Meadows, Donella; Zahn, Erich; Milling, Peter: *Die Grenzen des Wachstums. Bericht des Club of Rome zur Lage der Menschheit.* Rowohlt Taschenbuch Verlag, Reinbek bei Hamburg 1973, S. 176.

520 Ebd., S. 45–57.

521 Bauer, Antoine: *Der Treibhauseffekt.* Mohr Siebeck, Tübingen 1993, S. 208–211.
Nentwig, Wolfgang: *Humanökologie: Fakten – Argumente – Ausblicke.* Springer-Verlag, Berlin, Heidelberg 1995, S. 500–516.

522 Deutscher Bundestag (Herausgeber): *Schutz der tropischen Wälder: eine internationale Schwerpunktaufgabe.* Bonn 1990, S. 239–241.

523 Weizsäcker, Ernst Ulrich von: »Erdpolitik als Herausforderung an die Zukunft: Schaffung eines ökologischen Wohlstandsmodells?«; in: Glauber, Hans; Pfriem, Reinhard (Herausgeber): *Ökologisch wirtschaften.* Fischer Taschenbuch, Frankfurt/Main 1992, S. 34.

524 Wicke, Lutz: *Umweltökonomie.* Verlag Franz Vahlen, München, 4. Auflage 1993, S. 112–119.
Das Umwelt- und Prognose-Institut Heidelberg (UPI) ging für das Jahr 1989 sogar von über 243,1 Milliarden Euro ökologischer und sozialer Kosten für das Gebiet der ehemaligen Bundesrepublik aus.
Teufel, Dieter: *Ökologische und soziale Kosten der Umweltbelastung in der Bundesrepublik Deutschland im Jahr 1989.* UPI-Report Nr. 20. UPI-Verlag, Heidelberg 1991, S. 83.

525 Smith, Adam: *Eine Untersuchung über Natur und Wesen des Volkswohlstandes;* Band 2. G. Fischer, Jena, 2. Auflage 1923, S. 235.
(Original: *An Inquiry into the Nature and Causes of the Wealth of Nations,* 4. Auflage 1786).

526 Weizsäcker, Ernst Ulrich von; Lovins, Amory B.; Lovins, L. Hunter: *Faktor vier. Doppelter Wohlstand, halbierter Naturverbrauch.* Droemersche Verlagsanstalt Th. Knaur Nachf., München 1996, S. 150–151.

527 Pigou erklärt dazu: »It is the clear duty of government, which is the trustee for unborn generations as well as for its present citizens, to watch over, and, if need be, by legislative enactment, to defend, the exhaustible natural resources of the country from rash and reckless spoliation.«
Pigou, Arthur Cecil: *The Economics of Welfare.* Macmillan, London, 4. Auflage 1932, Nachdruck 1960, S. 29–30.

528 Cansier, Dieter: *Umweltökonomie.* Uni-Taschenbuchverlag, Stuttgart, Jena 1993, S. 131.

529 Coase, Ronald H.: »Das Problem der sozialen Kosten«; in: Assmann, Heinz-Dieter; Kirchner, Christian; Schanze, Erich (Herausgeber): *Ökonomische Analyse des Rechts.* Uni-Taschenbuchverlag, Tübingen 1993, S. 183 [129–183] (Original: »The Problem of Social Cost«; in: *Journal of Law and Economics;* volume 3/1960; Heft 1, S. 1–44).

530 Weitere Einwände gegenüber dem Coase-Theorem sind ausführlich beschrieben in: Endres, Alfred: *Umweltökonomie.* Wissenschaftliche Buchgesellschaft, Darmstadt, 4. Auflage 1994, S. 41–54.

531 Madeja, Falk: »Steuerparadies Gewächshaus«; in: *die tageszeitung;* 27.2.1995, S. 7.

532 Bundesverband der Deutschen Industrie e.V. (Herausgeber): *Umsteuern*

mit Ökosteuern? BDI-Drucksache Nr. 278; Köln ohne Jahresangabe (wahrscheinlich 1995), S. 6–9.
533 Donges, Juergen; Oelmann, Mark: »Kein ökonomisches Pfund zum ökologischen Wuchern«; in: *FAZ;* 14.7.2001, S. 15.
534 Bibliographisches Institut & F.A. Brockhaus AG (Herausgeber), S. 120.
535 o.V.: »Zertifikate sollen für saubere Luft sorgen«; in: *FAZ;* 2.9.2000, S. 14.
536 o.V.: »David Ogilvy«; in: *FAZ;* 23.7.1999, S. 17.
537 Hill, Wilhelm: »Betriebswirtschaftslehre als Managementlehre«; in: Wunderer, Rolf (Herausgeber): *Betriebswirtschaftslehre als Management- und Führungslehre.* J.B. Metzlerische Verlagsbuchhandlung und C.E. Poeschel Verlag, Stuttgart 1985, S. 118.
538 Dyllick, Thomas: *Management der Umweltbeziehungen.* Betriebswirtschaftlicher Verlag Dr. Th. Gabler, Wiesbaden 1989, S. 346.
539 Hopfenbeck, Waldemar: *Umweltorientiertes Management und Marketing. Konzepte, Instrumente, Praxisbeispiele.* Verlag Moderne Industrie, Landsberg/Lech, 3. Auflage 1994, S. 350.
540 Deutsche Shell AG (Herausgeber): *Die Ereignisse um Brent Spar in Deutschland.* Hamburg 1995, S. 224.
541 Milne, Seumas: »New Labour entkommt seinen Arbeitern nicht«; *Le Monde diplomatique;* in: *die tageszeitung;* 11.12.1998, S. 4–5.
542 o.V.: »Bankchef spricht gewerkschaftlich – Kopper gegen Shareholder-Value-Konzept«; in: *die tageszeitung;* 22.4.1997, S. 6.
543 Meffert, Heribert; Kirchgeorg, Manfred: *Marktorientiertes Umweltmanagement.* Schäffer-Poeschel, Stuttgart, 2. Auflage 1993, S. 451–453.
544 Weber, Jörg: »Bananen bügeln für Greenpeace«; in: *Spiegel special »Greenpeace, Amnesty & Co.«;* Nr. 11/1995, S. 135.
545 Schön, Gerti: »Die Schere im Kopf oder: Angst vor teuren Klagen«; in: *Frankfurter Rundschau;* 17.11.1999, S. 14.
546 Deutsche Shell AG, S. 60.
547 Ebd., S. 236–237.
548 Ebd., S. 228.
549 Vorfelder, Jochen: *Brent Spar oder die Zukunft der Meere.* C.H. Beck-sche Verlagsbuchhandlung, München 1995, S. 195.
550 Fußer, Andreas: »Das Recycling-Alibi«; in: *Spiegel special »Öko-Bilanz '95«;* Nr. 2/1995, S. 146.
551 Werner, Gaby: »Würmer im Humus lesen am liebsten im Kaffeesatz«; in: *die tageszeitung;* 30.1.1993, S. 39.
552 o.V.: »Vorerst kein Zwangspfand auf Dosen«; in: *FAZ;* 14.7.2001, S. 1 und 2.
553 Hansen, Ursula: »Marketing und soziale Verantwortung«; in: *Die Betriebswirtschaft;* 48. Jahrgang (1988); Heft 6, S. 712.
554 Steiner, George Albert: *Business and Society.* Random House, New York, 2. Auflage 1975, S. 264–266.
555 o.V.: »Biß ins Ungewisse«; in: *test;* Nr. 8; August 2000, S. 79–84.
Da damals kein Sanktionskatalog des zuständigen Bundesgesundheitsministeriums vorlag, fühlten sich die Hersteller zu nichts verpflichtet: Ohne Strafe auch kein Täter.
o.V.: »Verstöße ohne Strafe«; in: *Der Spiegel;* Nr. 32/2000; 7.8.2000, S. 18.
556 o.V.: »Sprit-Schocker für die Nation«; in: *Der Spiegel;* Nr. 29/1981; 13.7.1981, S. 27 [26–31].
557 Statistisches Bundesamt: *Statistisches Jahrbuch für die Bundesrepublik Deutschland 2000.* Metzler-Poeschel, Stuttgart, Wiesbaden 2000, S. 616. Zahlen für 2000 bis Juli 2001 aus: www.statistik-bund.de/indicators/
558 Pfriem, Reinhard: »Zur Integration ökologischer Belange in die Betriebswirtschaftstheorie«, in: Hauff, Michael von; Schmid, Uwe (Herausgeber): *Ökonomie und Ökologie.* Schäffer-Poeschel, Stuttgart 1992, S. 148 [147–161].
Der Berliner Ökonom Strebel räumt

ein, daß sich bis zum Erscheinen seines Buches im Jahr 1980 »erst wenige betriebswirtschaftliche Schriften« zum Thema der natürlichen Umwelt geäußert haben und diese lediglich Stückwerk sind: »Es fehlt jedenfalls ein Überblick zur Aufnahme einer betrieblichen Umweltpolitik in die Unternehmenspolitik.«
Strebel, Heinz: *Umwelt und Betriebswirtschaft.* Erich Schmidt Verlag, Berlin 1980, S. 5

559 Kunert AG (Herausgeber): *Ökobericht der Kunert AG 1994/95.* Immenstadt 1995, S. 57.
560 So der Titel eines Buches von Viviane Forrester, in dem die Französin gegen die Globalisierung zu Felde zieht.
Forrester, Viviane: *Der Terror der Ökonomie.* Zsolnay, Wien 1997.
561 *Greenpeace Magazin;* Heft 5/2000 (September–Oktober), S. 43.
562 Erhard, S. 222.
563 *Fischer Weltalmanach 2001,* S. 555.
564 o.V.: »Klimaänderung mit weitreichenden Folgen«; in: *Neue Zürcher Zeitung;* 20. 2. 2001, S. 3.
565 Esterhazy, Yvonne; Laabs, Dirk: »Klimastreit belastet Schröders USA-Besuch«; in: *Financial Times Deutschland;* 30. 3. 2001, S. 11.
566 Ebd., S. 11.
567 Vorholz, Fritz: »Preiswert und sauber«; in: *Die Zeit;* 15. 3. 2001, S. 27.
568 Jeske/Barbier, S. 80.
569 Eschenburg, Theodor: *Das Jahrhundert der Verbände. Lust und Leid organisierter Interessen in der deutschen Politik.* Corso bei Siedler, Berlin 1989, S. 131.
570 Bundesministerium der Justiz (Herausgeber): *Bundesanzeiger.* 52. Jahrgang; Beilage 192a vom 12. 10. 2000: Bekanntmachung der öffentlichen Liste über die Registrierung von Verbänden und deren Vertreter vom 31. 3. 2000.
571 www.bdi-online.de/;
Stand: 11. 7. 2001.
572 Mann, Siegfried: *Macht und Ohnmacht der Verbände. Das Beispiel des Bundesverbandes der Deutschen Industrie e.V. (BDI) aus empirisch-analytischer Sicht.* Nomos Verlags-Gesellschaft, Baden-Baden 1994, S. 29 und 35.
573 Schmid, Klaus-Peter: »Hauptsache, unauffällig«; in: *Die Zeit;* 27. 4. 2000, S. 26.
574 Mann, S. 250.
575 Ebd., S. 239 und 250.
576 Jeske/Barbier, S. 169.
577 www.bda-online.de/www/bda online.nsf/pages/ORGverband.htm;
Stand: 11. 7. 2001.
578 Deckstein, Dagmar: »Der Sündenfall wird hoffähig«; in: *Süddeutsche Zeitung;* 8. 12. 1999, S. 33.
579 Deutscher Gewerkschaftsbund (Herausgeber): *einblick;* Heft 2/2001, S. 6.
580 Deckstein, Dagmar: »Mehr Service, weniger Hierarchie«; in: *Süddeutsche Zeitung;* 13. 10. 1999, S. 2.
581 o.V.: »Parteien leiden unter starkem Mitgliederschwund«; in: *Süddeutsche Zeitung;* 2. 1. 2001, S. 6.
582 Mottek, Hans: *Wirtschaftsgeschichte Deutschlands. Ein Grundriß, Band II: Von der französischen Revolution bis zur Zeit der Bismarckschen Reichsgründung.* Deutscher Verlag der Wissenschaften, Berlin Ost 1964, S. 246.
583 *Gabler Wirtschaftslexikon. Buchstaben O–R.* Betriebswirtschaftlicher Verlag Dr. Th. Gabler, Wiesbaden, 14. Auflage 1997, S. 1587.
Fülberth, Georg: »Die Entwicklung der deutschen Gewerkschaftsbewegung von den Anfängen bis 1873«; in: Deppe, Frank; Fülberth, Georg; Harrer, Jürgen (Herausgeber): *Geschichte der deutschen Gewerkschaftsbewegung.* Pahl-Rugenstein, Köln 1977, S. 20 [15–31].
Gimbel, Hans-Dieter: »Sozialistengesetz und ›große Depression‹ – Die deutsche Gewerkschaftsbewegung von der Wirtschaftskrise 1873 bis zum Kölner Parteitag der deutschen Sozialdemokratie 1893«; in: Deppe et al., S. 49–52 [44–61].
Harrer, Jürgen: »Gewerkschaftlicher Widerstand gegen das ›Dritte Reich‹«; in: Deppe et al., S. 215–216 [211–271].

584 Kusch, Franz: *Das Machtkartell. Die Gewerkschaften in Deutschland.* Seewald Verlag, Stuttgart 1980, S. 56.
585 Originalton der Vorsitzenden der Gewerkschaft Handel, Banken und Versicherungen, Margret Mönig-Raane (zitiert nach: Henkel, Peter; Füssel, Ulrike: »Tarzan oder Papiertiger im kapitalistischen Dschungel«; in: *Frankfurter Rundschau;* 19. 11. 1999, S. 5).
586 Gill, Ulrich: *Der Freie Deutsche Gewerkschaftsbund (FDGB);* Leske+Budrich, Opladen 1989, S. 307.
587 Protokoll des VIII. SED-Parteitages; 15.–19. 6. 1971; Berlin Ost 1971; C 6/83; Band 1, S. 61.
588 o.V.: »Der FDGB wurde offiziell aufgelöst«; in: *die tageszeitung;* 15. 9. 1990, S. 5.
589 o.V.: »Flucht unters DGB-Dach«; in: *die tageszeitung Ost;* 19. 5. 1990, S. 7.
590 Vor der Gründung von ver.di im März 2001 hatte der DGB elf Mitgliedgewerkschaften; vier davon lösten sich auf und traten ver.di bei, die wiederum dem DGB angehört. DGB-Mitgliedgewerkschaften: www.dgb.de/wir/kontakt/dgb-gewerkschaften.htm
591 Baethge, Martin: »Arbeit 2000: Wie Erwerbsarbeit Spaß macht. Arbeitsansprüche der Beschäftigten und Herausforderungen an die Gewerkschaften«; in: *Gewerkschaftliche Monatshefte;* 11/1994, S. 715.
592 Deckstein: »Mehr Service, weniger Hierarchie«, S. 2.
593 Deutscher Gewerkschaftsbund (Herausgeber): *einblick;* Heft 4/2001; 5. 3. 2001, S. 1.
594 Ruschmann, Dirk: »Noch viel Luft nach oben«; in: *Wirtschaftswoche;* 19. 4. 2001, S. 28 [28–29].
595 Mattauch, Christine: »Vom Flugblatt zur E-Mail«; in: *Die Zeit;* 15. 3. 2001, S. 30–31.
596 Jeske/Barbier, S. 167.
597 o.V.: »Die wichtigste Fehlprognose«; in: *die tageszeitung;* 17. 11. 1992, S. 7.
598 Fokken, Ulrike: »Im Blätterwald der Prognosen«; in: *die tageszeitung;* 21. 10. 1998, S. 8.
599 o.V.: »Experten gegen höhere Mehrwertsteuer«; in: *die tageszeitung;* 10. 10. 1991, S. 2.
600 *Gabler Wirtschaftslexikon. Buchstaben SP–Z.* Betriebswirtschaftlicher Verlag Dr. Th. Gabler, Wiesbaden, 14. Auflage 1997, S. 4463.
601 Bibliographisches Institut & F.A. Brockhaus AG (Herausgeber), S. 128.
602 Hoering, Uwe: *Zum Beispiel IWF & Weltbank.* Lamuv, Göttingen 1999; Titelseite.
603 Guilhot, Nicolas: »Die Weltsanierer vom Dienst«; *Le Monde diplomatique;* in: *die tageszeitung;* 15. 9. 2000, S. 1, 16 und 17.
604 o.V.: »Studie: IWF und Weltbank müssen die Flügel gestutzt werden«; in: *FAZ;* 8. 3. 2000, S. 17.
605 o.V.: »Ukraine erwartet IWF-Hilfe«; *Le Monde diplomatique;* in: *die tageszeitung;* 3. 9. 1992, S. 6.
606 o.V.: »Scharfe Kritik am Währungsfonds«; in: *Neue Zürcher Zeitung;* 15. 9. 1999, S. 12.
607 Galbraith: *Geld. Woher es kommt, wohin es geht,* S. 257.
608 Driscoll, David D.: *Was ist der Internationale Währungsfonds? Offizielles Papier des IWF vom September 1998;* ISBN 1-55775-520-5, S. 1.
609 Guilhot, S. 16.
o.V.: »Ecuador löst Sucre durch Dollar ab«; in: *Süddeutsche Zeitung;* 9./10. 9. 2000, S. 25.
610 *Spiegel Almanach 2001,* S. 177.
611 Hagemann, Brigitte: »Den Greenback hält nichts mehr zurück«; in: *Financial Times Deutschland;* 4. 1. 2001, S. 25.
612 Zitiert nach: o.V.: »Studie: IWF und Weltbank müssen die Flügel gestutzt werden«, S. 17.
613 Balsen, Werner: »Die Zahl der Wasserwerfer kennen alle – worum es geht, wissen die wenigsten«; in: *Frankfurter Rundschau;* 23. 9. 2000, S. 9.
614 Ebd., S. 9.
Hoering, S. 131.

615 www.worldbank.org/html/extdr/about/mission.htm; Stand: 11.7.2001.
616 Einecke, Helga: »Vor der Demontage des IWF«; in: *Süddeutsche Zeitung;* 2./3.10.1999.
617 Hoering, S. 40.
618 Paczian, Werner: »Kampf gegen die Armen«; in: *Der Spiegel;* Nr. 51/2000; 18.12.2000, S. 96.
619 Hoering, S. 52.
620 Ebd., S. 53–56. Hagemann, Helmut: *Hohe Schornsteine am Amazonas.* Dreisam-Verlag, Freiburg im Breisgau 1985, S. 130–138.
621 o.V.: »Protest als Selbstzweck«; in: *Süddeutsche Zeitung;* 28.9.2000, S. 4.
622 Emcke, Carolin; Falksohn, Rüdiger; Schlamp, Hans-Jürgen; Schreiber, Sylvia; Sontheimer, Michael: »Auf nach Genua«; in: *Der Spiegel;* Nr. 26/2001; 25.6.2001, S. 127 [126–131].
623 o.V.: »Umstrittener Präsident bleibt für weitere Periode«; in: *Spiegel online;* 21.9.1999. (www.spiegel.de/wirtschaft/0,1518,42820,00.html)
624 www.wto.org/english/thewto_e/whatis_e/tif_e/fact6_e.htm; Stand: 11.7.2001.
625 o.V.: »Auftakt der WTO-Konferenz zwischen Zweifeln und Hoffen«; in: *FAZ;* 30.11.1999, S. 17.
626 World Trade Organization (Herausgeber): *Trading into the Future – The WTO.* 2nd Edition, revised April 1999; www.wto.org/english/res_e/doload_e/doload_e.htm (»About the WTO«), S. 4.
627 Jeske/Barbier, S. 247.
628 World Trade Organization, S. 7.
629 Forschungsinstitut für Wirtschaftsverfassung und Wettbewerb Köln (Herausgeber): *Die Bedeutung der WTO für die europäische Wirtschaft. Referate des XXX. FIW-Symposiums.* FIW-Schriftenreihe, Heft 173; Carl Heymanns Verlag, Köln, Berlin, Bonn, München 1997, S. 18 und 34.
630 World Trade Organization, S. 5.
631 o.V.: »USA wollen Handelskrieg mit EU verschärfen«; in: *Spiegel online;* 6.9.2000. (www.spiegel.de/wirtschaft/0,1518,92058,00.html) o.V.: »EU versucht's auf die krumme Tour«; in: *Frankfurter Rundschau;* 11.11.1999, S. 14.
632 Piper, Nikolaus: »Freihandel als Feind«; in: *Süddeutsche Zeitung;* 16./17.10.1999.
633 Piper, Nikolaus: »Das Dilemma der WTO«; in: *Süddeutsche Zeitung;* 4./5.12.1999.
634 Forschungsinstitut für Wirtschaftsverfassung und Wettbewerb Köln, S. 124.
635 Bartz, Dietmar: »Rußland in die OECD?«; in: *die tageszeitung;* 23.5.1996, S. 7.
636 www.oecd.org/about/general/index.htm; Stand: 11.7.2001.
637 www.oecd.org/about/general/index.htm; Stand: 11.7.2001.
638 www.oecd.org/about/general/member-countries.htm; Stand: 11.7.2001.
639 www.oecd.org/about/general/index.htm; Stand: 11.7.2001.
640 www.oecd.org/about/general/index.htm; Stand: 11.7.2001.
641 Bartz, S. 7.
642 Bibliographisches Institut & F.A. Brockhaus AG (Herausgeber), S. 52.
643 Ebd., S. 238.
644 www.oecd.org/activities/; Stand: 11.7.2001.
645 Benkhoff, Werner; Engelen, Klaus C.: »Industrieländer wollen Steueroasen das Wasser abgraben«; in: *Handelsblatt;* 15.8.2000, S. 42.
646 o.V.: »OECD will 35 Oasen trockenlegen«; in: *Spiegel online;* 26.6.2000. (www.spiegel.de/wirtschaft/0,1518,82723,00.html)
647 o.V.: »Ein Barrel Coca-Cola kostet 78 Dollar«; in: *Spiegel online;* 28.9.2000. (www.spiegel.de/wirtschaft/0,1518,95651,00.html)
648 o.V.: »Die Opec vom Web gefegt«; in: *Spiegel online;* 13.9.2000.

(www.spiegel.de/netzwelt/politik/0,1518,93202,00.html)

649 o.V.: »OPEC wird sich nicht einig«; in: *die tageszeitung;* 27.11.1998, S. 8. o.V.: »Ölpreis auf Tiefpunkt«; in: *die tageszeitung;* 8.12.1998, S. 8.

650 Zitzelsberger, Gerd: »Von Schock zu Schock«; in: *Süddeutsche Zeitung;* 27.3.2000, S. 4.

651 Deutsches Nationales Komitee des Weltenergierates (Herausgeber): *Energie für Deutschland. Fakten, Perspektiven und Positionen im globalen Kontext 1999.* Düsseldorf 1999, S. 20.

652 Zitzelsberger, S. 4.

653 Brech, Jan: »Die Falken der OPEC sind ausgeflogen«; in: *Die Welt online;* 14.12.1995. (www.welt.de/daten/1995/12/14/1214wi116117.htx)

654 Zitiert nach: Klumpp, Martina: »Mexiko sucht Gegengewicht zur Nafta«; in: *Financial Times Deutschland;* 21.3.2000, S. 16.

655 Coutinho, Eneida: »Mercosur wird zur Wirtschaftsmacht«; in: *Die Welt online;* 8.9.1997. (www.welt.de/daten/1997/09/08/0908wi93603.htx)

656 Bibliographisches Institut & F.A. Brockhaus AG (Herausgeber), S. 242.

657 o.V.: »Leaders Sign All-Americas Free Trade Agreement«; in: *International Herald Tribune;* 23.4.2001, S. 3.

658 Leinhos, Luten Peer: »Die unheimliche Kraft der NAFTA«; in: *Süddeutsche Zeitung;* 27.3.2000, S. 24.

659 Klumpp, S. 16.

660 Leinhos, S. 24.

661 Coutinho (www.welt.de/daten/1997/09/08/0908wi93603.htx)

662 Buss, Hero: »Handelsbündnis Mercosur tief zerstritten«; in: *Die Welt online;* 16.9.1999. (www.welt.de/daten/1999/09/16/0916au129492.htx)

663 Coutinho (www.welt.de/daten/1997/09/08/0908wi93603.htx)

664 o.V.: »Gemeinsame Währung für Südamerika?«; in: *die tageszeitung;* 29.4.1997, S. 6.

665 Malcher, Ingo: »Nach Caipirinha nun Dollars«; in: *die tageszeitung;* 23.1.1999, S. 9.

666 www.aseansec.org/history/overview.htm; Stand: 11.7.2001.

667 o.V.: »Asiens Wirtschaft holt auf«; in: *Süddeutsche Zeitung;* 19.9.2000, S. 27.

668 o.V.: »Devisenkooperation in Asien vereinbart«; in: *Süddeutsche Zeitung;* 8.5.2000, S. 25.

669 Simonitsch, Pierre: »Klein, aber wohlhabend – die Efta feiert still ihren 40. Geburtstag«; in: *Frankfurter Rundschau;* 6.1.2000, S. 16.

670 *Fischer Weltalmanach 2001,* S. 31–50.

671 Simonitsch, S. 16.

672 http://secretariat.efta.int/euroeco; Stand: 12.7.2001. Berger, Alois: »In der Schwebe zwischen Efta und EU«; in: *die tageszeitung;* 15.12.1993, S. 7.

673 http://secretariat.efta.int/presentation/history; Stand: 12.7.2001.

674 http://secretariat.efta.int/presentation/history; Stand: 12.7.2001.

675 Zitat aus: Brestel, Heinz: *Kapitalanlagen. Heinz Brestels Jahrbuch 2001.* Conzett/Oesch, Zürich 2001, S. 59.

676 Zitiert nach: Lipgens, Walter; Loth, Wilfried (Herausgeber): *The Struggle for European Union by Political Parties and Pressure Groups in Western European Countries 1945–1950 (Documents on the History of European Integration);* volume 3; de Gruyter, Berlin 1988, S. 664.

677 Blasius, Rainer: »Zwang zur Gemeinsamkeit«; in: *FAZ;* 18.4.2001, S. 16.

678 Ambrosius, Gerold: *Wirtschaftsraum Europa.* Fischer Taschenbuch, Frankfurt/Main 1996, S. 88.

679 Eick, Jürgen: *So nutzt man den Wirtschaftsteil einer Tageszeitung.* Societäts-Verlag, Frankfurt, 2. Auflage 1971, S. 137.

680 Ambrosius, S. 108–109.

681 Ebd., S. 94.

682 Bibliographisches Institut & F.A. Brockhaus AG (Herausgeber), S. 245.

683 Ambrosius, S. 120.

684 Ebd., S. 127–128.
685 Ott, Hugo; Schäfer, Hermann: *Wirtschafts-Ploetz.* Verlag Ploetz, Freiburg, Würzburg 1984, S. 422.
686 Artikel 7a des EG-Vertrags.
687 Titel VII »Umwelt« im EG-Vertrag. Titel VII firmiert jetzt unter Titel XVI des EG-Vertrages, mit weiteren Änderungen durch den am 7. 2. 1992 in Maastricht unterzeichneten Vertrag über die Europäische Union.
688 Artikel 100a, Absatz 4 des EG-Vertrags.
689 Europäische Gemeinschaften (Herausgeber): *Der Vertrag von Amsterdam. Was sich in Europa geändert hat.* Luxemburg 1999, S. 19.
690 http://ue.eu.int/Pesc/default.asp?lang=de; Stand: 11. 7. 2001.
691 Bacia, Horst: »Ein Erfolg trotz künstlich geschürter Aufregung«; in: *FAZ;* 9. 12. 2000, S. 7.
692 o.V.: »Heftige Debatte um EU-Steuer entbrannt«; in: *FAZ;* 16.6.2001, S. 13.
693 Ambrosius, S. 67 und 218–222. Jeske/Barbier, S. 262.
694 Europäische Gemeinschaften (Herausgeber): *Die Europäische Kommission 2000–2005.* Luxemburg 1999, S. 7.
695 Jeske/Barbier, S. 265.
696 Europäische Gemeinschaften (Herausgeber): *Die Europäische Kommission 2000–2005,* S. 7–9.
697 Blome, Nikolaus: »Allein gegen die Europäische Union«; in: *Die Welt online;* 27. 6. 2000. (http://www.welt.de/daten/2000/06/27/0627eu176212.htx)
698 Richtlinie 96/37 EG, Anhang II, Abschnitt 3.2.4.
699 Richtlinie 78/318 EWG, Anhang I, Abschnitt 5.
700 Zusätzliche Beispiele über Richtlinien, Verordnungen, Verstöße und deren Verfolgung auf EU-Ebene sind zu finden bei: Angres, Volker; Hutter, Claus-Peter; Ribbe, Lutz: *Bananen für Brüssel. Von Lobbyisten, Geldvernichtern und Subventionsbetrügern.* Droemersche Verlagsanstalt Th. Knaur Nachf., München 1999, S. 169–180. EU-Recht im Internet: http://europa.eu.int/eur-lex/de/oj/index.html
701 o.V.: »EU-Kommission noch einmal davongekommen«; in: *die tageszeitung;* 15. 1. 1999, S. 1.
702 *Fischer Weltalmanach 2001,* S. 1075.
703 Ebd., S. 1058.
704 Hort, Peter: »Die Schatten der Vergangenheit holen Europas Zukunft ein«; in: *Süddeutsche Zeitung;* 9. 12. 2000, S. 7.
705 *Fischer Weltalmanach 2000.* Fischer Taschenbuch, Frankfurt/Main 1999, S. 1083.
706 *Fischer Weltalmanach 2001,* S. 1081.
707 Strohmeier, Rudolf W.: »Die Institutionen der Europäischen Union«; in: Rinsche, Günter; Friedrich, Ingo (Herausgeber): *Weichenstellung für das 21. Jahrhundert. Erfordernisse und Perspektiven der europäischen Integration.* Böhlau Verlag, Köln, Weimar, Wien 1998, S. 430 [429–437].
708 Beides waren Themen, die auch nach dem französischen Ministerratsvorsitz im 2. Halbjahr 2000 ungelöst blieben. Siehe dazu: Stabenow, Michael: »Die Lehren von Nizza«; in: *FAZ;* 30. 12. 2000, S. 12.
709 Blome, Nikolaus; Middel, Andreas: »Sitzen und warten für Europa«, in: *Die Welt online;* 20. 11. 2000. (www.welt.de/daten/2000/11/20/1120eu203745.htx)
710 Jeske/Barbier, S. 271.
711 http://ue.eu.int/de/Info/eurocouncil/index.htm; »Der Europäische Rat zwischen Abgeschirmtheit und hektischem Treiben«; Stand: 11. 7. 2001.
712 http://ue.eu.int/de/Info/eurocouncil/index.htm; »Der Europäische Rat zwischen Abgeschirmtheit und hektischem Treiben«; »A. Die Vorbereitung der Tagungen des Europäischen Rates«; Stand: 11. 7. 2001.
713 Jeske/Barbier, S. 272.
714 Stahl, Bernhard: *Warum gibt es die EU und die ASEAN? Faktoren weltpolitischer Institutionalisierung in vergleichender Analyse.* Nomos Verlagsgesellschaft, Baden-Baden 1998, S. 146.

715 http://ue.eu.int/de/Info/eurocouncil/index.htm; Menüpunkte: »Der Europäische Rat zwischen Abgeschirmtheit und hektischem Treiben«, »C. Die Beschlußfassung im europäischen Rat«; Stand: 11.7.2001.
716 www.europarl.eu.int/presentation/default_de.htm; Stand: 11.7.2001.
717 Zur Historie des Parlaments siehe auch: Schleicher, Ursula: »Das Europäische Parlament im 21. Jahrhundert«; in: Rinsche/Friedrich, S. 26–30 [25–31].
718 *Fischer Weltalmanach 2001*, S. 1053.
719 www.europarl.eu.int/presentation/default_de.htm; Stand: 11.7.2001.
720 *Duden – Der Euro. Das Lexikon zur Währungsunion*. Dudenverlag, Mannheim, Leipzig, Wien, Zürich 1998, S. 388–389.
Kuhr, Daniela: »Vorbereitung auf die Nacht der Nächte«; in: *Süddeutsche Zeitung;* 30./31.12.2000/1.1.2001, S. 28.
Bundesministerium für Finanzen (Herausgeber): *Der Euro. Eine stabile Währung für ein starkes Europa.* August 2000, S. 10–11, 53–56.
721 18 Monate: Alber, Siegbert: »Der Europäische Gerichtshof«; in: Rinsche/Friedrich, S. 439 [439–442].
21 Monate: Jeske/Barbier, S. 270.
722 Alber, S. 439 [439–442].
723 *Fischer Weltalmanach 2001*, S. 1059.
724 Artikel 177 des EWG-Vertrags.
725 Stahl, S. 148.
726 Zu diesem Fall ausführlich: Scheuing, Dieter H.: »Reinheitsgebot für Bier«; in: *Wirtschaftwissenschaftliches Studium;* 17. Jahrgang (1988); Heft 12, S. 625–628.
727 Scheuer, Thomas: »Oh, Pasta mia!«; in: *die tageszeitung;* 15.7.1988, S. 1–2.
728 http://europa.eu.int/cj/de/pres/cjieu.htm; »Der Gerichtshof und das Leben des europäischen Bürgers«; Stand: 11.7.2001.
729 o.V.: »Urteil gegen Regierung«; in: *die tageszeitung;* 30.10.1992, S. 8.
730 Eine EU-Verfassung als wichtiger Schritt zur Integration Europas ist immer wieder in der Diskussion – bisher ohne Ergebnis.
o.V.: »Aufruf Prodis für EU-Verfassungsdiskussion«; in: *Neue Zürcher Zeitung;* 14.2.2001, S. 2.
Krägenow, Timm: »Rau fordert Verfassung für Europa«; in: *Financial Times Deutschland;* 20.10.2000, S. 15.
Habermas, Jürgen: »Warum braucht Europa eine Verfassung?«; in: *Die Zeit;* 28.6.2001, S. 7.
731 Hirschburger, Ute; Zahorka, Hans-Jürgen: *Der Euro.* Deutscher Sparkassenverband, Stuttgart 1996, S. 21.
732 *Duden – Der Euro*, S. 337.
733 Sarrazin, Thilo: *Der Euro. Chance oder Abenteuer?* Dietz, Bonn 1998, S. 303.
734 *Spiegel Almanach 2001*, S. 543.
735 Aktionsgemeinschaft Euro (Herausgeber): *Ratgeber Euro.* Ohne Verlagsangabe (E-mail: service-centrum@aktionsgemeinschaft-euro.de), Berlin 1999, S. 72.
736 Starbatty, Joachim: »Der Euro verpaßt allen den gleichen Geldmantel«; in: *FAZ;* 27.2.2001, S. 19.
737 Aktionsgemeinschaft Euro, S. 55.
738 Schrooten, Mechthild: »Weltfinanzordnung nach Einführung des Euro«; in: Schubert, Klaus; Müller-Brandeck-Bocquet, Gisela: *Die Europäische Union als Akteur der Weltpolitik.* Leske+Budrich, Opladen 2000, S. 249 [245–262].
o.V.: »Der Euro ist in Asien keine Alternative zum Dollar«; in: *FAZ;* 8.7.1999, S. 27.
739 Brössler, Daniel: »Beitritt nach Noten«; in: *Süddeutsche Zeitung;* 12./13.2.2000, S. 14.
740 Ow, Barbara von: »Die Heranführung der Staaten Mittel- und Osteuropas an die Europäische Union. Probleme und Perspektiven«; in: Weidenfeld, Werner (Herausgeber): *Mittel- und Osteuropa auf dem Weg in die Europäische Union.* Bertelsmann Stiftung, Gütersloh 1995, S. 270 [267–279].
741 Gesamtbericht 2000 der Europäi-

schen Union; Kapitel V: Erweiterung, Abschnitt 4: Beitrittsverhandlungen (1/3).
(http://europa.eu.int/abc/doc/off/rg/de/2000/pt0703.htm#anch0329)

742 Gesamtbericht 2000 der Europäischen Union; Kapitel V: Erweiterung, Abschnitt 3: Regelmäßige Berichte (1/3).
(http://europa.eu.int/abc/doc/off/rg/de/2000/pt0700.htm#anch0327)

743 Bünder, Helmut: »Polen hat seinen Spitzenplatz unter den EU-Beitrittskandidaten verloren«; in: *FAZ;* 31.3.2001, S. 6.

744 Gesamtbericht 2000 der Europäischen Union; Kapitel V: Erweiterung, Abschnitt 3: Regelmäßige Berichte (1/3).
(http://europa.eu.int/abc/doc/off/rg/de/2000/pt0700.htm#anch0327)

745 Schäuble, Wolfgang; Lamers, Karl: »An umfassenden Reformen führt jetzt kein Weg vorbei«; in: *FAZ;* 7.12.1999, S. 7.

746 Bergdoll, Udo: »EU hält an Zeitplan für Ost-Erweiterung fest«; in: *Süddeutsche Zeitung;* 12.6.2001, S. 1.

747 Gesamtbericht 2000 der Europäischen Union; Allgemeiner Überblick (1/1).
(http://europa.eu.int/abc/doc/off/rg/de/2000/pg0002.htm#anch0001)

748 Ambrosius, S. 207–208.

749 o.V.: »Europa braucht eine Avantgarde. Ein Gespräch mit Jacques Delors über die künftigen Grenzen der Union, das deutsch-französische Verhältnis und Brüsseler Skandale«; in: *Frankfurter Rundschau;* 19.11.1999, S. 7.

750 Prange, Heiko: *Die Ostintegrationspolitik der Europäischen Union.* Tectum Verlag, Marburg 1997, S. 254.

751 Oldag, Andreas: »Prodi träumt vom Römischen Reich«; in: *Süddeutsche Zeitung;* 14.10.1999, S. 6.

752 Frankenberger, Klaus-Dieter: »Eine unendliche Geschichte«; in: *FAZ;* 21.10.2000, S. 12.

753 Schäuble/Lamers, S. 7.

754 Werner, Lutz: »Verbraucherpolitik in der EG und OECD«; in: Haupt, Hans; Piepenbrock (Herausgeber): *Verbraucherpolitik international.* Deutscher Instituts-Verlag, Köln 1988, S. 189 [183–199].

755 Amtsblatt EG 1984; Nr. L 250, S. 17. Siehe dazu auch: Hippel, Eike von: *Verbraucherschutz.* J.C.B. Mohr (Paul Siebeck), Tübingen 1986, S. 97–98.

756 Kapp, Jean-Pierre: »Verbraucherschutz als Handelshemmnis«; in: *Süddeutsche Zeitung;* 14.7.1999, S. 2.

757 Richtlinie 96/239, 27.3.1996:
http://europa.eu.int/comm/food/fs/bse/bse19_de.html
Liste aller BSE-Entscheide:
http://europa.eu.int/comm/food/fs/bse/index_en.html

758 Richtlinie 94/381 EG, 27.3.1994.

759 Gebauer, Matthias: »Die BSE-Krise ist eine Krise der EU«; in: *Spiegel online;* 6.12.2000.
(www.spiegel.de/politik/europa/0,1518,106176,00.html)

760 Eine umfassende Darstellung des Entscheidungsprozesses der lange umstrittenen Abgas-Richtlinie sowie der nationalen Wirtschaftsinteressen folgenden Störeinflüsse gibt: Hillenbrand, Olaf: *Europa öko-logisch? Wirkungs- und Störfaktoren der europäischen Umweltpolitik.* Europa-Union, Bonn 1994, S. 159–179.

761 Die Richtlinie wurde am 27.6.1985 verabschiedet. Die Verkündigung des Gesetzes in der Bundesrepublik erfolgte am 20.2.1990, das Inkrafttreten am 1.8.1990.

762 Weder, Dietrich-Jörn: »Schutzgemeinschaft der Umweltverschmutzer. Die ökologische Misere ist vorprogrammiert«; in: Franken, Michael; Ohler, Walter: *Natürlich Europa. 1992 – Chancen für die Natur.* Volksblatt-Verlag, Köln 1989, S. 165 [165–173].

763 Berger, Alois: »Rettet unsere Schokolade!«; in: *die tageszeitung;* 4.3.1995, S. 3.

764 http://europa.eu.int/abc/doc/off/rg/de/2000/pt1063.htm (Stand: 11.7.2001); Ausgaben 2001 insgesamt:

92,569 Milliarden Euro (Mittel für Zahlungen), davon Agrarausgaben: 43,298 Milliarden Euro.
765 Beck, Hanno: »Was liegt auf meinem Tellerchen?«; in: *FAZ;* 8. 2. 2001, S. 17.
766 o.V.: »Neue EU-Vorschriften gegen den Tabakkonsum«; in: *Neue Zürcher Zeitung;* 1. 3. 2001, S. 48.
767 Wicke, Lutz; Huckestein, Burkhard (Herausgeber): *Umwelt Europa – der Ausbau zur ökologischen Marktwirtschaft.* Bertelsmann Stiftung, Gütersloh 1991, S. 16.
768 Vorholz, Fritz: »Preiswert und sauber«; in: *Die Zeit;* 15. 3. 2001, S. 27.
o.V.: »Uneins über harmonisierte Klimasteuer«; in: *FAZ;* 24. 10. 1995, S. 17.
Berger, Alois: »Das zähe Ringen um ein Alibi«; in: *die tageszeitung;* 13. 3. 1995, S. 7.
769 Gesamtbericht 2000 der Europäischen Union; Allgemeiner Überblick (http://europa.eu.int/abc/doc/off/rg/de/2000/pg0002.htm#anch0001)
770 Weck, Roger de: »Das Tohuwabohu«; in: *Die Zeit;* 5. 10. 2000, S. 5.
771 o.V.: »Jospin widerspricht Schröder – Festhalten an Institutionenfrage«; in: *FAZ;* 29. 5. 2001, S. 1.
o.V.: »Wir können deutsches Modell nicht hinnehmen«; in: *Süddeutsche Zeitung;* 29. 5. 2001, S. 8.
772 Brössler, Daniel: »Die Europa-Fusion«; in: *Süddeutsche Zeitung;* 11./12. 12. 1999, S. 4.
773 Hörnlein, Frank: *Leitbilder im Zielsystem der europäischen Integration.* Verlag Dr. Köster, Berlin 2000, S. 230.
774 Ribhegge, Wilhelm: »Zurück ins Mittelalter? Der lange Weg von nationalen Milieus zur grenzüberschreitenden Zivilgesellschaft«; in: *Rheinischer Merkur;* 20. 10. 2000, S. 7.
775 Joschka Fischer in seiner »persönlichen Rede« am 12. 5. 2000 an der Humboldt-Universität in Berlin.
Zitiert nach: Keil, Gert: »Das dritte Element«; in: *Der Spiegel;* Nr. 40/2000; 2. 10. 2000, S. 164 [158–164.]
776 Ebd., S. 159 [158–164].
777 Groß, Wolfgang: *Kapitalmarktrecht. Kommentar zum Börsengesetz, zur Börsenzulassungs-Verordnung, zum Verkaufsprospektgesetz und zur Verkaufsprospekt-Verordnung.* C.H. Becksche Verlagsbuchhandlung, München 2000, S. 279.
778 Schmitz, Heinz: »Betriebsräte bekommen mehr Macht«; in: *Handelsblatt;* 15. 2. 2001, S. 4.
o.V.: »Die wichtigsten Weiterungen der Mitbestimmung«; in: *FAZ;* 23. 6. 2001, S 14.
779 Rittershofer, Werner: Wirtschaftslexikon. Deutscher Taschenbuch Verlag, München 2000, S. 188.
780 Jeske/Barbier, S. 656.
781 Groß, S. 228.
782 *Fischer Weltalmanach 2001,* S. 974.
783 Groß, S. 218–219.
784 Rittershofer, S. 475.
785 Statistisches Bundesamt, S. 614–616.
786 Scheller, Hanspeter K.: *Die Europäische Zentralbank.* Fritz Knapp Verlag, Frankfurt/Main 2000, S. 129.
787 Hauff, Volker: *Unsere gemeinsame Zukunft. Der Brundtland-Bericht der Weltkommission für Umwelt und Entwicklung.* Eggenkamp Verlag, Greven 1987, S. 46.
788 o.V.: »Die Deutsche Börse verschärft die Regeln am Neuen Markt«; in: *FAZ;* 21. 12. 2000, S. 33.
789 o.V.: »Notoperation am Neuen Markt«; in: *Süddeutsche Zeitung;* 12. 7. 2001, S. 33.
790 Nemax 50 im März 2000: 9.694,07 Punkte, Nemax 50 am 9. 7. 2001: 1.192,92 Punkte.
791 Deutsche Bank 24 (Herausgeber): *Basisinformationen über Vermögensanleihen in Wertpapieren.* Frankfurt/Main 1999, S. 72.
792 Rappaport, Alfred: *Shareholder Value. Ein Handbuch für Manager und Investoren.* Schäffer-Poeschel, Stuttgart, 2. Auflage 1999.
Die Originalausgabe des Buches erschien 1986 in den USA unter dem Titel *Creating Shareholder Value – The New Standard for Business Performance.*

793 Bundesministerium der Finanzen: *Finanzbericht 2001*. Bundesanzeiger Verlagsgesellschaft Bonn, Berlin 2000, S. 382.
794 o.V.: »Vertrag von Nizza unterzeichnet«; in: *FAZ;* 27. 2. 2001, S. 1.
795 Wiegel, Michaela: »Ein stiller Abschied vom ›alten Europa‹«; in: *FAZ;* 28. 2. 2001, S. 8.
o.V.: »Vertrag von Nizza unterzeichnet«, S. 1.
796 o.V.: »Fiskalische Schützenhilfe der Schweiz?«; in: *Neue Zürcher Zeitung;* 1. 3. 2001, S. 10.
797 Tabelle aus: www.nobel.se/economics/laureates/index.html; Stand: 14. 7. 2001.

Register

Bildnachweis

© Bildarchiv Preußischer Kulturbesitz, Berlin, 2001: S. 39
Gauke GmbH, Verlag für Sozialökonomie, Stöfs: S. 75
Greenpeace, Hamburg: S. 218
Historisches Archiv Krupp, Essen: S. 38
Kapitalanlagen. Heinz Brestels Jahrbuch 2001: S. 286
Kurpfälzisches Museum der Stadt Heidelberg: S. 71
Modern Times Copyright © Roy Export Company Establishment: Umschlag
Süddeutscher Verlag, Bilderdienst, München: S. 44
ullstein bild, Berlin: S. 49, 82, 88, 94, 98, 103

Alle übrigen Archiv Oesch Verlag.